JPC

與香港藝術對話

1960-1979

黎明海 劉智鵬 編著

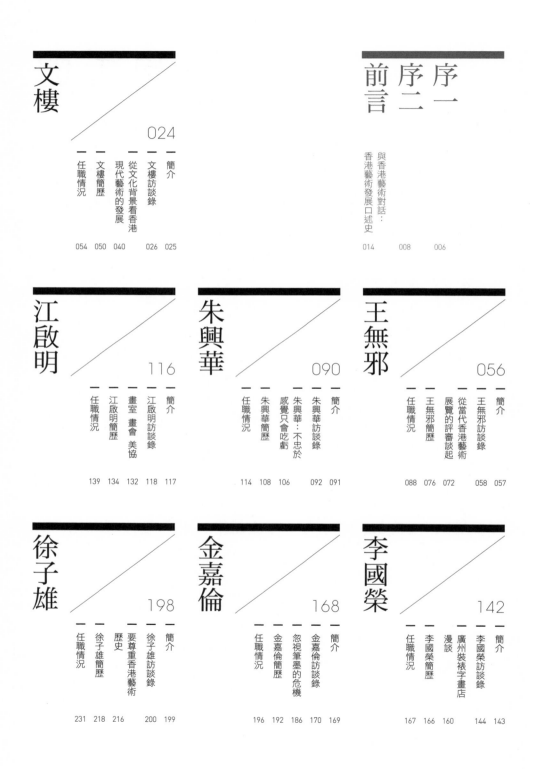

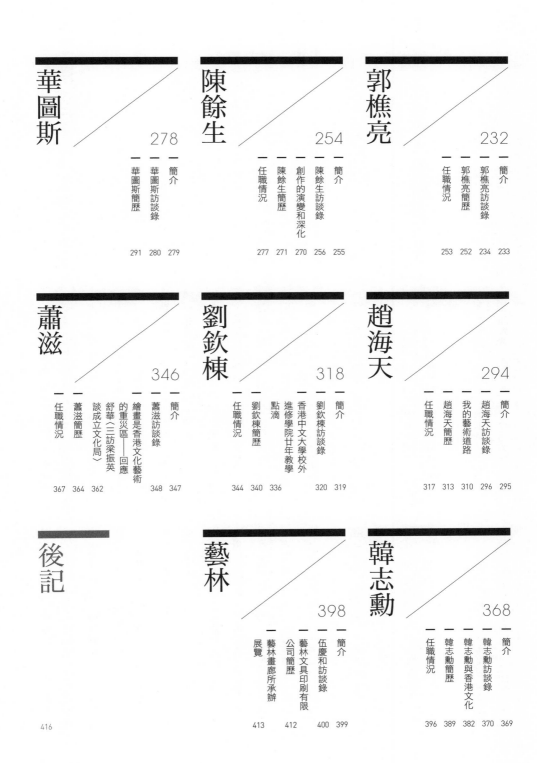

序一

五十年前的香港可以說是文化沙漠。但這沙漠有綠洲，其中一個綠洲是一九六二年成立的香港大會堂。我有幸於一九六四年加入大會堂美術博物館工作，於是有機會結識一群當時最活躍的藝術家。我和他們既有業務上的接觸，亦會參加他們的社交活動。這些國畫家、西畫家和雕塑家來自不同背景，所用材料亦不相同，但他們相處十分融洽。當時香港藝術界喜歡結社，但不同社團之間，並無矛盾。他們都互相尊重，有點同舟共濟的意思。在我回憶中，最深的印象是當時香港的藝術界極具朝氣蓬勃的氣象，每人都有信心各自尋求新的表現方法。

當日香港既有保守傳統的國畫家，亦有從傳統畫法解放出來的新派畫家。新的作風，最令人注目者是呂壽琨及其弟子和畫友的抽象畫。這類畫可以視為完全脱離傳統的作品，但亦可以看出元明以來中國畫所表現的一方面。數百年來，無論哪一流派的畫家，都極注重用筆用墨的效果。發展到最後，如黃賓虹的山水畫，只以筆墨見勝，景物是其次，謂之抽象畫，亦無不可。再說，呂壽琨的禪畫，亦是古已有之。我們只需看某類唐三彩的施釉法，或唐代河南「花瓷」（墨釉上潑藍彩釉的瓷器），就可想見唐代在民間廣泛流行的潑墨法，並非文獻上記載的王墨或王洽所獨善。自宋至明，很多文人都習禪悅，但無人收藏禪師的書畫。元代禪師的書畫都流到日本去了，在中國則罕見。呂壽琨的畫有獨特風格，但不是最早的禪畫。所以說他的創新並不是開天闢地的創新，亦不一定是受美國抽象藝術的啟發，而是發掘多年隱藏在中國藝術傳統中的一道暗流，而以己意出之。近人喜談藝術的「中國性」，呂壽琨的畫，足以當之。同時期其他香港畫人所作的抽象或半抽

象畫，亦可作如是觀。六十年代在香港出現的抽象畫，是中國畫發展的必然方向之一，而且是在全國之先。

至於保守傳統國畫、篆刻的藝術家，在六七十年代都集中在新亞書院的藝術系。我於七十年代初加入中文大學時，在藝術系兼課，亦與他們有接觸。中國畫自明清以來被文人壟斷，並非工匠畫家，哪怕是以畫畫為生者，都是文人畫家。當時在新亞藝術系教中國書畫的老師，都有一種文人氣質，可以是溫文的，亦可以是豪邁的。這種文人氣質無意中被老師們連同畫法一起傳授給學生。這批學生以後成為香港文化事業的中堅分子，他們的藝術成就各有所長，但是他們的作業態度是一樣的。在今日的商業環境，世界各地大量真偽藝術品已成為商品。從新亞藝術系出來的藝術家，抱著為藝術而藝術的精神從事創作，不為名利或政治所左右，可以說是文人藝術的承傳者。他們所繼承的不是畫法，而是文人氣質最可貴的一面——高尚的品格。

除上述兩組藝術家以外，還有其他畫家在六七十年代的香港藝術界頗具影響力，其中包括嶺南派的趙少昂和楊善深，在師範學院任教的李國榮昆仲，西畫家鄺耀鼎和陳福善——但二人畫風迥不相侔。其他作者都會有介紹，在此不一一細述。

《與香港藝術對話：1960-1979》快將出版，內容有關六七十年代的香港藝術，約我寫序，只能略陳己見以應，未知有當否。

屈志仁教授

美國紐約大都會博物館
亞洲美術部前主任（現為榮休館長）

序二

一九六〇年的元旦是普天同慶的日子，香港也不例外。這時候上距抗戰勝利已經十五年，香港早已走出戰後的陰霾，發展成一個平穩安定的城市。這一年，中國天災人禍接踵而至，美蘇兩國則進一步介入越南的內戰；東西方的冷戰正準備以軍事衝突的形式再次在東亞展開。在國際和地域關係上，香港在這時期扮演了一個非常特殊的角色。百年前中英兩國以鴉片戰爭打開歷史的對話，香港自此發展出一種既是中國領土也是英國屬地的格局。在這種微妙的中英關係影響下，香港開展了與中英兩國的直接對話；並通過由此衍生的港台關係介入冷戰的張力之中。因此，香港不單是中英兩國自清朝以來多次爭議的外交議題，也是戰後資本主義陣營與社會主義陣營交手的一處前緣地域。維多利亞港在某程度上是西方國家在東亞的軍港，海港上每天可見大小軍艦往來碇泊。至於介乎香港和深圳之間的中英街就更帶有近似德國柏林圍牆和朝鮮半島板門店的歷史功能；中英街是社會主義的「華界」與資本主義的「英界」之間的一道邊界線。不過，這道僅長二百五十米而由中港邊防人員各自駐守的邊界線卻沒有設置任何防禦工事；分隔中港兩地和東西陣營的只是幾座細小的界石和無分彼此的空氣。

中英街不可思議的處境，反映出中、英、港三方曾經努力在戰後不穩定的環球局勢中為香港經營出和諧的政治環境，使這裏的居民可以自由生活，也為看似危機四伏的香港創造出處處生機。於是，借助長久以來賴以維生的硬件和軟件，再汲取抗戰前後轉移到來的人才、技術和資本，加上因韓戰而發生的禁運，香港迅速踏上了工業化的道路。短短二三十年間，香港從遠東的一個轉口港一變而為世界知名的輕工業重

鎮，"Made in Hong Kong" 成為全球產品質素的信譽保證。

在現代社會發展的脈絡之中，香港或許是中國史以至世界史不可或缺的章節，但對於在這大時代中生活的香港人而言，香港無非是一處遠離戰火和動亂的安身之所而已。日本投降之後，香港在英國的重新管治下翻開了歷史的新一頁。此後幾年，中國內地的歷史進程直接改變了香港的命運。從國共內戰到中共建國，香港是內地同胞逃避戰火和脱離苦難的最後歸宿。十幾年之間，香港的人口從戰後的六十萬激增至一九六〇年的三百萬，其中非土生居民的數字一直佔總人口一半以上。香港政府以有限的資源重建社會，難以全面照顧這批數量龐大的不速之客。香港新一代的居民背負時代的委屈，面對環境的壓迫和彷徨的前途，惟有克己自強，以勞力和意志換取三餐一宿的溫飽。他們以香港為臨時的居所，既來之則安之，結果為香港帶來了意想不到的繁榮。

隨著人口急劇增加，戰後的香港出現了因住屋發展而引起的社會變化。香港政府沒有推出房屋發展政策，也沒有能力在幾年之間為數以百萬計的新增人口提供住所。戰前的唐樓和城市周邊的村落於是成為臨時的棲身之所。不到幾年，唐樓紛紛上演七十二家房客的活劇；維港兩岸以至新界各地亦湧現漫山遍野的寮屋。到了六十年代中期，居住在寮屋的家庭已經超過五十萬戶，佔香港總人口一個相當顯眼的比例。

寮屋處處顯然並非當時香港人樂見的社會風景。事實上寮屋亦非樂土；居民除了生活艱苦，更隨時因天災人禍而喪失家園。一九五三年聖誕節的一場大火，把石硤尾六村一夜燒光，從此燃起了香港公共房屋建設的熊熊烈火。此後三十年，香港將會建造供超過二百萬人

口居住的房屋；這是人類歷史上的一件偉大工程，也是香港社會走向現代的最重大建設。

香港政府為香港居民解決「住」的同時，也要為幾百萬人口處理「食」的問題。在中英關係相對緊張的年代裏，香港政府曾經努力利用香港的天然資源維持居民的生計，以面對中英一旦交惡而可能出現斷水斷糧的困局。在這種形勢下，香港漁農業欣欣向榮，產值年創新高，至六十年代初而達至頂峰。不過，以香港有限的農地和海域根本無法支持一個幾百萬人口的城市，海空貨運的高速發展亦未能以進口食品解決本地的需求，況且香港的人口不斷以難以估算的速度增長。在最瘋狂的日子裏，每日有數以十萬計的同胞從中國內地湧入香港；這種人口增長的速度超出了人類世界任何社會規劃的範圍。終於，香港人喝光了水塘的存水，香港面臨每四天供水四小時的困境。

香港政府當然知道香港的處境，也採取了緩解問題的方案。一九六二年，中國有「三趟快車」每天從上海、鄭州、武漢出發，將內地的鮮活副食品直接輸往香港，大致上解決了香港「食」的問題。另外，香港政府為了增加食水供應，早於一九六〇年已經向廣東省購入食水，並且在幾年後與中國政府達成長期供水協議，東江水源源不絕攀山越嶺而來，香港終於遠離制水的日子。

在香港政府的低調處理下，中英雙方就飲水吃飯所建立的合作關係漸漸在歲月中為人所淡忘。事實上在中共建政前後的歷史影響下，英國一直無意在香港問題上顯示與中國之間的正面來往。當香港人在享受著日趨安定的生活時，另一種視角所展示的香港社會其實充滿暗湧。戰後的香港一度與國共兩黨的鬥爭拉上緊密的關係。從左右兼容到防左容右，香港政府決定了不同政治信仰的人的命運。五十年代的香港左右分明，這條界線從政治經濟伸延到社會文化，然後雙方不斷相交摩擦，最終爆出火花，迸出鮮血！十年後，這邊社會的舊傷口尚未平復，那邊潛藏多年的政治矛盾遇上了遍地殷紅的革命熱潮，終於爆發出香港自戰後以來的最大危機。

「六七暴動」是香港的危機也是香港人的寶貴一課。經過戰後二十多年的打拼，香港人終於知道除了物質生活的享受，還有非物質的事情要處理。香港社會充滿來自種族、文化、政治、信仰、階級的各種矛盾，也有個人安身立命的思索。香港人的中國人身份尚未在殖民的洗禮中褪色，卻添上了一重「香港人」的身份。當年走出戰火而移居香港的人已經落地生根，他們的身份從「旅港」、「僑港」變為「居港」，他們在香港出生的下一代更成為真正意義上的香港人。

無論如何，不管是移民或者土生，香港人已經不能滿足於香港政府的殖民管治，他們認識到香港不再是一處借來的地方，他們要在自己的土地上擁有話語權。香港人從殖民社會的矛盾中重新探索中華文化，以和平抗爭建立中文的法定地位，並且以行動為中華民族捍衛釣魚台的神聖領土。

七十年代是火紅的年代，也是香港的另一個黃金十年。香港帶著生產總值接近港幣二百億的成績踏進一九七〇年，比十年前增加了百分之五十。順著工業化的走勢，香港的經濟在七十年代再攀高峰，香港生產的成衣、電子產品、玩具、鐘錶遍銷世界各地。七十年代也是一個新舊交替的大時代，香港人在尋找自己身份的同時，英國也在調整治港的政策。歷史的陳述以「六七暴動」為香港現代發展的分水嶺，但七十年代的歷史面貌更傾向說明治港政策的調整，並非只為撫平「六七暴動」的社會傷口。香港政府在七十年代推行的政策帶有深遠的前瞻作用，不但影響至今，更為香港的未來發展增添變數。

無論如何，經過戰後二十多年的休養生息，社會上積累了一股萌動的力量推動香港走向新的世代。香港從工業生產中得來的財富成為推動地產發展的資本。市區的戰前舊樓陸續消失，代之而興的是新式多層大廈。至於曾經遍佈港九各處的寮屋亦逐漸為徙置區和廉租屋所取代。當香港市區的地貌正在不斷增高的時候，拓展新界的宏圖把百年基業的漁農社會推上了傳統歷史的盡頭。

一如千千萬萬的香港人，本書的主人翁也曾經在那振動人心的年代生活過，和普羅市民一起看著香港由貧乏走向富裕。然而，他們卻以異乎大眾的視覺捕捉了那時代不為人注意的精神氣質，然後以水墨油彩展現於畫作之上。不過，在生活與工作兩個空間往來如潮水的人群之中，他們的群體細小到幾乎沒有在歷史上留下任何足跡。畢竟，藝術史是歷史學的冷門部門，香港藝術史尤其如此。在主流的香港史陳述之中，藝術史從來沒有佔過顯眼的篇幅；在普羅市民的舊日印象中，藝術也不曾是生活的一部分；香港的拼搏精神功利得無處讓藝術容身。事實上，要為那時候的香港藝術界勾勒出一個輪廓並非易事。投身這行業的人本來就寥寥無幾，售賣美術材料的公司也只有幾家；況且香港沒有藝術市場，藝術家的作品也沒有出路。就連政府統籌的美術教育也不見得有什麼作為，教育司署掌管美術教育的藝術家居然主張藝術不能講授！

戰後香港鋪天蓋地的城市建設沒有為藝術開闢寬廣的空間，直到一九六二年大會堂落成啟用，香港才擁有政府建造的第一項公共文化設施。這年五月，

大會堂高座的香港博物美術館以「今日香港藝術」(Hong Kong Art Today)為主題組織了香港第一次的官方藝展，為香港當代藝術發展史揭開重要的一頁。不過，對於當時的藝術家而言，大會堂和香港博物美術館是藝壇的聖殿，高不可攀；反而政府以外的世界卻處處逢春。那年代的香港藝術家從中國內地、台灣、海外帶來了藝術，他們也想盡辦法在香港打造一個像樣的藝壇。從五十年代起，英國圖書館和美國圖書館是藝術家舉辦展覽的好去處；思豪大酒店和聖約翰副堂也一度是「左派」畫家個展的熱門場所。除此之外，尖沙咀恒生銀行大廈、富麗華酒店、珠城百貨、怡東酒店、法國文化協會等都曾經辦過畫展。到了七十年代，在畫廊展示書畫和藝術品開始成為藝術家與社會交往的主要途徑。

其實展示作品是藝術作業的下游活動，教育才是藝術作業的源頭活水。在戰後一段很長的時間裏，在缺乏政府推動的情況下，少數幾間私人的藝專和兩所大學的校外進修部成為培養藝術人才的主要場所。這些學校的日間和夜間課程人才輩出，再通過組織畫會美協，竟然為香港的藝壇創出一番熱鬧的景象。到了七十年代，政府開始重視美術科，並撥出專款在全港的資助學校改建獨立的美術室；藝術也在社會找到立足之所，並漸漸發展出一個當代藝術品的市場。

藝術在今日的香港遍地開花，藝術作品在拍賣會上屢創天價；實在很難想像在非物質文明比物質文明更貧乏的年代裏，藝術家如何在生活的磨練中追尋美的價值。當年香港人為生活奮鬥，容不下難以換取溫飽的藝術；但香港在經濟起飛之後也沒有為藝術創造出同樣興旺的生機。在那個年代，藝術始終沒有成為一門職業；闖進藝術之門而最終成家，需要天份、自信、毅力、機會以及最起碼的堅持。香港戰後第一代藝術家的事業起點並非畫室，而是任何可以換取生活的工作。藝術家處身於入世與出世之間，從超越現實的視角觀照現實生活的衝擊。他們生活於香港這保守的華人社會，用來自中國傳統、西方、台灣的藝術養分創作出動人的藝術作品，為香港的當代藝術史寫下了重要的第一章。

劉智鵬博士

嶺南大學歷史系副教授

前言

與香港藝術對話：香港藝術發展口述史

黎明海
陳安琪

「文化」、「藝術」、「創意產業」等可謂備受現今香港社會熱烈討論的潮語用詞。在探討西九文化區定位，以及日後涵蓋範疇的部分輿論和媒體報導當中更引起廣泛關注和回響。就視覺藝術界別而言，同樣作為官方機構的M+視覺文化博物館與康樂及文化事務署轄下的藝術機構，如香港藝術館、香港文化博物館、藝術推廣辦事處等的分工及在發展本地文化藝術的角色仍有待釐清。

官方機構以外，私營藝術機構的發展近來也備受注意。畫廊數目如雨後春筍有增無減[1]，就以沿中環雲咸街、荷李活道、鴨巴甸街，至上環太平山街及普仁街一帶為例，其數目與經營面貌的變化不再以年月計。新進本地及外資畫廊進駐，而一些具本地營運歷史的畫廊如藝倡畫廊、漢雅軒、萬玉堂等卻紛紛搬離該區，轉移到工業大廈林立的區域，如黃竹坑或葵涌等另闢展覽空間。這一切變化是福是禍或未能妄下判斷，藉此不少人認為香港藝術正面對「本土化」與「國際化」發展路向的躊躇張力。

至於香港藝術市場於七八年間極速增長，國際拍賣行蘇富比、佳士得以及中國嘉德先後加入香港藝術家作品；二〇一三年香港首次舉行「巴塞爾藝術展」以取代「香港國際藝術展」，加上二〇一二年首個“Hong Kong Affordable Art Fair”，香港的藝術展覽及營銷更趨「亞洲化」及「國際化」。然而，另一方面本地文化藝術業界對香港日趨「國際化」及「內地化」的藝術發展有所顧慮。隨著富爭議性的「八五新潮」美術運動以及一九八九年首屆「中國現代藝術大展」[2]，當代中國藝術作品逐漸進駐本地畫廊[3]，近十年國外對其藝術品的需求或炒作就更為熾熱。倘若到訪參觀各類本地畫廊，不難發現當代中國藝術品比香港藝術品更為普及，有說售價也比「本

地薹」還要理想。自八十年代起本地的團體及藝術空間漸以民間傳統及懷緬舊城香港為創作或展覽題材，推行及界定本土藝術的熱情並未因一九九七年香港主權回歸而減卻。

相關香港藝術發展的論述

要討論及闡述香港藝術如何面對「本土化」與「國際化」的拉鋸並不容易，況且過去以通史體裁編整香港藝術史的著述不多，反觀報刊雜誌刊載的個別事件或藝術家專論卻頗為精彩。採用通論藝術史形式的香港藝術研究為題的專書，較早期的有一九八五年東西畫廊店東 Petra Hinterthür 發表 *Modern Art in Hong Kong*（筆者將其翻譯為《現代藝術在香港》）；作者嘗試就其二十世紀七八十年代所見來定義香港藝術。縱然 Hinterthür 鍾愛具東方色彩的藝術，她眼中香港的整體社會意識形態缺乏獨特的政治身份認同、討論及參與，藝術作品因而鮮有政治和社會議論立場。[4]她筆下的香港藝術帶有異國風情，猶如快鏡般窺探從古至今，源遠流長的中國書畫，並著意探討原住民藝術與本地現代藝術之別。

Hinterthür 所指的「原住民藝術」，大抵在說二次大戰前香港分別有鮑少游（1892-1985）及陳福善（1904-1995）兩大中西藝術系統。鮑氏作品代表承襲中國傳統藝術元素的表現，反之以西方媒介創作為主的陳氏則忌諱傳統，講求創新。[5]就她所見，二次大戰後香港取代廣東地區成為藝術家及文人聚居之地；至於本地現代藝術的興起，她認為藝術「現代化」與香港的經濟發展關係密切。她套用王無邪（1936- ）所言，述說香港藝術家因身處自由貿易港口，資訊頻繁，造就六十年代中西新舊交匯的景況，無可避免地追求革新傳統中國藝

術，因此「中」、「西」元素的糅合更見必要：丁衍庸（1902-1978）、方召麐（1914-2006）及呂壽琨（1919-1975）等水墨畫家的作品頗為創新，尤以白連（Douglas Bland，1923-1975）為當時唯一一位融貫傳統中國及西方現代藝術元素的西洋人。[6]

其書中較偏重新水墨運動的論述，把它視為香港現代藝術的代表。第六章"New Spirit"（筆者將其翻譯為〈新氣象〉），Hinterthür 嘗試按時序論述當時各新興畫會，其會員作品如何體現中西哲學。[7] 七十年代則被視為本地現代藝術發展的鞏固期，各類實驗性的藝術創作隨之興起，以至對各「門派」及風格的分類亦有其獨特見解：當中張義（1936- ）、韓志勳（1922- ）及文樓（1933- ）被歸納於「中元畫會」名下[8]，她另闢章節探討呂壽琨對「元道畫會」（1968）及「一畫會」（1970）的影響[9]，以及王無邪在香港中文大學校外進修部所推行之課程對靳埭強（1942- ）、梁巨廷（1945- ）等糅合設計元素及傳統水墨作品的影響。[10]

筆者認同呂氏及其學生王無邪對香港藝術發展的貢獻，然而 Hinterthür 著墨於他們的影響力時，對香港大學校外課程部及香港中文大學校外進修部的討論未免過於草率。她認為「視覺藝術協會」（1974）的成立與港大校外課程部辦藝術課程息息相關，這是不爭的事實。談及中大校外進修部之時，她將之與劉國松（1932- ）的名字扯在一起[11]，這實在教筆者費解，畢竟有關歷任中大藝術系系主任，以至校外進修部的課程主任、導師未有清晰交代，往後對其他非中國藝術媒介的討論更為零碎，僅以「其他具天份的藝術家」作結，「香港雕塑家協會」（1982）及施養德（1944- ）的版畫亦並列於此。

二〇一〇年杭州師範大學美術學院副教授楊慶榮著述《英治時期的香港水墨畫史》，楊氏旨在研究香港水墨畫的發展和「現代化」，未有如 Hinterthür 般含蓄。他談到「中國水墨畫在外來殖民者主導的環境下萌芽、成長，植根香港，並形成三大流派：嶺南畫派、傳統畫派、現代派，其產生是一個從無到有的過程」。他以兩大時期分析有關歷史，分別為啟蒙時期（1842-1941）及發展時期（1945-1997）。楊氏亦嘗試在下篇第一章東方與西方談及文化間的相互影響，並以一九六〇年作為本土水墨發展的分水嶺，提到「『香港人』在建立本土模糊的文化身份認同感的意識當中，新水墨畫作為本土文化的表現形態應運而生」[12]；並指出呂壽琨等的現代畫派於六七十年代取代傳統畫派及嶺南畫派，成為香港藝術的主流。[13] 楊氏另於下篇第二章〈繼承與拓展〉提及中大藝

術系，有關資料或能補充Hinterthür對香港水墨畫的詮釋[14]，但他對三大派系的分類和分析卻仍有商榷之處。

若Hinterthür的論述以探求本地現代藝術為起點，香港大學藝術系教授祈大衛的分析或能補足《現代藝術在香港》一書中尚未觸及的九十年代本地藝術的發展，以及她那「香港相對欠缺獨特政治身份認同」之定論。祈氏於二〇〇一年著有*Hong Kong Art: Culture and Decolonisation*（筆者將其翻譯為《香港藝術：文化與解殖》），以「文化與解殖」作書名，探討殖民統治、一九九七年香港主權回歸與本土文化意識的張力。祈氏引用Homi Bhabha的「文化混雜」（Cultural Hybridity）理論作始，引申論述以呂壽琨、王無邪為首的新水墨運動，其亦中亦西的表達有利於香港作為東西交匯點之官方主流論調。[15]書內祈氏進而討論藝術媒介的選取與本地藝術家身份認同的關係，並引申八九十年代新媒介及裝置藝術的興起反映部分本地藝術家在尋覓一些非中非西，遠離經典主義的藝術媒介作表達。他認為油畫和水墨畫有著難以擺脫的文化包袱，有礙於「本地化」的身份和表述。[16]

早在一九九六年，祈氏已在*Art and Place: Essays on Art from a Hong Kong Perspective*（筆者將其翻譯為《藝術與場域：以香港視覺論藝術》）一書中探討香港藝術裏的「東」、「西」問題，並於"Modernity in Hong Kong Art"（筆者將其翻譯為〈香港藝術的現代性〉）一文中為其「文化混雜」理論埋下伏筆，他試圖藉分析王無邪及文樓的創作中如何處理和辯證中國傳統題材與西方現代主義幾何形式表現的矛盾，從而道出要界定「香港性」（Hong Kongness）的困難，但卻又事在必行。[17]至於香港中文大學藝術系教授韋一空在二〇一〇年出版*I Like Hong Kong: Art and Deterritorialisation*（中文譯名為《我愛香港：藝術與去域化》）一書，嘗試以Gilles Deleuze與Félix Guattari的塊莖理論（Rhizome）探討本土藝術及當代性。[18]礙於該書觸及的時期並非本書的焦點，筆者在此未加贅述。[19]

除了Hinterthür通史體裁的著述外，二〇〇五年中國美術學院博士生朱琦出版的《香港美術史》是較系統梳理香港藝術發展的專著，其宏大敘事的意圖亦頗為鮮明。此書的出版，曾引起本地藝術圈議論紛紛。有藝評人如劉健威等說到該書作者並非本土人士，論述香港歷史未免有隔閡。[20]筆者倒認同「隔閡」之說，然而關鍵乃其宏大敘事的歷史觀，與其身份國籍無關。朱氏著眼於年份及史料的整合，起始於一八四二年正好為香港處於晚清時期的殖民統治及「歷史」作詮釋，並論述香港「一方面接

受中國母體文化的滋育和影響，另一方面也經歷了西方文明的沖刷與洗禮。東方與西方、傳統與現代文化在此消長、融合，呈現出紛繁複雜的景象」。[21]

朱琦大致把香港藝術史分作七個發展時期：萌芽期（清末民初至二十年代中期）、拓展期（二十年代中期至一九三七年）、移植期（一九三七至一九四九年）、自立期（一九四九至五十年代後期）、現代主義傳播期（五十年代後期至六十年代）、成熟期（七十年代至八十年代後期）、多元發展期（八十年代後期至九十年代末期）。朱氏從蕪雜零碎的資料勾勒香港長達百多年藝術發展的脈絡，其志可嘉。然而這種通過不同時期的重要美術家、美術團體及美術活動的美術史研究，黎美蓮曾指出：「其優點是能為美術史學家提供一個便捷的參考框架去概括一段悠長的歷史。但它的缺點卻在於：除非作者對選定的區域有一定的基本認識，否則在處理擁有複雜的社會及政治背景的國家或地區時，便很容易受到主流論述的左右，從而忽略了現存文獻中有意或無意被拒諸門外，或影響層面較小的創作形式。」[22] 黎氏委婉地道出朱氏或不熟悉香港的社會及政治情境，以至其論述偏頗於官方既定的框架，又或是以資料提供者的角度，收集資料之多寡作簡單陳述、歸納，欠缺完整史論系統。由是之故，他在最後一章論及香港藝術的多元發展期，索性把裝置藝術、林風眠（1900-1991）的香港時期創作與黃玉郎（1950- ）的港式連環圖發展置於壓軸篇章內，反映朱氏大抵認同「視覺文化」的觀點，論證就不應強分純藝術與普及文化了吧。[23]

至於五六十年代香港藝術的自立期，朱氏認為「五十年代末期至六十年代，隨著香港社會日益西化，越來越多的年輕藝術家接受西方現代思潮的影響，開始探討有本土特色的現代藝術語言……以西方的現代藝術語言與中國的傳統藝術間的探尋，最終導致了香港風格現代藝術的產生。」[24] 歷史觀本無絕對對錯之分，然而這有賴研究者對史料的詮釋及準確性的堅持；若以線性歷史觀陳述香港藝術的話，人物時序不容有錯，更不能就二手資料把藝術家及其作品籠統歸類。比如朱氏傾向把本書受訪者朱興華（1935- ）與王無邪一同定位為現代水墨家，相信其結論以香港藝術館館藏、市政局藝術獎媒介分類以及畫廊簡述為據，卻未能就藝術家的個人經歷以至畫會參與等因素串連起來。要以這種栽種常綠樹比喻香港藝術的發展，即由種子發芽，茁壯成長期至枝葉茂盛的論述方式，研究員和學者還是要有完備的史料佐證才能成事，畢竟史論跟藝術評論有別。

筆者認為香港藝術的發展並非如官方或主流論述般稱「香港在中華文化源流上有獨特的地位，通過融合中西方文化藝術，創造了獨特、多元和燦爛的香港風格。」[25]企圖以短短一句就能為香港文化，甚或藝術作定義，畢竟香港藝術並不一定中西交集。觀乎中國書畫，有講求筆墨傳統文人畫修養的，也不乏中西藝術媒介皆至臻精妙之士，發表作品時務求或中或西，所謂中西元素的「融合」未必顯而易見。況且藝術評論及分析往往受制於時空識見及所存資料，單以藝術媒介作分類，迫使研究員、學者草率評價，實有欠客觀。當然，修習藝術史要百分百的客觀也幾乎是不可能的事，然而正值好些香港當代藝術家或藝術界從業員仍然健在，單以二手資料代其發聲，對當事人未免有欠尊重、公允。因此以口述歷史形式集結和整理香港藝術發展的歷程和面貌呈示或許是另一條出路。

先暫且擱置官方論述立場的不足，筆者認為議論香港藝術者過分拘泥於「中」、「西」之別，著眼於某派別或作品是否亦中亦西、中西兼容云云。這種講求「中」、「西」區別的辨析，對於藝術評論有一定的重要性，是要讓讀者了解並參詳外間對某藝術家及其作品的評價，以及當時的社會氛圍等因素。然而在重構香港藝術史的角度上，這種以「中」、「西」二分法為起點的討論或會對了解其個中發展造成一定的障礙。筆者並非試圖為香港藝術作定義，甚或推翻現有的研究，只是說學界以至民間的討論也有認同香港確曾融合中西方文化的傾向，如是者要兼備「中」、「西」元素才稱得上香港文化，這種看似廣義，實則狹義的說法或會阻礙我們從不同角度及層面了解香港藝術發展的點滴。

香港藝術發展與口述歷史

固然現存文獻的二手資料有一定的客觀性和修史價值，至少在時間、地點等基本資料上有所憑證。只是現存資料以及其數目多寡或會主導後世對某些藝術家、藝術流派或團體、藝術活動或運動的評價，某些評價或會跟原有史實相佐。本書出版的內容有部分源自香港大學教育資助委員會的優配研究金資助項目《表現與顯證：一九六七年訖今香港藝術史的再詮釋》。

計劃進行之初，筆者構想以香港的一些歷史事件，如「六七暴動」作引子，看二次世界大戰後香港藝術發展。然而，在計劃進行時筆者才發現藝術發展不一定與其社會政治或經濟脈絡緊扣。在進行訪談及重整資料的過程中，筆者體驗史料零散對後世看待「香港藝術」之落差。還有至今鮮有準確界定誰是「香港藝術家」，況且不是所有受訪

「藝術家」均同意外間對他們所作的定位：金嘉倫（1936-）自退休後鑽研並推廣草書，對其六七十年代的硬邊畫作鮮有觸及；江啟明（1935-）以其地方誌速寫及水彩畫為人所稱許，他個人對水彩畫及繪畫香港風貌卻另有追求；韓志勳（1922-）對本地畫廊有其個人觀點，私下仍孜孜不倦地修訂其《殖民地的現代藝術：韓志勳千禧自述》；李國榮（1929-）中西繪畫皆善，且好藏古玩，卻未有成為「藝術家」，李氏的「藝術家」身份，以至他與鄺耀鼎及呂壽琨同為「香港藝術家協會」成員之事漸被淡忘；郭樵亮（1931-）的港英政府公務員身份，卻對抗日戰爭時期藝術作品有所偏好及議論；同樣是前公務員的王無邪曾自述其性情不大適合博物館的官僚作風；文樓則未有視自己為雕塑家；蕭滋回首昔日親歷政治與文化藝術錯綜複雜的關聯，至今仍心繫香港藝術發展等等。

藝術家個人論述似與一般檔案文獻式的紀錄有所差異。上述資料並非現存文獻或剪報所能歸納，自傳式的敘事亦非筆者興趣所在。透過與眾前輩交談、互動，本已湮遠的舊聞往事隨之變得立體：不少受訪者曾提及陳達文（1932-）、林鎮輝（1932-2013）、呂壽琨、Martha Lesser（1944-1996）、Sara Larkin（1946-）、白自覺（Jon Alfred Prescott，年份不詳）、黃蒙田（1916-1997）、尤紹曾（1909-1999）及其開設的三集畫廊（1963-1968）、「中元畫會」會員經常參展的雅苑畫廊（1962-1968）、閣林畫廊（1975-1977）、集古齋、「香港視覺藝術協會」、藝林文具印刷有限公司等，以及本地老牌畫廊，如漢雅軒及藝倡畫廊一些在廣告專訪以外的軼聞。這些資料均可對應現存二手資料並填補其不足之處。[26] 口述歷史在訪談者與受訪者有意識和互動的情況下，填補文獻檔案記載的空白之餘，還印證現存資料的可靠性。

當然，「記憶的不可靠性」會造成口述歷史學出現學術誤差的可能[27]，但本書訪談錄著意保留問答形式，只解釋證據、檢查考證，聯結人事因果，以避免斷章取義的情況。筆者聯同嶺南大學歷史系副教授劉智鵬把十五位活躍於二十世紀五十至七十年代香港藝術圈人士之簡歷及訪談輯錄成書。為免喧賓奪主，筆者的篇幅以簡短為要，好讓當年在藝壇擔當不同崗位的受訪者各自表述見證舊事之餘，亦能藉此分享他們對香港藝術發展的一些見解。

筆者著實無意為香港藝術發展定義，亦無意走向宏大敘事形式通論歷史的體制，因為在有限的現存資料下重構其歷史是非常冒險的事。

引述文獻

朱琦，《香港美術史》，香港：三聯書店（香港）有限公司，2005。

黎美蓮著，〈短評朱琦之《香港美術史》〉（錢雅婷譯），鄧凝姿編，《白文本》，2（香港：2006），頁 5-20。

劉健威，〈斟酌《香港美術史》〉，香港：信報，2005 年 8 月 20 日。

楊慶榮，《英治時期的香港水墨畫史》，南寧：廣西美術出版社，2010 。

香港特別行政區政府，《二〇一三年施政報告》，香港：香港特別行政區政府，2013 年 1 月 16 日。

Clarke, David. *Hong Kong Art: Culture and Decolonisation*. Hong Kong: Hong Kong University Press, 2001.

Hinterthür, Petra. *Modern Art in Hong Kong*. Hong Kong: Myer Publishing, 1985.

Portelli, Alessandro. *The Order Has Been Carried Out: History, Memory, and Meaning of a Nazi Massacre in Rome*. Basingstoke: Palgrave, 2003.

Schneider, Richard, and Cantor, Norman. *How to Study History*. Illinois : Harlan Davidson, 1986.

注釋

1 詳見樊婉貞，〈二〇一三年香港畫廊統計報告〉，《art plus 電子報》19，香港：2013 年 5 月，頁 36-39。

2 「85 美術新潮」是指一九八五至一九八九年間出現於中國內地的一系列以現代主義為特徵的美術運動。當時的年輕藝術家不滿美術界的左傾路線及蘇聯社會主義現實主義的美術窠臼和傳統文化裏的一些價值觀，試圖從西方現代藝術中尋找新的血液，關注人文主義、自由主義的復興，創作了大量模仿西方行為和裝置藝術的作品，而引發的全國範圍內的藝術新潮，以反思一九八四年的第六屆全國美展為契機，引發探討藝術創新的學術問題——即從批判「題材決定論」到提倡藝術民主，從批判創作模式單一化到強調創作個性等。代表藝術團體：新野性畫派（徐州）、池社（杭州）、紅色·旅（南京）、廈門達達、南方藝術沙龍（廣州）、部落·部落（武漢）、西南藝術研究群體等有影響的藝術群體湧現。代表人物有高名潞、毛旭輝、黃永砯、王廣義、徐冰、張曉剛等。一九八九年二月「89 現代藝術大展」於中國美術館舉行，由高名潞策展。支持組織包括《文化：中國與世界》叢書、中華全國美學學會、《美術》雜誌、《中國美術報》、《讀書》雜誌、北京工藝美術總公司、《中國市容報》。籌備過程亦得到中國美術家協會、中國美術館的支持。汝信、李澤厚、劉開渠、吳作人、沈昌文、邵大箴、唐克美、靳尚誼、葛律昌任顧問。

3 一九八六年藝倡畫廊店合夥人金董建平與香港藝術中心合辦「上海繪畫——蛻變中的中國藝術」，引進上海的當代繪畫。一九八九年，漢雅軒合夥人張頌仁舉辦「星星十年」展覽，另於一九九三年在香港舉辦「後八九中國新藝術」展覽。藝倡畫廊先後代理李山、王川、王天德等人的作品；漢雅軒先後代理毛旭輝、宋永紅、王川、王廣義、張曉剛等的作品。

4 Hinterthür, Petra. *Modern Art in Hong Kong* [Hong Kong: Myer Publishing, 1985], 13.

5 Hinterthür 認為陳福善的後期既融入西方的抽象表現元素，本人亦能秉持中國的雅集傳統（頁 56），其觀察反映著者於「中」、「西」方元素的二元對立論述或框架所限，著意解釋其藝術表

現之混雜性。

6 Hinterthür, Petra. *Modern Art in Hong Kong*, 78.

7 Hinterthür, Petra. *Modern Art in Hong Kong*, 61, 90-170.

8 Hinterthür, Petra. *Modern Art in Hong Kong*, 83-92.

9 Hinterthür, Petra. *Modern Art in Hong Kong*, 93-107.

10 Hinterthür, Petra. *Modern Art in Hong Kong*, 111.

11 Hinterthür, Petra. *Modern Art in Hong Kong*, 138.

12 楊慶榮，《英治時期的香港水墨畫史》，南寧：廣西美術出版社，2010，頁 131。

13 楊慶榮，《英治時期的香港水墨畫史》，頁 166。

14 楊慶榮，《英治時期的香港水墨畫史》，頁 182。

15 Clarke, David. *Hong Kong Art: Culture and Decolonisation* (Hong Kong: Hong Kong University Press, 2001), Chapter 1.

16 Clarke, David. *Hong Kong Art: Culture and Decolonisation*, 71-72.

17 Clarke, David. *Hong Kong Art: Culture and Decolonisation*, 75-76.

18 詳見岳鴻飛，〈我愛香港：藝術與去域化〉，《藝術界》4，安徽：2011 年。

19 有關一九九七年香港主權回歸及香港藝術發展的討論可參閱黎健強、梁寶山於二〇〇二年編著的《從過渡跨越千禧：七人視藝評論自選文集》，以及何翠芬於《二十一世紀》雙月刊二〇〇七年八月號撰寫的文章〈回歸十年前後話——從香港視藝創作歷史談起〉。至於何氏提到「香港藝術創作對本土歷史、文化身份的集體思索至九十年代初才在香港陸續呈現」。筆者認為要作此定論的話，還得以二十世紀上半葉的香港藝術發展作比較，畢竟此論或牽涉線性的歷史觀。若一九九七年的遠景是香港藝術發展一重要里程，那麼這或不限於展覽數目的多寡，甚或顯然「社會性」的創作主題。

20 劉健威，〈斟酌《香港美術史》〉，香港：信報，2005 年 8 月 20 日。

21 朱琦，《香港美術史》，香港：三聯書店（香港）有限公司，2005，頁 5。

22 黎美蓮著，〈短評朱琦之《香港美術史》〉（錢雅婷譯），鄧凝姿編，《白文本》二，香港：2006 年，頁 8。

23 黎健強指出朱琦的《香港美術史》所引用的著作大都是離不開「藝術家、團體或畫派，或是特定專題」而且未能真正反映香港藝術的發展。比方說，他認為朱氏未能深入探討三十年代香港藝術的多元發展，甚或九十年代的本土身份意識等。詳見黎健強，〈短評《香港美術史》〉，香港：香港獨立媒體，2006 年 1 月 10 日。

24 朱琦，《香港美術史》，頁 14。

25 香港特別行政區政府，《二〇一三年施政報告》，第 178 段。

26 口述歷史有別於一般一手資料。據所言，一手資料泛指最「原始」的資料和檔案，然而口述歷史卻介乎一手及二手資料當中；因為錄取受訪者的答述時，內容往往在回應已發生的事件或往事（Schneider and Cantor, 1986:22-23）。另有

其他學者編製的本地藝術活動年表，可參閱黎健強、李世莊一九九七年於《左右》藝術雜誌上發表的〈一九九〇至一九三〇年香港視覺藝術活動年表〉、李秀奇於同年在《美術教育一九九七》發表的〈香港美術教育史略稿 1950-1980〉等，恕筆者未能在此一一盡錄。

27 口述歷史學家 Alessandro Portelli 認為受訪者的「錯誤記憶」就是生活和回憶的部分，是可以作為理解事件意義的關鍵；因為真正重要的回憶不是被動地收集事實，而是創造事實意義的主動過程（Portelli, 1990:45-48）。當 Portelli 在八十年代提出訪談者要仔細聆聽敘事者語調之重要性時，其觀點尚未被廣泛應用。二〇〇三年，Portelli 著有 *The Order Has Been Carried Out: History, Memory, and Meaning of a Nazi Massacre in Rome*，他著重個別受訪者對納粹德軍及羅馬屠殺事件的感受、經歷和記憶，以至個人回憶與集體回憶的關聯。筆者認為口述歷史和現存有關香港藝術發展的文獻能互相補足。尤以一九六〇至一九七五年間的部分資料已被檔案化。因此，筆者進行訪談時，亦向受訪者出示一些從民間或官方機構取得的資料、文獻，作深入交談和對證。

文樓

簡介

文樓，原名文寶樓，一九三三年生於廣東新會，三歲隨家人到越南生活。於越南定居期間，文氏在堤岸知用中學畢業，並隨留法畫家劉曲樵先生習畫。一九五三年赴台，入讀台南工學院建築系，跟金嘉倫同學。後來，由於興趣的關係，他轉讀台灣省立師範大學美術系，於一九五八年畢業，後在彰化中學執掌教鞭。

一九六〇年文氏遷到香港發展，翌年加入「香港現代文學與美術協會」及「八月畫會」，廣泛涉獵不同媒介的藝術，並從這段時期起嘗試不同藝術的表現形式，試驗空間的安排與不同題材的組合。一九六三年他與金嘉倫、韓志勳等人組織「中元畫會」，除了探索和推動現代藝術思潮外，也追尋自身的文化及源流。兩年後，他領取美國國際教育學院的獎學金到美國留學，用一年時間考察及研究藝術。一九七〇年他再獲資助赴美訪問。不過，文氏有感美國為文化混雜的商埠而非正統文化的繼承者，毅然轉往歐洲及中東等地觀摩學習，並在當地感受到雕塑的魅力，奠下其日後的藝術道途。

旅法期間，文氏從版畫大師 William Hayter 身上學得新式版畫技巧。回港後，他將之傳給香港大學、葛量洪師範專科學校、羅富國師範專科學校等，並在個人畫室設置從外國訂製的版畫機。當時不少學習版畫的學生，也曾向其求教印刷及上色等技法。遊歷的體驗，也觸發文氏對自身文化的思考，繼而促使其用上前後七年的時間，研習西方美術史及重溫中國文化傳統，展開了思想創作上的「回歸期」。然而，文氏的文化回歸並不局限於個人層面，他推而廣之，將其拓展至社會範疇。一九六七年他偕友創辦《盤古》雜誌和「創建實驗學院」，提倡藝術家應在創作上關注社會及弘揚民族文化精神。在其推動下，香港藝術界掀起了一場認識中國、關心社會的「文化回歸」運動。一九七二至一九七三年間，他更帶領一批在台灣留學的人士到內地參觀學習。

文氏除了積極弘揚民族精神、提倡「文化回歸」外，在推動本地藝術發展、中西文化的結合方面，亦不遺餘力。一九七〇年他加入香港中文大學校外進修部任職課程導師，兩年後轉任藝術系任講師，並曾於一九八四至一九八八年間，在香港大學藝術系擔任同樣職位。在有關香港藝術的研究上，文氏亦有所參與。八十年代，他提出了「香港學派」及「香港風格」兩大論述，一石激起千重浪，進一步催化對「香港藝術」這概念的關注與探討。同時，他在本地藝圈極為活躍，既創辦了《美術季刊》、《文學與美術月刊》等雜誌，傳播及推廣文學藝術，也在多個民間藝術組織如「香港雕塑家協會」、「香港美術交流協會」等出任會長或主席等職位，加強藝術家之間的聯繫和藝術交流。另外，不少官方機構如香港藝術館、香港區域市政局等，亦曾委任文氏為藝術顧問，為策劃展覽及藝術發展提供專業意見。一九九〇年，他更被委任為香港特別行政區區旗和區徽的設計者之一。

從事創作多年，文氏曾多次在香港、台灣、菲律賓等地舉辦個展，重要雕塑作品分佈在香港、日內瓦、大阪、新加坡、漢堡等地。一九九九年，他獲香港特別行政區頒發銅紫荊星章，以表彰其藝術成就和貢獻。

文樓訪談錄

訪問者　黎明海博士

2012.3.29 / 5.23

黎　你在越南出生，後來赴台讀書，自六十年代就住在香港，你是怎樣看自己的身份和文化？

文　我是廣東新會人，兩歲隨家人到越南，我對當時的中國記憶不太深。我於一九五九年年底來港至今，一直住在這裏。我曾經在《中西文化藝術交融與創新實踐五十年——文樓傳記錄 1960-2000》（2010）一書中提及我在香港做的事情。我姐丈是法國人，家族的人也來自五湖四海，好比一個小型聯合國，因而接觸不同國籍和文化的人，他們分別在內地、台灣和香港讀文學或人文科目，後來我也輾轉赴美一年。

黎　你早年於台南工學院（現為台灣國立成功大學）唸建築，後轉到台灣省立師範大學（現為國立台灣師範大學）藝術系就讀，老師們對你的影響可大？

文　我老師虞君質[1]，他本在國立台灣大學哲學系任教，後來於台灣省立師範大學美術系教美學。我們一見如故，這位啟蒙老師對我恩重如山。我的藝術道路和婚姻都依他的意思和教誨而行。他著我多讀哲學和邏輯，以了解中國傳統藝術跟西方的不同。一九六五年我獲得美國國際教育學院頒發獎學金赴美，上哲學課，也進修藝術。四百五十元美金對我這個窮小子而言是個大數目。

直至我去了美國唸哲學，方發現美國並非繼承西方傳統文化的國家。當時我還未開始畫油畫和製作雕塑，我沒有工作室，只能在學校裏創作。我還未成名之時曾有人邀請我留在美國，說要代理我的作品，就是由我設計版模，把版子印出來後，他們替我印一百張作

品，他們會抽取百分之六十的佣金，我能獲得餘下的百分之四十作酬勞。成名以後，他們抽取的佣金會減至百分之二十。這就是他們的營商手法。另外，位於紐約皇后區的 Sculptor Center（直譯為雕塑家中心）想替我搞展覽，但最終未能成事。

欣慰的是，六十年代紐約流行版畫，我在當地認識了版畫大師 Stanley William Hayter（1901-1988），並曾於其 Atelier 17（直譯為「版畫十七」）工作室工作。我心裏想，敦煌《金剛經》也是在十七室，這位法國老先生好不囂張！追問之下，得知他研究中西方版畫多年，把兩者的優勢結合。要知道版畫是中國發明的，以木刻凸版為印刷面，西方則多用金屬凹版。Hayter 老先生的版裏用凹也用凸，以多種顏色一次過用一個版印。

一般而言，我這等拿獎學金赴美國的人，大多遊歷過後便會待在那兒，

空間現中，油畫，75x100cm，1962 年。

想不到會真的有出路。雖然我在美國有不俗的發展，但一直懷疑自己，認為我還是什麼也不懂，到美國是走錯路了。美國只是一個商埠，卻絕非西方文化之繼承者。美國本身是一個移民國家，土地也是取自別人的，文化較單薄，是一個很年輕的國家。那些優秀的藝術家，大多是從外地到美國居住，其中有不少機會自薦，讓世界各地的人認識自己。六十年代，法國的經濟於第二次世界大戰後每況愈下，其經濟地位漸漸被美國取代，英國更不用說了。回港後，我才正式研習西方美術史，並重溫中國的文化傳統，前後花上七年的時間，這便是我所指的文化「回歸」。於一九七二年至一九七三年期間，我帶領一批留學台灣的人士到訪內地……（**黎** 你的經費是從香港中文大學來的嗎？）不是。我那時沒有工作。然而我的作品賣得不錯，總算有些許資金。

早前我往復旦大學講課時，有同學認為紐約和上海均是商業大埠，理應有良好的基礎和條件搞好文化藝術。我欲糾正他們這種看法。上海有著自身中國傳統文化、藝術，美國以至紐約市本身卻是個「新大陸」。美國經濟於二十世紀急速發展，其文化和藝術也就流於商業化。六十年代，美國仍是傳統藝術和設計兼容的地方，自商業社會興起後設計便成了主導。美國文化對香港影響甚深。

為了「探索」中西文化，我還去了歐洲及其他文明古國的所在地，如印度等。

黎　你回港後一直也參與文化活動，對嗎？你認為當時的香港是否有紮實的文化根基？

文　我們這些從海外歸來的華人大都熱愛中華文化，既創辦《盤古》[2]雜誌，也於一九六七年發起「文化回歸運動」[3]。當中的「回歸」純為文化的回歸，非政治或政權的回歸，而是一種身份的認同。如果我們沒有文化的回歸和身份的認同，香港不論是「一國兩制」的特別行政區還是殖民地，全部都不能成功。

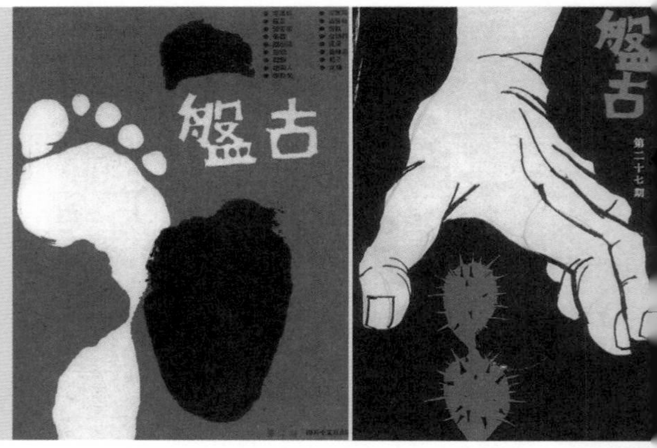

《盤古》雜誌封面，1967 年。

《大學生活》雜誌封面，1960 年代。

黎　於六十年代做出版印刷的確是頗有難度，《盤古》封面也是你一手包辦的嗎？當時沒有人給你資金嗎？

文　誰會給你錢做呢？我是傻的才會辦這些雜誌的嘛！左燕芳跟著我，不計酬勞地替我做了很多整理和策劃的工作。做雜誌是蝕本的生意，我做一本畫冊賺的錢反而更多呢！當年還有林悅恒[4]的《大學生活》[5]，我為他設計封面，每個月還捐五百元給他。

黎 「高舉自由的火棒，已經斷了；輝煌的文化戰士，往哪裏去？愚昧的一代，正用戰爭和屠殺去宣揚人權。」

文 這大概是一九六七年寫的，於香港出版的《盤古》雜誌。我們基本上無異於「中國文聯」。即是於中國裏面我們是一個「香港文學藝術協會」。戴天[6]出任為會長而我便擔任副會長。他辦文學，我辦美術。我們的人脈都在此，那時有很多內地的名家都有參與。這個《文美術季刊》都是我親自辦的，一九七四年便出版第一期，那時我還在構思《盤古》的封面。這個由光著腳到穿上鞋子的封面，就是「由古至今」的意思。

我們有一群俗語所謂的「戇居佬」（傻子），當中留美升學的台灣人，學成卻未能回到台灣，他們繼而在香港定居。這群人一心要當中國人的，在港的

《八方》雜誌封面，1968 年。

有戴天、胡菊人[7]等這些，他們既非左派，亦非親共人士，當時都是文藝青年，並積極參與雜誌統籌和出版的工作。有些人是來自中國內地，為了逃避束縛來到香港的，此外還有一班海外華僑。其中一位是來自台灣的包錯石（原名包亦明），他曾批評國民黨而坐牢，很厲害，逃到了美國後又回來。

有幾位很有見地的學者、詩人、文學家在政治和宗教信仰上有分歧，但於文化藝術方面我們還是有共識的，並開辦實驗學院。那時我被一位師大的老師啟發。他從法國巴黎回來，並提出了台北學派，可謂聞所未聞。在發起文化活動期間我漸漸明白個中道理，辦學派就是旨在凝聚一班某個時代某個地域的人，以強化自身的文化、藝術、思想的認知。可是我發現當時的香港藝術家沒多少個為科班出身，讀書也不算多，那何來文化？欠缺文學修養，其繪畫和文章只會流於膚淺。比如

繪畫，假若你把眼見的東西入畫，一旦有新技術，如攝影的出現，你便輸了。

黎 因此，你也積極創辦和參與香港的文學組織和畫會吧？

文 對，過去我曾參與創辦「中元畫會」[8]，王無邪是我們邀請他加入的。他是公務員，一直與香港藝術館關係良好。金嘉倫的貢獻亦不能忽視。至於呂壽琨，他不是科班出身，但他早年便習畫，其傳統繪畫倒不錯。你看這幅照片，有韓志勳、金嘉倫、郭文基、徐榕生[9]、潘士超、易宏翰和我。照片中那位女士程潔瑜是「中元畫會」的秘書，是香港大學的學生。

黎 那「中元畫會」何以會解散呢？

文 好些會員移民，也有些轉而做生

中元畫會會員合照，1964 年。左起為潘士超、易宏翰、文樓、秘書程潔瑜、韓志勳、金嘉倫、張義、郭文基、徐榕生、尤紹曾。

意。尤紹曾[10]是其中一位創會成員，他是菲律賓華僑，也是位生意人。他曾辦三集畫廊，替「中元畫會」成員辦過不少展覽。我個人認為香港得先有學術，有了一定水平才會有「香港學派」。

黎 你所提倡的「香港學派」不單是雕塑或個別藝術媒介，而是文化和藝術？

文 我於八十年代提倡「香港學派」，它該是學術性質的。什麼香港品牌、香港地標，說到底就是要有香港特色的文化精神。當中文化分別有物質文明和精神文明，我想外國人傾向認識香港的物質文明，亦即衣、食、住、行。我們倒能辨認歐美的衣著風格，多元卻帶有其文化色彩。但香港到底有沒有自身特色呢？這倒是一個難題。

其實，文化終歸是個背負歷史的平台而已，我們得有一個好的平台去繼承

傳統，去蕪存菁。比方說，中國繪畫的優點在於其抽象性、象徵性和文學性，且多元化。文人畫是中國畫裏最突出的，未如西方藝術般把繪畫和書法兩者分割，但兩者卻為同一個源流。我不是說每位藝術家也要讀書、談理論，可這關乎香港文化藝術的承傳和創新。

黎 這跟你的教學理念相呼應，對嗎？

文 我注重承傳和創新。從紐約回來後，我把我從 Hayter 老先生處學的版畫技巧傳予葛量洪教育學院和羅富國教育學院[11]。我於一九七二年到香港中文大學教書，馬仔（馬桂順）[12]和太太廖少珍[13]、左燕芬[14]等都是我的學生，那時我教版畫和雕塑，也有籌備現代雕塑的燒焊技術。

藝術教育是很重要的。如果沒有藝術教育，沒有理論，沒有學問，只是用手和眼，是很膚淺的。我想這是屬於普及化的文化教育。即使香港西九文化區，我仍取笑其為二世祖的「檔口」（經營生意的地方）。這是香港政府有錢，弄個「檔口」出來，賣的卻沒有香港貨，都是外國或內地來的，你香港有多少能拿出來和國外的相比較？一開始你找個澳洲人 Michael Lynch（連納智）來當西九文化區管理局行政總裁，怎樣了解中國文化？起碼要一個外國人兼一個中國人，起碼要兩個平衡才行，否則不能成事。

還記得我辦香港中華文化促進中心，去過中國大江南北，那些藝術我都搞得清清楚楚。你看新疆的中央委員也是我的老朋友，我在香港辦了個木卡姆（Makam），倫敦有個木卡姆（Makam）也是我辦的。

黎 那成立香港中華文化促進中心是誰的主意？資金又是從哪裏來的呢？

文 香港中華文化促進中心的成立和營運均由霍英東基金會資助。我當上全國政協委員後認識霍英東，他當時為全國政協副主席。霍英東是中華文化促進中心名譽會長，他提供的資金是最多的。當年中華文化促進中心一年的營運大概需要一百五十萬港元，我們不時舉辦籌款活動以獲得一些額外資金。

黎 我年輕的時候（八十年代）經常到位於信德中心的中華文化促進中心看展覽，當時展出內地和台灣大師作品的場地並不多。

文 那時我在台北為李可染[15]、吳作人[16]等大師辦展覽，但那些家族繼承人、經理人往往不願把畫作拿出來展覽，我便沒法子。那時有一個所謂「匪區」的藝術家，能提供那些大師級的作品，但到了那兒展覽便得承擔被沒收的

風險，而我以前總是找美國人合作的，即是美國的畫廊。還好後來台灣的展覽都頗順利。

黎　最近李可染那幅〈萬山紅遍〉(1964)賣了近三億元，我覺得挺誇張的。

文　在展覽中我遇見李可染夫人（鄒佩珠），她也是位雕塑家。她對我說：「文樓，不要再辦中華文化促進中心了，專注藝術創作豈不是更好？」他們常常都勸我這樣做。但他們不曉得我是因為想辦好文化，才去創作藝術的。藝術是實驗文化的製成品，我這些雕塑作品也是因為籌備這些事項才製作的。

黎　「香港美術家協會」是何時成立的？

文　八十年代，到九十年代仍然存在。由「香港美術交流協會」改為「香港美

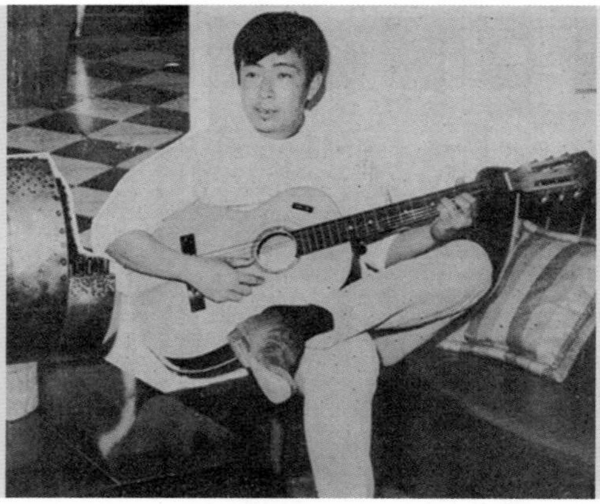

Play a Guitar in the Rain，舊剪報，1967年。

術家協會」，到一九九七年後亦有稍作改變。若然沒有文化的承傳和認同，「香港美術家協會」就像一個被孤立的浮台，有如在沙灘上建屋一樣。我一生人也猶如一個浮台，因此我對此有很深刻的體驗，皆因我是一位華僑，每一個地方都是我的一塊踏腳石，即使越南是我家鄉，但每當我回去，那些人都不認得我，因為我是華僑，回去他們只希望你有所貢獻，能為他們做點事。對於傳統中國國畫，繪畫，以及中國廣東的繪畫等，我很了解，它們的系統其實是一脈相連的。我老師讓我認識嶺南畫派，它本身便是一場愛國運動。

　提到「香港美術家協會」，那是一件頗傷感的事。因為我辦這個美術家協會的目的是希望得到文化上的認同。在香港要推行文化認同是一件很吃力的事，幸而我推行的時候，也凝聚了一些人，因為除了凝聚「香港美術家協會」

之外，其他方法都沒太大作用，尤其是一九九七以後，我開始對這件事失望，因為我於八十年代提倡「香港學派」，可惜不成功，而我於八十年代末至九十年代初我提出的「香港風格」，亦不得要領。我得明白香港在文化發展上仍是力有不逮。

黎 當年高劍父[17]他們這些都是革命之士。

文 嶺南畫派是一個愛國的畫派，最早都是梁啟超那班人承傳下來的，提倡文化、學術、政治等，另外亦有一班人是專門提倡藝術的。早年的廣州和香港沒有太大分別，那時沒有邊境關卡。我曾為關山月[18]在台灣辦展覽，亦幫了他不少忙。他曾離開廣州，並移居敦煌。敦煌乃是中國中西文化交匯的發源地，他臨摹那些壁畫，正好吸收敦煌的精髓。

趙少昂[19]和楊善深[20]是當年嶺南畫派的嫡系。嶺南畫派當年有四個嫡系，關山月、黎雄才[21]在廣州，趙少昂和楊善深則在香港，頗為平衡。這關係到香港和廣東省的歷史和文化發展。當時有我，何弢[22]和何文匯[23]三位（顧問），說話還有些許份量。我曾向香港文化博物館提議建立兩個館，分別給楊善深和趙少昂[24]，總不能要人家捐出藏品才建吧。反觀我到廣州向有關博物館提出很多嶺南畫派的問題，他們都很了解。

黎 「香港美術家協會」是否和「中國美術家協會」有直接的關係？

文 我是「中國美術家協會」之成員。那時負責人是石魯[25]和吳作人，石魯和我稔熟，吳作人也和我很要好，吳作人國際美術基金會也是我為他辦的。但一九九七年以後便不許我們直接參與。

現在「香港美術家協會」可算是僵化了，我又不能繼續做下去，因為沒有太多時間。我曾請韓秉華[26]、靳埭強[27]接手代辦，但還是不行。因為你若是藝術家便一定會為此犧牲不少時間，你只能專注藝術工作，當然做設計又截然不同。總之，我認為如果不是純粹為香港而去做，那是不行的。現在已再沒有人願意做這些事了。只有幾間做生意的畫廊，都不是官方機構。

什麼都是文化，若然一個國家要經營文化，它總不能把一切視為文化發展。文化跟「衣、食、住、行」息息相關，就是說四時習俗皆為文化。然而，這些都是所謂的通俗文化，你不用刻意經營。好的要繼承，不好的要把它刪去。人的「衣、食、住、行」都會隨著歲月作自然篩選。我們需要重視及推廣涉及創造性的文化，即是所謂的「精緻文化」。這種文化能提高人的素質，使

人團結向上，使人類生活更幸福完滿。這是精神、思想和情感上的進步。

我們看文化是有三個條件的：第一，是地區風格，同一時空裏，每個地區都各有特色。早年歐洲的文化，已經很繁榮，為何他們還要去非洲、大溪地去汲取文化呢？文化既有時空觀念，也有地區特色，我稱之為民族風格。作為香港藝術家，你身在香港，卻跑去發展或學習美國的文化，那就很矛盾。第二，是時代空間，即藝術家身處其時代空間的表現。第三，是個人風格，亦往往屬於特定的時代空間。如果你本身已身處東方傳統的系統，也是身處於當代的東方藝術家，你不但需要熟讀西方美術史，更要發展自身的傳統。現在我看到很多香港藝術家所製作的裝置藝術，都是模仿美國的，只是稍作改變，便當成是自己的設計，這只是緣木求魚，難以成功。若整個國家的創作都是模仿別

1963
HIBITION OF PAINTINGS

othy Swan, Director of Chatham Galleries, yesterday
n exhibition of paintings by two local artists, Mr Van
Mr King Chia-lung. It is being held at the City Hall
aday. In the above picture are Miss Swan, cutting the
on, Mr Van Lau and Miss Bette King (centre).

A Joint Exhibition by Van Lau and King Chia Lun，舊剪報，1963 年。右一為雅苑畫廊（Chatham Gallery）的女主人 Dorothy Swan。

Mr Van Lau, one of the two local artists holding a joint exhibition, showing a painting to Miss Dorothy Swan, Director of Chatham Galleries. The other artist of the exhibition in City Hall is Miss Bette King Chia-lung.

A Join Exhibition by Van Lau and King Chia Lung，舊剪報，1963 年。

人的，這個國家也就沒希望了。

現今中國要尋找自己的文化倒也不易。他們曾摒棄一些傳統封建制度、思想，可是傳統也有不少好的元素。文化承傳的問題並非香港獨有，中國內地的問題比香港更嚴重。缺乏「精緻文化」的話，社會便失卻代表性。

黎　你在香港這麼多年，有本地畫廊代理你的作品嗎？

文　六十年代我在畫廊掛單，Dorothy Swan 是最早於香港開設畫廊的，名雅苑畫廊，位於尖沙咀漆咸道一〇三號。當時大部分藝術家都在她的畫廊擺展覽。

英國倫敦馬博羅畫廊（Marlborough Fine Art）來香港時也有找我，還想在香港或上海辦一個畫廊，要代理我的作品云云。我只答他們一句，我不做搖錢樹。我用錢那個年代是出版文化雜誌的

時候，我也用得差不多了，我知道錢的價值。你看吳冠中，他要賺那麼多錢幹什麼呢？他早上只喜歡吃白粥油條而已。結果他還是把作品都送給了香港藝術館。他比我厲害，香港藝術館不要我的東西，所以我才送去北京中國美術館。

大抵博物館不大喜歡我那些中西融合的作品，只要新的東西。他們把我的〈太空相〉搬進地牢時弄壞了，叫我去修理。我問館方修理完後會搬回原位（香港太空館門口）嗎？他們說搬到別處。很多事情，一語難明，幾個總館長換來換去，作品遭破壞，他們總會說出道理來。我經常批評他們官僚，不止這件，還有好幾件作品也曾給他們損壞過。我想有人懷疑文樓是親共分子吧！

我一直認為中國內地和台灣都屬於中華民族。我在台灣唸了七年書，哪有資格當共產黨員？自七十年代我回內地以後，香港人都怕了我，回來後香港中文大學也開除我，其院長是國民黨的老大嘛。[28] 我怎樣解釋也沒用。我想我做錯了一件事，就是於一九七五年我帶畢業班回內地旅行，包括陳毓祥、劉天賜、陳慶祥等。當中劉天賜最「搞鬼」（古靈精怪）的了，他還找來解放軍的制服來穿。

後來，我連台灣也回不了。

ASIANS TO WATCH

Sculptor carves a niche for himself

HONG KONG'S largest *bronze* relief mural, all 270 square feet of it, is the handiwork of an unassuming, soft-spoken, Chinese sculptor, Van Lau. Born in China 34 years ago, Lau schooled his talents in the Fine Arts Department of the Taiwan Normal University, from where he graduated in 1959. He first came into public view at a group showing in Hong Kong in 1961. Lau is happiest working in metal. While most of his contemporaries eschew colour for form, Lau seeks to combine both, in the search for dramatic expression of his ideas. Like most adherents of the lively arts, Lau has done his share of travelling — Tokyo, the United States, Europe — showing off his work and keeping in touch with contemporary developments in his chosen field. A member of Hong Kong's prestigious Circle Art Group, Lau was one-time lecturer in the extra-mural department of the colony's Chinese University. A qualified architect, he also teaches modern design. ■

Sculptor carves a niche for himself，舊剪報。

黎 你回不了台灣也真可惜。你覺得「香港學派」和「香港風格」的前景還明朗嗎？將來會有什麼轉變呢？

文 即使香港跟內地於地理上相連，香港到底是不同的。我們比內地早接觸西方，生活方式，角度等都比他們要國際化，這是香港的優點，但為何香港不行呢？國際化不等於要模仿外國，一味模仿外國是沒用的。如果在香港中文大學建一個巴黎鐵塔，我不如去巴黎看。日

本文化做得較好，現在中國水墨畫的抽象風格，最先也源自日本。香港的藝術家學成後各自各的，不再凝聚在一起。

注釋

1 虞君質（1912-1975），本名虞文。早年工作於北平清華大學國學研究院，日本東京帝國大學文學部畢業。一九四九年到台灣，曾於國立台灣大學及國立台灣師範大學任教，後任香港中文大學藝術系講師（1964-1970）、高級講師兼系主任（1965-1970）。五六十年代台灣重要的美術評論家，曾主編《文藝月報》，一九六二年在台灣協助創辦「五月畫會」及「中華民國畫學會」，著作包括《藝術論叢》、《藝苑精華錄》、《藝術概論》等。

2 古蒼梧、戴天、胡菊人、黃維波、文樓等於一九六七年創辦《盤古》雜誌，於一九七八年停刊。

3 一九六〇年代香港文化界圍繞香港人身份問題所引起的一系列討論。「文化回歸運動」的支持者包括包錯石等人，批評香港人有「雜取文化」的心態，欠缺主體性，他認為香港人不應該有獨立的身份，應該視自己為中國人，認同中國傳統文化；田邁修（Matthew Turner）則持相反論點。詳閱盧瑋鑾、熊志琴著，《雙程路：中西文化的體驗與思考》（香港：牛津大學出版社，2010），263-275。

4 林悅恒（1935- ），一九四八年移居香港，一九五九年畢業於台灣大學哲學系，後到香港友聯出版社工作，於六十至七十年代活躍於出版界，出版包括《中國學生周報》、《大學生活》等。林氏也是本地書法家，並在二〇一三年二月於中央圖書館展覽廳舉行「茅龍妙動——林悅恒書法暨好友藝術展」。

5 《大學生活》由友聯出版社發行，一九五五年創刊，一九六一年停刊，該出版社由亞洲基金會資助。

6 戴天（1937- ），原名戴成義，另有筆名南來雁。一九六〇年畢業於國立台灣大學外文系，一九六七年到美國愛荷華大學「國際作家工作坊」研究。《現代文學》、《盤古》編輯及創辦人之一及《八方》文藝季刊編輯顧問，《文化生活》、《今日世界》出版社總編輯，後任《讀者文摘》高級編輯。戴天曾與本書受訪者文樓等創辦「香港文學藝術協會」，成員有小思（原名盧瑋鑾）、黃繼持、鄭樹森、金炳興、鍾玲。

7 胡菊人（1933- ），原名胡秉文，曾任《大學生活》、《中國學生周報》社長，《明報月刊》總編輯（1967-1979），曾創辦《百姓》半月刊並兼任主編。著有《坐井集》、《小說技巧》、《文學的視野》等。

8 「中元畫會」於一九六三年成立，一九六四年成為註冊團體。本書受訪者韓志勳和金嘉倫均為創會會員。

9 徐榕生，一九五八年畢業於香港美術專科學校，一九六八至一九七三年任教於香港中文大學校外進修部，六七十年代任職廣告及平面設計，一九九一年起於加拿大溫哥華設畫室教授兒童繪畫。「中元畫會」會員，現為「溫哥華華人藝術家協會」會員。

10 尤紹曾（1911-1999），一九三六年畢業於上海大學，曾於海運大廈開設三集畫廊（1963-1967），一九六九至一九八九年間淡出畫壇，九十年代再度活躍於藝術圈，與本書受訪者韓志勳、金嘉倫和文樓同為「中元畫會」創會會員。

11 一九九四年，香港政府根據教育籌委會第五號報告書的建議，將羅富國師範學院（1939）、葛量洪師範學院（1951）、柏立基師範學院（1960）、香港工商師範學院（1974）和語文教育學院（1982）合併為今日的香港教育學院。

12 馬桂順（1952- ），一九七六年畢業於香港中文大學藝術系，一九九一年獲哲學碩士（中國美術史）學位，又於二〇〇二年獲澳洲皇家墨爾本理工大學藝術博士學位。香港教育學院文化與創意藝術學系榮譽副教授（駐校藝術家）。並於二〇〇八年在火炭成立「弘藝術坊」，致力於水

墨及版畫創作。為「香港現代水墨畫會」會員。

13 廖少珍（1952- ），一九六七年畢業於香港中文大學藝術系，一九八四至二〇〇〇年任教於香港理工大學設計系，二〇〇〇年成立「弘藝版畫工作室」，現為香港視覺藝術中心藝術專修科版畫課程策劃兼導師。

14 左燕芬，一九山五年畢業於香港中文大學唐君毅藝術系，前文理書院（九龍）視覺藝術科科主任。於退休前辦「『左兮 別兮』左燕芬師生親友作品展」。

15 李可染（1907-1989），原名李永順。一九二五年畢業於上海美術專科學校，一九二九年被取錄為西湖國立藝術院研究生，同年創立「一八藝社」，一九三二年創辦「黑白畫會」，一九四三年任國立藝術專科學校講師，一九四六年獲徐悲鴻之邀出任國立北平藝術專科學校副教授。一九四七年拜師黃賓虹、齊白石。一九五〇年任繪畫系副教授，一九八一年任中國畫研究院院長，曾為中國美術家協會理事、副主席。

16 吳作人（1908-1997），名之壽，字作人，一九二七年入讀上海藝術大學美術系，翌年入讀南國藝術學院，同年轉讀南京國立中央大學藝術系，一九三〇至一九三四年到法國巴黎國立美術學校及比利時美術學院進修。一九三五年任南京國立中央大學藝術系講師，一九四六至一九四九年任國立北平藝術專科學校教務主任兼油畫系教授，一九五〇年任中央美術學院教務長兼油畫系教授，一九五五任副院長，一九五八年任院長，一九七九年任名譽院長。一九八三年任美國堪薩斯大學藝術系客席教授，一九八四年獲法國藝術文學最高勳章，於八十年代中旬任中國美術家協會主席。

17 高劍父（1879- ），別署麟、劍廬、崙等。一八九六年拜師伍德彝，入住伍氏位於河南的鏡香池館，得以臨摹張蔭垣、孔廣陶、吳榮光等名收藏家之藏品。一八九八年入讀澳門格致書院（廣州嶺南大學前身），後因伍氏遷回廣州而輟學。一九〇〇年在廣州開辦圖畫研究所，一九〇一至一九〇四年在廣東公學、時敏小學、述善小學教圖畫課。一九〇六年赴日本，同年加入中國同盟會，翌年獲孫中山等委派創立廣州分會。一九〇九年任中國同盟會廣州分會會長，與副會長潘達微於河南辦守真閣裱畫店，實為該分會之總機關。一九一二年在上海創辦審美書館及《真相畫報》，並結識鄧實、康有為、黃賓虹組織「藝術觀賞會」。一九二〇年任廣東工藝局局長及廣東省省立工業學校校長，一九二三年創辦春睡畫院（一九三八年畫院遭日軍炸毀），一九二五年兼任佛山市市立美術院院長，一九三三年任國立中山大學兼任教授，一九三六年任南京中央大學藝術系教授。二次大戰期間高氏多居於澳門，偶爾到香港。一九四五年重辦春睡畫院，創辦南中藝術專科學校兼任廣州市市立藝術專科學校。一九四九年其百多件作品被運到香港。

18 關山月（1912-2000），一九三三年廣州市市立師範學校畢業，一九三六年入讀高劍父開辦的春睡畫院。二次大戰期間關氏到香港、澳門，亦到中國各地寫生。一九四六年任教於南中藝術專科學校，一九四八年任廣州市市立藝術專科學校中國畫科教授兼主任，一九五〇年任廣州華南文藝學院教授，一九五三年任武昌中南美術專科學校副校長，一九五八年任廣州美術學院副院長，一九七一年任廣東省文藝創作室副主任，一九七九年任廣東畫院院長、同年任中國美術家協會副主席，一九八〇年任中國美術家協會廣東分會主席，一九八一年任香港中文大學學位考試委員會校外委員、中國畫研究院院務委員，一九九三年任廣州美術學院終身教授，一九九五年關山月美術館在深圳成立。

19 趙少昂（1903-1998），字叔儀。二十年代中期任教於佛山市市立美術學校。一九三七年任廣州市市立美術學校中國畫系主任，一九四八年任廣州大學美術科教授，於同年移居香港，設嶺南藝苑。於一九八〇年獲頒英國 MBE 榮譽勳章。不少畫家如靳微天、方召麐均為其學生。「今畫會」

名譽會長，「中國美術會」創辦人之一，並兼任首屆監察委員會主席。

20 楊善深（1913-2004），一九三五至一九三八年於日本京都堂本美術專科學校修讀美術。一九四〇年任中國文化協進會會負，翌年與高劍父、馮康侯成立「協社」，一九四五年與陳樹人、趙少昂、高劍父、關山月、黎葛民在廣州成立「今社」，一九五七年與丁衍庸、李錫彭、李研山、呂壽琨、黃般若及趙少昂組「七人畫會」。一九七〇年在香港成立「春風畫會」。

21 黎雄才（1910-2001），一九二六年入讀高劍父開辦之春睡畫院，一九三二至一九三五年入讀日本東京美術學校，曾任教於廣州市市立美術學校（1935-1939）、廣州市市立藝術專科學校及廣東畫院，一九八八年任廣東畫院藝術顧問。

22 何弢（1936- ），一九六〇年獲美國麻省威廉斯大學學士，一九六四年獲美國哈佛大學建築系碩士，一九七九年獲美國麻省威廉斯學院頒授人文學榮譽博士銜。一九六一年任美國哈佛大學設計辦事處建築助理，翌年任美國波士頓重建署建築助理。一九六四年返港，並於一九六八年成立何弢建築設計事務所。先後出任香港中文大學藝術系兼任講師（1965-1967）、香港藝術中心視覺藝術委員會主席（1972-1977）兼總建築師、美國哈佛大學設計研究院客座評論員（1975）、香港大學建築系榮譽講師、香港城市大學校董會成員（2001-2006）。亦為香港建築師學會、世界城市及區域設計學會以及美國平面設計學會之會員、美國建築師學會榮譽會員，以及香港特別行政區區徽設計師之一。

23 何文匯（1946- ），一九六九年獲香港大學文學士，一九七二年獲香港大學哲學碩士，一九七五年獲英國倫敦大學哲學博士，香港中文大學中國語文及文學系榮譽教授及前教務長。曾推行的粵語正音運動，因而引起文化界及大眾對粵語之關注及爭議。

24 香港文化博物館現設有趙少昂藝術館。

25 石魯（1919-1982），原名馮亞珩，字永康。一九三七年畢業於東方美術專科學校，一九四八年於延安群眾日報社編輯《群眾畫刊》，翌年於延安大學任教，一九七八至一九七九年間於中央美術學院國畫系講學。曾為中國美術家協會西安分會副主席。

26 韓秉華（1949- ），一九七二年畢業於香港中文大學校外進修部藝術設計文憑課程。曾任教於香港中文大學校外進修部、香港正形設計學校（1984-1994），一九九二年獲「香港藝術家聯盟」頒發藝術家年獎。「香港設計師協會」主席（1998-1999）、「香港美術家協會」副主席、康樂及文化事務署博物館專家顧問（設計）。

27 靳埭強（1942- ），一九五七年定居香港。一九六九年獲香港中文大學校外進修部商業設計文憑，畢業後先後與友人創立大一學院（1970）、香港正形設計學校（1980）等。一九七三年兼任香港大學校外課程部之基本繪畫綜合課程講師，三年後亦加入「一畫會」並協助藝術教育的推廣工作。一九八一年獲市政局藝術獎。歷年來，除擔任「一畫會」主席外，亦曾出任香港藝術發展局委員、香港設計師協會主席、「國際造型藝術家協會香港分會」副主席等職位。

28 錢穆於一九五〇至一九六四年任新亞書院院長，唐君毅為香港中文大學第一任文學院院長。

從文化背景看香港現代藝術的發展

文樓

藝術創作是人類社會「文化創造」的一個重要環節。現代人任何種類藝術的創作表現，不外是反映人類在特定時空裏的一種文化生活方式，而文化生活依存於時間的延續與空間的伸展，所以各種類藝術創作表現，不能不深受時間與空間的交互影響。中外古今文化藝術的互相交流與繼承活動，促使人類文化生活不斷創新向前發展。而生活在今天科技昌明社會裏的人類，時間的功能越來越大，空間的距離也越來越縮短，時空交織的關係更形密切，各國、各民族、各個地區的文化生活，在時間上不斷吸取過去傳統的優點加以發揚光大，在空間上突破人為的阻隔，形成一種多元化的文化藝術生活方式。

根據近年的考古成果，即使從新石器時代算起，中華文化也有八九千年的歷史。除了黃河流域、長江流域、內蒙、東北、西南、嶺南和台灣都有不同系統的文化源流，上萬年綿綿不斷發展、不斷交流、吸收、創造，其中並無間斷，成為世界文化史上一項奇跡。上萬年來，它不但孕育著橫貫一千萬平方公里的炎黃子孫，為他們營造一套涵蓋豐厚、多彩多姿、別具獨特風格的生活方式，還建立了巍然矗立於東方、光華照遍東南亞的華夏文明。中華文化是在不斷吸收外來文明的過程中而日漸茁壯的。但是它總是以強大的文化主體去融合外來文化，使之成為創造的新元素、新動力，進而內化為中華文化的一部分。漢、唐對西域文化、佛教文化，乃至於回教文化的吸收也是如此。不幸於清道光年間，中國因鴉片戰爭被洋人的堅船利炮打開了海禁大門之後，堂堂文明大國，竟被「番邦」打敗，簽訂喪權辱國條約；面向茫茫的新世界，強勁的

西方軍事勢力，不免方寸大亂，無所適從。中國人對民族文化價值觀的失落，亦由此而起。直至新中國成立，並能夠在戰爭頹垣敗瓦中自力更生，靠自己的力量再站起來，推行「古為今用，洋為中用」的文化政策。既不保守，也不崇洋，重拾民族文化的自信心。到了二十世紀七十年代後期，中國勵行四個現代化，對內實施改革，對外促進開放，國勢漸次上升。二十一世紀將是中華文化團結、國家統一、振興中華的年代。

鴉片戰爭一役，從一八四二年起割讓香港給予英國，到現在為止香港受英式殖民管治共一百五十五年。香港本來是中國南方一個漁村港口，近年逐漸演變成為一個國際大城市和世界金融中心，無疑是一個十分成功的經濟大都會。但是，在這裏讓我們從另外一個角度看看香港在不同時期裏的文化生活。

「至於香港政府所推動的文康工作，沒有長遠計劃，沒有宏觀視野，沒有文化教育意識，沒有系統性、連續性、零碎、離亂、欠缺目標，屬於「雜取文化」的範疇。」

組成香港社會的成員主要是中國人，佔了約百分之九十五。除了少數統治階層的英國人之外，絕大多數的中國人，與國內的同胞同種、同文，有著共同歷史背景與統一文化根源。一般來說中年以上的香港人接受傳統文化的薰陶較深。而中青年一代，由於六十年代後期香港社會急劇的現代化，來自西方先進國家的現代文化生活新觀念，高速地通過大眾傳媒輸入香港，必須經歷時間浸淫、節奏較慢的傳統文化生活新概念對他們的影響，就大大地減弱了。如果以三十年為一代人，則受殖民管治的香港人足足五代有多。但是，真正能夠認同然後歸化殖民主義英國或西方其他國家的香港人，主要是在六十年代後期成長的中青年。在藝術創作上他們表現的西方現代藝術風格越來越強烈。藝術既然是反映人類文化生活的一種表現，在香港社會成長的青年人，缺少中華傳統文化教養與認識，對中國文化的繼承與

發展自然掌握不到基礎與重心。沒有民族文化價值觀的依歸，沒有中國文化的根基，對文化的選擇、吸收或再創造便無所憑藉，不辨主次。香港，作為一個國際都市，文化資源極為豐富，但面對眼花繚亂的文化式樣，本港市民沒有在所謂的多元文化中獲得太多的好處，他們所得的其實是以模擬、附和或盲目崇拜、隨波逐流為特色的「雜取文化」，看似多姿多彩，實則缺乏原創性，為有識者所識，殖民政府要塑造的正是這樣的浮游分子——沒有國家觀念、沒有民族感情、缺乏社會人文歸屬的一群。

港英政府一向宣稱自己沒有固定的文化政策，以示對文化的開放態度。實際的情況卻不是如此。在資本主義社會或工商社會的文化結構中，有三個大的組成部分，其一是納入商品市場，與其他商品消費競利的文化商品，即「商業文化」。其二是由政府提供資源，由政府推行及控制的教育及文康活動。其三是非牟利的自發性的民辦文化工作。商業文化包括了大部分以牟利為目的的娛樂事業。這個部分港英政府持相當開放的態度，直至引致不良效應和各種社會問題才作極有限度的管制。真正能制約商業文化的，只有市場規律。對商業文化固然不應妄加排斥，但其畸形茁長卻有損害於社會健康發展。政府對此基本採取放任政策，正有助於殖民地文化政策的推行。商業文化亦恰好助長了「雜取文化」的功能，製造出大量摸擬附和、盲目崇拜、隨波逐流、安於現實、醉生夢死，沒有遠大追求的社會群眾。

香港文化中由政府提供資源、推動和控制的部分，即教育和文康活動。在殖民地總體政策下，教育實質上只著重於智育，而且只重視智育比較狹窄的部分——即知識及技能的訓練，卻弱化德育及其有關的人文科學，明顯是由於德育及有關學科必會涉及民族主義和民族文化的問題，這對殖民地的管治是不利的。整個教育制度鮮明地體現了殖民地的文化政策：從考試制度到就業制度都突出重英輕中與重外輕內的殖民地總體政策。這類教育措施長期執行下來，不免嚴重削弱對港人對民族文化的價值觀。

至於香港政府所推動的文康工作，沒有長遠計劃，沒有宏觀視野，沒有文化教育意識，沒有系統性、連續性、零碎、離亂、欠缺目標，屬於「雜取文化」的範疇。這不但減低民族文化的價值觀，同時也削弱了它對一個社會眾多成員應有的啟迪作用。

香港現有文化結構中的第三個部分是非牟利的、自發的民辦文化工作。這類文化工作其目的性比較鮮明，理念層次比較高，視野較廣，自主性也較強。文化工作的範疇很大，種類很多：出版、辦學、文藝創作、表演藝術、視覺

藝術、青少年文化活動、文康、體育、宗教、學術研究等等，可說應有盡有，多姿多彩，不但補足了商業文化與官方文化的不足，讓市民的文化生活有更多選擇，而且正是這個部分的文化，較具創造意識，能建立或維持一個社會應有的理想與價值觀，同時也維護了民族主義和民族文化價值觀。

長期以來香港政府對民辦文化都極少給予扶助。這當然是殖民地文化政策之一。香港政府於八十年代初期（1982）設立了香港演藝發展局，九十年代中期（1995）才轉為香港藝術發展局，作為提供一個扶助的渠道，但扶助的原則仍堅守著殖民地文化的總體政策：以地方主義抵消民族主義，以雜取文化對抗民族文化。港英政府一個世紀來的殖民地統治，到六十年代才開始注意香港的文化生活，於是才有限度、緩慢地展開文化建設措施。當香港市民的文化生活仍停留在「文娛」的初級階段之時，七十年代香港的經濟已經蓬勃發展，剛踏進八十年代，香港已擁有「經濟大都會」與世界金融中心的美譽。面對此景，儘管某些政客仍無視於現實而作出自詡香港為文化大都會或亞洲文化中心等的浮誇言行，使我想起中國著名社會學家費孝通教授（1910-2005）訪問香港的時候指出，本港經濟發展有相當的成就，但其文化創造卻沒有可觀之處，顯出經濟與文化發展的不平衡現象。這種現象長遠來說對本港市民是無益的——沒有文化創造力的人，終歸變成一個只會工作的「機械人」。但經濟基礎卻是文化創造的必要條件，歐美各先進國家文化創造的蓬勃正建基於此，日本亦然。

七十年代香港急劇轉變成為國際大都市，這種轉變與當時的政治、經濟的關係甚為密切，而與文化、教育、科技等卻仍未取得協調，與文明社會發展的正常步伐有過於浮誇之疑。這種不協調與浮誇的現象促成香港文化的特徵：奢侈的物質生活遠勝過精神文明，通俗文化遠勝過高層次的創造文化，藝術的摹仿和抄襲遠勝於風格的創新。

從一個中國人社會與殖民地政策兩個主要因素考察香港藝術在各個時期的發展情況時，我們有充分理由視六十年代為香港現代藝術發展的里程碑。六十年代之前香港仍是一個落後的城市，經濟條件不足，談不上教育普及與提高，市民的文化生活建設仍付之闕如，因此中國因素成為主導香港當時的藝術行為，政府亦欠缺資源在文化生活方面執行殖民地重英輕中、重外輕內的策略。踏入六十年代的香港，經濟發展初見曙光，從此香港開始走上富庶之路。港英政府在教育制度、語文、考試制度、就業制度、技能訓練、政府架構、社會建設、文化生活等均勵行落實殖民地總體

政策，期望改變整一代人的意識形態及社會的價值觀。

香港藝術活動始於二十年代。在對日抗戰前夕期間，中國各地與香港之間往來並沒有明顯的阻隔，廣州市與香港兩地的藝術家本是同根生，一脈相成交流無間。例如嶺南派繪畫的創立，倡導人高劍父（1879-1951）、高奇峰（1889-1933）、陳樹人（1884-1948）、鄭錦（1883-1959）等成為此派的第一代開山大師。第二代嶺南派的繼承者又兵分兩路：在廣州有關山月（1912-2000）與黎雄才（1910-2001）兩位老前輩主持；在香港有趙少昂（1905-1998）與楊善深（1913-2004）兩位大師繼承與發揚嶺南派精神。中國繪畫上所謂嶺南派，其學説始於清末民初之際。中國南方傑出之士自廣東新會陳白沙先生（1428-1500）創立江門學派開始，以至康有為（1858-1927）、梁啟超（1872-1929）的變法維新運動與孫中山的反清革命運動等，都可説是嶺南精神。藝術方面的嶺南精神，則以嶺南派創始者為代表，主張師造化、輕摹仿、重創新、不因襲，深信「筆墨當隨時代，猶詩文風氣所轉」。

抗戰勝利前後，除了嶺南畫派活躍於香港藝壇外，中國傳統繪畫亦出現不少名家，二三十年代有鄧爾雅（1883-1954）、黃般若（1901-1968）、鮑少游（1892-1985）、周公理（1903-1989）等；書法家有區建公（約 1887-1971）、馮康侯（1901-1983）、陳荊鴻（1903-1993）等；西方繪畫有李鐵夫（1869-1952）、陳福善（1904-1995）、靳微天（1911-1998）等畫家。二十世紀四五十年代香港藝術仍然以民辦方式蓬勃發展，小型美術學院、畫院、畫室、藝苑、美術研究室、畫社、畫會等相繼湧現，對藝術教育與推動香港藝術的發展功不可沒。當年畫壇中西繪畫名家林立，中國繪畫方面有趙少昂、楊善深、李鳳公（1884-1967）、李研山（1898-1961）、呂燦銘（1892-1963）、張韶石（1913-1991）、鄧芬（1894-1964）、孫星閣（1897-1996）、任真漢（1907-1991）、林建同（1911-1994）、彭襲明（1908-2002）、丁衍庸（1902-1978）、呂壽琨（1919-1975）等。同時代西方繪畫開始在藝壇崛起，更與中國畫分庭抗禮代表的畫家有李秉（1903-1994）、余本（1905-1995）、伍步雲（1904-2001）、徐東白（1900-1989）、陳福善、周公理、鄺耀鼎（1922-2011）、陳海鷹（1918-2010）等。

由二十年代到五十年代末期，前後將近四十年的民間文化生活與藝術活動，官方完全沒有直接參與或支持。直到一九五五年由英國文化委員會主辦的「第一屆香港藝術節」，一九五六年香港大學校外進修部舉辦美術課程，香港政府僅作間接性參與藝術推廣活動。

一九五八年「現代文學美術協會」和一九六〇年「華人現代藝術研究會」成立，標誌著香港進入現代藝術主導的年代。現代文學藝術協會的成員包括了香港與台灣兩地的藝術家，其中也有從台灣藝術系畢業回港的會員。香港有：李英豪（1941-）、尤紹曾（1911-1999）、林鎮輝（1932-2013）、王無邪（1936-），台灣有：莊喆（1934-）、劉國松（1932-），香港、台灣兩地則有：文樓（1933-）、張義（1936-）、金嘉倫（1936-）。

六十年代之前的香港藝術是以民間文化生活作為活動的基礎，普通的畫院、畫室、美術學院等均是場地狹窄、光線不足、設施不齊，更難擔當適合的空間，因此許多美術展覽都借助圖書館、教堂、酒店等地方，例如四十年代的聖約翰副堂與思豪大酒店，五十年代的大新公司與美國圖書館等都成為當年香港藝術活動的主要場地。

甫踏入二十世紀六十年代，一九六二年官方香港博物美術館開幕，並主辦「今日香港藝術」展覽。同時大會堂低座展覽廳及八樓展覽館亦相繼啟用，為當時最具規模與專業的展覽設施。作為一個官方機構的美術館，除了公開徵集入選作品，舉辦大型展覽之餘，還設立藝術品典藏部門，聘請藝術專家顧問，務使建立現代藝術的權威性官方機構，推行政府的文娛政策。至於半官方的藝術展覽設施有一九六四年的香港大學馮平山博物館，一九七一年香港中文大學的文物館；一九七七年香港藝術中心的落成。六十年代前的藝術教育或培訓、學習、進修的責任絕大部分落在民辦藝術組織的肩上。到一九五六年香港大學校外課程部，一九五七年新亞書院專修科課程，作為具有規模的半官方藝術進修學習之所。不論是具有權威的官方機構，或是半官方的單位，甚至接受資助的民間組織，皆離不開殖民地政策的主導，以至多元化文化政策，被扭曲成為雜取文化。故此，「中國因素」在香港的中國人社會，由六十年代起即面對殖民地政策的不斷衝擊。

我們再看六十年代後香港民間的藝術重要活動：一九六二年雅苑畫廊開幕，主辦香港畫家聯展，首度香港歷史上將香港藝術家作品投入市場，推動藝術品商業化。這類畫廊那個年代在歐美十分盛行。香港城市的現代化過程，民辦雅苑畫廊的成立是一個很有代表性的現象，由一九六〇至一九六四年間「現代文學美術協會」先後舉辦過三屆國際沙龍（美術展覽）。一九六〇年「庚子畫會」與嶺海藝術專科學校成立。「庚子畫會」與一九六一年成立的中國書院藝術系皆以中國傳統繪畫為活動範圍。以西方繪畫、雕塑與現代水墨為鼓吹現代

藝術創作與藝術商品化的有一九六三年由筆者籌組的「中元畫會」，一九六六年由「中元畫會」成員尤紹曾先生成立並經營的三集畫廊，尤以「中元畫會」為當代現代藝術的代表者，因其由「現代文學美術協會」中的主要美術家所組成，其中有許多不同文化背景、不同學院背景與不同媒介創作。但是，有共同探索中西文化結合的現代藝術新形式的志趣。

事實從五十年代末到六十年代結束，整個香港現代藝術的面貌已具雛形：中國藝術系統由三部分組成：中國傳統藝術（包括繪畫、書法與篆刻）；嶺南畫派；現代水墨。西方藝術系統則有：繪畫、雕塑、版畫。

中國傳統繪畫方面的代表畫家有：黃般若、任真漢、彭襲明、丁衍庸等。書法有馮康侯、陳文傑（1926- ）、饒宗頤（1917- ）與曾榮光（1926-2005）等名家。篆刻則以馮康侯與馮文湛（出生年份不詳-1977）兩父子二人為主。嶺南畫派在香港藝術界享有悠長的歷史與極負盛名，尤以趙少昂老師為該派承先啟後的一代大師。趙老繪畫風格獨創一幟，風行凡六十多年，為香港藝術界極負盛名的國畫大師，無論在美術教育上，或藝術創作上，都肩負承先啟後、繼往開來的使命，對中華文化、對國家、對香港的貢獻十分巨大。香港現代水墨畫的源流來自中國傳統繪畫，中國傳統繪畫的民族風格由兩個部分組成，一為繪畫工具，另一為繪畫的思想精神。傳統繪畫一千多年來所用的工具變化極少，至今仍然是絹、紙、筆、墨與色彩，可是畫作的精神思想往往隨時代而變遷。尤其近代中西文化交匯頻密，現代水墨畫的精神或觀念表現變化萬千。六十年代香港現代水墨運動的啟蒙者呂壽琨先生，不論是藝術創作或是在校課程、設館授徒、評論傳統繪畫的因襲、推介中西現代藝術方面，都深受當時社會的器重，對日後香港水墨畫的發展影響深遠。

六十至七十年代之間港台兩地的藝術發展關係密切，香港與台灣兩地相當接近，以今日的交通來說，如果沒有政治因素橫加阻礙，兩地可稱得上是一水之隔。在這個政治兩極化的冷戰時代，要找出港台彼此間相同點與近似的地方並非難事。例如港英政府鼓吹的以地方主義抵消民族主義，而台灣國民黨的反共心態同樣驅使台灣人走向「本土化」的狹義地方主義。此外港台文化藝術關係密切的另一主要因素是兩地藝術家交流不間。一九五八年「現代文學美術協會」成立，先後舉行了三屆「國際沙龍」美術展覽；一九六二年留學台灣返港藝術家與美術教師成立「八月沙龍美展」。一九六四年「中元畫會」組成，部分成員係來自台灣學院的藝術家。以上的三

個藝術會社，於當年的香港藝壇相當活躍，對開創香港新一代的藝術風氣有舉足輕重之勢。

一九六三年香港中文大學成立，並設立藝術系，十年後一九七二年成立中大新校址，為香港最具規模的最高藝術教育學府。亦為香港官方推動殖民文化教育支柱之一。一九六八年「元道畫會」與一九七〇「一畫會」的成立，兩者都是呂壽琨先生現代水墨系統的繼承畫會。代表畫家有鄭維國（1920-）、周綠雲（1924-2011）、徐子雄（1936-）、翟仕堯（1935-2009）、王勁生（1928-）、陳棪文（約 1933-）等。一九七二年台灣現代水墨畫家劉國松先生（1932-）受聘於香港中文大學藝術系，並於一九七七年組成「香港現代水墨畫協會」，至此，香港的呂壽琨先生所主催的現代水墨畫與台灣劉國松先生所創建的另一現代水墨畫系統，相逢於香港七十年代高速經濟發展的環境下。這兩股大同小異的新興水墨畫，在藝術創新的觀念與筆墨技法的革新上，甚至繼承中國傳統繪畫意境方面，基本上是同一路向。由呂氏倡導的現代水墨畫，或者由劉氏所建立的現代水墨，到了八十年代後已不再分彼此了，成為香港現代藝術之中國藝術系統的組成部分。七十年代後活躍於香港藝壇的中國畫與水墨畫家有：方召麐（1914-2006）、鄭家鎮（1918-2001）、邢寶莊（1940-）、朱興華、吳耀忠（1935-）、潘振華（1936-）、靳埭強（1942-）、馮永基（1952-）、熊海（1957-）、鍾立崑（1943-）、鄭明（1949-）、區大為（1947-）、梁巨廷（1945-）、余妙仙（1944-）等；書法方面有：陳文傑、饒宗頤、曾榮光、翟仕堯、錢開文（1949-）、劉才昌（1936-）等。

香港現代藝術結構中之西方藝術媒介，亦即西方繪畫、雕塑、版畫、陶藝與裝置藝術等，與中國繪畫在香港藝壇同步發展。從六十年代起香港政府對現代藝術的參與建設，七十年代香港經濟的高速發展，八十年代政經的國際化與泛政治化，使香港的西方藝術得到天時地利人和等因素蓬勃發展。在許多重要的展覽場合與藝術活動中，越來越顯得受重視。從七十年代後，以西方藝術媒介活躍於香港藝壇的，如油畫或塑膠彩畫的代表畫家：陳福善、尤紹曾、韓志勳（1922-）、陳餘生（1925-）、黃祥（1939-）、呂振光（1956-）、李運輝（1954-）、許恩琦（1959-）、莫樹繁（1949-）、吳劍明（1955-）、王亥（1955-）、麥慧儀（1965-）、徐天潤（1945-）、文鳳儀（1968-）等；繪畫與水彩畫的代表畫家：靳微天、呂豐雅（1947-）、羅偉顯（1939-）、唐國徽（1954-）、畢子融（1949-）、蘇敏儀（1950-）、林慈

美（1963-）、郭劍明（1945-）、游榮光（1957-）、陳球安（1946-）等；雕塑：文樓、張義、唐景森（1904-2008）、李福華（1943-）、麥顯揚（1951-1994）、李其國（1951-）、胡文偉（1951-）、黎日晃（1954-）、朱達誠（1942-）、杜瑞明（1937-）等；版畫方面如夏碧泉（1925-2009）、梅創基（1940-）、鍾大富（1956-）、廖少珍（1952-）等；陶藝：陳松江（1936-）、黃炳光（1944-）、陳炳添（1937-）、珍比露（Jane Burrell，1944-）、李慧嫻（1950-）、曾鴻儒（1954-）、黃美莉（1947-）、劉偉基（1952-）等；裝置則以郭孟浩（1946-）、王純杰（1953-）等為代表。至於八十年代後，以西方現代藝術媒介活躍於香港的年青一輩藝術家人數不少，而且作品水平尚算不錯。但是，我們憂慮的是香港社會的急劇現代化、國際化與多元化，甚至西方文化生活的價值觀取代了香港本源的中國人社會精神面貌，以中西交融的文化生活新方式，引致面臨藝術創作上失去原創性之苦。

香港現代藝術的組成分為兩個系統：其一為中國藝術，中國藝術又分成三個部分：即中國畫，書法與篆刻、現代水墨；其二為西方藝術，分別為：繪畫（油畫、塑膠彩、水彩、混合媒介）、雕塑、版畫、陶藝、裝置、攝影等。

香港藝術的發展與風格面貌的形成，主要是由民間、商業與官方三方面合作無間所獲取的成果。六十年代之前香港藝術的發展包括人力、資源與教育都是由民辦獨力承擔。六十年代之後官方開始逐步作出適量的參與。八十年代官方才以高姿態插手及引導香港現代藝術的發展。本來以政府的能力去實施其政策性的誘導，在資源充足與行政效率高的條件下，面對一盤散沙的民間藝術社團及小眾的畫會組織，本該勝任有餘，但是，不幸政府對文化藝術沒有制訂一個宏觀而健全的政策，對文化藝術的措施雜亂、零碎、沒有目標。至於文化藝術管理方面也缺乏專業或管理專才的官員，甚至香港各大專院校亦欠缺這方面的訓練課程。殖民地政府晚年，社會的泛政治化，行政與立法孰為政制主導的問題失去平衡，政治、經濟與文化教育失去協調，百分之九十五以上的業餘藝術家隊伍無法過渡成為專業藝術家。

國際大都會與金融中心的藝術市場，百分之九十九的機會拱手給予外來的藝術品，「欠缺原創性」的雅號為有識者所識，這是香港現代藝術的現狀，香港的文化藝術該何去何從！

原文寫於 1997 年，刊載於《藝苑隨想錄》，成都：四川美術出版社，2006，頁 45-52；後經筆者修訂。

文樓簡歷

年份	月份	展覽類型	事跡	地點
1933			生於廣東新會	
1934			移民越南	
1952			越南堤岸知用中學畢業。隨留法畫家劉曲樵先生習畫	
1953			赴台就讀台南成功大學建築系，翌年因興趣而轉修藝術，從郭柏川畫家習畫	
1958			台灣省立師範大學美術系畢業	
1959			獲台灣省立師範大學美術系水彩畫教育局獎	
1960			移居香港——探索時期開始	
1961			參加「香港現代文學與美術協會」、「八月畫會」	
1963			「中元畫會」創會會員之一	
1964		個展	文樓個展	香港大會堂
1965			獲美國國際教育學院贊助，前往歐美，藝術考察和研究一年	
1966			出版《大學生活》	
1967			與友輩創《盤古》雜誌社，成立「創建實驗學院」。參加海外華人回歸運動，回歸時期藝術創作開始	
		個展	文樓個展	菲律賓馬尼拉盧志畫廊

1969			獲日本大阪博覽會香港館雕塑製作獎	
1970			第二度歐美行。參加反越戰與保釣運動。獲美國紐約國立藝術設計學院 Samuel Finley Breese Morse 獎章	
		聯展	參加美國紐約國立設計學院第 145 屆版畫年展	
		聯展	參加第二屆不列顛國際版畫雙年展	英國布拉福
		聯展	參加韓國第一屆版畫雙年展	
1971			回國參觀學習	
1972		聯展	維也納版畫雙年展	奧地利維也納
		個展	文樓個展	香港大會堂
1973			出版《美術季刊》任主編	
1974			創辦《文學與美術月刊》，任主編	
			獲「美國刊物協會優秀獎」	
			獲「中國第六屆全國美展特別獎」	
1975		聯展	香港藝術中心開幕展	香港藝術中心
1978			香港太古城雕塑創作——再探索期開始	
1979		個展	文樓雕塑展	香港藝術中心
			創辦《八方文藝叢刊》	
1981			籌辦「香港文學藝術協會」，任副會長	
		聯展	香港藝術一九七〇—一九八〇	香港藝術館
1982	9月	聯展	組織「香港雕塑家協會」，任主席。第一個展覽在 9 月 10 日，包兆龍畫廊舉行	香港藝術中心
1983		聯展	中國第六、七、八、九屆全國美展	

1984		組織「香港美術交流協會」，並出任會長	
	聯展	現代戶外雕塑展覽	香港紅磡體育館
1986		於中國成都成立「文樓雕塑創作室」	
	聯展	香港雕塑八六	香港大學馮平山博物館
		創辦《九州學刊》	
1987	個展	文樓的藝術	香港藝術館
	聯展	美國紐約維思文珍藏當代藝術國際巡迴展	
	聯展	香港多屆藝術雙年展	
1988	聯展	十年香港雕塑：香港藝術中心十周年紀念項目	香港藝術中心
	聯展	香港現代藝術在北京中國美術館展	北京中國美術館
1989		獲香港藝術家聯盟雕塑獎	
1990		香港特別行政區區旗區徽製作者之一	
1991	聯展	港台現代版畫聯展	香港中華文化促進會中心
1992	聯展	香港雕塑展	香港大學馮平山博物館
	聯展	城市變奏：香港藝術家西方媒介近作展	香港藝術館
	個展	文樓雕塑——竹系列作品展	台北雄獅畫廊
1993	個展	文樓雕塑作品展	成都四川美術館
1994		組織「香港美術家協會」，任理事會主席	
	聯展	香港藝術家薈萃	
1995		主辦「第八屆全國美展」	
	聯展	香港雕塑展一九九五	香港中華文化促進會中心

			香港當代藝展	香港藝術館
1996			文樓近作展	香港三行畫廊
	4-6 月	個展	文樓雕塑繪畫展	香港沙田大會堂
1997			中央美術學院成立了以文樓先生命名的金屬工作室	
1998			香港美術家協會在四川成都美術館展覽	成都四川美術館
1999		聯展	流金歲月	
			獲香港特別行政區政府頒發「銅紫荊星章」	
			獲香港藝術發展局頒發「視覺藝術成就獎」	
2000		聯展	Visions and Enchantment: Southeast Asian Paintings	新加坡美術館
		聯展	共慶澳門回歸祖國藝術大展	
		聯展	廣東當代油畫藝術展	
2005		聯展	香港雕文：現代雕塑藝術展	香港藝術公社
2006		聯展	香港雕文：一米以上，首屆香港、廣州、澳門現代雕塑交流展	香港藝術公社，廣州美術館
2007		聯展	後 97 視藝：特區 / 藝術公社十年誌	香港藝術公社

任職情況

年份	職銜	任職機構
1975	會員	美國國家地理協會
1981	副會長	香港文學藝術協會
1982	主席	香港雕塑家協會
1984	會長	香港美術交流協會
1985	會長／第四屆大會代表	中國美術家協會
	評審	當代香港藝術雙年展
1986	藝術委員	中國全國城市雕塑規劃組
1986-1997	主席	香港中華文化促進中心理事會
1987	顧問	香港市政局現代藝術博物館
1988	海外秘書長	宋慶齡誕辰九十六周年紀念書畫展
1989	視覺藝術顧問	香港區域市政局
	常務理事	吳作人國際藝術基金會
	顧問委員	第三屆中國西湖版畫節國際版畫雙年展
	名譽顧問	香港教育文化專業人士協會
1990	顧問	香港文化藝術基金會

	榮譽顧問	香港文教傳播聯會
	顧問	中國西安石魯學術研究所
1991	評審委員	台北第五屆國際版畫雙年展
	廣東分會理事	中國文化交流中心
1992	顧問	中國四川省美術展覽館
	顧問	成都神州版畫博物館
1993	全國第五屆三版展評委	中國版畫版種大展
	會員	全國城市雕塑建設指導委員會
1994	藝術顧問	世界華人藝術家
	顧問	吳作人藝術館
1997	藝術委員會會員	中國藝術博覽會
	藝術顧問	中國佛教文化藝術展組委
	香港支部顧問	日本茶道裏千家
	第五屆全國大會代表	中國美術家協會
1998	顧問	李可染藝術基金會
1999	主任委員	中國藝術博覽會藝術委員會
2001	代表	中國文聯第七次全國大會
2002	成員	香港特別行政區文化委員會
2003	第十二屆全國政協委員	港區政協委員會
2004	學術顧問	南京大學美術研究所
2012	榮譽顧問	香港文化博物館

王無邪

簡介

王無邪，原名王松基，一九三六年生於廣東省東莞太平鎮，二次大戰後來港定居，於聖約瑟中學就讀。求學時期的王無邪在藝術方面的成績未算突出，加上一心從文，畢業後便向文學方面發展，偕友出版雜誌，並不時投稿到報刊。後來，他棄文從畫，不時與陳福善、韓志勳等人結伴到離島、淺水灣等各處寫生，慢慢在藝壇內薄有名氣。

一九五七年呂壽琨在英國文化委員會舉辦的畫展令王氏留下深刻印象，對中國畫愈感興趣，並於一九八八年投到呂氏開辦的畫苑，向呂氏學習水墨畫。投身繪事日久，王氏對藝術的興趣愈濃，於同年與友人創立「現代文學美術協會」，與作家崑南和葉維廉創辦雜誌《詩朵》及日後的《新思潮》，以文化再造為口號，探索現代藝術與文學。一九五八年，當時在新亞書院藝術系任教的趙無極於農圃道校址舉行展覽，令王氏深受震撼，並極欲出國留學，學習西方藝術。

一九六一年，王氏於巴西聖保羅參與「聖保羅國際美術雙年展」，辦了其首個海外聯展。翌年，他得償所願，獲美國俄亥俄州哥倫布美術及設計學院收錄並豁免學費，攻讀美術，在當地體驗包浩斯設計理念，對其日後發展影響深遠。後來，王氏轉讀馬利蘭州波爾提摩馬利蘭藝術學院，在夜間兼教設計課程，並於一九六五年完成學士及碩士學位。留學美國的經歷，令他得以在紐約和華盛頓等大都會見識世界頂尖的當代藝術如抽象表現主義和普普藝術等，眼界大開。而 Jasper Johns 和 Robert Rauschenburg 等藝術家也啟發王氏的創作，使幾何形狀線條、中國字體及日常事物漸見於他的作品之中。

經過一連串的求學與啟蒙，王氏漸漸發現自己的發展路向。回港後，他以美國學歷申請到香港博物美術館任職不果，後得賴恬昌的邀請，到香港中文大學校外進修部任職行政助理，負責藝術設計課程，並於一九六七年加入「中元畫會」，與韓志勳、金嘉倫等人研究新思潮新藝術。同年，王氏獲溫訥（John Warner）聘用，於香港博物美術館任職助理館長，在位期間策劃了當代香港藝術展及香港藝術館的建設計劃。一九七一年他離開香港博物美術館，領取美國洛克菲勒三世基金獎學金再到美國留學一年，學習石版畫技術和作畫，並受至簡藝術（Minimal Art）和色域藝術（Colour Field Painting）啟發。

回港後，王氏於一九七四轉職到香港理工學院設計系擔任高級講師，負責設計教學和課程策劃管理。有見當時僅只香港中文大學開辦藝術課程，他便將基礎班及夜校的藝術元素帶到學院，招聘了蔡仞姿、韓志勳、曾鴻儒、靳埭強等人授課，希望帶領理工學院走向當代藝術的路線。一九七八年他與畢子融等人開辦夜校設計課程，培育了不少人才。一九八四年適逢移民潮，王氏亦離開香港到美國定居，在哥倫布市藝術設計學院任教，偶爾回港。

一九九六年他結束旅居外地的生活，回流香港重投藝術事業，致力推動本地藝術的發展。歷年來，除了策劃展覽外，他在本地和海外曾多次舉辦個展及聯展，並為本地多個官方機構如港府屬下的康樂及文化事務署、西九文化區、香港藝術中心等擔任顧問或委員。王氏對本地藝術的促進和推動得到廣泛肯定和認同，並先後獲頒香港藝術發展局視藝成就獎（1998）、香港特別行政區銅紫荊星章（2007）等獎項。

王無邪訪談錄

訪問者　黎明海博士

2012.5.25

■

黎　讓我們從這本書《東西問道——王無邪的藝術》開始。我認為這是你其中一個重要的展覽，涵蓋了你的信念。你的創作歷程既有東方（不僅是中國的）的元素，也融合了西方的設計和視覺理念。

我對書中幾段文字印象尤深。你說到「繪畫是整體文化的一部分，它追尋的是一種現代化的實驗，以實驗的方式來訴說」；你亦提到「在香港成長的藝術家不純粹是中國化或西方化，而是中西混血的產物」；「我們應注意到香港藝壇的每一個時期都有完全傾向西化的路線者，或完全堅守中國傳統壁壘者；在大型的香港當代藝術展和雙年展中，要定出東西兩極並列是常見的景觀，兩極之間看不見東西元素以不同的方式、不同程度混交，成為香港藝術的特質，新舊相承中顯示了特殊的廣度。」

由上述文字可見你特別注重東西的融洽，可否就這方面多談一點？

王　我屬於二次大戰後回居香港的人，經歷過日本侵華，對國破家亡的感覺留下深刻印象。一九三九年日本軍打入香港，我跟隨父母從香港逃難到鄉下，在東莞虎門鎮一住數年。二戰結束後，英國恢服了殖民地的統治，當時局勢混亂，內戰不息，香港提供了一個有效的避難所。我回返香港，很多人也從國內湧入香港。二次大戰後的香港人口驟增，香港遂展開了新的一段歷史。香港不再是漁村，不再是貨物轉口的小商埠，逐漸冒起成為國際化的都市。

中國內地要確立獨特可行的現代化道路，走過了異常艱辛轉折的歷程。安定繁榮的社會比香港遲來了差不多三十

年。但中國在東方世界，逾千年來，自成天下，其社會結構、風俗習慣、價值觀念，早與西方迥然不同。十八世紀後東西方接觸漸趨頻繁，在列強圍堵之下，中國尋求現代化是不能避免的事。現代化固然不等於西化，但在許多方面，由於時代的演變，科技的進步，國際形勢之不同，中國要現代化不能不以西方為師。

向西方學習，有可學的與必學的，亦有不可學的與不能學的。學習不等於能夠吸收，因此會要改變或揚棄已有的一部分，方能融會貫通。香港人大都沒有深厚中國傳統文化基礎，由西方傳入的常限於大眾文化層面，所以我覺得香港人有的就如一杯半空的水，其優勝處是具有較大的容量，承載新添的，與已有的互相混合。假設已有的與新添的都是液體，最理想的是兩者混合起來，沒有分界，沒有泡沫，沒有沉澱，晶瑩澄澈，成為新的液體。

美國留學期間，1962 年。

黎 「六七暴動」常被視為左派和右派角力之歷史事件，它對香港和香港的藝術發展有何影響？

王 「六七暴動」是香港在二次大戰後重要的事件，它改變了英國對香港的管治，香港由此成為半獨立的特區，容許華人擔任首長級的官員，參與重要的決策。往後的幾任總督對香港及中國的看法較為宏觀，常由香港本身的利益出發，這導致香港於七十年代經濟騰飛。在另一方面，這強化了香港人的身份認同，有助藝術與整體文化發展。

一九六七年我開始在香港博物美術館工作，翌年參與「中元畫會」的展出，一九七〇年策劃「當代香港藝術展」，當時香港中文大學校外進修部[1]及香港大學校外課程部[2]，陸續培養出新血，

向香港畫壇注入新的動力，現代水墨畫也於那時候顯現光芒。

黎　你從何時起棄文從畫？

王　我在中學時代喜愛文學，尤醉心新詩創作，畢業前已投稿報章，常獲採納發表，那對我是很大的鼓勵。中學畢業後，與好友崑南[3]自資出版《詩朵》純新詩刊物。

我覺得寫作較為吃力一點，繪畫反而更能隨心所欲。當時我還未出國，曾參加過香港美術會的寫生隊伍，跟陳福善[4]和韓志勳一起到郊外和離島寫生，也報讀香港美術專科學校（「香港美專」）[5]的素描班，以鉛筆畫石膏像。徐榕生、江啟明、歐陽乃霑[6]等畫家，都已畢業，可算是我的師兄。我在「香港美專」學習的時間很短，因為我傾向現代化的路線。

VAS 在香港大學美術博物館的展出，2008 年 7 月。左為王無邪，右為畢子融。（圖片由畢子融先生提供）

我雖然喜歡現代文學和藝術，但對中國傳統文化十分尊敬，從沒想過將其推翻。故此，我追隨呂壽琨先生[7]學習國畫。呂先生家學淵源，遍學百家，正有意融會西方現代藝術觀念，尋求國畫全面之革新。他以水墨技巧臨摹馬諦斯（Henri Matisse，1869-1954）、Paul Klee（1879-1940）以及二十世紀初期早期的英國畫家如 John Piper（1903-1992）、Graham Sutherland（1903-1980）等。我跟他學畫的期間，他開始創作一些簡筆的香港山水，尚未進入禪畫階段。

我畫水墨畫的原因有三：首先，香港的狹隘空間較適合畫水墨畫，當時國畫工具材料也比西畫工具材料較容易買到。其二，同一幅畫，以水墨去表達的話，較明顯地表達其香港人的身份認同意識。其三，水墨畫不論在搬運或儲存上也較油畫方便。像我放在這工作室裏的一些油畫，要先小心包裝，更要小心

垂直疊放。若以水墨和油畫兩種媒介分別去畫同一主題，水墨能給予作畫者一個更能建立個人風格的空間。

黎　你和呂壽琨先生是否亦師亦友？

王　呂先生比我年長十七年，始終是我的老師。在我看來，他在廣州時已是成熟的國畫家。在英屬香港的環境氛圍下，他接觸了美國圖書館及英國的書籍雜誌，開始探索現代藝術路線。最初受英國畫家透納（J.M.W.Turner，1775-1851）影響，其後則受美國的抽象表現主義（Abstract Expressionism）影響，前者的風雲幻變，後者的巨筆揮灑，都成為呂先生的不同時期風格特色。端納與抽象表現主義，也曾是我學習的對象。

我跟呂先生習畫過後，決定要學習西方的事物，因而申請了一些外國的獎學金。我家境不算富裕，父親早逝，

視覺藝術協會年展，1988 年。

可算是家道中落。後來，我獲美國學校取錄並豁免學費，便於一九六一至一九六五年到那裏學習西畫，隨後更修讀設計課程。當時許多日本人在美國西岸談禪、道之類的哲學學說，這些學說對美國的抽象表現主義影響甚深。我曾參與過一個展覽，展覽由美國畫家 Morris Graves（1910-2001）擔任評審。他喜歡我的作品，更特地跟我見面。Graves 是二十世紀中葉的美國西岸畫家，與 Mark Tobey（1890-1976）齊名，都是以毛筆在紙上作畫的畫家，開東西合璧路線的先河。

我留學美國四年，接觸西方的文化藝術，常以水墨媒材創作，尋向書法性、幾何性的路線，始終沒有忘記呂先生的教誨。返港後，初在香港中文大學校外進修部負責藝術課程策劃工作，我邀請呂先生主持水墨畫課程，從學者甚眾。

黎 你在香港博物美術館任職時，溫訥（John Warner）[8]在任館長？

王 對，溫訥為時任香港博物美術館館長，我到美國讀書前已認識他。他有意聘請我到香港博物美術館（香港藝術館前身）工作，可港英政府未肯承認我的美國學位資格。待業時，我碰巧遇上賴恬昌，[9]當時他剛從香港大學轉職至香港中文大學，安排我在他主理的校外進修部任藝術課程策劃。我編寫了一個設計文憑課程，並教授一些科目。及後，香港博物美術館聘我成為助理館長；任職數年後，我覺得美術館的工作並不切合我。適逢香港理工學院成立，夏德飛（John Hadfield）[10]由香港工業專門學院調職至香港理工學院，成立了設計系，他邀請我擔任高級講師。最初我在西灣河的校舍教授設計課程，後香港理工學院把校舍搬遷至紅磡，設計系亦擴大為設計學院。

我最初統籌平面設計的課程，晉升為首席講師後，我的工作亦日益繁重，既要負責基礎班，也要兼顧夜校的教務。當時理工學院有一細小白色建築物，本為一所中學的校舍，供設計學院基礎班專用。那時的有張義[11]、郭孟浩[12]、畢子融[13]、曾鴻儒[14]等人全職任教。接著我們發展夜校課程，包括版畫、陶瓷等純藝術範疇，聘得韓志勳、梁巨廷[15]等當導師。當時培育了不少人才。

當時只有香港中文大學開辦純藝術課程，我計劃把更多的純藝術元素帶進設計學院，曾寫了有關創立藝術系的計劃書。可是計劃書最後被校方高層的委員會否決。我因而心灰意冷，一九八四年我離開了香港理工學院，移民到美國去。

黎 香港中文大學藝術系一直予人較偏重中國藝術的元素，我認為版畫、陶瓷等香港中文大學辦得不夠完善，反而香港理工學院在這方面做得相當出色，且培養了一批人才。如果當時讓你成功開辦藝術課程，香港藝術教育的局面也會變得不一樣。

王 你談到早期畫壇，我個人認為香港的藝術史早在六七十年代已有一個高峰。我於一九五八年創立「現代文學美術協會」[16]，並策劃首屆「香港國際繪畫沙龍」，當時吸納的畫家會員，後來在一九六三年成立了「中元畫會」，創會會員包括韓志勳、張義、文樓、金嘉倫、尤紹曾、郭文基等人，更有林鎮輝[17]和潘士超，他們後來大多移民離港。

「中元畫會」的成立標誌著香港藝壇的第一個高峰，代表了本土畫家向現代

藝術進軍。七十年代有第二個高峰。當時有一群畫水墨畫的人，如徐子雄、潘振華[18]、周綠雲[19]和顧媚[20]，先後成立「元道畫會」及「一畫會」，他們都是呂壽琨先生的學生。七十年代末，還有一班師承劉國松[21]的藝術家，成立了「現代水墨畫協會」。在另一方面，香港大學校外課程部藝術與設計證書課程的畢業生，於一九七三年成立了「視覺藝術協會」。由此可見，六七十年代的香港藝壇是很熱鬧的。到了八十年代，香港藝壇卻沉寂下來。一九八四年中英雙方簽署聯合聲明後，人們對香港失去了信心，紛紛離開。那時也有一些新晉藝術家，如楊東龍[22]、黃仁逵[23]、韓偉康[24]等。我看好油畫家黃仁逵，他的畫很出色，後來他從事電影美術指導，之後創作漸少。雕塑家麥顯揚[25]等人也是當年的高手，惜已早逝。可大批著名的本地藝術家移民到外地去，連當時最好的油畫家黃祥[26]也離港，藝術市場和氛圍變得不太好，而新晉藝術家尚未能站穩住腳。

我自一九八四年離港以後，偶爾回來。那時候，劉健威（劉霜陽）[27]相當積極地寫文章。我認為八十年代的畫壇未能推動一個較強的浪潮。在我看來，八十年代的香港藝壇正處於低潮。面對著走不出的困局，不少人選擇了離開。由八十年代至今仍活躍於藝壇的，我想只有黃仁逵和蔡仞姿[28]。從事藝術的人少了，作品的力度也相應較小。那時香港還要面對來自中國內地的挑戰。

九十年代，香港中文大學也培育了一些藝術家如石家豪[29]等。然而，一九九七年後香港出現了新的形勢。我們的身份在回歸後要被重新確認，這對香港藝壇有一定的影響。香港成為特別行政區以後，香港人忽然失去了重心。縱使香港經歷政權上的轉變，香港的人和事並不能在一夜間重新定位。英屬香港的幾代人，如我們這一代，難免會緬懷港英政府的統治。事實上，港英政府的最後幾任總督都是相當出色的人物。自一九六七年暴動發生以後，有別於其他殖民地，英國給予香港一個頗為獨立的地位，令香港經濟起飛，成為了亞洲四小龍之一。

於八十年代出生的藝術家影響著二〇〇二年代的香港藝壇。他們往往未能接受中國傳統文化，對西方文化的接觸和認知也僅限於大眾文化。他們既要面對九十年代中國藝術的崛起，也要面對香港社會的變化。因此，香港於二〇〇〇年以後的本土觀念隨之增強。本土觀念乃指香港人感到自己的身份、意識形態有別於中國內地。實際上，香港的本土文化不在傳統建築如古廟之類，而在港人百多年來發展出來的生活方式、語言習慣、華洋混雜的環境中。

所以，我們不能以英美甚至是中國的角度看待香港，要將它視作一個獨特的國際都會。香港是一個特別行政區，我們得以國際都會作為香港的定位，其對手是紐約、倫敦、巴黎、上海和新加坡等國際城市。於城市競爭力的排名中，香港常被選為第一位。究竟香港如何能成為一個具創造力的藝術文化城市，跟紐約與巴黎看齊？在我看來，香港暫時未能達至上述兩大城市的藝術文化水平，然而我們可以此為目標。

二〇〇〇年至今香港藝壇更是人才輩出，只是發展尚未成熟。由二〇一〇年起，香港浸會大學的視覺藝術院、香港中文大學的藝術系均在培養新一代的藝術家，再加上西九文化區的發展……

（**黎**　還有許多國際級畫廊來香港開設分店。）沒錯，香港的畫廊數目較以往多，常有不同的藝術展覽，這種百花齊放的盛況都是在二〇〇〇年後出現的。

我在外國住了十多年，也算是從外國走了一圈回來。現今香港的本土性跟我當年的完全不一樣。首先，香港的媒體，如電視台和電台令本土的廣東話變質。廣東話本身融合了英文的詞彙、語法，現今的廣東話卻夾雜著新的諺語和詞句，甚至外國字詞，一些奇怪的名詞更攻佔本地文學。以往的文章不會以廣東話書寫，即使《三蘇怪論》的作者也只會偶爾用上數句廣東話，其行文仍見暢順。現今的廣東話式中文就更趨混雜，年輕人都慣常以廣東話寫句子。

黎　人們常道文史哲，你的文學底子對於個人的藝術創作有否幫助？

王　文學底子對我的個人創作確有幫助。中國畫的發展建基於深厚的文人背景，並不純粹是一種外形的（視覺的）描述。畫有如文學，藉以表現作者的氣質、胸襟、感情。大部分中國畫家皆由文學入畫，我當時也希望如此。除文學以外，我也糅合了設計的元素。撇除其商業性，設計可是一種令視覺產生和諧感的有效方法。六十年代的香港沒什麼設計可言，石漢瑞（Henry Steiner）[30]可算是一個先驅。當時並沒有為設計而設的工作室，設計的應用以廣告和出版為主。那時設計商標、企業識別等概念尚未普及。我教授設計時總要求學生將形象整理成秩序。只要你能把形象處理、產生秩序，形象自會衍生一種美感。最初，這種美感可能層次不高，但總能替畫面建立和諧感。我也以這種觀念寫書。那時要買有關設計的書並不容易，我一直以理性的方式分析設計的形象和其組合的方法，從而整理和解構當中的一些規律。

黎　你是香港設計教育的重要人物。

在香港教授設計，不能單單把包豪斯（Bauhaus）觀念全然套用。然而，你卻能把東方元素和設計概念兩者融合。

王　我們辦設計的遇到不少障礙，其中是當時中文字沒多少字款，得靠現成字粒把每一個字「執出來」（排列），而且外國的資源也未能全然套用。不久，日本發明植字機，才讓（有漢字的）設計變得容易一點。我教授設計時候特別注重規律、形象；以重複作為一種最基本的規律。這種規律並非無間斷的重複，而是把形象的其中一個面相作適當的重複。形象以外，還講求其大小、色彩以及排列的方式，並引入漸變、近似和對比，使重複變得複雜和多樣化。譬如我們把一個物件旋轉，旋轉的角度重複則構成發射，形象之外貌循序變化，便構成漸變。我以這樣推論方式，建立和解釋設計學的規律。後來，我在美國以英文寫關於設計的書，其內容就是根據以上推敲寫成；其中一本關於山水畫的書也是如此寫來的。因為我有寫作的根底，所以發表的文章較其他畫家多。

黎　前輩們所寫的書和文章均有助後輩整理香港藝術發展紀錄，而你曾寫過不少跟香港水墨發展有關的文章。

王　香港缺乏優秀的當代藝術評論家以及藝術史家，偶爾有一兩個較出色的，如劉健威（劉霜陽）和劉建華[31]。前者由寫藝術轉為寫私房菜，後者則在活化廳任藝術及行政總監。香港社會未能支持和培養這些人，使他們生活無憂，方能繼續從事藝評等工作。

黎　說的正是。抽象表現主義的發展不僅有畫家，還有一個出色的藝評家 Clement Greenberg（1909-1994），然而香港卻沒有藝術評論。

王　除 Greenberg 以外，當時亦有相關雜誌和策展人的支持。香港雖未有這種氛圍，我卻對此頗為樂觀。現在，香港各大學的藝術系畢業生不一定能輕易覓得工作。當中不少畢業生更全心全意從事創作，他朝成名就能以賣畫為生。這樣一個現象有助強化本地藝術的發展，再加上西九文化區項目，市場能漸漸容納和支持藝術家的生存空間。至今，香港在海外的藝術展覽機會仍然有限，最多只是參與威尼斯雙年展，獲選作品常以裝置及前衛藝術為主。但總括而言，我對未來十年香港藝術的發展仍感樂觀。

黎　我對此也頗樂觀。就我所見，自一九九〇年從英國回港至今，香港藝術的發展前所未有地好。你看，香港僅次紐約和倫敦，成為全球第三大藝術拍賣

市場，更有不少規模較大的畫廊到香港開設分店、辦展覽。你曾擔任多屆香港藝術雙年展[32]及夏利豪基金會藝術比賽的評審，你認為這些展覽和比賽對於香港的藝術發展有何影響？

王　香港的藝術家在這方面的支援是不足的。當藝術家獲得的獎項和銜頭愈多，其地位及作品的認受性也愈鞏固。且看中國內地的畫家，他們的市場較香港藝術家大得多，中國的收藏家不一定能看懂香港藝術家的作品。獎項和銜頭都有助香港藝術家的知名度及社會地位，因此，我對這類展覽和比賽絕對支持。儘管以純藝術的角度而言，藝術家不應太依靠獎項和銜頭的名譽。

　中國的藝術市場的興起與其送禮文化有一定關係。送贈畫作者既得體，也能避免賄賂或貪污之指責。至於一張畫的價值，可跟畫家的的知名度及社會地位有關。香港沒有相應的制度，以致大部分本地畫家都不怎麼富裕，頂多也只是生活無憂。我們可不是以作品在拍賣會的造價作紀錄或標準以進行買賣。然而，內地的市場模式會逐步影響本地藝術市場，還有賴香港政府制定政策，以提升藝術家的地位。有能力買畫的人如何會覺得香港藝術家的作品是值得投資的？藝術品在最近的二三十年間成為了一種有效的投資工具，股票投資會有虧蝕，買一幅齊白石[33]的作品卻能於瞬間升價數倍或數十倍。然而，香港的藝術家，包括年長的一代還未能受惠於此。對於新一代來說，他們將有望受益於藝術品投資的市場形勢。

王無邪與其作品，2002年。

黎　我想問一下關於你的兩幅畫作。一是〈激流之九〉，你可以跟我們說一下嗎？

王　這是我一九八九年的作品，當時我在倫敦辦展覽，於唐人街路口的電視上看到〈北京天安門廣場上的〉坦克車。回港後，我開始畫這一種作品，在構圖上多畫一個大交叉符號，符號包含某種憤怒的情緒，所以我把作品以激流命名。以往，我鮮有提及「六四事件」。但隨著時間流逝，此話題在香港未如過往般敏感，我也不介意道出當中的隱喻。

黎　另一幅是你一九九七年的作品，名為〈新夢〉。

王　那時我剛回到香港，亦寄望香港回歸中國後有個更美好的未來。當然，當中的轉折需時。就如曙色初呈，未必有燦爛的陽光跟隨出現。（**黎**　我確能察覺該作品在色調上的轉變……）我有另一幅名為〈香港幻彩〉的作品，也是那個時期的創作。我希望香港能成為五光十

新曙之三（New Dawn No. 3），水墨設色紙本，67x135cm，2000年，私人收藏。

色的地方，並擁有一個好的未來。

黎　從一九九七年到現在，這個「新夢」有否一直向前？

王　這個「新夢」倒有一直向前。香港已過渡九七回歸的轉折期，並得以強化。現階段我畫的是水，剛才你看到那三幅畫作皆以水為題。我察覺自己畫水比畫山來得多，畫水有一種「逝水東流」的意念。我多少覺得水一流便過，並感嘆歲月就如流水一般。與此同時，亦有感自己一生有如一名「遊子」。水離鄉土甚遠，如同我身處香港時有異於身在內地的境況，李煜（937-978）亦有云：「一江春水向東流。」我在美國時常以「河」的觀念入畫。「河」代表（水）從故土一路流向大海，當水流進大海後，它並不會倒流。我們身處的這個世界逐漸以海洋代替陸地，全球化正是以海洋作為聯

繫。加上我年事已高，對時間的消逝感受甚深。

黎　現在你是否都在工作室裏創作？

王　我平常多在這工作室作畫，家中也設有工作室以便創作小幅作品。我想將全部時間致力創作，但至今我仍會花三分一時間寫作，多為人寫序或撰寫雜誌文章之類。

黎　你從事創作多年，有否收藏一些他人的作品？

王　很少，我連自己的作品也未能全然兼顧。我亦有好一些尚未賣出的作品。

黎　那會否跟學生交流、交換彼此的作品呢？

王　倒有的，但僅限數次。我們這一代都沒有承襲交換作品的傳統。我的一幅畫動輒畫上幾個星期甚至更長的時間，可不像那些畫家只花一個下午的時間就能完成一幅或多幅畫，拿來送人。我本身是「半西半中」的，並不全然是一個中國畫家，所以大概做不到這樣子。

　總結而言，我認為香港人不要執迷於「東」、「西」的問題，我們是「有東有西」、「亦東亦西」，或不問東西。假若我們要強調東方的定位、元素，或許中國內地比香港更具資格。從香港的發展看來，香港人向來「亦東亦西」，從沒偏重任何一方，朝著此定位向前行。以城市觀點、身份看待香港的話，香港的城市生活、步伐定能使其躋身十大國際城市。我倒希望香港再強化城市文化的建立，藝術也是城市文化的其中一部分，而部分本地藝術家應能跟巴黎的藝術家平起平坐。這個機會大約在未來二十年間漸趨成熟。大概十多年後，西九文化區應有一定發展，加上大學和藝術學院每年也培育不少人才，屆時香港會有條件與外國城市匹敵。我屬於香港藝壇的先行者，並非盛世的代表。先行者都是生於亂世。

注釋

1　香港中文大學校外進修部於一九六五年成立，後於一九九四年易名為香港中文大學校外進修學院，及至二〇〇六年改為香港中文大學專業進修學院。

2　香港大學校外課程部於一九五六至一九五七年成立，時至一九九二年易名為香港大學專業進修學院。

3　崑南（1935-），本名岑崑南。一九五五年與王無邪等創辦《詩朵》，一九六三年創辦《好望角》，後創辦《香港青年周報》、《新週刊》等刊物，五十至九十年代期間岑氏先後於《中英日報》、《南華晚報》、《天天日報》、《新周報》、《香港時報》、《東方日報》、《經濟日報》、《金融時報》擔任編輯，「現代文學美術協會」創辦人之一。

4　陳福善（1905-1995），於一九一〇年定居香港，並先後創辦「香港藝術研究社」（1934）、「香港藝術社」（1953）及「香港華人現代藝術研究會」（1960）。自一九五三年起設福善畫室教授繪畫，前香港博物美術館及香港藝術館顧問。

5　一九五二年羅拔、雷雨、吳烈和陳海鷹創辦香港美術專科學校。

6　歐陽乃霑（1931-），一九三八年移居香港，曾任教於香港美術專科學校、嶺海藝術專科學校及香港正形設計學校。「香港畫家聯會」顧問，「庚子畫會」會員。

7　呂壽琨（1919-1975），字玉虎，一九四六年畢業於廣州大學，一九四八年定居香港。一九四九至一九六六年任香港油麻地小輪公司稽查員。一九六六年任香港大學建築系兼職講師，並在香港中文大學校外進修部主持現代水墨畫文憑課程。呂氏為「丙申社」（1956）、「香港中國美術會」（1956）創會會員，亦為「元道畫會」（1968）及「一畫會」（1970）顧問。不少畫家如王無邪、周綠雲均為其學生。與本書受訪者李國榮同為一九五七年成立的「香港藝術家協會」成員。

8　John Warner (1930-)，英國 University of Reading 的 Art Teacher's Diploma 課程畢業。一九五七年來港，翌年至一九六一年於羅富國師範專科學校及香港大學校外課程部任教。一九六二至一九七六年任香港博物美術館首任館長。一九八六年成為英國皇家文藝學會會士。

9　賴恬昌（1921-），其父賴際熙太史在一九二七年出任首位香港大學中文系教授。早年畢業於香港大學英文系。一九六〇年任香港大學校外課程署理總監、一九四六年為香港中文大學校外進修部籌備委員會一員，一九六五至一九八四年擔任香港中文大學校外進修部主任。

10　John Hadfield (1921-)，畢業於英國 Manchester School of Art，後於 Sunderland School of Art 任高級講師，並從事室內及織品設計工作。一九五七年來港，加入教育司署，一九六六年任教育官，七十年代初期出任香港工業專門學院商業及工業設計系系主任、一九七二年暫任於香港理工學院，於一九七五年離港。曾為香港博物美術館顧問。

11　張義（1936-），一九五八年畢業於台灣省立師範大學美術系。一九六二年於聖士提反書院教美術，一九六七年任香港中文大學藝術系兼任講師；一九七七年任香港理工學院設計系講師，翌年升任高級講師；一九八四至一九九二年任香港中文大學藝術系系主任，一九九八年退休。「中元畫會」創會會員（1963），「香港藝術家聯盟」創會會員（1987），前「香港雕塑協會」主席。一九七六年曾參與於閣林畫廊舉辦的「香港藝術家作品展」。

12　郭孟浩（1948-），又名「蛙王」。一九七〇年畢業於葛量洪教育學院，一九六七至一九七一年間於香港大學校外課程部及香港中文大學校外進修部修讀藝術及設計課程，曾任香港理工學院設計系講師（1976-1979）。一九七五及一九九八年

獲市政局藝術獎，「視覺藝術協會」會員。

13 畢子融（1949- ），一九七二年修畢香港大學校外課程部藝術與設計證書課程，一九七三年畢業於葛量洪教育學院及一九七七年入讀英國倫敦大學教育學院研究院求學，一九八九年獲英國李斯特大學頒發博士學位，曾任香港理工學院設計系講師，後出任兼讀課程主任，於一九八八年成為理工學院太古設計學院高級講師。與本書受訪者陳餘生同為「香港視覺藝術協會」創會會員之一，曾任「國際造型藝術家協會香港分會」委員。

14 曾鴻儒（1954- ），一九七六年畢業於加拿大St. Lawrence College。一九七八年回港，同年任教於香港理工學院設計系，一九八三年在李惠利工業學院教陶藝，及後在香港理工學院教授陶塑高級證書課程。一九八四年獲市政局百年紀念大獎。曾為「視覺藝術協會」會員。

15 梁巨廷（1945- ），一九六四年隨呂壽琨習畫，翌年入讀香港中文大學校外進修部平面設計課程。曾任教於香港理工學院太古設計學院（1974-1989），一九七五年獲市政局藝術獎，大一學院（1970）及香港正形設計學院（1980）創辦人之一。

16 「現代文學美術協會」於一九五八年創辦，創會會員有王無邪、崑南、葉維廉、盧因、李英豪等。

17 林鎮輝（1932-2013），五十年代曾隨李秉習畫。「中元畫會」於一九六三年成立，一九六四年成為註冊團體。本書的受訪者韓志勳、金嘉倫及文樓均為創會會員，一九六五年移居加拿大。

18 潘振華（1936- ），一九五八年畢業於華南建設學院建築系，翌年移居港。一九七〇年隨呂壽琨習畫，一九八五年獲市政局藝術獎。曾為「一畫會」、「香港藝術家聯盟」會員。

19 周綠雲（1924-2011），一九四五年畢業於上海聖約翰大學。一九四九年定居香港，曾隨趙少昂、呂壽琨、金嘉倫習畫。曾任香港大學校外課程部導師（1976-1984），教授版畫及石版畫課程，一九八三年獲市政局藝術獎。一九七六年曾於閣林畫廊舉行個人展覽。

20 顧媚（1934- ），原名顧嘉瀰，香港著名演員、歌手。先後隨趙少昂（1962）及呂壽琨（1974）習畫，一九七七年市政藝術獎得獎者，「一畫會」會員。一九七六年曾參與於閣林畫廊舉辦的「三人行聯展」。

21 劉國松（1932- ），一九四九年移居台灣。一九五六年畢業於台灣省立師範大學美術系，一九六〇年任台灣中原大學建築系講師，一九六六年曾獲美國洛克菲勒三世基金會資助赴美。一九七〇年及一九七五年分別任美國威斯康辛州立大學及愛荷華大學客座教授。一九七一至一九七七年任香港中文大學藝術系講師並擔任系主任（1972-1976）；一九七三年香港中文大學校外進修部辦現代水墨文憑課程，一九七七至一九九二年任香港中文大學藝術系高級講師。一九七八年任台北市立美術館籌備委員。一九九二年任台灣東海大學客座教授，一九九六至一九九九年任台南藝術學院造型藝術研究所所長，二〇〇四年任香港中文大學訪問學人。「五月畫會」創會會員之一。

22 楊東龍（1956- ），一九七三年移居香港。一九九〇年與馮國樑、黃仁逵等成立"Quart Society"。

23 黃仁逵（1955- ），別稱「阿鬼」。一九七九年畢業於法國巴黎國立藝術高級學院，一九九〇年與馮國樑、楊東龍等成立"Quart Society"。曾任《號外》藝術總監、《外邊》雜誌，及多部本地電影之電影美術指導，一九八山年獲香港電影金像獎最佳美術指導。於不同機構，如香港認知障礙症協會及香港演藝學院任客席或兼任導師，本地樂隊「迷你噪音」成員。

24 韓偉康（1954- ），一九七八畢業於美國Pacific Lutheran University，一九八一年獲美國華

盛頓中部大學繪畫碩士，一九八三年獲美國伊利諾大學藝術碩士。九十年代初任教於香港中文大學校外進修部。

25 麥顯揚（1951-1994），一九七五年畢業於英國倫敦大學金匠學院藝術系，一九七七年分別於英國倫敦大學斯理學院及英國皇家藝術學院進修雕塑。一九七九至一九八一年任教於香港中文大學藝術系。

26 黃祥（1939-），先後隨鮑少游（1956-1959）及鄺耀鼎（1957-1960）習畫，一九六八年畢業於法國巴黎高等美術學院。一九七七年獲市政藝術獎，曾任香港中文大學校外進修部油畫課程導師。一九七七年曾於閣林畫廊舉辦個人展覽。

27 劉健威（1950-），筆名劉霜陽。一九八四年香港中文大學藝術系畢業，一九九二年於該系修畢碩士課程。八十年代中期至九十年代中期以筆名在《信報》撰寫藝術評論文章，一九九七年策辦曾灶財首個個人展覽，一九九九年《視角——視覺藝術文化雜誌》試刊號編輯。現為著名食評人。

28 蔡仞姿（1949-），一九六九年及一九七〇年先後畢業於羅富國教育學院及葛量洪教育學院，及後前往美國芝加哥藝術學院進修，並於一九七六年及一九七八年分別獲頒學士及碩士銜。一九七八至一九八六年，於香港理工太古設計學院任教。一九九三至一九九七年間，她與丈夫韓志勳旅居加拿大，一九九八年回港，回港後與友人成立1a空間，二〇〇五至二〇一〇年任香港浸會大學視覺藝術院助理教授，現任香港浸會大學視覺藝術院兼任講師、香港浸會大學電影學院客席講師。

29 石家豪（1970-），一九九四年畢業於香港中文大學藝術系，二〇〇一年獲香港中文大學藝術碩士。一九九七年獲夏利豪基金會藝術比賽繪畫組冠軍，二〇〇三年獲第十四屆香港藝術雙年展優秀獎。

30 Henry Steiner（1934-），一九五七年獲美國那魯大學藝術碩士學位，主修平面設計。一九六一年來港，一九六四年創立石漢瑞設計公司。自一九七五年起為香港設計鈔票，一九八四年為匯豐銀行設計商標等。「國際藝評人協會香港分會」會員。

31 劉健華，一九九三年香港中文大學藝術系畢業。一九九五至一九九八年任香港中文大學人文學科研究所研究助理。一九九八年起撰寫藝術、舞蹈劇場及文化政治評論文章。二〇〇五年獲亞洲文化協會香港分會獎助（藝術評論），二〇〇九至二〇一三年任活化廳藝術及行政總監，「國際藝評人協會香港分會」會員。

32 「當代香港藝術雙年展」（Contemporary Hong Kong Art Biennial Exhibition）始於一九七五年，各優勝藝術家獲頒發市政局藝術獎。二〇〇一年，當局將其易名為「香港藝術雙年展」（Hong Kong Biennial Exhibition），於二〇〇九後改稱為「香港當代藝術雙年獎」（Hong Kong Contemporary Art Biennial Awards）。二〇一二年「香港當代藝術雙年獎」改稱為「香港當代藝術獎」（Hong Kong Contemporary Art Award），至今共十七屆。

33 齊白石（1863-1957），字渭清，又名璜，號瀕生，別號白石山人。一八八九年隨胡沁園、陳少蕃習畫，跟何紹基習書法，翌年跟蕭薌陔學裱畫。一八九四年任「龍山詩社」社長，翌年成立「羅山詩社」。一九二七年於國立北平藝術專科學校任教，一九三一年任教於私立京華美術專科學校，一九四六年任國立北平藝術專科學校名譽教授，同年任北平美術家協會名譽會長。一九五〇年任中央美術學院名譽教授、中央文史館館員，一九五六年獲世界和平理事會頒發國際和平獎，翌年任北京中國畫院榮譽院長。

從當代香港藝術展覽的評審談起

王無邪

香港博物美術館兩年主辦一次「當代香港藝術展覽」，每次的展出前後總引起一些風波。理由是很簡單的，因為每次都有藝術家因評審的關係而有部分或全部作品落了選，自然會感到很不愉快，有機會便發洩出來，有時則是他的朋友為他打抱不平。我自己在過去三屆曾是主辦者方面的身份，也常成為眾矢之的，今屆（一九七五年一月底公展）則純以參加者身份，也送出作品任由評審，感覺完全不同。

藝術家因評審結果與自己的預想不同，產生失望或憤懣的心情，還是值得體諒的。要注意的是，評審委員之間的意見，他們與主辦者的意見，都有相當的距離，評審的結果不一定與主辦者的願望相同，當然主辦者有著基本的責任。藝術的準則相當抽象，亦會因每個人的社會與教育背景而異，評審者即使毫無私心，他們的觀點是否為藝術家完全接受，仍然是有疑問的。

廣博的見識，高尚的品味，當然是主辦者及藝術家期望於評審者的。但評審者必然無可避免的帶有某一程度的主觀成分，這正如不同的藝術家對同一的作品會有不同的反應。不過顯明的好作品，或顯明的壞作品，在正常的評審中，都不會產生爭議，大概評審者都會一致通過或不通過。但不顯明的好作品或不顯明的壞作品就會因每一評審者的欣賞習慣而有不同的決定，在此情形下，一作品之入選或落選，就不是全部評審者的願望。

藝術家的作品，若是一種新的嘗試，那也可能超過了評審者可以欣賞或理解的範圍，在此情形下，評審者的決定是不容易的，較開明的評審者會通過入選，而較保守的評審者則會否決。新

的嘗試自然是藝術家勇敢的追尋，但新的嘗試必定要求一種全新的準則，新的準則必待相當時間然後始能建立。新的嘗試也許是不成熟的；而在此嘗試中是純然衝動的，或是真誠探索的，藝術家自己也要反省。

無疑地，任何方式的評審，都不能達至絕對的公平，但若一個展覽的參加件數遠遠超過它可以容納展出的件數時，則用評審方式選出佳作，似乎唯一可行而又公允之法。如果展覽是屬於邀請性質的，那麼主辦人必然根據自己的準則去挑選他所認識的藝術家，而他所不認識的，就沒有機會。公開徵集的展覽，可令每一藝術家至少有機會展示自己的作品給主辦人及評審者，再進一步（入選了的話），展示給廣大的觀眾。

有些人會認為應該給每一藝術家展出的機會，換言之，主辦者應將每一參加作品展出。這是環境條件不能許可的，何況主辦者也有他的立場。主辦者如果是文娛性質的，那麼來者必展的宗旨可以造成熱鬧的氣氛，但如主辦者是嚴肅的，應只以最佳的參加作品展示出來，這有助觀者對當前藝術形勢的了解，而展覽是有作用性的，成為藝術動向之最佳闡釋。

「它是一面忠實的鏡子，反映出香港藝術家辛勤的建立……」

無法避免主觀性

慎重選擇評審者，那是主辦者的責任。不過我已指出，任何評審人都不能避免個人的主觀性。主辦者既聘定評審者，則必得尊重評審者的決定，即使評審的結果使主辦人感到遺憾。主辦者有時為了容許較廣泛的觀點，可能選擇見解迥異的幾個評審者。一些重要的展覽，有時僅聘一位評審者，由他的眼光斷定一切，展覽自然反映評審者個人的品味及偏愛。

主辦者的觀點，可在評審者的選擇

中反映出來，雖然主辦者並不直接負責評審。目光狹隘的主辦者，當然聘請保守的評審者，還有時會造成藝術家與主辦者的嚴重衝突，例如十九世紀的法國官辦沙龍，竟有「落選者沙龍」與之對抗。開明的主辦者必然聘請開明的評審者，敢將前衛作品展出，但一般觀眾會為之譁然。

因此，無論主辦者的觀點為何，主辦者絕無可能討好每一方面。從文化藝術之進步的觀點來看，我以為主辦者必須能夠在推動方面產生作用，否則藝術展覽就如嘉年華會一樣，而博物美術館的嚴肅意義就蕩然無存了。當然也有可能，藝術家的觀點與主辦者的觀點殊不一致，但一個真正的藝術家應該奮鬥下去。在歷史上，藝術運動之急潮始終澎湃不絕，主辦者可以促其早現，而不能將之阻擋的。

由於評審制度的基本缺點，由於主辦者必然有其觀點，每一屆「當代香港藝術展覽」的結果，一定不能令各方滿意：落選的藝術家固大失所望；入選的藝術家也會因部分送展作品被拒而不愉快；評審者可能推薦某些作品入選，但不獲其他評審者接納，因而耿耿於懷；主辦者則未必覺得評審者的結果十分符合他的期望。

這完全是我個人客觀的看法。同樣性質的展覽，無論主持機構如何，都是一樣，除非把評審制度廢掉，但任何新的制度亦必有其優點與缺點。我覺得任何對「當代香港藝術展覽」的批評者不免失諸偏激，他們重視評審之結果而看不到評審制度之本身，更沒有注意到展覽本體之作用性。

可能產生正面作用

近十年來香港藝術之進步，相信是不爭的事實。「當代香港藝術展覽」是否阻撓香港藝術之進步，我以為不妨從這一方面來給此展覽作一公平的評價。如果此展覽阻撓了香港藝術之進步，則可以有兩種看法：其一是香港藝術根本上就沒有進步過，而此展覽發揮了阻撓的作用；另一是香港藝術全憑藝術家本身的能力，造成一股潮流，今日香港藝術之成就與展覽無關。若香港藝術沒有進步的說法不能成立，則香港藝術家本身的能力，便沒有因展覽之負面作用而受影響。

如果此展覽沒有阻撓了香港藝術之進步，那麼此展覽就可能產生正面的作用，要不然此展覽完全沒有正面或負面作用，根本不受本港藝術家的注意。不受本港藝術家注意之說法是不能成立的，因為每屆總有一些回響，至少我相信每屆都能呈現出當時香港藝術的真正面貌。

此面貌是指具有創作性的一面。譬如一般「仿古」的國畫（於《南北極》

第四十四期我指出過那是多麼荒謬的一個名詞），是遠離創作性的，自然在「當代香港藝術展覽」中佔量極少。創作性的一面則反映於日趨明晰的香港藝術之獨特風格，那是從中西方文化的融匯中產生出來的。

每屆「當代香港藝術展覽」的評審名單雖然不同，我覺得評審結果大致上並無重大的差異。一些名字之消失與出現沒有改變香港藝術在其特有的時空中摸索出來的道路。此展覽最好的作用就是：它是一面忠實的鏡子，反映出香港藝術家辛勤的建立，其成功在乎香港最認真最富探索性的藝術家對它的支持，其失敗在乎他們對它的鄙棄。

見過了今屆入選的作品，我以為此展覽之獲香港藝術家支持，與過去歷屆無異，這是使我深為高興的，即使我並非此展覽幕後的工作者。評審委員中有一人曾於過去對某屆展覽著文苛評，我相信他此次評審後必了解評審工作殊不易為，而他也不能使展覽的結果與歷屆不同。一屆比一屆不同的地方是進步，那是香港藝術生機之顯示。

此展覽將於一九七五年香港藝術節期內舉行，讓我們拭目以待。

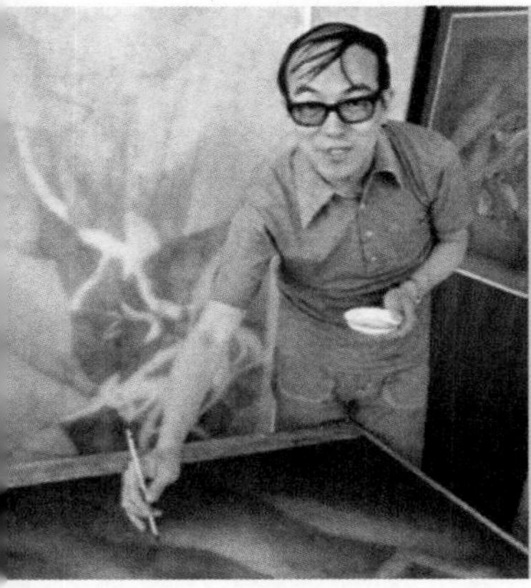

籌備展覽，1975 年。

原文刊載於《南北極》第 55 期，後經筆者修訂。

王無邪簡歷

年份	月份	展覽類型	事跡	地點
1936			生於廣東省東莞太平鎮，原名王松基	
1938			移居香港	
1941			二次大戰期間遷回中國	
1946			戰後重返香港定居	
1953			開始投稿《星島日報》的學生園地版	
1954			香港聖約瑟英文中學畢業，在商行任職文員	
1955			與香港著名作家崑南、葉維廉等創刊出版《詩朵》雜誌	
1956			自學素描水彩，參加香港美術會活動	
			隨梁伯譽習中國畫	
1957			報讀香港美術專科學校夜校素描課程	
1958			與岑崑南、李英豪等創立「現代文學美術協會」，當首任會長	
			隨呂壽琨習水墨畫	
1959	9月	個展	王無邪個展	英國文化委員會
			出版《新思潮》雜誌，以文化再造為口號	
1960		聯展	主辦及參與第一屆「香港國際繪畫沙龍」	現代文學美術協會

1961			留學美國，在俄亥俄州哥倫布美術及設計學院攻讀藝術	
			聖保羅國際美術雙年展	巴西聖保羅
			麥迪遜畫廊季展	美國紐約麥迪遜畫廊
1962		聯展	五月畫會聯展	台北
		聯展	全國素描水彩展	美國田納西州諾克斯菲爾藝術中心
		聯展	西貢國際美展	越南西貢
1963			轉校至馬里蘭州波爾提摩市馬里蘭藝術學院深造	
		個展	王無邪個展	美國俄亥俄州哥倫布市立圖書館
		聯展	全國素描巡迴展	美國明尼蘇達州聖保羅藝術中心
1965			獲藝術學士及藝術碩士學位同年返港	
1966	6月	個展	王無邪個展	香港大會堂
		聯展	中元畫會聯展	菲律賓馬尼拉盧斯畫廊
1968		聯展	中元畫會聯展	香港博物美術館
1969			出版《平面設計原理》	
1970			獲洛克菲勒三世基金會獎學金在紐約習石版畫及遊覽美國各地，為期一年	
		聯展	香港藝術展	日本大阪萬國博覽會香港館
1971			應英國文化協會邀請，訪問英國	
		聯展	今日香港藝術	香港大會堂美術博物館，英國布里斯托、愛丁堡、倫敦
1972		聯展	當代香港藝術	香港大會堂美術博物館，美國加州太平洋文化博物館

		聯展	今日香港藝術展	美國印地安納州埃文斯維爾博物館
1973		聯展	當代中國畫家五人展	澳洲悉尼查璞曼畫廊
		聯展	當代中國藝術家版畫	香港博物美術館
1974	9月	個展	景變集	香港歌德學院
1975			省立歷史博物館年展	台北國立歷史博物館
1976		個展	王無邪個展	香港歌達畫廊
1977		聯展	當代香港藝術	香港大會堂
		聯展	香港藝術中心開幕展	香港藝術中心
			出版《立體設計原理》	
1979	1-2月	聯展	王無邪、張義、梁巨廷三人展	香港藝術中心
	8-10月	個展	王無邪繪畫、素描、版畫展	香港大會堂
		聯展	當代香港藝術雙年展	香港大會堂
1980		個展	王無邪個展	加拿大多倫多今代畫廊
		聯展	多倫多藝術博覽會	加拿大多倫多
1981	3-4月	個展	王無邪山水小品畫稿展	香港美國圖書館
		聯展	香港藝術 一九七〇—一九八〇	香港藝術館
1982		個展	王無邪個展	台北版畫家畫廊
		聯展	國際水墨家聯盟年展	台北國立歷史博物館
		聯展	禪之意境	德國漢堡漢寧畫廊
		聯展	當代香港藝術展	菲律賓馬尼拉大都會美術館

年份	月份	類別	事項	地點
		聯展	首屆藝術大展	中東巴林
			美國大通銀行委託，為美國佛羅里達州泰拉哈西市 A&M 大學繪製壁畫	
1983	6月	聯展	自然的情懷	香港藝術中心
		個展	王無邪個展	美國明尼蘇達州明尼亞波里市許氏畫廊
		聯展	中國海外藝術家聯展	台北市立美術館
		聯展	國際水墨畫家聯盟年展	馬來西亞吉隆坡
		聯展	山水新意境	香港藝術館
1984			出席香港藝術節之二十世紀中國繪畫研討會	
			移民美國，定居明里蘇達州明尼亞波里市	
		聯展	明尼亞波里市藝術館百周年紀念珍藏特展	美國明尼蘇達州明尼亞波里市藝術館
		聯展	二十世紀中國繪畫	香港藝術館
1985			明里蘇達州大學邀為訪校嘉賓	
			遷俄亥俄州，在哥倫布美術及設計學院任教	
		聯展	二十世紀中國畫選粹	加拿大維多利亞美術館
		聯展	水墨的年代	香港藝術中心
			協辦「香港墨韻：呂壽琨山水畫」	
1986			遷新澤西州鷹崖鎮	
			北京中國美術家協會主辦展覽及安排遊覽名勝	
		個展	王無邪個展	香港荷絲曼葛富利畫廊
		聯展	當代中國繪畫	香港中文大學文物館

	聯展	中國現代繪畫回顧展	台北市立美術館
	聯展	華裔畫家兩人展	北京中國美術館
1987		在明尼蘇達州美術館講述中國繪畫	
	個展	山之情懷	美國明尼蘇達州明尼亞波里市藝術館
	聯展	筆痕墨像	美國明尼蘇達州美術館
		出版《色彩設計原理》	
1988		受邀為美國密歇根州羅倫士理工學院訪校嘉賓	
		美國耶魯大學美術館邀講個人創作歷程	
	個展	王無邪個展	台北雄獅畫廊
	聯展	古色今香，華裔畫家五人展	美國耶魯大學美術館
	聯展	當代中國繪畫	意大利法拉拉布現代美術館
	聯展	香港水墨畫展	英國倫敦巴比肯藝術中心
	聯展	國際水墨畫節	中國武漢
	聯展	第一屆國際水墨畫展	中國北京
1989		受邀為田納西州孟斐斯市美術學院訪校嘉賓	
		出席紐約華美協進社主辦之當代中國藝術研討會	
	個展	河夢	英國倫敦葛富利畫廊
	聯展	水意雲情	美國紐約漢雅軒
	聯展	當代中國畫	英國倫敦，香港，台北（樂山堂主辦）

	11月	聯展	周綠雲、王無邪、劉國松三人慈善義賣展覽	香港文華東方酒店
		聯展	神外書畫	美國紐約，台灣台北（漢雅軒主辦）
1990		個展	王無邪近作	香港交易廣場中央大堂
		聯展	水月風流近：近代中國水墨畫展	香港文化中心
		聯展	蛻變：現代中國水墨畫	香港聯齋古玩號
		聯展	神州以外	香港漢雅軒
	11-12月	聯展	The Language of Ink Part II	英國倫敦 Gerald Godfrey Ltd.
1991			受邀為明里蘇達州聖約翰大學訪校嘉賓	
			費城白蘭迪寰工作室邀約創作版畫	
			出版《山水畫道》	
		個展	王無邪個展	美國明里蘇達州聖約翰大學羅思哲畫廊
		個展	王無邪個展	美國紐約美華藝術協會 456 畫廊
		個展	故夢	香港荷絲曼葛富利畫廊
1992		個展	東西行——王無邪水墨畫展	台北雄獅畫廊
		個展	故夢	英國倫敦葛富利畫廊
		聯展	第二屆國際水墨畫展一九九二深圳	中國深圳
		聯展	亞裔藝術家聯展	美國紐約伊勢基金會
		聯展	香港當代藝術雙年展	香港藝術館
		聯展	與 Trembath Su 舉辦「兩人聯展」	英國倫敦葛富利畫廊
		聯展	匯流：當代香港藝術展	加拿大溫哥華美術館

1993		於新罕布什爾州工藝家聯盟春季大會主持講座	
	聯展	亞裔藝術家聯展	美國紐約，台灣台北、台中、高雄，韓國漢城，日本廣島（紐約伊勢基金會）
	聯展	皇家藝術學會夏季大展	英國倫敦皇家藝術學會
		出版《設計與造型原理》	
1994		受邀為肯德基州路易斐爾市美術會訪問嘉賓	
		出席英國東安吉利亞大學中國繪畫研討會	
		新澤西州柏德遜學院藝術系邀講個人創作歷程	
		出版《電腦視覺設計》	
		移居紐約市	
	個展	王無邪個展	香港漢雅軒
	聯展	Orientations: Works of Eight Chinese - American Artists	美國華盛頓 David Adamson Gallery
	聯展	香港藝術展	日本鹿兒島文化中心
	聯展	沒有界限的藝術	美國紐約布朗藝術館
1995	聯展	藝天繁星——呂壽琨師生、畫友聯展	香港藝術中心
	聯展	Between East and West: Transformation of Chinese Art in the Late Twentieth Century	美國 The Discovery Museum（康涅狄格州）
1996		回歸香港定居	
		紙墨變奏：美東華人藝術家作品展	美國紐約中華新聞文化中心
		二十世紀中國繪畫——傳統與創新	香港藝術館，新加坡美術館，英國大英博物館，德國科隆東亞美術館

			香港：亞洲水彩畫展 九六——第十一屆亞洲水彩畫聯展	香港藝術館
	6-7月		六．三〇	香港漢雅軒
			收藏家精選展	香港漢雅軒
1997		個展	遊子情懷	香港及新加坡萬玉堂畫廊
		聯展	中國情結：海內外華人藝術家作品聯展	上海博物館
		聯展	中國藝術大展：當代中國畫展	上海圖書館
		聯展	香港藝術一九九七展	北京中國藝術館，廣州廣東美術館
		聯展	亞洲傳統，現代表現：亞裔藝術家與抽象藝術——一九四五—一九七〇	美國紐約、芝加哥，台灣台北、高雄，日本，韓國
		聯展	六．三〇	香港漢雅軒
		聯展	Impressions: Contemporary Asian Artist Prints	美國費城 The Printed Image Gallery of the Brandywine Workshop
1998			獲香港藝術發展局頒授藝術成就獎	
			香港嘉里集團委託，為上海嘉里中心大堂繪製壁畫	
		個展	火之環	美國紐約懷古堂
		聯展	中華五千年文明藝術大展	美國紐約古根漢美術館
		聯展	上海雙年展	上海美術館
		聯展	深圳國際水墨畫雙年展	深圳關山月美術館
		聯展	六．三〇展三百六十天後	香港漢雅軒
1999			香港百利保集團委託，為香港富豪機場酒店接待大堂繪製壁畫	

	3月	個展	東夢西尋	
			為「香港視藝節」擔任評審	
		聯展	中華五千年文明藝術大展	西班牙畢爾包古根漢美術館
		聯展	書意畫情——王己千、王無邪	香港萬玉堂
	10-11月	聯展	靈璧	香港漢雅軒
2000		個展	王無邪個展	英國倫敦顧豪斯當代畫廊
		聯展	慶回歸祖國：中國藝術大展	澳門藝術博物館
		聯展	國際中國畫大展	常州美術館
		聯展	二十世紀中國油畫大展	北京中國美術館
	11-12月	聯展	廣東當代油畫藝術展	廣州廣東美術館
		聯展	開創新世紀 港台水墨畫聯展	香港視覺藝術中心
2001		個展	紙與布的對話	香港中文大學新亞書院許氏文化館
		聯展	十人展	美國紐約懷古堂
		聯展	超越國界	美國紐約顧豪斯當代畫廊
		聯展	香港現代水墨畫展	台北國父紀念堂
		聯展	無際中華	美國紐約蘇富比
2002		個展	城夢	香港漢雅軒
	8-9月	聯展	香港風情・水墨變奏	英國倫敦大學
		聯展	當代中國美術——蘇立文伉儷藏品展	英國牛津亞殊慕連美術館

			Yesterday and Other Stories: Changing Notions of Contemporary Chinese Landscape	美國紐約萬玉堂
	12月-03年1月		第三屆深圳國際水墨畫雙年展	深圳關山月美術館
2003	10-11月	聯展	新寫意水墨畫邀請展	北京炎黃藝術館，新加坡藝溯廊
	4-10月	聯展	香港風情 ・ 水墨變奏	香港藝術館
2004		個展	窗夢集	香港嘉圖畫廊
		聯展	第四屆深圳國際水墨雙年展	深圳美術館，深圳關山月美術館
		聯展	水墨藝術萬花筒——香港當代水墨畫展	香港藝倡畫廊
		聯展	漢雅軒二十周年展覽	香港藝術中心
2005		聯展	詩情畫意	香港藝倡畫廊
		聯展	詩・書・畫——王無邪・許雪碧聯展	香港藝倡畫廊
2006		個展	筆意墨情	香港漢雅軒
		聯展	當代香港水墨大展二〇〇六	香港中央圖書館
		聯展	中港台水墨畫	上海多倫美術館
		聯展	香港視覺藝術的創作精神	香港文化中心
	10月	聯展	High 5ive	香港嘉圖現代藝術
		聯展	香港中文大學藝術系兼職講師展覽	香港中文大學新亞書院許氏文化館
	12月-2007年3月	個展	東西問道：王無邪的藝術	香港藝術館
2007			參與「水墨新貌：現代水墨畫聯展暨國際學術研討會」	

	7月	聯展	中華情——全球華人書畫世紀大聯展	香港中央圖書館
	7月		獲頒授銅紫荊星章	
		聯展	當代香港水墨大展二〇〇七	香港牛棚藝術村
			參與「香港藝術中心成立三十周年慈善拍賣」	
		聯展	中國邁步——當代中國藝術展	丹麥路易士安納現代美術館
2008		個展	天地情懷	新加坡誰先覺畫廊
	1-2月	聯展	Exchange Exhibition between McIntire Department of Arts, University of Virginia and Department of Fine Arts, The Chinese University of Hong Kong	美國維珍尼亞大學 Off-Grounds Gallery
	1-3月	聯展	超以象外：中國抽象繪畫展作品集	澳門藝術博物館
		聯展	亞洲傳統．現代表現	美國三藩市德揚美術館
		聯展	新水墨藝術——創造、超越、翱翔	香港藝術館
		聯展	2008 奧林匹克美術大會	北京國際展覽中心
		聯展	同一個世界——中國畫家彩繪聯合國大家庭藝術大展	瑞士日內瓦、美國紐約等地
	7-8月	聯展	香港．藝術．中心：藝術中心三十周年展覽	香港藝術中心
		聯展	藝遊鄰里計劃 IV——薪火相傳：香港視覺藝術協會第三十五屆年展	香港大會堂，香港德福廣場
	11月	聯展	亞洲藝術文獻庫周年籌款拍賣 2008「基金會．為未來」預展	香港海港城，香港蘇富比
	11月 -2009年2月	聯展	深港水墨畫交流展	深圳書院，香港中央圖書館
	12月	聯展	香港大世界	香港漢雅軒
2009		個展	多元視境	美國芝加哥美術館
	2-3月	聯展	山水面面觀	香港漢雅軒

		聯展	水墨雙城——香港深圳都市水墨作品展二〇〇九	香港大會堂，中國深圳畫院
		聯展	第十一屆全國美展之港澳台邀請展	中國汕頭
		聯展	向祖國匯報——新中國美術六十年	北京中國美術館
		聯展	第六屆深圳國際水墨雙年展	深圳博物館，深圳畫院
		聯展	香港水墨色二〇〇九中國繪畫展	香港中央圖書館
2010			出版《天地情：王無邪作品集》	
	5-6月	聯展	民間地圖志	香港漢雅軒
2011	9月		港水．港墨——香港水墨作品展	北京中國美術館
	9-12月	聯展	水墨雙城——第三屆深港水墨畫交流展	香港中央圖書館，中國深圳畫院
2012	3-4月	聯展	中港當代藝術家精品大展	香港雲峰畫苑
	5月	聯展	Intersections - Wucius Wong, Fiona Wong, Hung Keung	亞洲文化協會
	5-8月	聯展	向香港前輩致敬	香港漢雅軒
	7月	聯展	名家作品展	香港藝倡畫廊
			為「香港當代藝術獎二〇一二」擔任評審	
			為「二〇一三澳門視覺藝術年展——中國書畫類創作」擔任評審	
	12月	聯展	Hong Kong Eye 當代藝術展	英國倫敦 Saatchi Gallery
2013	1月	聯展	港水港墨	香港大會堂
	5-8月	聯展	原道——中國當代藝術的新概念	香港藝術館
	7月	聯展	港水港墨——香港水墨畫家中國西北寫生作品展	香港中央圖書館

任職情況

年份	職銜	任職機構
1958	會長	現代文學美術協會
1966	行政助理	香港中文大學校外進修部
1967	助理館長	香港博物美術館
1974	高級講師	香港理工學院設計系
	副會長	香港設計師協會
1976	榮譽顧問	香港藝術館
1977	首席講師	香港理工學院設計學院
1990	評審委員	賓夕法尼亞洲藝術委員會視覺藝術年獎
	名譽顧問	紐約中華新聞文化中心
1995	「紙墨變奏」美東華人美術展客席策劃人	紐約中華新聞文化中心
1996	評審委員	香港藝術雙年展
1997	榮譽顧問	香港藝術館
1998	評審委員	香港藝術雙年展
1999	兼職講師	香港中文大學藝術系
2000	客席策劃	香港藝術館「當代香港藝術二〇〇〇——孤獨峰群」展覽
2001	藝術比賽評審委員	夏利豪基金會

2001	督導委員會成員	香港藝術中心藝術學校
	榮譽顧問	香港特別行政區政府康樂文化事務署
2002	藝術比賽評審委員	夏利豪基金會
2006	博物館小組成員	香港西九龍文娛藝術區核心文化藝術設施諮詢委員會
2007	評審	第廿四屆全澳書畫聯展

朱興華

簡介

朱興華，一九三五年生於中國廣東省，於十五歲到港。由於家境貧窮，朱氏讀到中二時隨父親外出工作幫補家計，做過小燈泡學徒。出身基層，收入不多，生活環境欠佳，縱然喜歡藝術，對朱氏而言，藝術文藝等生活興趣卻是遙不可及。後來，由於他極渴望到外國闖蕩，故此選讀了護理科，並領取津貼到英國修讀普通科，後轉修精神護理，一九六五年完成相關課程。

雖然朱氏在英國的生活捉襟見肘，他卻不時利用餘暇到畫廊和藝術館等場所看畫，對藝術的興趣漸濃，而藝術館的作品就成為他的「師傅」。回港後，朱氏先後在葛量洪醫院胸肺科及青山醫院工作，暫時放下藝術，到生活穩定時，一九七二年才跟隨同事報讀香港大學校外課程部的藝術及設計證書課程。由於該課程較側重西方媒介，朱氏剛畢業時仍以油畫等西方素材創作，到畢業後才慢慢接觸中國畫的物料，並以之為新的創作方向。同時，在精神科病房工作、與院友接觸的經歷令他感受至深，其七十年代起到九十年代的作品，大部分以描述精神病患者的內心世界以及行為作主要題材。

修畢港大校外課程部藝術與設計證書後，朱氏一方面兼顧工作，一方面熱切投入藝術創作。多年來，他亦積極參與展覽，並於一九八九年獲香港市政局頒發藝術獎。

退休後，朱氏搬到元朗居住。由於心態、年齡以及生活環境的轉變，其創作亦進入第二階段，承載著豐腴的人文關懷。除了新界居民的生活變遷成為其作品的主題外，他也畫了許多以香港地方作標題的景象如〈我在廟街的日子〉、〈當我經過美孚〉等，試著重構舊日的生活感覺，抒發對城市急促變遷的無奈。與其昔日在精神病院工作有關的，間或才有一兩幅。二〇〇〇年以後，朱氏進入其創作的第三階段，作品以世界各地的悲痛和苦難作為主題，畫下世間的不幸。離開工作崗位後，朱氏的時間較為充裕，得以全身投入藝術活動。自一九九二年迄今，他幾乎每年參與數個展出，並曾於一九九四年獲亞洲文化協會頒發獎學金前往美國紐約進修藝術，留學三個月。

朱氏從事創作多年，為漢雅軒畫廊的代理藝術家外，其作品亦獲香港藝術館購藏。朱氏既專注個人創作外，也關心香港藝術的發展。他除了提倡創立獨立運作的視學藝術學院外，亦為康樂及文化事務署及香港藝術發展局擔任榮譽顧問，為展出和藝術推廣提供意見。

我工作的地方（Where I Worked），
水墨設色紙本，1992 年。

朱興華訪談錄

訪問者　黎明海博士

2012.4.26

黎　根據資料，你大約於五十年代來香港，Gaylord（陳餘生）說你應該比他年輕十年左右。

朱　他是一九二五年出生，而我就是一九三五年出生。

黎　你最初來到香港的時候應該還未接觸藝術。大概一九六五年在你已完成一個精神科護理課程之後才有機會接觸藝術。為何你會到英國去呢？

朱　因為我很想到外國去，但經濟上有困難，那就要想辦法，怎麼辦呢？修讀護理科就最好不過了。當時修讀護理科有津貼，獲豁免學費後，上護理課就和上班所得到的收入相近，可以支持生活開支。最初我並不知道英國的文化和藝術方面那麼富吸引力，到當地後，我才知道這方面的事。

黎　是否由於在英國的一些經歷，令你在回港後到香港大學校外課程部修讀藝術及設計科？

朱　這是肯定的。現在我回想起來，當時我已經喜歡藝術，只是不自知而已。五十年代的香港比較貧窮，連買報紙也負擔不起，又怎會想到藝術呢？我們一家人也算了不起，能入住在一間「頭房」，也就是在走廊盡頭，有窗戶和露台的房。那時的住宅都有露台，所以會比較通爽。樓客們合租了一台「麗的呼聲」播音機[1]，算是不錯的娛樂吧。

我未能負擔學費，就讀中學二年級時就跟隨爸爸出外工作，當小燈泡的學徒，是那些手電筒上的小燈泡，僱主都會為學徒提供住宿和夥食。然而，我卻

不甘就此當一名學徒。幸好祖母認識當時皇后戲院[2]的老闆，替我找到一份帶位員的工作。因工作的緣故，我學懂了英文及其他事情。只有學懂英文，我才能到英國。若然我不曾去英國的話，又怎會開展我的藝術人生呢？

早在孩提時代我已喜歡拾東西作雕刻，或者在粉筆上雕刻。那時我只有七八歲，還是鬧著玩的年紀，我總覺得自己喜歡做藝術，不喜歡打架。既然喜歡藝術，去英國就很合適了。

黎　你在英國有什麼特別深刻的經歷？這些經歷有否促使你回港後繼續做藝術呢？

朱　我當時是先去學習普通科的，才進而修讀精神科護理。我覺得普通科的知識教護理人照顧病人的生理需要，卻未能填補其心理需要，病不是光吃藥就能被治癒。所以，普通科和精神科護理兩者能互相補足。不論我做護理工作或做藝術，也以這種信念方式去看一件事，就是要觀察、兼顧外在與內在的存在。

我到英國只能勉強維持生活，畫廊和博物館就成了我消遣的好去處，更何況當年是免費入場的。我很喜歡獨個兒做事，賞畫和作畫可謂最適合。時至今日，我每逢假期或有空就會到畫廊去。

黎　你在英國唸護理課程時有否修讀任何藝術史或藝術欣賞的課程？

朱　沒有。所以我便去畫廊和博物館「拜師」。當時的人對印象派（Impressionism）很瘋狂，包括我自己。我就是這樣自學藝術，那時我還未修讀相關課程。

黎　現在回想起來，有否一些大師的作品對你當時或往後的創作有很深的影響？

朱　當然有，我大多喜歡每一個藝術發展時期的先驅者。縱然我對藝術史沒有太深的認識，我比較喜歡具表達性的作品，類近表現派的作品，畢竟我較著重人性。當然，優美也是人性的表達，但在優美和激情兩者，我會選擇後者，亦即具爆炸性的、富有情感的表達。

　我喜歡梵高（Vincent van Gogh，1853-1890），他是印象派後期（Post Impressionism）的畫家，卻成了表現派（Expressionism），其表達也很獨特。印象派雖好，我不太喜歡塞尚（Paul Cézanne，1839-1906）和雷諾瓦（Pierre-Auguste Renoir，1841-1919）；塞尚也算是立體派，他比畢加索（Pablo Picasso，1881-1973）還要早，我卻很喜歡畢加索。他的畫風橫跨多個主要藝術發展時期，具有豐富的藝術細胞，能以畫表達其思想，早就脫離了塞尚的立體派風格。當你到過法國巴黎的畢加索博物館（Musée Picasso Paris）後，就如浸過一個熱水浴般舒服，走得累了又肚子餓，便到路旁睡覺或吃個燒鵝肝餐，喝杯酒，那已經很棒了！只有富激情和人性化的作品才能吸引我。

黎　你是否回到香港便當上了精神科護理員？

朱　我於一九六七年年尾回到香港，在葛量洪醫院的胸肺科工作了一年。可是我沒留意「六七暴動」的事宜，我想那時的暴動不是太強烈，或已接近尾聲了吧？

　於一九六八年八月，我開始青山醫院的精神科護理工作。最初幾年忙於應付新工作，稍為放下了對藝術的那份感覺，有空也想做關於藝術的事。只是當時香港的藝術氛圍不太濃厚；要是你問我，當時香港有一所讓大眾賞畫的畫廊或博物館與否，我想是沒有的。一九六二年香港博物美術館開幕與普羅大眾無關，只是歷史上的一個記錄而已。我有兩位同事在港大校外課程部唸藝術，並從他們口中得知這個課程。如果我即時報讀的話，我會和 Gaylord（陳餘生）同班也說不定！說笑罷了，我是第四屆的學生。

黎　但你要從青山醫院到香港島那邊上課，也頗長途跋涉吧？

朱　對。我就是在廟街的郵局，乘搭經佐敦道開往尖沙咀的巴士「過海」（從九龍到香港島）去。如果時間尚早，我最愛到海運大廈的那間咖啡店，聽著音樂來喝咖啡，再乘坐渡輪到香港島。

黎　你記得香港大學校外課程部藝術及設計證書課程的內容嗎？

朱　我和我的班主任Martha Lesser[3]是最要好的。當時我三十歲，經歷過很多事之後人生經驗豐富，為人較為成熟。該課程很密集，每星期有四晚要上課，每一課四小時，還要回家做功課及應付各科的考試。三年之間我未曾有一晚缺席，可見我真的非常投入。

藝術及設計證書課程涉獵很廣，且理論技術並重。課程有教人體素描、油畫、版畫，由何弢教授設計，可謂一個比較完整的課程。還記得白自覺（Jon Alfred Prescott）[4]先生是一位很好的英國人，他的作風不像中國「私塾」式的單對單教學，而是較全面的視覺藝術訓練。

黎　這種教學模式跟現今的大學藝術課程很相近，你可記得當年一起就讀的同學嗎？還有誰至今仍活躍於本地藝術圈？

朱　和我同班（第四屆）的倒沒幾個了，就是畢子融、柯韶衛[5]和我吧。陳餘生是第一屆的師兄，呂豐雅[6]則好像是第二或第三屆的畢業生。我知道這個證書課程有開辦了五屆，較年輕的學員我都不太認識。我想這種課程也式微了，後來變成了一些「十講」的課程。先不要說學費有多貴，當時來說過千港元[7]已經是很昂貴的了。（**黎**　包括材料的費用嗎？）什麼也不包括。

黎　當時的材料，如油畫的材料很難買得到，你有沒有遇到什麼困難呢？

朱　沒有困難，因為都能在店舖買到，導師會指導同學到哪裏買，如永吉街的文聯莊[8]，那兒賣的材料都是比較貴，卻十分齊備。

黎　西畫的材料呢？哪裏有帆布、油畫油彩賣？會否都是到「藝林」（藝林美術用品公司）或「藝文」（藝文公司）去買材料？香港島沒多少間類近的店舖選擇。

朱　我記得我是在「藝林」買西畫材料。這位老伍（伍慶和）很喜歡看展覽。他不時和我們聯絡及談天。

黎　六七十年代也有好一些機構開辦藝術課程，如香港美術專科學校等。為何你會選擇港大校外課程部呢？或是因著同事的提議而報讀？

朱　我是有意及知道課程內容才去報讀。我認為藝術要具全面性，而「香港美專」（香港美術專科學校）課程範圍不夠全面，老師數目不多。反觀港大校外課程部的師資不錯，我想校方認為他們合適才找他們來授課。

黎　看來港大校外課程部藝術及設計

科，不論在課程設計和師資都挺著重西方藝術。為何你轉而用較中國的媒介創作呢？

朱 我修讀港大校外課程部藝術及設計證書課程時，大概只有十課是關於中國畫，當中有王無邪、譚志成，[9]等教授不同中國畫技巧。西畫的訓練卻囊括了西方藝術的各個範疇。報讀該課程而又能堅持到底的人，大多是喜歡西方繪畫的，例如陳餘生。

黎 陳餘生一直都在畫西畫，你在港大校外課程部就讀時轉而畫中國畫，可算是少數。

朱 剛畢業時我還是畫油畫，不久以後我便轉而畫中國畫。我對藝術理論的認識談不上深入，直覺上我認為中國畫的物料較能透徹地表達中國人的思想和感情，其顏料和用紙較西畫「通透」得多。我覺得中國畫紙的纖維有不俗的滲透力，使水墨很「化」。我被這種物料的質感和效果吸引，也認為這媒介能令我表達自身的文化根源。加上藝術及設計科幾乎都在用西方的物料。畢業後，我終於有選擇物料的權利和機會，也就選擇了中國畫物料。

黎 剛才你曾提到一個問題，強調我們都是中國人，而你只是受了西方藝術教育的影響而已。你會否認為這是東、西方的交流？香港是一個挺開放的城市，對西方及中國傳統事物都有一定認同。這種氣氛有否鼓勵了你去探索東西文化的交流？

朱 我是一個很誠實的畫家，會繪畫所想所感。我對所學所遇到的事照單全收。既然香港是個中西交流的社會，中西混合的生活理應隨處可見。我想我吸收了香港所散發出來的精髓，包括其生活和精神態度、模式，我所吸收的就是「混合物」，予人中西合璧的感覺。我覺得傳統中國人的心理和哲學很緊密。另一方面，我覺得西方的思想和生活很吸引。我始終是個中國人，這是改變不了。結果，我就採用了水墨及混合素材作表達。

黎 畢業之後，第一屆的所謂「老鬼」（學長），創辦了「香港視覺藝術協會」[10]（Visual Arts Society，簡稱 VAS）對嗎？

朱 我想他們對港大校外課程部的歸屬感很強。大家對藝術有濃厚興趣，處事也比較成熟。大家有好的作品的話也想辦展覽，然而當時可供展覽藝術作品的場地較少，包括前市政局轄下的文娛中心，或是一些私人場地，例如香港中華

文化促進中心。至於商場所提供展覽場地更是絕無僅有，最近的是當時告羅士打行（告羅士打大廈的前身），但算不上流行，展覽費用亦非一般人能負擔。

我想畫會的興起，除了是集一班志同道合的人以外，也跟籌集展覽資金以及以團體身份辦展覽有關。那麼，成立畫會就變成一個趨勢。還記得港大校外課程部的幾位導師，如張義、何弢、韓志勳、王無邪等擔任 VAS 的顧問，於一九七三年成立，VAS 的第一個展覽設於香港大會堂外的走廊，而我於翌年才加入。

VAS 招收會員的制度也頗嚴謹，申請時需要提交作品予他們評審，得到若干分數方能加入。一九七四年我還是美術及設計科的二年級生，我也提交畫作參加，我想因為他們能感受我對藝術的熱誠且有人介紹，我才能順利加入。入會後，我一直都是會員，也當過兩屆會長，從沒停下來，至今已三十八年。

黎 當年要加入 VAS 的話要經會員推薦才成。我是經畢子融介紹而加入，我還驚訝地問我是否真的能夠入會呢！在我的印象中，VAS 在本地藝圈有著領導角色。

朱 申請者要入會時，執委會還要評審其作品，當時阿畢擔任會長，他於香港理工大學任教，你在理工任兼職講師時申請入會，我一看你的作品便很喜歡，你畫作的氛圍和我的畫風很切合，都是黑黑沉沉的，我記得很清楚。

黎 後來，我認為入會後最「辛苦」的就是去喝酒。除了辦展覽，VAS 有什麼特別的活動呢？

朱 除統籌展覽以外，VAS 著眼於藝術教育和推廣。縱然 VAS「嫩」一點，我們以誠意和行動證明，促使多間機構來找我們當評審、演講以及舉辦工作坊。此外，我們也會出錢出力辦一些繪畫比賽，參賽者和社會人士也很認同我們的做法。

黎 不少 VAS 會員曾獲得市政局藝術獎，而你和陳餘生就是其中兩位。

朱 就是陳餘生、鍾大富[11]、夏爺（夏碧泉）[12]和我這四個人。[13]

黎 剛才我提到你曾獲得很多藝術獎項，這對你的創作會否有一些激勵作用？

朱 藝術獎項對於我未有直接激勵，若然我沒有在畫作下很多功夫也不會獲獎。我覺得因自己所做的事而得到別人認同是值得高興的。我第一個藝術獎項

是一九八九年市政局藝術獎，畫的是混合媒介。

黎 你曾經作為一個參與者和得獎者，這些大型比賽和公開展覽，其實對藝術的推動有沒有積極的作用？

朱 有，尤其是一些較有名氣的機構，例如夏利豪基金會等，我認為他們有推動力，認同感也較大。

黎 你曾提及過你有三個不同的創作階段，你的「第一頁」（第一個創作階段）就是由一九七五年到一九九〇年，另有一些文獻的記載是七十年代至八十年代。以我對你畫作的認知，就是那些描繪精神病患者生活的作品，我估計這些作品也是於這個年代所畫的吧？

朱 那時應該是七十年代初至中期是

弱智者（Subnormal），1985 年。

我開始學習及嘗試繪畫的時期，如我所說，我回港後以至我修讀香港大學校外課程部藝術及設計科課程那數年都沒有創作。我於一九七二年入學，一九七四年畢業，我還未畢業已報名加入 VAS，我的申請幾乎被否決，那都是較早期的作品。

黎 你提及的精神病患者，他們因著心理上的一些問題才會有此病。作為醫護人員你們會給病人做些什麼？

朱 除了聊天，還以多方面活動處理病者的心理需要。精神病是與生俱來的，你和我有潛伏精神病也說不定，只是有些人一生都不會發作。有部分精神病跟其潛伏基因有關，即是說不是每個人也有此基因。直到現在，科學家也未能全然找出原因。

人類的行為和動靜均由腦部功能和

內心驅使，要是你內心沒有某樣東西，你便不會做出某種動作。你要明白這些不尋常的身體語言或行為是心理狀況的活動，明白以後，就用這兩種元素來構圖。同時你也要懂得畫人，當中有很多方面要注意。既然你要描畫某些人的心態和行為，你得畫出其神態。

因此，除了必需要做的護理工作外，每當有空我便看看病房四周。對我來說四周盡是畫，我不是道聽途說，而是跟那些畫題一起生活，所以第一階段就畫了這些作品。

黎　你的「第二頁」（第二個創作階段），應該是由一九九一年至二〇〇〇年。尤其是在二〇〇〇年，你處於一個相當困惑的心態境界，曾畫一幅名為〈香港 2000〉的作品，以表達你當時對香港的一些無奈。是什麼動機或轉變使你進入創作的第二階段？

朱　「第二頁」於我退休後開始的。退休後我離開了醫院，生活也轉變了，然而我還是想著要畫畫，找資料的方法就是外出四處逛。我住在元朗錦繡花園，畫了許多鄉間、半城市化的那種變化。從前帶著黑邊帽子下田耕作的女士已不常見到了，現在有些人甚至把頭髮染了金色。

黎　你是怎樣去找資料，是會像我們從前般拿著一本速寫簿去寫生或是拍照嗎？

朱　我也有拍照，有些東西確是要拍下來，日後才能用上，以刺激思考。對我來說最重要的還是速寫簿，我會帶備蠟筆、炭筆等用起來較方便的物料。我會和別人聊天，留在附近看看他們做事，再回到工作室做創作。

黎　這段時間你畫了許多以香港地方作標題的景象，例如你畫了油麻地及位於該區的廟街等。

朱　於五十年代我家住油麻地廟街，曾住在「雞記」（雞記麻雀娛樂）樓下，那印象至今未能磨滅。我不時也會到廟街看看其建築，回憶當時的情況，現在的廟街已經沒有什麼特別的東西可以入畫，只是我會回到廟街四處逛，試著重構和細味當時的那份感覺。

黎　為何畫了一輯關於美孚的作品？

朱　婚後我搬到彌敦道金輪大廈居住，每天一大清早到青山醫院上班，下班回家時必定路經美孚。那時該區開始興建行車天橋，大廈也未有現在這麼多。當年美孚的夜景很美，就像一道大牆壁的華燈。此景已不復再，成了回憶。我於

九十年代畫這類題材的作品，用作回憶和描繪當時的感覺。

黎　有關「第二頁」，當時應該有幾個較大的社會轉變，例如「六四事件」、「九七」回歸等。這些事件和你剛才所說二〇〇〇年的困局，會否有間接或直接的影響？

朱　我於二〇〇〇年開始對社會的變動有一份沉重的感覺，這是我於九十年代前未曾經歷的。我對當時的社會狀態有點失望，自香港回歸後，人們不論於心態和良知上都變得漫無目的。這個社會的改變對我有所影響，令我無可適從，不能安定，因而以畫表達這城市急劇的轉變。

總體來說，二〇〇〇年以後的社會氛圍給予我一個機會重新去畫抽象畫。從前我都有畫一些抽象畫，都是寫實的

〈瘋人院裏的藝術家〉，天天日報，1992年5月7日。

表達。二〇〇〇年以後我畫一些較抽象的作品，以探討些富有人生哲理的東西，這遠比寫實來得通透和貼切。這些社會現象和世界性改變我作畫的表達方式，不再以非黑即白的方式描畫人。

黎　你對人性的觀察是由過往的工作環境，轉而去看大都市的生活，以及其中曾發生的事情？

朱　我的生活方式變了，心態和年齡都起了變化，外在和內在的轉變使我有不同的觀察，於退休後有更多時間。

黎　於一九九四年獲得亞洲文化協會香港分會的獎學金往美國深造，對嗎？

朱　是，其實我一直想到紐約去，也因而報名。獲得獎學金後，我在美國生活了三個月。紐約是一個可以讓人自由、

多元化及充滿刺激性的城市。倫敦和紐約不同，倫敦有其獨特的魅力。我喜歡英國人，他們有點像中國人，比較含蓄，不會像美國人般一見面就擁抱，及後就把你忘了。有些英國人跟你熟絡以後會叫你到他家住上數天。當然，美國人也有其優點。我老是欣賞人家的優點。

黎　在英國時你還未進入藝術的領域，但到美國時你已累積了不少藝術經驗，也有自己的想法。你的美國之行會否對你的創作有所衝擊？

朱　有，我到紐約前，已知道那是一個很繁盛的城市，對創作而言，一定有很多靈感在其中。我在香港住了那麼久，再到美國去，那是兩個很極端的藝術創作泉源。我曾聽過許多關於美國的事，我真的很想到美國去看看，以親身經歷其文化和藝術，也想到當地的博物館參觀。

16 Arts　EASTERN EXPRESS　Thursday, February 2, 1995

Painting the secret mind

A merging of two disciplines allows artist Chu Hing-wah to find the beauty in life, reports **Angelica Cheung**

Painting the Secret Mind，The Eastern Express，1992年2月2日。

到美國後，我到處逛以了解人們的生活，更想到當地的精神病院作一次精神病者的藝術世界的洞悉。美國有一個負責精神病院管理的部門，我要求他們為我於紐約找一間較具規模的精神病院，當中有一個藝術部門，我曾到訪和考察數天，看看他們的創作。美國有一間很有名的院校，只供在業人士就讀，我到那兒修讀了一個多月的課程。在紐約這段日子，我探討美國多元化的生活方式，體驗當地的文化，探究當地精神病患者的畫作內心世界，也想藉此學習怎樣去教導別人。

黎　由此可見，你非常重視藝術教育。你曾經在一些訪問中提到香港應該有一所藝術學院。觀乎香港大學和香港中文大學也設有藝術系，而香港浸會大學也設有視覺藝術院，這三所大學的藝術系是符合你所說的藝術學院呢？

朱　香港浸會大學視覺藝術院我不太清楚，也就不評論。但我心目中的藝術學院就好像香港演藝學院，或者在外國所成立的獨立學院。當你是大樹下的一個分支，就不是這一回事。我希望有一所真正的香港藝術學院。

黎　你當時談及這議題，應切合推動於「西九」（西九文化區）的發展，在該區設立一所像香港演藝學院般的藝術學院，業界的朋友也希望政府做到，只是政府一直沒表態，也沒說過會實行。其實我一直也有提及在中國每一個省都有一所獨立的美術學院，為何香港就是沒有呢？

朱　我其實也想問你這個很奇怪的問題，為何有錢、有能力、有地方而香港就是做不到呢？視覺藝術不單令鑽研藝術的人得益，社會也有得益。功利點說，靠視覺藝術可以發明很多產品，於

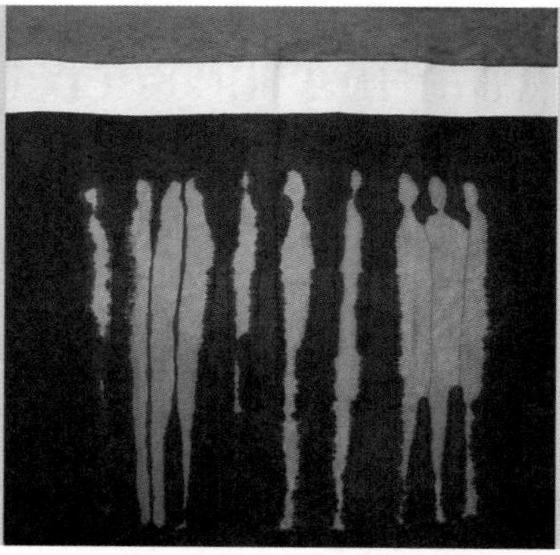

現代人形（Our Body Forms），水墨設色紙本，2009年。

商業發展也會有一定的推動力。

黎　你還會不會對「西九」有些希望？拖延了這麼長時間還是建不成。

朱　它現在要建成了吧？現在開始像樣了吧？

說到香港藝術，我總覺得它欠缺焦點。我們有很多香港藝術的作品，就是沒有人將它們統整起來，將之歸納為一類別，以給別人一個鮮明的形象。我想當代香港藝術雙年展或相關比賽是否應該有一個香港藝術的類別？我們有中畫和西畫，就是沒有香港藝術。

黎　當局或會問：「香港藝術是怎樣的東西呢？是否於香港出生的藝術家就可以呢？或內容是關於香港呢？」

朱　都不是。「香港藝術」的定義就是帶

有香港思維的藝術，即是思想、哲理、生活，還有和香港社會有關的東西。我很實在地覺得無論香港變成怎樣，它仍具一定的特色。無論是二十年前、三十年前或五十年前我初來港時，香港的實況也和現在不同，只要你能誠實地消化香港的生活、思想，不要理會它是變形了或怎麼樣，你一眼便能看到哪些是屬於香港。當然，這並不是百分之百正確。

我很希望人們能確認香港藝術，甚至水墨，也能夠有「香港水墨」這類別。畫水墨畫的，在中國有很多，他們畫的跟香港的有別。其實香港藝術是中國、西方媒介兼容的；只要它有涵括香港的內容、思想，那便是香港藝術。

黎　讓我們談談你的「第三頁」（第三個創作階段），它是否於二〇〇〇年開始？

朱　我的「第三頁」，就是世界各地所發生的事情，尤其是悲劇，最能感動我。我對苦難是比較敏感的。香港偶有人跳樓自殺，好些人不會理會，要是你有留意這些事件，便會感到當時人是很悲慘的。小孩子受虐待、戰亂等災難，構成了這個年齡的我的人生觀，進而畫一些社會性的，較悲情的事。這類內容和我第一、二個創作階段全然不同：「第一頁」是談精神病、「第二頁」是談我對市郊退休生活的感覺、「第三頁」就談社會的轉變，也談及步入晚年的哲理。從前我沒想過生死輪迴的事，現在就有了。

黎　你平日除了畫畫以外，你有時間會否讀些哲理的東西？

朱　有的，譬如有很多紀錄片都很吸引我，書倒沒有讀，因為我有閱讀困難。所聽所見的從前已有，只是當時沒有那個心態，未能吸收、領略。但現在是這個心態，在這個年紀，我也七十多歲了，這些東西終能進入我的思想，那我便用畫畫這方式作表達。

注釋

1 「麗的呼聲」播音機是因應「麗的呼聲」電台啟播因運而生的產物。「麗的呼聲」於一九四九年啟播時，因科技所限只能提供有線轉播服務 。初期用戶需繳付二十五元安裝費及每月九元的費用，才可透過由「麗的呼聲」安裝之播音機收聽藍色台（英語節目）及銀色台（粵語節目）。播音機有音量控制器、擴音器及供用戶選台的「扭掣」。六十年代「麗的呼聲」面對商業電台啟播、加上電視普及化，在競爭激烈的情況下，最終於一九七三年停止電台廣播及有線電視，改由新成立之「麗的電視」提供無線電視節目。

2 皇后戲院一九二四年落成，位於中環戲院里，二〇〇七年結束營業。

3 Martha Lesser（1944-1996），一九六七年獲美國紐約大學學士學位，主修美術教育。一九七〇年移居香港，於一九七〇年任香港大學校外課程部任美術科兼任講師，一九七四年任課程主持講師。一九七一年 Martha Lesser 參與在 CJL 畫廊舉辦的聯展，一九七五及一九七六年在閣林畫廊辦聯展。

4 Jon Alfred Prescott（1925- ），英國利物浦大學建築系學士，曾於 Regent Street Polytechnic（現為英國西敏寺大學）任講師。一九五八至一九六二年任香港大學建築系講師，一九六七至一九七二年任香港大學校外課程部藝術課程主任。亦為建築師，曾為 Gollins Melvin Ward 國際事務所東亞地區、Prescott Stutely Design Group 之合夥人，香港建築師學會會長（1971-1972）。

5 柯韶衛（1945- ），一九七二年修畢香港大學校外課程部藝術與設計證書課程，並曾入讀香港中文大學校外進修部。「視覺藝術協會」創會會員。

6 呂豐雅（1947- ），一九七二年修畢香港大學校外課程部藝術與設計證書課程。一九八一年獲市政局藝術獎，曾加入「香港視覺藝術協會」並出任第二屆會長（1978-1983），一九九七年創辦「香港視藝人協進會」，至二〇〇五年該會與「香港現代畫協會」合併為「香港視藝聯盟」、「水墨會」策劃總監。賽馬會創意藝術中心的策劃總監（2005-2007），並出任行政總裁至今。

7 一九七二年時藝術與設計基礎文憑課程的學費為每年九百港元。

8 文聯莊於一九五五年創立，售賣中國書畫用具。

9 譚志成（1933-2013），一九四七年定居香港，一九五六年畢業於羅富國師範專科學校，選修美術教育。英國倫敦大學學士（1965）、香港大學哲學碩士（1970），加拿大多倫多大學博物館學碩士（1975）。一九五六至一九七一年在九龍華仁書院任美術科主任，一九七〇年於香港大學課程部教授中國美術。曾出任香港藝術館副館長（1971-1975）、館長（1976-1987）及首位總館長（1988-1993）。「元道畫會」創會會長（1968）。

10 「視覺藝術協會」於一九八九年下旬改稱為「香港視覺藝術協會」（Hong Kong Visual Arts Society）。

11 鍾大富（1956- ），一九八一年畢業於香港中文大學藝術系，一九九〇年獲東京國立藝術大學藝術碩士。一九八五年獲市政局藝術獎。現任香港中文大學藝術系兼任講師。

12 夏碧泉（1925-2009），別稱夏爺。一九五七年定居香港，自一九六〇年學習雕塑，一九七五年市政局藝術獎得獎者，「美國版畫協會」、「香港版畫協會」及「香港視覺藝術協會」會員。曾獲二〇〇三年香港藝術發展局藝術成就獎（視覺藝術）。

13 歷年「香港視覺藝術協會」之市政局藝術

獎得獎者包括夏碧泉（1975）、郭孟浩（1975，1998）、潘玟諾（1975）、鄭明（1977）、李其國（1977，1992）、唐景森（1977）、畢子融（1979）、呂豐雅（1981）、陳餘生（1983）、鍾大富（1985）、黎日晃（1985）、黃炳光（1987）、朱興華（1989）、王純傑（1989）、胡文偉（1989）。

朱興華：不忠於感覺只會吃虧

梁寶山

「高樓大廈逐漸築起，但舊有的生活方式還在繼續……」

精神病院的沉重

我七十年代中開始學習及認真創作，從未間斷。其中也有明顯的階段，都是由生活與工作的改變而令畫作有所分別。

例如第一個階段是七十年代中至一九九一年，起初數年是在學習，但整體來說畫的都是精神病院裏面的環境、人及感覺。正因為工作給我的情緒那麼沉重，畫出來的東西，有時也會給這種感覺沾染到。

這也算悲觀；我是個旁觀者。精神病人在外面和心態上都是我的描寫對象，我的作品是一個 statement（陳述），有我的感覺，加上我的了解和心態。我不是梵高那種把自己的東西都掏出來的人。

吸引我的人和生活都是情緒比較沉重的東西，所以色彩方面都比較灰黑，藍調子多點，但看上去又不是恐怖或悲哀的，我看精神病也不是悲哀或驚慌，只不過告訴別人在世界上有精神病這種事情。一個作者，加上一個演員，就成了我的作品。這是我創作的第一階段。

由鄉郊到旅遊

一九九一年正式退休，繪畫思想、內容都出現了改變，偶而也會想起從前的題材，但是已開始以生活性的、社會性的題材為主。大抵年紀也有關係，現在每日畫一些，很震撼的，富於感覺的都比較能夠吸引我。

退休初期畫得比較多的是新界由鄉村變成半城市化當中人的生活。高樓大廈逐漸築起，但舊有的生活方式還在繼續，尤其我生活的元朗一帶，改變了卻還未變得截然不同，正是這一點吸引我。畫了七八年。我在元朗住了有二十多年了。

近兩年我有時會出外旅行，鄉村

生活的感覺有時也會有點膩，需要一些新的感覺提供新的內容。新界生活題材也像有點夠了，於是我便前往內地如桂林，也去歐洲。旅行主要目的是為了畫畫，出發前做許多搜集資料的工作，旅途上我會畫許多速寫，回來擴充成作品。這三年左右我都在畫旅行的東西。

二十年來一直畫醫院，人的情緒比較強，也是如實地畫，我不能自己加上風景，那在當時是不存在的。現在人走出來了，雖然仍在畫環境，不過已是選擇能夠撩起我感覺的人與物下筆。就算是畫景物，我始終都是用人去扣連，沒有事情可以離開人的。

戲劇元素

在第二階段中，我用的顏色沒那麼灰沉，變得鮮明了。有時也會用比對較強或較鮮的顏色，連粉紅粉綠都用，這在以前畫精神病院是用不著的。不是要刻意脫離以前，而是覺得這樣才好玩，有真實地用了這些顏色的感覺。是感覺的驅使，感覺叫我這樣，我便這樣囉。我用顏色，自己都不知道原因啊。

我覺得我的畫有一點舞台戲劇的元素，顏色、動作、身體語言都出現了改變，不是完全寫實，而是顯得舞台化，可能這是因為我喜歡戲劇吧！

我從來都不決定自己的風格……其實都是寫實的，不過又不是那種寫實主義……我想是比較個人化，用自己的方式處理。

吸收內容是創作上最重要的，我還是以周圍逛為主，看電視也是，交朋友也是，藉此交換生活的感覺。

邁進第三階段

我現在希望開始第三個階段……可能是個人思想比較沉重。作品大抵仍是對外界的反應，但反應之餘個人思想會比較重。裏面的感覺，也可能會比較抽象。不知為何我現在感覺到的，好像是要用抽象的方式，才能充分地表達出來，最終會怎樣發展我不敢說，總之覺得有一種需要，是內心的情感推動。

不過我從來謹慎，沒有把握的我暫時都不會發表。是很自我，但仍是對一般事情，例如看見好多人自殺，你會有反應。也會有一向儲在內心的東西混雜其中。十年前講同一件事跟現在都會有不同。也許要心理學專家才能分析出我心態有什麼改變，但我相信感覺，不要問為什麼，總是有原因的。雖然不知道原因，但我不能和感覺對著幹，跟感覺對著幹只會是自己吃虧。

原文刊載於《他人的故事——我們的註腳：香港當代藝術研究（1990-1999）》，香港：香港藝術中心，2002年7月；後經筆者修訂。

朱興華簡歷

年份	月份	展覽類型	事跡	地點
1935			生於中國廣東省	
1950			從鄉下來港	
1965			遠赴英國，完成精神科護理課程	
1972			於香港大學校外課程部修讀藝術與設計證書課程	
1974			參與創立並加入「視覺藝術協會」（後改稱為香港視覺藝術協會）	
1977		聯展	當代香港藝術	香港大會堂
1982		聯展	香港雕塑家協會作品展	香港藝術中心
1983		聯展	視覺藝術協會十年展	香港藝術中心包氏畫廊
1984		聯展	現代戶外雕塑展覽	香港體育館
		聯展	香港雕塑	香港體育館
1986			香港雕塑八六	香港大學馮平山博物館
1987			參與「香港藝術家聯盟」籌款拍賣會	
		聯展	當代香港藝術雙年展	香港大會堂低座
1988		聯展	十年香港雕塑：香港藝術中心十周年紀念項目	香港藝術中心包氏畫廊
	6月		朱興華作品展	香港中華文化促進中心

1989			獲頒香港市政局藝術獎	
		聯展	當代香港藝術雙年展	香港大會堂底座
1990		聯展	市政局藝術獎獲獎者作品展	香港藝術館
1992			獲香港藝術家聯盟頒發「畫家年獎」	
		聯展	香港雕塑展	香港大學馮平山博物館
		聯展	城市變奏：香港藝術家西方媒介近作展	香港藝術館
		個展	朱興華：重現	香港漢雅軒
		聯展	當代藝術	香港漢雅軒
		聯展	香港二〇二二：市政局藝術獎獲獎近作展	香港藝術館
1994			獲得亞洲文化協會獎助金前往美國紐約進修藝術	
		聯展	香港藝術家薈萃	香港培藝中心
		個展	仲夏畫展	香港漢雅軒
1995	10-11月	聯展	香港雕塑展一九九五	香港中華文化促進中心
		聯展	香港現代繪畫展	香港大會堂底座
		個展	一九九四年日記	香港漢雅軒
	1月	聯展	文化易容：處變中的香港視覺藝術	香港大會堂
1996	4月	聯展	收藏家精選展	香港漢雅軒
1997		聯展	香港藝術一九九七：香港藝術館藏品展・北京・廣州	廣州廣東美術館
1998		個展	朱興華	香港漢雅軒
		聯展	香港視覺藝術協會二十五周年銀禧紀念	香港大學美術博物館
		聯展	80 Artistes autour du Mondial	法國 Galerie Enrico Navarra

1999	1月	聯展	香港美術家作品展	香港中華文化促進中心
	5月	聯展	自然——港、台、韓、日、馬藝術創作交流展	香港又一城商場
	6月	聯展	亞洲國際美術展覽會	日本福岡亞洲美術館
	7-8月	聯展	二仟思私——多媒體、概念藝術展覽	香港上海街視藝空間展覽室
	11月	聯展	油麻地、油麻地、油麻地	香港上海街視藝空間展覽室
	11月	聯展	「健康快車 光明有望」迎千禧慈善書展	香港大會堂
	12月 - 2000年1月	聯展	中國造像	香港漢雅軒
2000		聯展	經年不變：香港視覺藝術協會第二十七屆年展	香港視覺藝術中心展覽廳
		聯展	開創新世紀 港台水墨畫聯展	香港視覺藝術中心展覽廳
		聯展	環境木雕藝術展及工作坊	香港環境現代藝術館
		聯展	地鐵畫廊	香港鐵路港島線
		聯展	香港視藝新里程	香港交易廣場第一期三樓展覽區
		個展	歐遊記：朱興華畫展	香港漢雅軒
		個展	朱興華繪畫與雕塑展	香港中文大學新亞書院許氏文化館
		聯展	國際藝術交流節（「重生——改變的時刻」）	香港太古廣場大堂
2000-2014			擔任香港藝術館榮譽顧問	
2001		聯展	藝術薈萃——香港藝術中心廿五周年視藝展	
		聯展	公共空間藝術活動「藝術窗」	香港 G.O.D. Art Space, Joyce, The Body Shop, Offspin, Seibu, Kitterick, Millie's

		聯展	異八爪魚：香港視覺藝術協會第二十八屆年展	香港大學美術博物館
		聯展	亞洲藝術家聯盟第十六屆亞洲國際美術展覽會——香港特別行政區	廣州廣東美術館
		聯展	四方：香港畫家四人展	香港漢雅軒
		聯展	The Gambling Show: A Gambling-themed Group Exhibition	香港約翰百德畫廊
		聯展	「積跬步以千里」——香港學藝社今年所舉辦的書畫巡迴展	哈爾濱師範大學美術館
2002		聯展	中西區配電箱美化計劃	香港
		聯展	天才或瘋子——原創藝術展	香港藝術公社
		聯展	香港風情 水墨變奏	英國倫敦大學亞非學院 Brunei Gallery
		聯展	原生之手：原創藝術作品集	香港藝術公社
		聯展	他人的故事——我們的註腳：香港當代藝術研究（1990-1999）	
		聯展	「愛與和平」藝術展覽暨慈善拍賣晚會	香港會議展覽中心
	8月	聯展	香港視覺藝術協會第二十九屆年展：進步 歡樂滿啦嗱——藝術超級市場二〇〇二：Para/Site 藝術空間	香港大會堂展覽館
	12月	聯展	空間周年籌款活動	香港 Para/Site 藝術空間
	12月	聯展	Season's Greetings	香港漢雅軒
2003	4月	個展	朱興華——我的第三頁：人生於夢境	香港漢雅軒
	4月	聯展	香港風情 水墨變奏	香港藝術館
		聯展	亞洲拼圖：第十八屆亞洲國際美術展覽會（香港）	香港文化博物館
	11月 - 2004年2月	聯展	原創啟示：另類藝術作品集	澳門藝術博物館
	8月	聯展	回到油麻地	香港上海街視藝空間

	12月		Art Mart 03 ——香港製造為香港	香港 Para/Site 藝術空間
2004		聯展	活力三十：香港視覺藝術協會第三十屆大展	香港中央圖書館
		聯展	環境木雕藝術展	香港環境現代藝術館
	4-5月	聯展	20 Years of Hanart T Z Gallery	香港漢雅軒
	5月	聯展	藝緣展二〇〇四：藝術家與藝術	香港視覺藝術中心
		聯展	Neither East Nor West: Hong Kong Contemporary Art	美國檀香山 East-West Center Gallery
	8-9月	聯展	二〇〇四奧運前奏——運動及藝術比賽作品展	香港視覺藝術中心
		聯展	新貌二〇〇四：香港視覺藝術協會第三十一屆年展	香港大學美術博物館
2005		聯展	地鐵公司「車站藝術建築計劃」	香港鐵路調景嶺站
		聯展	香港雕文：現代雕塑藝術展	香港藝術公社
2006		個展	朱興華：我五十年的香港	香港漢雅軒
		聯展	香港視覺藝術的創作精神	香港文化中心
		聯展	當代香港水墨大展二〇〇六	香港中央圖書館
		聯展	都市墨象：水墨交流展	香港藝術公社
		聯展	香港視覺藝術協會第三十三屆年展	香港視覺藝術中心
2007		聯展	水墨新貌：現代水墨畫聯展暨國際學術研討會	香港中環廣場，香港 OC Gallery
	10月-2008年12月	聯展	香江妙彩：高華文香港藝術家藏品	香港大學美術博物館
	10月-2008年1月	聯展	香港視覺藝術協會第三十四屆年展	香港大學美術博物館

	12月-2008年4月	聯展	香港製造	香港藝術館
2008		聯展	二〇〇八港澳視覺藝術展——香港製造——當代藝術展	香港藝術館
	3-4月	聯展	藝遊鄰里計劃IV——薪火相傳：香港視覺藝術協會第三十五屆年展	香港大會堂底座，香港新都會廣場
	4-7月	聯展	香港再發現——香港當代藝術	香港安亭拍賣公司
	8-10月	聯展	新水墨藝術：創造・超越・翱翔	香港藝術館
2009	12月-10年1月	聯展	Hiking Arte	香港 K11 購物藝術館
2010	2-4月	聯展	視界新色	香港藝術館
	5-8月		香港當代藝術雙年獎	香港藝術館
	11月-2011年1月	個展	美妙香港：朱興華作品	香港大學美術博物館
2012	1月	聯展	西九大戲棚	香港西九龍文化區
	5-8月	聯展	向香港前輩致敬	香港漢雅軒
	12月	聯展	Hong Kong Eye 當代藝術展	英國倫敦 Saatchi Gallery
2013	5月	聯展	Hong Kong Eye 當代藝術展	香港太古坊
	5-8月	聯展	原道——中國當代藝術的新概念	香港藝術館
	12月	聯展	香港視覺藝術協會四十周年紀念展	香港大會堂

任職情況

年份	職銜	任職機構
1982	會員	香港雕塑協會
1983-1986	主席	香港視覺藝術協會
1999-2004	視覺藝術審批員	香港藝術發展局
2000-2014	榮譽顧問	香港藝術館
2002	顧問	香港青山醫院精神健康學院藝術廊
2002-2005	藝術顧問	香港藝術發展局
2012-2014	榮譽顧問	香港文化博物館

江啟明

塘尾道，鉛筆，1987 年。

簡介

江啟明，一九三五年生於香港，原籍廣東省廣州市花都。早年輟學，一九五二年在思豪大酒店的一場展覽偶遇陳海鷹，在他的游說下，加入陳氏在彌敦道經營的香港美術專科學校。江氏加入「香港美專」後，利用餘閑修習繪畫，進步極快，以一年多的時間，於一九五四年畢業。畢業後，他獲得陳海鷹的邀請，留在「香港美專」任教夜校，成為最年輕的教職員。兩年後，江氏以二十一歲之齡在香港辦了首次個人展覽。

離開「香港美專」後，江氏輾轉在九龍塘學校及嶺海藝術專科學校教導美術。縱然未曾受過正規的藝術教育訓練，江氏通過不斷的自學和研究，制定了一套在內容及程度上均涵蓋甚廣的課程。後來，他更開設江南兒童畫室，參考日本的教學書籍，採用日本的教學方法教授兒童繪畫。因此，他稱得上是首批公開教授兒童繪畫的畫家。未幾，他得到香港中文大學校外進修部黃傑雄的推薦，於一九七五年加入中大校外進修部擔任美術導師，並曾多次開辦極受歡迎的戶外寫生班。除了在中大校外進修部任職外，在四十多年的教學生涯以來，他亦為香港各大專院校、多間美術會，甚至懲教署等機構擔任美術導師及講者，傳授藝術知識及推動本地藝術發展。

教務的繁重，並未有澆熄江氏對藝術的鍾愛及熱誠。多年來，他用畫筆畫了無數的風光景致、眼花繚亂的所見所聞。在「香港美專」任職期間，江氏每次領取薪水後，總會到中國遊歷大江南北，以畫筆記述自己的足跡。退休後，他也不時周遊列國，歐洲的景物，亦成為他筆下的風光。作為一位香港土生土長的藝術家，江氏並未有遺忘其駐足之地、安身之所。除了為香港中央圖書館畫過香港文學家及音樂家的肖像畫，重現香港重要歷史人物的面貌外，自七十年代起，江氏亦以鉛筆、水彩等畫具在香港各處寫生，記下香港的一草一本、一街一角、一事一物，為香港的城市發展留下重要的圖像記錄、珍貴的歷史資料。另外，他也多次以講者的身份，向觀眾細數香港的景物變遷。故此，江氏的寫生畫作不僅寫下了個人的經歷，更記錄了一地的風俗歷史，成為多數人的集體記憶。

早年江氏專注藝術教育，除卻一九八七年香港藝術中心舉辦的「十年香港繪畫」聯展外，較少參與展覽。一九九三年退休後，他全身投入創作，近年轉入靈畫禪畫，並曾多次在香港、日本、美國、馬來西亞等地舉辦個展及聯展，其作品亦為英國首相府圖書館、香港藝術館等機構收藏。同時，他亦勤於筆耕，為出版社編著美術書籍凡三十多本，如《香港史畫》、《香江史趣》、《江啟明香港寫生畫集》、《水游自在》等。江氏歷年來在藝術界的耕耘，得到廣泛肯定，曾先後獲得香港特別行政區政府頒發的銅紫荊星章（2006）及二〇〇七年香港藝術發展獎之藝術成就獎。

江啟明訪談錄

訪問者　黎明海博士

2012.4.18 / 10.10

■

黎　外間或認為你和香港美術專科學校的關係密切，那陳海鷹[1]算得上是你的老師嗎？

江　我在培正中學讀到初三便輟學。畢業後，我本打算報讀萬國藝術專科學校[2]的藝術課程，經過培正的老師力勸，才打消念頭。萬國藝術專科學校的舊址，在太子道與花園街交界的那棟四層大廈，至今仍在。它是香港第一間藝術學校，招牌的題字出自書法家于右任[3]之手。那時我沒有工作，無所事事，又不能總到街外寫生。當時社會沒有寫生這個概念，人也很迷信。若然你寫了一個人的話，他們會揍你一頓，說你寫了他的五官，奪去畫中人的靈魂云云。有了電視以後，情況才好一點。

五十年代初，我到思豪大酒店[4]看了陳海鷹等幾位前輩的畫展。當時的「左派」老前輩只能於思豪大酒店及聖約翰副堂舉辦展覽，而香港大會堂尚未正式成立。陳海鷹於展覽會場派發簡章，說他想辦香港美術專科學校，並游說我加入。那時我也算是個「三失」（失學、失戀、待業）青年，也就加入了。

香港美術專科夜校於一九五二年七月成立，原名香港美苑，實際上是一個畫室而已。它位於旺角彌敦道的一座舊樓，地方還算寬敞，一間房加上一條走廊，單位前半部的租戶是資深粵劇演員林家聲先生（1933-）。後來，他們把「香港美專」搬到窩打老道、油麻地戲院斜對面的惠民小學辦夜學。由於課室多了，他們得以擴充規模，才易名為香港美術專科夜校。那時有四個人（羅拔、雷雨、吳烈和陳海鷹）創辦「香港美專」。他們相繼離世，連羅拔（原名羅棟樑）最近也離世了。

當年的「香港美專」可謂毫無計劃。創辦人日間要上班，只能於夜間授課，也就一星期教三個晚上的課，誰有空便由誰來教。他們所教的全都是從書中抄過來的，這也很難怪前輩們，他們都沒有受過正規的教育。他們授課，就是把陳抱一[5]的書朗讀一遍。陳海鷹常說自己是李鐵夫的學生，可是李鐵夫根本沒有教過任何人，他（陳海鷹）也是自學罷了。那時我日間會替他們看舖。反正我沒事幹，又家住旺角花園街。「香港美專」有許多畫書和石膏像，我順道在那裏打發一下時間。我倒尊敬陳海鷹，但他可不是我的老師。我早在一九五二年便在報刊投稿，那時我的畫已超越明、灰、暗。碰巧李鐵夫於同年去世，我甫加入「香港美專」，陳海鷹便著我畫一幅大的李鐵夫[6]素描像。那時我已畫了個似模似樣的李鐵夫像了，還在公開場合展示。陳海鷹教過我什麼呢？我可不

美專新生開課晚會。第四排右一為江啟明。

是自誇，我只是一心幫忙打理「香港美專」而已。他說少收我一點學費，好讓我半工讀。大概一年多後我畢業，他便讓我在那裏授課。

我每賺到少許錢，便會到內地寫生。那時拿著一兩百塊已能遊半個中國了。有一次，我到了上海，剛巧另一位「香港美專」創辦人雷雨也回上海去。我便順道投宿，睡在他家的冷巷。想不到他把我到內地寫生一事告訴了陳海鷹。有一個晚上，甫下課，陳海鷹便召集所有老師到瓊華酒家開批判大會。「香港美專」的老師都是我的前輩，我是眾教職員中最年輕的。他竟然當眾訓話，說我未經他同意便回內地寫生，要求我道歉。那時我還是個二十來歲的小夥子，氣在心頭，心裏想道：「寫生是個人自由，何以要經他批准？」便把心一橫，離開「香港美專」。

後來，母校九龍塘學校的校長想

聘用我教美術。不過，我只唸到初中，沒有高中學歷的話根本無法子註冊成教師。我只好拿著「香港美專」頒授的證書，以及自己畫的一些水彩作品，到位於終審法院的教育司署辦公室碰運氣。記得當時任美術科首席督學顧理夫（Michael Griffith）[7]跟我面試，看到我的水彩畫後大為歡喜，後來才知道他也喜好水彩！得到他的協助，我便獲批乙級教員的資格，到九龍塘學校教美術。

陳敏民於工聯會辦油畫課程，他一心想重振「香港美專」，將工聯會收攬的學生在「香港美專」那兒上課，希望它有更好的發展。誰料陳海鷹的兒子（陳為民）不把陳敏民當一回事，一點錢也不給他。當年我在香港浸會大學校外進修部工作，也希望能重振「香港美專」，於是找陳海鷹等談談合作機會。純粹借用他的名義來聚集大家的力量，他也索價二百萬，我只好打消念頭。

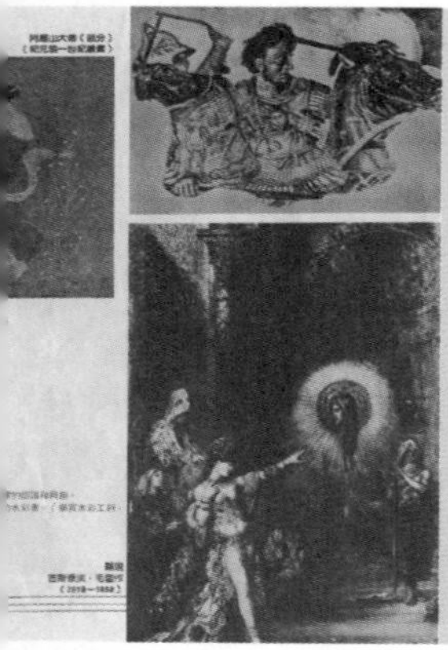

香港美專，1954年。前排右一為江啟明。

黎　我在翻看於一九八二年出版的《香港美專三十周年校慶校友作品特輯》，你會否對這些校友有一點印象？當中的名字我大都不太認識。

江　朱應東家境富有，亦能畫兩筆。他曾私下跟隨陳海鷹習畫。何瑞英是林真的女兒。李錦萍已遠赴法國學畫，她曾經跟過我學一陣子的繪畫，我們久未聯絡。梁啟榮還健在，他可是很自鳴得意的，我們稱他「師公」，因為他總曉得點皮毛的藝術史知識。每逢老師談及李鐵夫，他也會很踴躍地舉手發言。王顯英是生意人，並已離世。至於陳中樞，至今還是頗勤力的。他曾定居加拿大高貴林市，數年前回流香港，現在喜歡畫趨向現實主義的作品。

黎　我也不時和陳中樞通電話。至於張雲，他曾把其作品捐贈香港教育學院，

後來校方為他成立張雲藝術紀念獎學金。

江 張雲本身是鄉村教師嘛（畢業於大埔官立漢文師範學堂），當年左派暴動（「六七暴動」），他是領隊來的，十分出名。「香港美專」畢業生畫的東西都頗類近，對吧？

黎 除了「香港美專」以外，你曾於香港中文大學校外進修部任教吧？

江 最初（1975）我在香港中文大學校外進修部任教。那時黃傑雄[8]，Charles Wong，是中大校外進修部其中一位主任。有一次，我倆去旅行，同睡一間房。他發現我的畫畫得不錯，說要推薦我到中大校外部授課。當時，我已知道香港中文大學，不論是藝術系還是校外課程（美術），都是由「台灣幫」控制的。我不好意思推卻黃傑雄的邀請，曾

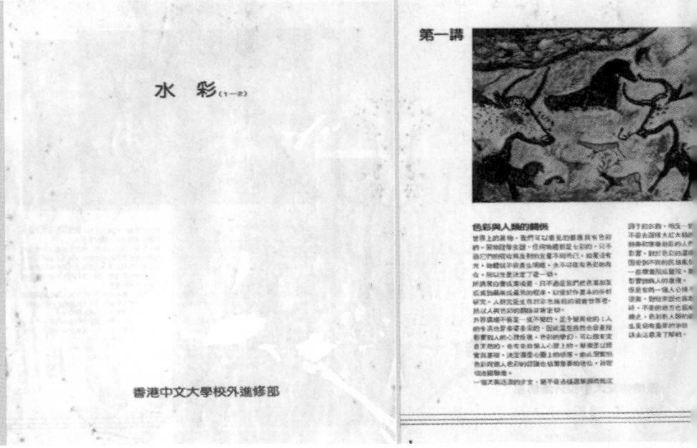

香港中文大學校外進修部水彩課程習作內頁及封面。

開辦兩次戶外寫生班，有不少人報讀。校方竟要求我收五十個學生。最終，戶外寫生班只開辦了兩次五十人的班。往後，我指明戶外寫生班只能收三十個學生，上課的地方也挺擠擁。後來，他們知道我的速寫厲害，便派我到佳藝電視[9]的美術節目教速寫，連鄭裕玲也當過我的模特兒。

開辦第二屆戶外寫生班的時候，我的學生提議辦個展覽，我倒贊成。當年沒有年青人辦畫展，能參與展覽的全都是已成名的畫家。「香港寫生畫會」成立至今已有三十五年，其起源跟六七十年代的畫壇氛圍有關。當年香港沒有年青人的畫會和展覽，要辦公開展覽可要面對重重障礙。我支持學生辦展覽，便跟香港大會堂的租務主任陳達文[10]商討場地事宜。在香港大會堂辦展覽，申請者須在一年前付訂金，到日期將近時得繳付全額租金，以確認場地申請。當時，

我打算在申請表「標題」一欄填上「香港中文大學戶外寫生班學員作品展」。陳達文卻提醒我該展覽是學生自資舉辦的，並非由校方資助，以香港中文大學進修部學生身份申請或有困難。事後，陳達文提議把展覽名為「江啟明師生展」。學生知道事情的來龍去脈後感到不忿，並提倡辦一個不以中大冠名的畫會。「香港寫生畫會」至今還存在，是我一直協助學生們申辦的。當時並沒有年青人辦畫會，此舉可謂十分前衛。

黎　你曾於香港浸會大學持續進修學院任教，你跟浸大也頗有淵源，理應收藏了不少你的作品吧？

江　這算不得上是收藏。陳新滋任校長以後，浸大始收藏我的作品。香港浸會大學圖書館的那些人像畫，都是我免費給他們畫的。後來康樂及文化事務署為我在中央圖書館辦了個「錦繡中華」展覽，浸大圖書館給我一封紅包祝賀。我把紅包拆開，一看，有二萬元。我索性多送他們一幅畫，位於圖書館的那一幅〈榕樹〉便是我的回禮。

現在最大的收藏家便是九巴後人雷賢達，他收藏了近一百多幅畫作。

黎　雷先生收藏的畫作跟浸大的單色系列不一樣吧？

江　雷先生的收藏較為完整，他弟弟當年是跟隨我學習繪畫的。我於早年已經認識他一家，他的父母很好，帶他們的小兒子來上課，後來更收藏我的作品。

黎　你於一九九三年退休。退休前你曾經在不同機構任教，比如香港中文大學校外進修部、香港浸會大學持續進修學院和懲教署等機構教授繪畫。上述機構所辦的課程對香港藝術界有什麼影響及貢獻呢？

江　我談不上是位成功的藝術導師。縱然我教授繪畫四十多年，我從未讀過正規的藝術教育課程，全憑自己的經驗構想一套教學方法。我教過的課程，不論在程度和內容上也涵蓋甚廣，要制定一套完善的教學方式談何容易。我參考日本櫻花牌和飛龍牌提供的教學書籍，採用日本的（教學）方法教兒童繪畫。當時我已註冊為教育署乙級教師，在九龍塘小學任教。校長推薦我走甲級教師這條路。要成為甲級教師，我得多讀兩年的夜校課程。為了生活，我報讀了師範學校的課程。當年的入學要求較現在寬鬆，要完成整個課程並不困難。

英屬香港有個政治部，比共產黨的地下黨部更厲害。那些政治部的人跟蹤我，說我和左派的人有來往。當時的香

港，不論左派右派，都在香港生活，我認識左派人物也不足為奇吧！政治部竟然傳令教育司署，把我的名字列進黑名單，以後也不可在中小學任教。我沒有辦法，只有打散工、到中大校外進修部兼課和開設江南兒童畫室（舊址位於尖沙咀金馬倫道十六號六樓A室），教授兒童繪畫。後來我才知道陳福善先生也曾被審查。香港大會堂於一九六二年落成後，有關審批程序便交由警察局負責。

我教的課程範疇實在太大了。你教的那些學生還好，起碼年紀和程度相若。可是校外課程的學生什麼年紀、程度的也有，要一起上課委實不容易。學生們要在三個月內完成一個課程，他們較難從短促的課程取得成功感。當時我到佳藝電視接拍教育節目，那些「學生」可是電視觀眾，我還要去編寫、教授一些函授課程。我曾教授警察，後來還去教囚犯。對於不同的學生，我要訂立不同的教學方針和要求。比如教囚犯，你不僅在傳授繪畫技術，而是教他如何做人。教授警察的話，你得提升他們的觀察力。比方説，我會找幾個人走到我跟前來回踱步，要學生寫下這幾個人的特徵。寫得愈多愈仔細，這證明該學生觀察力愈強。我曾於香港理工太古設計學院教設計素描，跟藝術素描又是兩碼子的事。正因我的教學方法和對象很多元化，我從而學懂變通。

黎　你確曾經歷了香港不同的變遷，如「六七暴動」，以及七十年代香港經濟起飛……

江　談到暴動，我不會偏幫任何一方。最早發起暴動的可不是左派，而是右派。那次（右派）的行動比左派厲害多了，出動英軍鎮壓，只是牽涉左派的事件較右派的來得久。天星小輪加價時的暴動，是所謂的「蚊型」（小型）暴動，有一個人在事件中身亡。我在香港中央圖書館辦展覽時，碰見天星小輪暴動的發起人蘇守忠。他已出家，當了和尚。

黎　當時的暴動有否造成社會動盪？眾多前輩中只有你曾親身經歷……

江　我確曾經歷「六七暴動」，我對此事件持中立態度。事實上，香港的暴動可謂小規模，不能跟外國發生的暴動相提並論。內地政治問題影響著左派發起的那一次暴動，他們再激進也不過是放了個寫著「同胞勿近」的炸彈。然而，台灣幫的暴動很多時也會涉及打鬥，亦會因意見不合而有所傷亡。「右派」的運動是在石硤尾開始，以前每逢雙十節親台人士必定要你掛上中華民國國旗，甚至要求你去買他們的旗。當年的情況十分混亂，姦淫擄掠時有發生，當中荃

灣、深水埗、九龍城都是重災區。當時的情況甚至迫使英軍出動。你想想，「左派」發起的運動，頂多也是出動警察而已，由「右派」發起的那一次卻要出動英軍平息。

五十年代至六十年代初期，香港木屋區失火可謂屢見不鮮，實際上可能是英國人放火，用以試探中方反應。事緣當年每逢貧民區失火，中國政府也會作出援助，發糧救災。後來，英國人的試探舉動促成了一次暴動。那次是很小型的暴動，發生於九龍城寨。當時火災燒掉了很多房子，內地運送糧食來港。當年的中華總商會副會長、商人高卓雄（1902-1987）是左傾人士，從內地運米並派兩位代表來安撫災民，我也有去歡迎他們。大馬路上很多人熱烈歡迎那兩位代表，誰知這把英國人嚇怕了，並禁止二人入境。這消息傳出，開始引發騷動。那時也不能算上是暴動，只是人

何文田山木屋區，水彩，1959 年。

民情緒較高漲，失去了秩序。還記得那時我走到佐敦道，看見一位英籍督察駕著一架摩托車，車駛至佐敦道與彌敦道的交界時撞傷了一名路過的女工。有些市民非常憤怒，於是發起爭執。以前的人大都隨身帶備手帕，有人在手帕寫上血字，說要打倒帝國主義。他們捉著那位督察，把他打到頭破血流，後來那位督察逃進一所西餐廳躲避，那些華人方肯罷休。另一次騷動源於佐敦的海員工會，後來演變為所謂的暴動。人們一直朝彌敦道走到旺角警察局，那時的警察局外形與一般平房無異，唯一的標示就是那掛在街外的英國國旗。那些民眾一手扯掉警察局外的國旗，騷亂之下全香港實施了一整晚宵禁。這一連串的事件也是源於木屋區的火災。

黎　我翻查文獻記載，經過「六七暴動」後，港英政府開始著重文化政策，

市民才有多些娛樂。至七十年代，香港經濟起飛，本土文化藝術會否因而有所增長？

江　倒沒有。我得罪也得說一句，就算到了現在，香港還是一個文化沙漠！我可不是說笑，你想想香港現在到底有什麼真正的本土文化？很多藝術家不是從外國回來的，就是從中國內地和台灣來的。這些藝術家都不是在本地訓練的，又怎能代表本土文化？比如香港有不少在內地訓練的運動員代表香港參賽並獲得獎項，你總不能視之為本土體壇的成就。那些運動員並非在香港訓練的嘛！好像那個「香港藝術節」，獲邀的藝術家和團體大都來自外地，你把它易名為「香港國際藝術節」，我倒接受。與其大灑金錢邀請外地藝術家和團體，何不花這些錢栽培本地人才？像我辛勞藝術幾十年，連一個像樣的畫室也沒有，不然我也會畫油畫的。

黎　那麼從五六十年代至今，香港的問題是否與它沒有一套完備的文化政策有關？

江　香港欠缺一個文化局和一套文化政策。人們愛褒揚香港是一個體現中、西文化薈萃的地方，由始至終卻沒有人去推廣和研究有關說法。然而，外國人和香港人對藝術發展的看法盡是不同。立體派、野獸派等於十九世紀末至二十世紀初興起，這些都是以主觀意念為首的藝術運動。我們中國人學西畫卻不夠聰明，盲目地臨摹西方藝術學派的構圖、表述，而非拿人家的優點加以發揮。有位畫友到香港藝術館看印象派展覽，他很興奮地跟我說他看了十次之多。我心忖，你看上一百次也沒有用。印象派的畫是很好，但這可是百多年前的事。若然你要欣賞印象派，你得花時間研究它的來龍去脈。教師們也不能要學生盲目地去學習、臨摹某畫派的風格，這是毫無意思的。學習藝術以哲學為首位，否則你可不會懂得藝術為何物。你承認與否，宗教也是哲學的一種。而哲學有兩大宗旨：一為心理，二為現實。

黎　文史哲三者息息相關，我想本土文化政策的不足或促使本地畫會的成立。早年香港藝術館編了幾本書，說道香港畫會的興起造就了早期的藝術氛圍，如「元道畫會」、「中元畫會」、「視覺藝術協會」等。你並非香港舊有或現存畫會的會員，你可會視展覽為朋友間的聚會？

江　我從來沒有加入過畫會。還記得有一次呂豐雅辦了個畫展，邀請了鄧民亮（香港藝術館一級助理館長）在虛白齋主持開幕儀式，他說道：「據我所知，所有在香港有地位的畫家都出自畫會的。」

呂振光[11]也在場，便答道：「江啟明可在座呢！」（意指江啟明是香港著名畫家，卻不曾加入或依附任何畫會。）

那時盛行的並非畫會氛圍，而是新思維。如「元道畫會」、「中元畫會」等嘗試在香港推動西方的新思維，但他們倒是模仿居多。當時的「元道畫會」以呂壽琨為首，其領導班子有王無邪等人。他們可謂佔據了七十年代的香港藝壇，我所指的「佔據」，是他們巴結了香港中文大學校外進修部的那班人，包括那些從台灣來的。

正因我不屬於或倚重任何派系，我經常遭某些人打壓，並為此感到氣憤。我有的是「膊頭」和「腰骨」（原則和承擔）。我可是香港畫壇的獨行俠。

黎　然而，你不抗拒和畫廊合作，當中有奕源莊、雲峰畫苑等。

江　我曾在雲峰畫苑辦過展覽，但它不是我的代理，是我提議雲峰畫苑老闆郭浩滿先生為香港畫家做點事，舉辦了第一次香港畫家的聯合畫展「香港實力派畫家作品巡迴欣賞展」（2004）。該畫廊以前集中舉辦內地畫家的展覽。

談到畫廊，我曾經有五位經理人，當中有三位是外國人。偏偏我不諳英語，而我從來不簽署任何合約。高麻藝術曾一度游說我簽約，我倒慶幸我沒有因而屈服。最終，高麻藝術也敵不過金融風暴而停業。

我們這些上了年紀的畫家不能也不會經常辦畫展，而畫廊經理人往往「食水」很深（收取高額佣金）。倘若你是新人，有些經理人可收取高達九成的佣金！一般行規倒是五五分賬的，一旦簽約，藝術家的報酬可少於整體收入的五成。畫廊要替你宣傳，收費是在所難免的。畫廊制度有助藝術家的發展，然而這也視乎個人目標。要名成利就的話，就得依靠畫廊。

黎　正因香港缺少本土文化，你在文獻中提到要成立本地的美術學院以及美術協會，對嗎？

江　我和那些政府官員說：「你徒有外殼，沒有『餡』（內容），那有什麼意義呢？」西九只有一個美術館，連一所美術學院也沒有。倘若香港要辦一所美術學院，可能會遇上經費等問題。除了辦一所專屬的美術學院，我也提倡在大學辦一個附屬的美術學院。

現在香港浸會大學也有一所附屬美術學院（香港浸會大學視覺藝術院），這方案在香港是可行的。或許你會說香港大學、香港中文大學也設有藝術系，然而藝術系較注重學術，而非技術。以前我經常回內地走走，結識不少閉著眼

也能作畫的人，發現他們有九年的藝術訓練，正規六年，三年輔中，連鉛筆掃描也畫上兩年。可是教學時間太長，規範了學生的創作。近年廣州市辦了一個「大學城」，這種辦學概念正符合時代的變遷。當代藝術家不但要懂藝術，還要涉獵哲學、文學、音樂等範疇。

黎 你也提倡香港要成立美術協會（美協）。美協有別於一般畫會，是一個認證的機構。我想香港迄今只有「香港美術家協會」，然而我對其運作所知不多。你是否希望香港能制定一套客觀的藝術評審機制？

江 香港要成立美協並非易事，現時倒有一個由文樓先生主持的美協（香港美術家協會）。我認為美協的作用不在於招收會員，乃在於釐定和維持本地藝術發展水平。現時中國美術家協會正擔當這個角色，藝術家要曾入選和參與若干全國性展覽（和比賽）方能入會。可是香港還沒有相應機構和機制。

黎 我再回顧你的創作路途，發現你的通識能力很強。我也想跟你進一步探討你在個人著作所提到的議題和觀點。你曾提到一些舊城民生，這不單是記錄軼事，而是本地歷史。身為畫家，你所觀察的和一般的歷史記錄很不一樣。你能觀察周遭事物的變遷，比如垃圾車的演變等。這種洞察力正是現今學生所缺乏的，他們僅將繪畫視為藝術性的表達。你會否於繪畫或寫生前後搜集歷史資料？

江 上述兩種方式我也會採用。觀察以外還要「入腦」（用心）。很多人視周遭事物為過眼雲煙，記錄下來便算。

黎 你對香港風景特別深刻，也正在創作一個新的系列。你亦曾在香港浸會大學（於二〇一二年二月十四日舉行的「蛻變與新生：江啟明筆下的香港百景畫展開幕禮暨新書《香港舊事重提》發佈會」）提到你從前的畫並非藝術，而是一些歷史記錄的畫。那麼你的畫是否創作與記錄並重？

江 嚴瑞源[12]為「香港今昔——江啟明素描展」（2009）寫了一篇序，當中提及過我所畫的是地理誌繪畫，而非藝術。我還跟那位館長開玩笑，說自己的畫是中西混雜，不三不四。他聽罷，說江啟明竟稱自己是「混血兒」。的確，我一直視我的香港鉛筆畫為地理誌繪畫。那時候，我曾跟魯金在香港浸會大學持續進修學院和香港旅遊局去辦那些香港掌故證書講座。這些作品都是記錄性的地理誌繪畫。不用涵括太多的思想，所以算不上什麼藝術。後來，我埋首研究靈

畫、禪畫等，這些方為我的藝術創作。這跟我在一九九三年退休後周遊列國不無關係。我到過的每一處，都會仔細觀察那地方的地質、文化。我多看，多想，從而得出有關顏色的新理論。縱然我們身處彩色世界，東方和西方色彩的分別是非常明顯的。東方屬陰，西方屬陽。你看東方的山，尤其中原一帶，大多是偏紫色且山脈連綿，看不到前方；而西方的山大多是偏橙色且橫向的，一眼便看得清楚。所以東方人，尤其是中國人（的思想）大多數向內，產生「內文化」。西方人（的思想）是往外走的，因而產生「外文化」。有很多人會說藝術是無國界的，這根本是錯的。藝術根本是有國界和民族性的。

我把這一套理論融合中國的哲學思想，發現我們的祖先早已發現這個現象，只是他們未有把理論套用於繪畫。人類膚色可是由地理環境形成的。中國

〈江啟明的素描展〉，《良友畫報》（海外版）第 135 期，1965 年 7 月 15 日。

所說的四色（紅、黃、藍、紫）跟西方所說的三原色（紅、黃、藍）不同。中國所說的是紅、黃、藍、紫四色，加上四個方位，四個季節，配合整個地球的影響，產生不同的人種。中國第一個皇帝（黃帝）用的黃字跟黃色的黃字相同，可見他早已感應到自身的膚色、領土是黃色的，其後，更成為中國皇帝獨有的顏色，可謂混然天成。黃色的對比色是紫色，紫色在中國人的社會中是很神秘的，什麼「紫氣東來」，「紅到發紫」都在形容這種狀況。

說到中西之別，王無邪曾跟我說道：「江啟明，你畫水彩這麼了得，何不用宣紙畫水彩呢？」我便說：「何必浪費時間呢？宣紙有其特性，油畫亦有自己的特性，這並非對於繪畫的深入研究。」你想想，水彩用的紙料也是多年研究的成果，人們才得以製造及使用合適的紙張物料；同樣地，宣紙亦是古人研究的

成果，以之作水墨創作最合適不過。

黎 你對各種繪畫媒介有相當的掌握和看法。你的「大自然」系列畫的很仔細，畫作都包含你的一些看法，對嗎？

江 到了這個年紀，我可算是找到了一套方法，就是把大自然的密碼重新組合，再將之呈現。這組密碼全都是數字，是一般人看不到的。香港培正中學最厲害的科目是數理化，有不少世界知名的數學家和科學家曾在該校就讀，偏偏我數理化的成績是最差的。再差也好，我曾在該校唸書，耳濡目染，科學和數理多少對我有影響。

現今社會再沒有「純粹」的傳統藝術，我們的繪畫構圖或多或少加入了設計的元素。若然你仍是看到什麼便畫什麼的話，你的繪畫始終不會成功。我當年曾說過，我起初的畫都是具像的，即

捉迷藏，水彩，77x112cm，1999年，香港藝術館收藏。

是以寫實練習為基礎，倒沒必要遵從以前大師那一套。什麼現實主義、寫實主義只是某個時代的產物而已，現今社會或不需要這種繪畫形式。要追上時代步伐的話，畫家得為繪畫注入一點主張和思想，中國人所說的「禪畫」，正是以繪畫呈現一些哲理，畫作的層次也因而有所提升。好比我身後這一幅畫作，若觀畫者看到的只是花和蝴蝶，那他大概比我還要落後。

我的「禪畫」大概有八至十張，數量不多。就是重質不重量，我的畫功才能有所提升。我承認，作畫時會汲取好些設計元素，只是看你如何去汲取、運用。

注釋

1 陳海鷹(1918-2010),一九三三至一九五一年隨李鐵夫習畫。一九四九年設立香港美術院,一九五二年創辦香港美術專科學校及擔任校長。

2 一九三一年劉君任、周世聰創辦萬國藝術專科學校。

3 于右任(1879-1964),幼早年讀私塾,一九〇三年中舉並出任商州中學校長,一九〇四至一九〇五就讀於震旦學院,曾參與創辦復旦公學、中國公學及上海大學。一九〇六年加入同盟會,曾籌辦《神州日報》、《民呼日報》、《民立報》等報刊。一九二三年與孫星閣、任堇、呂萬等創辦「藝苑畫社」。一九三一年任監察院院長,同年在上海創辦「標準草書社」。

4 思豪大酒店位於遮打道十六至二十號,於一九五四至一九五五年拆卸,現址為歷山大廈。

5 陳抱一(1893-1945),一九一八年赴日本,加入葵橋洋畫研究所,一九一六年加入川端洋畫研究所,後入讀東京美術學校習西畫。一九二一年回到上海,與張聿光、朱應鵬、宋志欣等創辦「晨光美術會」,翌年於上海美術專科學校任教,一九二五年任中華藝術大學主任委員,一九二六年與秋田義一創辦晞陽美術院,一九三〇年任上海藝術專科學校西畫科科主任,一九三八年赴香港旅行、寫生,與李鐵夫、李秉、黃潮寬、任真漢、余本等畫家交往。

6 李鐵夫(1869-1952),一九一六年入讀紐約國際藝術設計學院(International Academy of Arts and Design),曾隨 John Sargent 及 William Chase 習畫。一九三〇年到香港定居,至一九五〇年回廣州,出任華南文藝學院名譽教授、華南文學藝術工作者聯合會副主席。

7 Michael Griffith(1921-),Bromley College of Art 畢業。一九五二年來港,任教育司署督學教育官,一九六九年任高級教育官,一九七一任美工科首席督學,一九七五年退休並離開香港。曾為香港博物美術館顧問。

8 黃傑雄,一九七一年畢業於英國倫敦大學英皇書院數學系。一九七三年獲聘為香港中文大學出版部見習行政助理,一九七四年調任為香港中文大學校外進修部見習行政助理,一九七六年任行政助理,本書受訪者江啟明曾出任該職位。二〇〇〇至二〇一一年黃氏任職香港城市大學專業進修學院院長。

9 佳藝電視為香港第三個免費電視台,於一九七五年九月七日開台,一九七八年八月二十二日停業。

10 陳達文(1932-),一九五六年畢業於羅富國師範專科學校(1956年),一九六〇年獲英國倫敦大學校外學士課程。翌年任職香港大會堂副經理,後出任經理(1968-1973);首任文化署署長。一九九六至二〇〇二年為香港藝術發展局副主席,二〇〇二至二〇〇四年任香港藝術發展局主席。於二〇〇六至二〇〇七年間,任西九龍核心文化藝術設施諮詢委員會成員。

11 呂振光(1956-),一九六二年移居香港,先後於香港大學校外課程部及香港中文大學校外進修部修讀藝術課程。一九八〇年畢業於國立台灣師範大學美術系,一九九四年獲英國倫敦大學金匠學院藝術碩士。曾任香港中文大學校外進修部導師(1981-1984)、大一學院等,並於香港中文大學藝術系任教(1985-2010)。曾任「視覺藝術協會」會長,一九八七至一九八八年創辦「香港現代水彩畫協會」。

12 嚴瑞源(1942-2009),一九七〇年畢業於香港中文大學歷史系,一九七四年獲英國牛津大學文學碩士。曾任職古物古跡辦事處(1981-1987)、區域市政總署博物館館長、香港文化博物館總館長(1996-2003)。退休後擔任北京首都博物館高級管理顧問。

畫室 畫會 美協

江啟明

「我只是希望美術界要使大眾知道什麼是真正的藝術……」

畫室本是畫家用作繪畫的地方，但在香港畫室的用途便完全不同，它主要是畫家用作教學生繪畫的場地，相信現在香港有過百間這類畫室；有些畫家為了生活，連家居也充作畫室，因香港寸金尺土，土地十分昂貴。香港目前很多畫家也靠教學生來維持生計，事實學畫的人也不少，主要是學生，且是幼稚生與小學生，因本港提倡通識教育，學校功課上的需要，因近年形成一種課餘進修興趣活動。成年人多為已婚婦人，尤其是學習水墨書畫，她們以作為調劑生活上的壓力或情趣。

記得我出道的年代，香港有法例（《社團條例》），私人上課，每次學生不得超過九人，如超過這數目便要上報，那就麻煩了，除要向政府註冊登記，並要通過教育署及消防局等部門審批外，更莫名其妙地還要防止虐待兒童協會認可及定期審查，現在就不了了之。

畫會目前在香港相信有幾百個，最早而現在還存在的，相信就只有「香港中國美術會」[1]及「香港美術會」（由外國人成立）[2]。雖然畫會多，但會所就不多，因香港租金貴，自置物業的會所就更少之極少，有些畫會的通訊地址就索性寫上某會員住址或郵政信箱就算了，簡單方便。而且政府也沒有明文規定畫會會員人數，故三兩知己也可申報為畫會，也沒有規定要申報註冊。

以前入畫會是不容易的，你沒有一定的藝術水平都不會收你為會員，成為會員那已經有一定的社會地位，起碼你已經晉升為畫家。現在只要有錢交會費就可成為會員了，甚至交上一定數目，就可以成為永久會員或顧問級。

畫會其實是志同道合的人共聚一堂，以作研究交流藝術心得的好地方，

可惜香港畫家在這方面客觀條件有限，很難如願以償。故香港畫會的作用，主要每年循例開一至兩次會員畫展，其他就很少有藝術活動了，包括座談及講座，把「畫會」說為「聯誼會」或更為貼切。這樣就可想而知，香港畫家要提升畫藝的機會很少。繪畫流派也算不少，也有裝置、錄像等，但質素並不高，甚至抄襲外國的。如能登上香港藝術館展出，也要看你的手段，又要看當權人的藝術路向而定，真是無可適從。以上就是香港畫壇的動向。

我除了很想香港有一間美術學院正規培育藝術人才外，更希望成立美術協會（美協），好使香港有名正言順的真正畫家，不然小學生也炫耀自己為天才畫家（因畫家是晚熟的）。早於一九九七年香港回歸祖國之前，文樓先生曾組織「香港美術家協會」，入會會員也不少。可惜到現在為止，他們的美協只有虛名，並無實質存在，聽說會員還從未開過會，也沒有活動。最近（二〇〇九年一月）聽說「中國美術家協會」開始通過香港中聯辦，為香港畫家「點名」成為全國美協會員，這總是好的開始，但要防止成為政治性的欽點會員，我一向強調，藝術是不應與政治扯上關係，不然如政教合一又有何分別？如果香港將來能獨自成立真正的美協就更理想，因為怎樣香港都是一個特殊而文化制度都不同的地方。

站在我這個獨立個體的畫家來說，我發覺中國近年可能社會經濟好轉，全國性或地區性的聯展特別多，表面上是特別蓬勃，藝術上大放光彩，百花齊放。但我個人認為有點過位，在藝術角度來說並不是健康的事。藝術是人類心靈上的明燈，並不是群眾性的「宣傳」活動，勞神傷財，但我也不是以反對的態度來說話，我只是希望美術界要使大眾知道什麼是真正的藝術，也是一種天職責任。故我更希望美協是舵手，領導中國藝術踏上世界舞台，甚至成為藝術的火炬，中國有這個資格，故二〇〇八年中國北京奧運會十分成功。美協應該有計劃地去發掘一些有天份而具有中國特色的藝術家，個別大力去推介，那才是真正面向世界。

注釋

1 由陳君實、趙少昂、李研山、林建同、雷浪六、呂壽琨六人於一九五八年註冊創立。

2 於一九三四至一九三五年成立，有說陳福善為當時唯一一位華籍會員。陳氏後於一九六〇年成立「香港華人現代藝術研究會」並將之註冊，出任創會會長一職。

原文刊載於《江啟明藝術空間》，香港：經濟日報出版社，2013，頁187-189；後經筆者修訂。

江啟明簡歷

年份	月份	展覽類型	事跡	地點
1935			香港出生，原籍廣東省廣州市花都	
1954			畢業於香港美術專科學校	
1956			首次在香港舉辦個展	
1958			獲中國全國青年美展獎	
1970			於七十年代出版《世界名畫家素描集》	
1975			獲香港木球會邀請，為該會所繪畫素描，以作遷拆記念	
1976			出版《基本繪描》	
1978			出版《香港寫生畫》	
1986			為香港理工學院及香港大學開辦暑期美術課程	
			出版《人體解剖》	
1987			應《讀者文摘》邀請為菲律賓第三任總統麥西西繪像	
		聯展	十年香港繪畫	香港藝術中心
1988			出版《設計，裝飾，插圖》	
1989			任香港浸會學院校外進修部美術導師	
			策劃及主持香港浸會學院校外進修部舉辦現代繪畫藝術課程及講座	

1990			為香港香格里拉酒店繪畫〈香港風光〉	
			為香港賽馬會繪畫〈賽馬圖〉，由該會收藏	
			為香港旅遊協會繪畫炮台山新辦事處外貌素描畫	
			出版《香港史畫》（香港浸會大學出版）	
			水彩作品〈觀鳥圖〉入選「美國水彩畫協會 1992 年紐約年展」	
			出版《香江史趣：江啟明香港寫生畫集》	
			為香港貿易發展局之邀，作〈香港〉水彩畫送贈離任之美國駐港總領事——當奴．史德遜	
			為香港浸會學院二十五周年紀念作畫	
			為香島中學校友會繪畫香島中學正校新校舍圖樣	
1992			水彩作品〈偷窺〉、〈紫薇花〉等在畫廊博覽會展出	台灣台北
1993			為西貢天后、關帝古廟重修前繪下素描乙幀，並作文物收藏	
		個展	奕源莊畫廊主辦個展	香港藝術中心
1994		個展	長江三峽	香港會議展覽中心
		聯展	香港中文大學校外進修學院藝術展覽	香港大會堂
			出版《江啟明歐遊素描》	
			出版《香港今昔：江啟明香港寫生畫集》	
			在香港中文大學校外進修學院主辦《現代藝術主流》學術講座	
			參與香港中文大學藝術系及文物館聯合舉辦之《中港台大專美術教育研討會》	
1995		個展		台北奕源莊畫廊
	7月	個展	香港今昔	香港藝倡畫廊

	9-10月	聯展	香港現代繪畫展	日本福岡美術館
			獲香港浸會學院林思齊學術交流研究所頒授榮譽院士	
1996		聯展	當代香港藝術雙年展	香港藝術館
		聯展	1996 台北國際藝術博覽會	台北世界貿易中心
			獲香港浸會大學林思齊東西學術交流研究所之榮譽藝術院士	
		個展	於太平洋文化基金會藝術中心舉辦	台灣太平洋文化基金會藝術中心
		個展	江啟明的花花世界	香港浸會大學逸夫校園思齊樓
		個展	江啟明寶島之旅巡迴展	台北奕源莊畫廊，台南中華報藝文中心
		聯展	台北國際藝術博覽	台灣台北
			香港會議展覽中心特約素描寫生畫乙幀，本作香港回歸祖國典禮嘉賓之紀念品	
1997		聯展	香港藝術一九九七——香港藝術館藏品展	香港藝術館，廣州廣東美術館，北京中國美術館
			應香港仔聖神修院重修繪畫——系列色彩畫及素描畫	
1998	5-7月	聯展	向大師致意	香港藝術館
	8月	聯展	香港寫生會九八會員作品展	香港大會堂
1999	5月	聯展	素描展	香港藝術中心
	5-7月	聯展	向大師致意	香港藝術館
	11月	聯展	「健康快車 光明有望」迎千禧慈善畫展	香港大會堂
	11月	聯展	油麻地、油麻地、油麻地	香港上海街視藝空間展覽室
2000			為香港浸會大學圖書館繪畫中國文學家肖像三十四幀	

		個展	江啟明：錦繡中華系列	廣州廣東美術館
2001		聯展	藝述香江	香港藝術館
	12月	個展	江啟明：錦繡中華系列	香港中央圖書館
2002	2-3月	個展	寫我情深畫香江——江啟明作品展	香港葵青劇院展覽廳，香港上環文娛中心展覽廳
			應香港中文大學之請繪畫楊振寧教授像，作為教授八十歲壽辰賀禮	
			為香港中央圖書館繪畫系列香港文學家像	
2003	6月	聯展	「活」——慈善詩畫展	香港金鐘太古廣場
			應香港城市大學之請，繪畫該大學校舍寫生	
			任「第六屆展能節」評審	
2004	7月	個展	香港作家風采	香港中央圖書館
	10月	聯展	香港實力派水彩畫家作品欣賞展	香港雲峰畫苑
2006	8-10月	個展	情懷香港	香港歷史博物館
	10月	聯展	中國百年水彩畫展	北京中國美術館
			香港特別行政區頒授銅紫荊星章	
2007	3-4月	個展	舊日情．景——江啟明素描作品展	香港奧海城 OC 藝廊，香港中環廣場
2008	6月	個展	藝術與地球：過去．現在．將來	香港金鐘太古廣場
	6-8月	個展	集體回憶——江啟明素描展	香港尖沙咀新世界中心「藝廊亞洲」
			獲「香港藝術發展獎 2007」之藝術成就獎	
2009	6-7月	個展	香港今昔——江啟明素描展	香港尖沙咀海港城美術館

	4月	聯展	歷史與藝術之間	香港商務印書館尖沙咀圖書中心
			出版《「畫説香江」作品精選郵票．香港歷史建築篇》	
2010	7月	個展	集體回憶——江啟明素描展	香港中環置地廣場
	9月	聯展	Forever Flower on the Wall	香港高麻藝術
			經濟日報出版社發行《大象風雷——第一代香港新移民的故事》，一本記錄他爸爸經歷的小説式傳記	
2011			經濟日報出版社發行《香港心靈》，收錄江啟明七十年代至二〇〇〇年初的香港鉛筆寫生畫作品	
2012	2-3月	個展	蛻變與新生——江啟明筆下的香港百景	香港浸會大學
2013	11月	個展	二〇一三年江啟明個人畫展	香港加華藝廊
2014	3-4月	個展	「水游自在」江啟明水彩畫展，出版畫冊「水游自在」	香港商務印書館尖沙咀圖書中心
	3-4月	個展	江啟明「老香江歲月」六十載回顧展	香港上環加華藝廊

任職情況

年份	職銜	任職機構
1956	講師	香港美術專科夜校
1957	美術教師	九龍塘學校
1958	美術班導師	香港華南電影工作者聯合會
	美術班導師	文匯報
1965	導師	香港嶺海藝術專科學校
1975-1993	美術導師	香港中文大學校外進修部
1976	美術課程導師	香港佳藝電視台
1977	導師	香港大一設計學院
1982-1987	客席講師	香港理工學院太古設計學院
1982	顧問	香港大專美術聯會
	美術進修課程導師	各大專院校學生會
1983	導師	香港皇家警察美術會
1986	暑期美術課程主任	香港理工學院太古設計學院
	暑期美術課程主任	香港大學

1987	美術講師	香港懲教署
1988	藝術顧問	西貢區第一屆藝術節籌委會
1989	美術導師	香港浸會學院校外進修部
1990	藝術文化課程顧問	香港浸會學院持續進修學院
1993	講師	葛量洪教育學院
1995	藝術顧問	香港藝術館
1996	榮譽藝術顧問	香港藝術館
1996	評審委員	當代香港藝術雙年展
2000	評審	第三屆聯校大專美術節

李國榮

簡介

李國榮字維洛，一九二九年生於澳門，廣東省增城縣人，家族歷代以書畫傳家。李氏早年在廣州僑民第二師範學校就讀，一九四五年肄業。及後，李氏輾轉遷到香港，於一九四八年入讀羅富國師範專科學校。畢業後數載，李氏先後在紅磡街坊小學及香港仔官立小學任教，教授一般科目及美術。在香港仔官立小學任教美術期間，他摒棄了向學生分發填色簿的一貫做法，改以毛筆白新聞紙教導漁民子弟基本繪畫技巧，記下日常生活的點滴。得到李氏的悉心指導，其學生在當時的英國世界兒童畫展中表現出色，贏得多個獎項，李氏更因而得到時任視學處美術科首席督學顧理夫（Michael Griffin）賞識，獲舉薦到葛量洪師範專科學校接掌教鞭。

一九五六年李氏在葛量洪師範專科學校任職美術講師，兼教師訓班及夜學。雖然師範的教務繁重，但他對藝術的鍾愛卻毫無退減，在工餘時間不斷鑽研探究，並於翌年在英國文化協會開辦個人的水彩及油畫展。受到 Paul Klee 等藝術家的啟發，李氏運用嫻熟的西洋技法，配以中國的傳統繪畫素材（如水墨）及表現手法，大膽嘗試，摸索抽象水墨，獨闢出一段前無古人的藝術蹊徑，為後繼者開拓新路向。

一九五八至一九五九年期間，李氏獲香港政府保送，領取獎學金到英國 Brighton College of Art and Craft 修讀一年美術教育。李氏在教育方面的優異表現，造就他成為第一位被香港政府派到英國進修的美術教師，其成熟的藝術造詣，不僅受到英國的畫廊青睞，國際藝術家協會亦於一九五九年替他舉辦個展，成為第一位在英國舉辦展覽的香港美術教師。一九七五年，他在巴黎大學東方學院舉辦另一次海外展覽——「李國榮書寒山廿五首詩書法展」。

英國的經歷，讓李氏找到自己的路向，確定了美術教育的路途。同時，放洋留學的經驗，也使他更了解香港在美術教育方面的落後和不足。回港後，李氏先後在羅富國教育學院及葛量洪師範專科學校任教，並引入嶄新的教學模式，對香港的美術教育有著深遠的影響。微觀而言，他在教學上拋棄傳統的臨摹教學法，改以世界名畫作範畫，訓練學生的觀察引發學生的創作靈感，強調原創的重要性。宏觀而論，除了早年提倡的兒童美術教育外，李氏回港後開創的銅蝕版畫、美術設計及美術史課程。另外，他亦參照温肇桐編著的《國小美術教材與教學法》，主張在會考課程加入美術史、改革傳統美術教學以及編寫課程綱要。李氏在師範任職數十載，化育無數人才，開美術教育的濫觴，為日後香港藝術的發展奠下基石。

李氏一方面在美術教育範疇默默耕耘，一方面積極推動社會性的藝術活動，貢獻良多。除了在《美術家》、《書譜》等雜誌以筆名李維洛寫文章外，在香港大會堂成立後，他屢為香港博物美術館的首任館長温訥（John Warner）出謀獻策，並出任博物館的顧問，為博物館的購藏提供分析及意見。同時，李氏亦曾應顧理夫的邀請，為香港當代藝術雙年展擔任顧問，負責評審參賽作品。

留學英國後，李氏雖然在本地藝壇轉趨低調，但收集書畫文物，卻一直為其畢生嗜好。歷年來，他偕同妻子收藏的古玩字畫書譜文物多不勝數，並曾先後於一九六五和一九六六年，在香港大會堂美術博物館展出其珍藏的蘇六朋和蘇仁山作品。近年，他陸續將自己的珍藏捐予香港藝術館、廣東省博物館及廣州美術學院圖書館等，其中捐予香港藝術館的四十八幅佛山木板神像，為二十世紀初的成品，可謂彌足珍貴。

李國榮訪談錄

訪問者　黎明海博士

2013.5.16

■

李　一九二九年，我在澳門出生。一九四五至一九四八年在廣州僑民第二師範學校修畢學業，後轉到羅富國師範專科學校。二哥李國樑[1]在一九五九年起，跟我一起在葛量洪師範專科學校任教。四哥李國輝[2]則進了視學處。二哥在柏立基師範專科學院教過你吧？

黎　一九八一年我在柏立基教育學院就讀，於一九八四年畢業。剛好你於同年退休，錯過了給你指導的機會。這本《李維陵寫生集》，我在上次的訪問中也給郭樵亮先生看過。他說《李維陵寫生集》裏的寫生，大概是李維陵後來翻畫的，與出版時的第一稿有別。當年畫香港街景的畫冊，似乎數目不多。

李　這些作品都刊登在《星島日報》，當時寫香港街景的作品，真的很少。後來的，則要數江啟明了。於五十年代香港鮮有售賣畫冊的書店，當時只有位於尖沙咀的必發書店，即現在的辰衝書局，但售價昂貴。

黎　你對繪畫有濃厚興趣。你是否受到何漆園老師[3]的影響，才進入藝術世界？

李　我很尊敬何漆園老師。父親李汝南[4]也畫畫、寫書法，他的書畫現在都藏在廣東省博物館。

我為何會在葛量洪師範專科學校教書呢？我在香港仔政府小學時，只需教半天的課，餘下半天就用作彈琴、畫畫、寫生。那時，我的薪水有六百五十元，而在葛量洪師範專科學校教全日，也同樣為六百五十元。薪水不但沒提高，還要額外教師訓班和夜班，所以我

根本不願去教。張榮冕校長就跟我說：「現在何漆園先生在我這兒教國畫，你也知道國畫不太適宜教師範。他也算是你老師，你去幫他一把吧。」讀羅富國師範學院時，何漆園老師每逢周六教我們一課。張榮冕校長這樣一說，我只好硬著頭皮去，不能再推搪。

教書後時間少了，我就彈不了琴。進了葛量洪師範專科學校後，我提議在課程中加插平面設計、立體設計、版畫和美術史。另外，我亦向顧理夫（Michael Griffith）提議在會考的課程中，加插淺易的美術史內容，旨在培養學生的興趣。我不曉得這個決定對不對。我讀書的年代，老師則把範畫釘在黑板上，叫我們臨摹，甚或向學生派發填色簿後，就自顧著批改習作，下課後才把填色簿收回來。可想而知，當時教美術的老師真的悠閑得很。後來，我收集了歐洲、美國等的教學法，又在温肇桐那本《國小美術教材與教學法》中認識到應該怎樣教美術課。靠賣填色簿餬口的人，就給我打破了飯碗，所以我也不曉得對不對。

黎　你絕對是對的！不過，他們怎樣在芸芸的前線教師之中，偏偏挑選了你呢？

李　以前沒有美術督學這職位，在一九五三、一九五四年找了顧理夫後，才成為常設職位。最初，顧理夫在英皇佐治五世學校任教，後來給選中了，獲派去成立美術視學部門。他先找了我的四哥李國輝幫忙，後又邀請葛量洪師範專科學校的第一屆畢業生彭行群女士以及日後當上校長的廖繼承輔助他。那時我在香港仔漁民學校任教，受了當時的風氣影響，加上自己又有興趣，便開始教小孩子畫畫。

當年的圖畫紙不大，我就買了一些白新聞紙，把它分成四大張。小孩子畫畫時多用鉛筆橡皮擦，但他們總是擦來擦去，畫了一整堂也沒畫好。故此，我就叫他們用毛筆蘸墨來畫，他們自然要很細心地畫，不會亂畫了。我也給他們一大張畫紙畫合作畫，把五尺多的畫紙釘在壁報板上，在上面作畫。至於題材方面，他們就畫漁船、補漁網、打麻線等，畫作以生活為題材，十分寫實。適逢英國舉辦世界兒童畫展，要徵集畫作比賽，我就拿學生的畫作參賽，結果得了很多獎項。顧理夫參觀過我教學後，就推薦我了。

黎　你會給學生參考圖片嗎？

李　會的。我跟他們說了主題後，就由他們發揮。畫得好的，會選作範畫。我主張教師用範畫。範畫不是抄襲，乃是

給他們看好的作品，讓他們有個印象。他們欣賞範畫或世界名畫圖片的時候，可以慢慢地看，再向他們解釋。看完後我就收起來，讓他們自己畫。我是第一個在香港做銅蝕畫，也是第一個在學校裏教版畫，教小孩子紙印、葉印、膠板刻、木刻之類的。

至於美術物料，西畫物料就在「藝林」（藝林文具印刷有限公司）買。我跟伍氏兄弟相熟。當時「藝林」由伍子礽主持大局，現在則由他的侄子伍慶和掌理了。還有豐盛公司，日本二玄社印刷的中國畫，都是他們代理的，賣櫻花牌的顏色粉。李昆祥的文聯莊[5]，則專售紙、筆、墨、硯等中國美術用品。

黎　這就是現在視覺藝術科裏的美術欣賞。五六十年代的美術及其教學的資源匱乏，你是從何處搜集有關教材？

李國榮畫展，1957年5月。
李國榮畫展，1957年5月。

李　只好自己找了。我做好課程綱要後便送去油印，之後發給學生。我的同班同學林漢超還寫了一本小學美術教學法《美術教學淺談》。

後來，顧理夫買了很多卷西洋美術幻燈片以供外借。我就從視學處借回來放。當年的美術欣賞，就是這樣教了。教育司署的舊址就在香港終審法院。北角的美工中心，是後來的事。

黎　Mrs O'Connor 還寫了一本有關教學法的書。不過，那時的參考書應該不多吧？

李　顧理夫寫過一本《小學美術教學學隅》。初時我們給人罵得很慘。人家舊日教美術教得這麼輕鬆，霎時間既要找教材，又要教美術史，添了很多麻煩。

當時我為什麼要到英國文化委員會（現稱英國文化協會）開展覽呢？一九五六年，我在葛量洪師範專科學校

當美術講師。師訓班的學生中，有的在內地讀過美術學校，有的做過教育官，有的當過校長，被一個二十多歲的小夥子教授，自然不服氣。我唯有通過辦展覽，拿些本事出來，他們看過後，就心悅誠服了。一九五七年，我在位於中環的英國文化委員會辦個展。一九五九年，我的抽象畫在英國倫敦國際藝術家協會（A.I.A Gallery, Artist International Association）展出。一九七四年，法國巴黎大學東方學院為我辦過一次書法展覽。

　　看，我在英國文化委員會辦的那次展覽，曾刊登在這本一九五七年的《今日世界》雜誌。呂壽琨曾經為我寫過一篇文章在《華僑日報》文化版刊登，我跟他頗稔熟。

黎　你的畫也挺表現主義的。

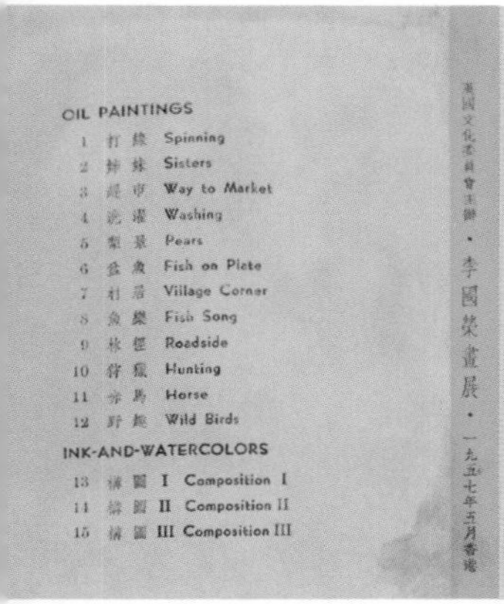

李國榮畫展場刊內頁，1957 年。

李國榮畫展場刊封面，1957 年。

李　我還畫抽象水墨畫。那時候，香港哪有人用水墨這中國材料畫抽象畫？更遑論裝裱成中國畫掛軸的形式？一九六五年，我曾在香港博物美術館展覽個人收藏蘇六朋[6]的一些真跡。以前認識蘇六朋的不多，到我辦了展覽後，他的名字才變得響噹噹。蘇仁山[7]的情況亦如是。我所收藏的蘇六朋作品全都轉讓到香港藝術館了。

黎　就是說，在香港藝術館見到的蘇六朋藏品[8]，部分是你賣出的？

李　大概是吧！有些古畫是孤本，像清代那個畫花鳥的趙廷壁，十分難得。

黎　你是自六十年代起節衣縮食地收集藝術品嗎？

李　不錯。坦白跟你說，我在外國見

到藝術家的境況後，才放棄當畫家。一九五八年我到 Brighton College of Art and Craft 讀美術教育，同行的還有羅宗淦[9]的太太。當時有多間位於 Old Bond Street 的畫廊想跟我簽約，其中一位是 Gallery One 的 Victor Musgrave[10]。

不過，畫廊只會提供少量金錢作生活費用，慢慢培育你。到他們認為時機成熟，就會花錢聘一批藝評家替你吹捧、開雞尾酒會、辦展覽等。賣出的一幅畫，畫家可能只會收到十分一或十分二的分紅。即使在成名後，畫廊又會跟畫家簽下一紙長約，並限制作品的數目。假如他們要求畫家一年內只可以畫四十幅畫，多了的，他只能撕掉燒掉，也不可以贈予親朋友好。畫廊就是靠限制畫家的畫作，以控制市場。若果年輕畫家生活拮据，當然會很感激提攜他們的人，卻未能意識到自己的行為及思想會漸漸受到畫廊的操控。在英國待了一年後，我發覺這種生活不適合自己，加上我和港英政府簽了約，訂明要回港教兩年書。此後，我寧願收藏古玩，也不賣畫了。

黎 從英國回來後，你再沒有潛心習畫嗎？

李 全都丟了。因為結婚後要生兒育女，畫房的東西全都清掉了，留作嬰兒房之用。所以，我就專心教書、收藏以及為《美術家》和《書譜》雜誌寫文章。《書譜》的編輯曾榮光[11]以及《美術家》的編輯黃蒙田[12]也是我的友好，也就邀請我寫文章。因為我是公務員，只能用筆名李維洛。

黎 於五十年代，畫家可於何處辦展覽？

李 不是什麼人都可以開的，要看過你的水準才行。當時除了我，還有李錫彭、呂壽琨、陳清濤、鄺耀鼎和我二哥李維陵（李國樑）等。

開畫展的人不太多，況且當年還未有香港大會堂。最高檔的是英國文化委員會（現稱英國文化協會），至於私人的，則可以租用聖約翰副堂以及思豪大酒店，左派畫家如黃般若會在思豪大酒店租用房間擺展覽。記憶所及，我、二哥李維陵（李國樑）、陳清濤、鄺耀鼎、呂壽琨等曾在英國文化委員會（現稱英國文化協會）辦展覽。

當時來自愛爾蘭的畫家白連（Douglas Bland）[13]、美國的女畫家 Ruth Robertson 及 Julia Baron[14]找來我、鄺耀鼎和呂壽琨三位華人組織「香港藝術家協會」，又稱「六人畫會」。其中 Julia Baron 的丈夫是 Mr Whinfield Barclay Baron，為港英政府高級官員，所以才能夠在香港會搞展覽。我到場後才發

現，請來的全是洋人，還邀請到港督來剪綵，可謂哄動一時。不過，主辦單位卻不容許華人進去看華人畫家的作品，我心裏很難過。一九六〇年香港藝術節期間，我們的作品就在香港天星碼頭展出。

黎 你放棄了創作還真可惜，不然你會成為早期西方表現主義和抽象主義的中國畫家了。你剛才談到你跟呂壽琨頗稔熟，可否談談你和呂氏的一些往事？

李 我跟呂壽琨的父親呂燦銘[15]頗熟，他的國畫畫得不錯，曾在廣州開裱畫舖。呂壽琨的妻子讀師訓班，也是我的學生。她在德貞中學任教。讀中學時，呂壽琨就臨摹人家拿來裱的畫，未有正式學過畫畫。呂氏早期畫作上的字出自他父親的手筆。後來我說：「你練一下字吧！」練過以後，他就自己寫了。

來到香港，呂壽琨有了家室後，就在佐敦道碼頭的油麻地小輪公司做稽查養家，宿舍在大角咀那邊。下課後，我不時在油麻地碰到他，跟他一起喝咖啡、聊聊天。為了賺錢，他辦了個畫展，畫嶺南派的花、鳥、神仙魚之類的，也會兼課教授繪畫。

當時我有個畫家老朋友李錫彭[16]，他曾在美國學戲劇，回到香港後畫油畫，並曾經在英國文化委員會開展覽。李錫彭到了呂壽琨在英國文化委員會的個展（1957），看他挺勤奮，畫也不錯，就是不太認識美術。故此，李錫彭就帶了呂壽琨回家，勸告呂壽琨轉畫風，不能停留於畫花鳥蟲魚，因為這些談不上是藝術。李錫彭在英國文化委員會圖書館借了幾本書，例如《Art Now》，講當時歐洲的繪畫，叫呂壽琨回去學習其中兩位英國畫家的素描。後來，到香港寫生的階段，他就已經轉了風格。

還記得呂壽琨和陳清濤於四點至六點教畫畫，上課地點位於灣仔道的中山中學，是一所私校。他倆借用課室授課，校方會抽一些佣金。陳清濤曾經在國民黨當兵做特務，來港後就轉行教畫畫，後來我幫他入師訓班，一直教到退休。

當時我家在跑馬地，呂壽琨和陳清濤下課後常到我家吃晚飯。我從智源書局訂閱了很多雜誌，例如英國最暢銷的《Studio》、日本的《美術手帖》、《藝術新潮》，還訂了法國的報紙《Ficalo》，報章裏登了很多現代畫。我不會法文，但大家會聚到一起研究。就這樣，他倆慢慢地累積了不少美術知識。後來，陳清濤就轉畫抽象畫了。一九五七年我在英國文化委員會辦展覽時，我已經在畫水墨抽象畫。呂壽琨還為該次的展覽寫了一些文章，不時跟我研究。當時有個抽象畫家 Adolph Gottlieb(1903-1974)，呂壽琨看到他的畫作後很歡喜。呂氏把

原作的大紅點改成紅色大水滴，在下擦幾筆水墨，就當禪畫。所以，呂壽琨的禪畫，其實由這個畫家啟發的。

黎　我也跟金嘉倫老師説過，個人一直覺得他倆的畫很相近，只是沒有人可以證明我這個想法。有一天，金老師跟你喝茶後，就發了一個電郵給我。原來我的推測是正確的。

李　對，相似與否，是看得出的。呂壽琨曾在我的家看那些畫書。他畫起這些畫，就在旁邊寫禪畫兩個字。我跟他説，凡是禪的，是不能説出來，説了就不是禪。不過他卻認為不説清楚，便沒人認識。這是他的自由。

呂氏不會英文，當時我為香港博物美術館當顧問，也就帶他見香港博物美術館館長温訥（John Warner），請温訥為呂壽琨在香港大會堂辦展覽。當時，

構圖 I（Composition I），水墨及水彩，1950 年代。

構圖 III（Composition III），水墨及水彩，1950 年代。

王無邪還未到香港博物美術館工作。後來，呂壽琨在香港中文大學校外進修部收了很多學生，水墨畫才開始紅起來。

至於温訥，他讀完藝術課程後到香港，顧理夫叫我招待他。後來，他去了羅富國師範專科學校任教。安定下來後，就當上博物美術館館長。當時温訥只是三十來歲。在温訥及屈志仁[17]出任館長及署理館長時，我曾擔任該館顧問。到後來的王無邪，我就忙自己的教學，所以少了來往。我也有跟譚志成聯絡。

黎　他的學生多得很。我常説他們佔據了許多不同重要的崗位。話説回來，左派和右派藝術家是否壁壘分明？社會對左派藝術家有不同看法嗎？

李　沒有人理會的。五十年代有一批左派的畫家如黃永玉[18]、陳迹[19]等人。當

時我雖為公務員，也不時跟他們一起寫生。我和吳廷捷[20]每周都去寫生。我的素描還刊登在《星島日報》呢！

至於陳海鷹，他去內地，求齊白石等畫家畫了一批畫，在中華總商會搞過展覽，後來開辦了香港美術專科學校。

李流丹[21]的人很好，版畫挺不錯的，跟我們相熟，星期日會一起去畫畫。

台灣那邊有金嘉倫、張義、陳松江[22]。陳松江不太理事的，只專心教書。

黎 陳松江是我在香港中文大學校外進修部的老師，教我書法。

李 當時那些畫家都是各自做自己的事，不太理會其他人事。後來，這批人便跟尤紹曾和郭文基合作辦了「中元畫會」。我跟「中元畫會」的會員也稔熟。

構圖 II（Composition II），水墨及水彩，1950 年代。

黎 尤紹曾退休後當回藝術家，我跟他有好幾年交往得很頻密。那時他在誰先覺畫廊辦展覽，我替他寫過一篇文章。因為他是前輩，所以我不太清楚他早期的作品。到後期，他畫的塑膠彩充分體現出表現主義。

你跟香港中文大學藝術系的人相熟嗎？

李 我跟丁衍庸[23]、蕭立聲[24]和陳士文[25]友好，他們常來我的家。當時葛量洪教育學院的校舍位於加士居道四十二號，丁公在尖沙咀租了一間房，他獨個兒住。我倆常喝茶、吃飯。

黎 聽說丁衍庸上課時，會即興畫起畫來。

李 丁衍庸上課時就自己一個兒地畫，畫完給學生拿走。所以，他的學生藏了

很多畫。有位朋友請他吃飯，又拿了他很多畫。

黎　現在丁衍庸的作品可謂有價有市。你有否跟畫友交換藏畫？

李　我不貪別人的東西。黃般若[26]跟我這麼熟絡，我也沒要他的畫。我常跟丁衍庸喝茶、吃飯，要他畫一百幅都行呀。丁衍庸送過一幅畫給我，後來我轉送給朋友錢學文。他是錢學森（1911-2009）的弟弟，收藏了很多黃賓虹[27]的畫作。

　齊白石、黃賓虹的畫我藏得不少。後來我老了，藏這麼多畫也沒用，就賣了一些出去、捐了一些出去。

黎　你收藏了很多廣東名家的作品，是嗎？

李　當中有佛山的畫家，或者天津楊柳青、山東濰坊年畫。我捐給香港藝術館的也有一百多幅畫。我也有賣好些畫藏予香港藝術館，但只收取裱工費用。至於明代廣東名家如陳士忠、林承芳的作品，我全都捐予廣東省博物館。頭一趟是通過香港新華社文化部，以後直接捐去了。我有很多孤本，當時向一些古董商、字畫經紀買的。曾廣才[28]不時叫我寫些當時字畫經紀的故事。

　說回來，我一直也覺得身為中國人得到內地走走。我在一九七四及一九七六年先後組團帶過三所教育學院的學員到內地參觀遊歷，當時還獲得國務院的接待。

黎　真難得。現在你還有寫字嗎？

李　久不久練一下。這本是巴黎大學東方學院的展覽畫冊《寒山廿五首詩——李國榮書》。

黎　還好你將舊日的畫作，有些拍攝在幻燈片上。要是這些作品湮沒了，實是香港藝術界的莫大損失。

李　怎會有什麼損失？這些都是五十年代的作品，有些是在香港仔畫的寫生作品。當時我受Paul Klee（1879-1940）啟發，把中國古字變為抽象畫。有好些畫作我已在英國賣了，還有些都扔掉了，只剩下這些幻燈片。

黎　這篇蘇仁山的介紹[29]，是你在一九六五年寫吧？

李　對，是我寫的介紹，以前沒有人理會。我在《美術家》寫了很多篇文章。

黎　太厲害了！老師，你現在跟荷李活

道的古董店還熟嗎？

李 不熟了。現在有些店主死了，有些移了民。

黎 那麼你現在不會再收藏了？

李 不會了，全都捐了出去。我給你們看看幾幅我年輕時畫的國畫吧！

黎 此畫是老師二十多歲時畫的？

李 對。這是我七十歲時寫的字，轉眼又十多年了。

秋風起兮白雲飛，草木黃落兮雁南歸。蘭有秀兮菊有芳，懷佳人兮不能忘。泛樓船兮濟汾河，橫中流兮揚素波。簫鼓鳴兮發棹歌，歡樂極兮哀情多。少壯幾時兮奈老何！這是漢武帝（公元前 156- 公元前 87）的《秋風辭》。

黎 你去過山西黃河邊的秋風樓，回到香港寫的？

李 對，其中的重點句是「歡樂極兮哀情多，少壯幾時兮奈老何」。

黎 你七十多歲寫的字，也十分有力呢！

李 給你唸首古詩，你指教下我吧！這也是我的書法作品。

生年不滿百，常懷千歲憂。
晝短苦夜長，何不秉燭遊。
為樂當及時，何能待來茲？
愚者愛惜費，但為後世嗤。
仙人王子喬，難可與等期。

2

1

4

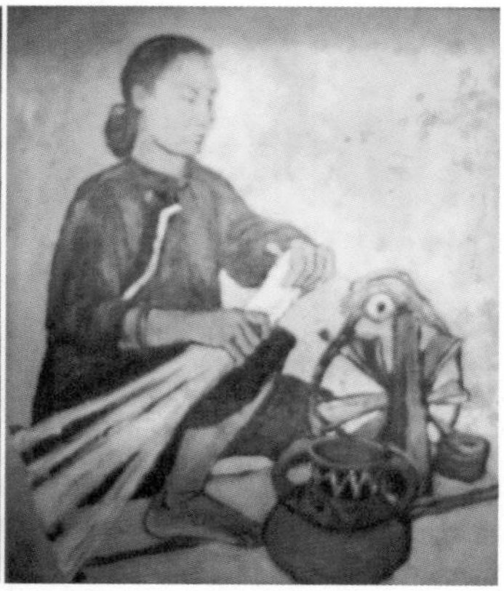
3

6

5

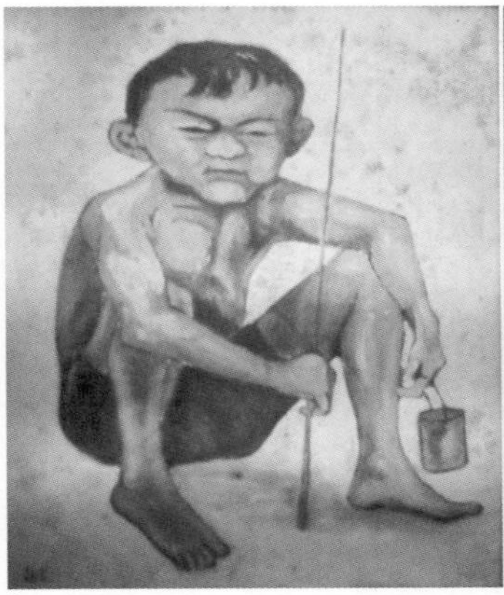
8

7

10

9

1 赤馬（Horse），油畫。
2 村居（Village Corner），油畫。
3 打線（Spinning），油畫。
4 趕市（Way to Market），油畫。
5 姊妹（Sisters），油畫，1950 年代。
6 林徑（Roadside），油畫。
7 洗濯（Washing），油畫。
8 魚樂（Fish Song），油畫。
9 野趣（Wild Birds），油畫。
10 盆魚（Fish on Plate），油畫。
11 梨景（Pears），油畫，1950 年代。

11

注釋

1 李國樑（1920-2009），字維陵，一九三五年到香港讀書，一九四八年於重慶完成大學課程。一九五九至一九七七年任教於葛量洪教育學院，曾任香港大會堂美術博物館創辦委員會顧問（1961）、香港中文大學入學資格考試美術科考試委員（1963-1974）。曾以筆名李維陵發表《荊棘集》等著作，亦為本書受訪者李國榮的二哥。

2 李國輝（1925- ），字維思，國立第二僑民師範學校畢業，到香港後入讀羅富國師範專科學校。五十年代末期起出任教育司署視學處督學，七十年代末期至一九八〇年出任葛量洪教育學院美術科主任，曾任香港藝術館顧問，於一九八五年移居加拿大。曾任第一屆亞洲美術教育會議亞洲區副主席，教育司署《美術教育》年刊主編，《Art of Asia》雜誌特約撰稿人。亦為本書受訪者李國榮的四哥。

3 何漆園（1899-1970），字渭賢。一九一九年入讀由高奇峰在廣州創辦之美學館，一九二四年畢業於博文美術學校，一九二六年於佛山市市立美術學院任教。一九三二年高奇峰與趙少昂、黃少強、何漆園等在廣州組美學苑。一九五一年葛量洪師範專科學校成立，擔任美術科主任至一九五九年退休。一九六八年與學生設立「香港美學會」，為「丙申社」（1956）創會會員之一。

4 李汝南（1894-1976），字仲齊，廣東省博物館、香港藝術館皆有收藏其畫作。三十年代在澳門創立維基學校，推新式教育，抗日戰爭期間結束。晚年終老香港，兒子國樑、國輝、國榮俱在港從事美術教育。

5 文聯莊於一九五五年創立，售賣中國書畫工具。

6 蘇六朋（約 1796-1862），字枕琴，怎道人、羅浮樵子等。擅長人物、山水、花鳥畫。代表畫作有〈清平調圖〉、〈盲人打架圖〉、〈醉太白圖〉等，與蘇仁山被後人合稱「嶺南畫壇二蘇」。

7 蘇仁山（約 1813-1850），字靜甫，號長春，別署菩提再生尊者、玄妙觀道流等。十九至二十一歲督學試落第。自二十三歲寄情書畫，有說蘇氏對於儒家反感，屢罵孔子，因而作〈宓羲孔子女媧熒惑像〉。本書受訪者李國榮曾藏蘇氏畫作〈冬月作高閣圖軸〉。

8 一九八五年香港藝術館以「藝術價值低」「藏畫受潮」及「藏畫遭受蟲蛀」為由，棄掉從本書受訪者李國榮購置之蘇六朋作品。同年，館方從李氏購入明朝畫家吳偉之扇面畫。

9 羅宗淦（?-1966），一九三七年畢業於香港大學，一九四〇年起加入羅富國師範學校從事師資訓練工作。一九五一年獲殖民地福利暨發展計劃獎學金，到英國牛津大學修讀教育文憑，一九五三年任羅富國師範學校高級講師，一九五四年任教育司署夜學部主任，一九五八年出任高級教育官，並於一九六一年出任助理教育司。

10 Victor Musgrave（1919-1984）為英國詩人、藝術商人及策展人。一九五三至一九六三年間，他在倫敦 Litchfield Street 經營畫廊 Gallery One，後搬到蘇豪區的 D'Arblay Street。

11 曾榮光（1926-2005），字庸莊，號子廬，書法篆刻家，筆名楚天舒、辛莊或魯泰。一九四九年到香港，曾於嶺海藝術專科夜校及香港中文大學進修部等任教。一九七五年創辦《書譜》雙月刊並出任執行編輯至一九八三年，曾任一九九四年當代藝術雙年展評審委員。為「庚子畫會」會員。

12 黃蒙田（1916-1997），本名黃草予、黃茅，一九三六年畢業於廣州市市立美術專科學校西洋畫系。一九三八年加入廣西漫畫宣傳部，翌年到香港創辦《今日中國》月刊，後回到內地繼續從事抗戰宣傳創作。一九四五年到港，與黃新波、陸無涯等成立「人間畫會」。一九七八年任《美術

家》雙月刊主編，曾為中國美術家協會理事。

13 Douglas Bland（1923-1975），一九四一年於英國牛津大學修讀藝術。於一九四八年定居香港，曾於九龍貨倉任職，為「香港藝術家協會」創會會員。

14 Julia Baron（1917- ），早年就讀於英國 Byam Shaw School of Art、皇家藝術學院及 Slade School of Art。一九五二年來港，一九六七年退休返英。

15 呂燦銘（1892-1963），字智帷，就讀於佛山書院。一九一四年任新會縣教育局長，後出任龍門縣長，曾於廣州鴻雪齋經營字畫及裝裱。來港後，曾於聯合書院教授國畫及珠海書院講學，並活躍於藝壇活動。其兒子呂壽琨亦為畫家。

16 李錫彭（1909-2001），自幼愛好繪畫，曾於美國 University of Richmond 修讀戲劇，一九三三年因父親過世而回到廣州，於廣州國立中山大學繼續學業，一九三五年獲該校任聘為英文系講師。曾任廣州文化專員，負責文化展覽事宜，一九四六至一九四八年間，受丁衍庸邀請，到廣州省立藝專學院任戲劇系系主任兼教授。一九五〇至一九五四年間於廣東銀行二樓開設中國藝術品陳列室，並為「七人畫會」成員，其餘六位成員為丁衍庸、李研山、呂壽琨、黃般若、楊善深及趙少昂。一九五九年移居美國三藩市，不時在當地舉辦畫展。「庚寅書畫社」社員。

17 屈志仁（1936- ），六十年代獲英國牛津大學文學士及文學碩士，後於香港大學肄業，師承饒宗頤。曾於新亞書院藝術系任教，後任職香港博物美術館助理館長（1964-1970）及香港中文大學中國文化研究所文物館創館館長（1971-1981）。一九八一年赴美，擔任美國波士頓博物館館長；一九八五至二〇一一年於紐約大都會博物館工作，先後出任高級顧問（1985-1988）、高級館長（1988-1997）、高級研究館長（1997-2000）、亞洲藝術部主席（2000-2011）及榮譽館長。二〇〇〇年獲頒香港中文大學榮譽院士，現為美國紐約大學古代世界研究所駐校高級研究員、香港中文大學中國文化研究所及藝術系利榮森中國文化講座教授。

18 黃永玉（1924- ），初名永裕，一九四九年接納表叔沈從文建議，改名永玉。早年隨朱成淦習畫；一九三八年加入中國東南木刻協會，從事木刻創作，一九四四至一九四五年間任江西上猶縣《凱報》美術編輯，一九四八年來港，一九五一年任香港《大公報》臨時美術編輯。一九五三年於中央美術學院版畫系任教，曾於北京榮寶齋研習木版水印技術，後於中央美術學院設立相關工作室及課程。曾為中華全國木刻協會理事及常務理事、上海美術家協會會員。

19 陳迹（1918-2004），一九三七年在香港詠青畫院習畫，隨余所亞習木刻。抗日戰爭期間，陳氏曾任《大公報》戰地特派員。曾於香港淪陷時，於廣西南寧中學、天保師範學校任教（1943-1944）。二次大戰結束後來港，曾任《長城畫報》攝影記者、《循環日報》攝影主任、《大公報》及《新晚報》記者及編輯，於一九八〇年退休。「庚子畫會」會員。

20 吳廷捷（1920-1974），齋名向北樓。一九四七年起與黃永玉、陳迹等寫生。曾加入「中國美術會」，「庚子畫會」創會會員。

21 李流丹（1920-1999），二次大戰時從印尼移居中國，一九四一年拜師徐悲鴻。一九四六至一九四七年間於國立江津師範學校任教美術。一九五一年任香港《大公報》、《新晚報》美術編輯，曾於香港美術專科學校任教（1952-1967）。

22 陳松江（1936- ），一九六〇年畢業於台灣省立師範大學美術系。曾於香港中文大學校外進修部（1971-1995）任教，「鋒美術會」創會會員之一，曾任副主席（1974-1977）、主席（1979-1981）。

23 丁衍庸（1902-1978），字叔旦，在港友儕及學生稱其「丁公」。一九二六年東京藝術大學西洋畫科選科畢業，先後在上海藝術大學、廣州市市立美術學校、重慶國立藝術專科學校、廣東省立藝術專科學校等任教。一九四九年來港，五十年代曾於德明中學、香江書院、珠海書院（1954-1959）等院校任教。一九五六年應錢穆之邀，與陳士文籌備新亞書院藝術專科，後出任藝術系兼任導師。先後於德明書院（1961-1963）、崇華書院（1964）及清華書院（1972-1977）任藝術系主任，亦曾於香港中文大學校外進修部教授國畫課程（1973-1978）。在油畫、水墨畫皆有涉獵，曾著有《中西畫的調和者高劍父先生》、《八大山人與現代藝術》等。

24 蕭立聲（1919-1983），一九四八年來港。一九六二年起任新亞書院藝術系講師，一九六四年起任香港中文大學校外進修部國畫班導師。

25 陳士文（1924-1984），一九二六年入讀國立藝術院，一九二九年入讀法國里昂國立美術學校，後轉到巴黎國立美術學校。一九三七年回國，翌年任上海美術專科學校教授，四十年代先後於新華藝術專科學校、新華藝術師範學校及國立英士大學（舊稱省立浙江戰時大學）任教。一九五〇年來港，任新亞書院藝術專科科主任（1957-1959）、新亞書院藝術系系主任（1959-1962），至一九七二年退休，曾與新亞書院藝術系系友組「三三畫會」。

26 黃般若（1901-1968），原名鑑波，字波若。一九一二年隨叔父黃少梅習畫，一九二三年與趙浩公、潘龢等在廣州組「癸亥合作社」（「國畫研究會」前身）。一九二六年定居香港，同年與鄧爾雅等設立「國畫研究會香港分會」；一九二七年任教於香港官立漢文學校。一九二九年與張谷雛、李研山、盧子樞、黃君璧等組成「榆社」。一九四七年主持由「中國文化協進會」、「中英學會」主辦之「中國古代文物展覽會」，並攜文物送展；運送書畫文物等返廣州時，渡輪起火，展品大多被燬。一九四九年回港，為「丙申社」（1956）及「七人畫會」（1957）創會會員、前香港博物美術館顧問。

27 黃賓虹（1865-1955），早年入讀安徽省歙縣紫陽書院，一九〇四年起在上海《國粹學報》發表文章，一九〇九年任編輯。一九二一至一九二五年間出任上海商務印書館美術部主任。一九二八年於暨南大學任教，同年成立「上海中國書畫保存會」，翌年任上海新華藝術專科學校教授。一九三七年任中國畫研究室兼任導師及北平藝術專科學校講師。一九四七至一九四八年間任國立杭州西湖藝術專門學校教授，一九四九年任北京民族美術研究所所長及中央美術學院華東分院教授。

28 曾廣才（1948- ），別署拙之。一九六七年畢業於葛量洪教育學院，曾隨李國榮、丘思明、龍子鐸、黃君實等習書畫、篆刻、鑑賞，香港中文大學藝術系兼任講師（2008-2013）。「石齋之友」創會成員兼執委（學術）、「甲子書學會」會員。

29 原文刊於一九六六年香港博物美術館出版的《蘇仁山》刊物。

廣州裝裱字畫店漫談

李國榮

廣州在什麼時候開始有裝裱字畫店舖，筆者沒有記載可以稽考。明代中葉以後，廣東書畫家都以廣州為活動中心。文人薈萃的地方，自然會有買賣及裝裱字畫的店舖。嘉慶、道光以降，廣州十三行和各國通商，經濟發展迅速。商賈以雄厚的財力向外省蒐求古書畫，成為為名收藏家，潘正煒（1791-1850）、孔廣陶（1832-1890）、伍元蕙（1821-1851）、潘仕成（1804-1873）等；也有亦官亦商的，如吳榮光（1773-1843）、葉夢龍（1775-1832）等。他們收藏大量名貴字畫，對裝裱工作，必然十分講究。據說他們重金聘請蘇州的裱匠來工作。南來廣東的外省官員，有不少愛好金石字畫的，如阮元（1764-1849）、戴熙（1801-1860）、裴景福（1854-1924）等，可能也有裝裱匠跟隨著來。而別處手工精良的裱匠，也來廣州開業謀求發展。這樣，便提高了廣州裝裱技術的水平。

廣式裝裱別具特色

廣州的裱畫店，一向以「蘇裱」作招徠，可說深受蘇州傳統裝裱技術的影響。但嶺南地理環境特殊，本地的裝裱積累了經驗，逐漸改良材料和工具，發展成獨具風格的廣東式樣。在湖南有些裱畫店，便以「廣式」為號召。舉例來說，外省裱畫用的漿糊以麵粉煮成；在廣東如用麵粉製糊，因天氣潮濕，過些時日，畫幅便發霉起黑點。於是改用石花菜代替麵粉，避免了發霉的毛病，重裱時揭底也較容易。外省裱匠用的裁刀，名「馬蹄刀」。刀柄很幼小，使用費力。廣東用的裁刀，裝上粗木柄，運用起來舒適得多，無論是切、刮，都很輕巧應手。外省裱匠用竹片掀揭貼在板

上的裱件，這種工具時「啟子」鼓「起子」。廣東的裁刀用水牛角或肋骨削薄製成，靈巧耐用。至於裝裱的形式，從前廣東畫家比較節儉樸素，裝接字畫愛用紙鑲配天地及兩旁，時或在兩邊鑲貼幼絹條，張掛起來雅淡大方。裱古字畫時，方用綾及耿絹，不像外省裱掛幅字畫，用兩色、三色綾絹鑲裱，保留宣和式樣，顏色濃麗，配合得不好便流於庸俗。

「書畫醫生」殊不易為

古代書畫日久殘爛，須賴裱匠重裝翻新延長喬壽命，所以古人稱裱匠做「書畫醫生」。古書畫的流傳，收藏家和裝裱師傅都有同樣的功勞。中國書畫必須經過裝裱才能欣賞。歷來收藏家、書畫家和裱匠都有深厚的交情，互相信賴。在廣州，曾有收藏家資助裱匠開業，也有貧窮畫家賒欠裱工，待開展覽

「裱畫是手藝勞動，不能多做。裱畫的工錢無論怎樣高，也只能讓裱匠賺取生活所需。」

賣得款項才清付賬款。前清廣州的裝裱行業情況，沒有文獻紀錄。現只談從民國到一九四九年前那一段時期的情況。廣州裝裱字畫行業公會，名為「敦翰堂」，供奉洪聖大王為祖師爺，在惠福東路大佛寺附近，置有兩幢房屋作為公會的資產。有一段時期由趙浩做會長，黃文寬律師做法律顧問。公會組織頗為嚴密，如果沒有加入公會做會員，就不能在裱畫店內當師傅，否則會受到制裁。公會的入會費頗高，一九四九年最後參加公會當做會員的有鄧流、劉春、鄧永根三人。當時每人須繳交白米兩擔，相等於他們每人半年的薪金。會員入會以後，不必再交年費，因有會產維持開銷，每年還舉行一次飲宴，免費招待會員。

在廣州從事裱畫行業的，多是世代相傳，要同鄉親戚牽引，以三水、新會及番禺籍人最多。這行業採用舊式的

學徒制。學徒跟隨師傅學習多年始有成就。青年投身學藝，先從打雜掃地做起，再學學煮漿糊、研光畫背、裝配杆軸等工作；數年後才學裱托。有些學徒幹了五六年仍不懂得裱扇面、揭托舊畫心。學習裝裱舊字畫，更須看每個人自己的領悟力與耐心才能成功。好些老師傅保留自己的絕技，秘而不傳。抽裱手卷、連編冊，大多數裱匠一輩子也學不到。學藝滿師的裱匠，不會固定在某一店舖工作。往往跳槽到別家店舖。他們跳槽不一定為了高薪，多是為了情誼，跑到欠缺人手的店舖幫忙。通常店東就是一位出色的裱匠。

裱畫是手藝勞動，不能多做。裱畫的工錢無論怎樣高，也只能讓裱匠賺取生活所需。在行中受欽敬的名裱匠，常是身後蕭條。幹裱畫這行業，很多機會接觸收藏家。他們利用這關係兼營買賣字畫，方能多賺點錢。但這不是每個裱匠都懂得做，還要憑個人的智慧，用心學習鑑別真偽，還要誠實不欺，找到貨源，才能得到客人的信任，多做買賣。

當年店舖人事略述

在廣州，一般裝裱店都兼營書畫碑帖買賣，也有兼營古玩或文具的。這個行業的店舖散落在市區內，多不勝數。據説最早是從濠畔街發展開來的，直至一九四九年，這條街的裱畫店不少，售賣紅白對聯、喜屏祭帳、年宵字畫、外銷的洋裝貨等等。從前官員政客大多愛好書畫文物，高檔的裝裱買賣字畫店集中在文德路、廣慧路一帶，就近政府行政機關，以便達官貴人公餘之暇順步來瀏覽。現就記憶所及，把當年較著名的店舖及人事略述如下：

（一）萬昌樓：在濠畔街，與鄰近的文華樓都是在二十世紀初期，三水人畫家鄧劍則的父親鄧五創辦。招呼很多同鄉子弟來店工作。萌昌樓做洋裝、年宵、對聯生意。裱匠有鄧偉良、鄧少六、葉福潮、葉福田、葉沃坤等。

（二）文華樓：在濠畔街，是萬昌樓的聯營店，專做精工裝裱，可惜文華樓、萬昌樓兩店在抗戰中被焚毀了。文華樓的裱匠有鄧新、鄧聲隆、何四、呂三及何伯年、何鶴齡兄弟等多人，都是三水同鄉。名裱匠謝蘇年青時在這店學師出身。近年謝蘇在澳門開設尚古堂裝裱買賣字畫。

（三）賞文樓：在濠畔街，東主呂恩與兒子呂祺裝裱字畫。呂炳祺現居香港，已年老退休。名裱匠麥泉在這店學師，後往菁藜齋、友可齋當師傅，一九四九年後來港開設泉齋，張大千、程伯奮及外地的收藏家都把珍貴的字畫給他裝裱，現年八十七歲，已退休。

（四）紹華軒：這是文德路最大的裝裱店，世代相傳，經營碑帖字畫、木版

印刷。東主新會人陳良，與兒子陳恩共同主持店務，他們擅於拓碑。僱用名裱匠易良及植煥成等裝裱字畫。易良工藝超卓，為全行人士推許，他裱冊頁「翻撞邊」的技術，已成絕響。陳恩的兒子陳澤海和陳澤銓，現在香港主持錦文齋，繼續執業裱畫。

（五）富墨齋：在文德路中山圖書館對面。二十年代收藏家崔緝堂出本錢給名裱匠鄧偉良開設，以精裱名貴字畫著名。無論怎樣殘爛的舊字畫，經他們重裱後，均得以回復原來樣貌。顧客多是著名的收藏家。鄧偉良是三水蘆苞蔡邊村人。鄧氏家族在廣州裱畫行中佔很重要位置；鄧偉良的弟弟鄧啟良、鄧儉良，兒子鄧湛及鄧儉良的兒子鄧焯一九四九年後來香港開業，也名富墨齋，手藝得到中外人士的讚賞。富墨齋還聘有高手劉日泉師傅，也是行中頂尖的人物。

（六）寶粹堂：在文德路，東主番禺人葉志德，綽號「豆皮德」，是受人尊敬的老行專。兒子葉超、葉楨、葉熹、葉星都能繼承父業。他們亦於一九四九年後來香港開設裱畫店。葉星開的季華樓，很受香港書畫家歡迎。

（七）寶華齋：在文德路一百四十號。東主新會人林勤與司理馮涵合資開設。僱用裱匠黃冠芳係葉志德徒弟，番禺人，精於鑑別字畫。一九四九年，他偕林勤的兒子耀佐、耀宗來港，開設冠文齋裝裱、買賣字畫，專做高檔生意。他現已八十餘歲，仍能做精細工作。林耀宗在九龍開設寶文齋，自立門戶多年了。

（八）雲林閣：在文德路現昤裱畫社的原址，前身為翰雅齋。翰雅齋東主新會外海人陳烈，精鑑別，買賣字畫最著名，豪門權貴都愛購買他的貨品，香翰屏是他的常客。雲林閣是著名裱匠鄧啟良開的。鄧啟良的兒子鄧濤，一九四九年後當廣州文物店的古畫部主管，現已退休。

（九）文華閣：在文德路，東主新會人陳海，聘有裱匠鄧寶根和崔禮。崔禮綽號「蛇公禮」，花縣人。

（十）友石齋：在文德路文華閣隔鄰，由收藏家鍾仁階出資本，畫家黃般若主持，以買賣字畫為主。初期僱用裱匠鄧綽、孔銘，後由麥泉主持裝裱。學徒有劉佳、黃敏聰，兩人在一九四九年後來港，初時也跟隨麥泉工作。現時劉佳開設煥然齋。黃敏聰在多年前隨張大千遠赴巴西工作，並在那裏定居。

（十一）清秘閣：在文德路，東主潘楠卿，聘有裱匠葉垣。

（十二）錦文齋：在文德路朝陽里，東主何錦，係紹華軒店主陳恩的女婿，與徒弟劉春二人工作勤懇，裱畫取價相宜，頗多書畫家光顧。一九四九年後何

錦攜帶兒子何應謙來港執業，開設翰墨樓。劉春來港工作多年後移居美國。

（十三）玩文齋：在文德路友石齋隔鄰，是李少荃、李德兩兄弟開設的舊書店，兼營裝裱字畫。裝裱由鄧寶根主持。李少荃一九四九年後來港，仍是開舊書店兼做字畫買賣。

（十四）博雅齋：在漢民路（現時北京路），東主莫澤泉，經營文房四寶、對聯冊頁等，僱請盧四、黃唐兩位裱匠兼做裝裱。

（十五）菁藜齋：在廣慧路（現時北京路），東主三水人劉開，在清末已經開業，他的徒弟劉大順戰前便來了香港，頂購了樓梯街的榮寶齋，可算香港裱畫店的老字號。劉開的大兒劉恩林、小兒劉仕謙，在書畫行內都有名望。田溪書屋主人何麗甫的藏品，多數購自劉恩林，何氏很器重他，把婢女嫁給他做妻子。易良師傅曾在菁藜齋工作。有一段時間，麥泉及謝蘇在這店負責裝裱。

（十六）鴻雪齋：在廣慧路，由畫家呂壽琨的父親呂燦銘開設。呂氏曾任市政府秘書，故能招攬到官場中人的生意。鴻雪齋僱用的裱匠有陳賢、彭恩、呂業等。彭恩在一九四九年後到澳門木橋橫街設店，生意甚佳。呂業來香港後幹了多年才逝世。

（十七）六吉齋：在大新路，初由鄧偉良的堂弟鄧少六開設，後由兒子鄧裕森承繼主持。鄧少六的侄兒鄧明在這店工作。一九四九年後鄧明來港，先後在多家裱畫店任職，直至年老退休還鄉。後期在六吉齋學師的有鄧德材。

（十八）寶硯堂：在龍藏街，三水人陳盛開設，傳授兒子陳清泉。裱匠鄧佳先、蔣大池。蔣大池南海人，戰前移居澳門，在關前街開業，為澳門當時唯一的裱畫店。他的兒子蔣釗，現年七十餘歲，數十年專做字畫買賣。何耀光至樂樓、劉均量虛白齋的藏品，很多都是由他經手。

（十九）泉寶齋：在拱日路（現時和平路），為名匠劉日泉開設。

（二十）南雪齋：在吉祥路，台山人趙浩開設。趙浩和盧振寰、盧觀海兄弟合作仿製古代書畫。繪寫、裝裱都秘密處理，沒有假手於人。

（二十一）鑑古齋：在十七甫南約，東主何景。

（二十二）三多軒：在高第街經營文房四寶，兼做裝裱。店主黃金海，裱匠有胡發、何肇鈴、盧金聯、鄧流。胡發兒子胡浩標也承父業。鄧流來港，在族叔鄧湛、鄧焯死後，繼續主持富墨齋至今。

（二十三）寶文齋：在河南南華西路近濟隆巷的擔杆巷中。東主番禺人羅鉅，很活躍，常參加書畫家的雅集，承接他們即席揮毫的作品裝裱。畫家高劍父的畫作全交他裝裱。

（二十四）玉書樓：在河南擔杆巷寶文齋附近，東主衛玉書，是名伶衛少芳的父親。

一九四九年後內地、香港的裝裱行業

裱畫這個行業，須在安定繁榮的社會才能昌盛。遇到戰亂，便難以維持。抗日戰爭廣州淪陷初期，沒有人賞玩字畫，很多裱匠只得外逃或轉業謀生。大名鼎鼎的易良師傅也迫得落鄉講古，掙扎求存。

一九四九年後，廣州取締私人經營生意，解散了各行業的公會，由當局組織全市裱匠，在文德路雲林閣的地址，成立廣州裱畫社，維持這行業人士的生計。裱畫社初由蔣大池的徒弟黃炳津主持，鄧湛的徒弟鄧永根繼任，現在都退休了。裱畫社初成立時，加入工作的有年邁的鄧啟良師傅及葉培芳（謝蘇徒弟）、葉垣、陳清泉等多人，繼續培訓新的從業員，並且經常和北京、上海各地交流經驗，因此業務日有進展。

香港和澳門的裝裱字畫行業，可說是廣州的支流，因為大多數裱匠都是從廣州遷徙過來的。省、港、澳有不可分割的關係。即使香港早期在中環歌賦街的文照樓，主持者呂大可、呂籍雲、呂少秋三兄弟，也是來自廣州。現在港澳兩地的年青裱匠，無疑多是廣州師傅的再傳弟子。

結語

寫這篇文章的意思，是表示對裝裱藝人的敬意。他們克儉克勤，默默工作，對書畫家幫助很大，對古書畫的保存貢獻尤多。本文所記述的裱匠多已去世，寫作時僅憑個人記憶及三數老藝人的口述，倘有錯誤，深望熟識這行業的賢達指正，使對書畫有興趣的年青朋友，能知道多一點這方面的往事。

原文刊載於《明報月刊》1990 年 10 月號，後經筆者修訂。

李國榮簡歷

年份	月份	展覽類型	事跡	地點
1929			生於澳門	
1945			中學階段在廣州僑民第二師範學校完成	
1948			轉到香港，入讀羅富國師範專科學校	
1957		個展	水彩及油畫展	香港英國文化委員會
		聯展	第一屆香港美術家展	香港會
1958			取得獎學金到英國 Brighton College of Art and Craft 修讀一年美術教育，為第一批被香港政府保送到英國進修美術教育的前線老師，於當地遊覽各大博物館，又學習當時香港並沒有教授的版畫藝術	
1959			受國際藝術家協會之邀，在英國舉辦個展，為第一位在英國舉辦展覽的香港美術教師	英國倫敦
		聯展	香港藝術節展覽	香港天星碼頭
1962		聯展	今日香港藝術	香港博物美術館
1974			組團帶三所教育學院的學員到中國參觀遊歷	
1975		個展	「李國榮書寒山廿五首詩」	法國巴黎大學東方學院
1976			再次組團帶三所師範的學員到中國參觀遊歷	
2009	12月		藝術作品及香港美術師資教育回顧展	香港教育博物館

任職情況

年份	職銜	任職機構
1950	小學教師	紅磡街坊小學
1951-1955	小學教師	香港仔官立小學
1956-1973	美術導師	葛量洪師範專科學校（於一九六七年易名為葛量洪教育學院）
1974-1979	美術科主任	羅富國教育學院
1980-1984	美術導師	葛量洪教育學院

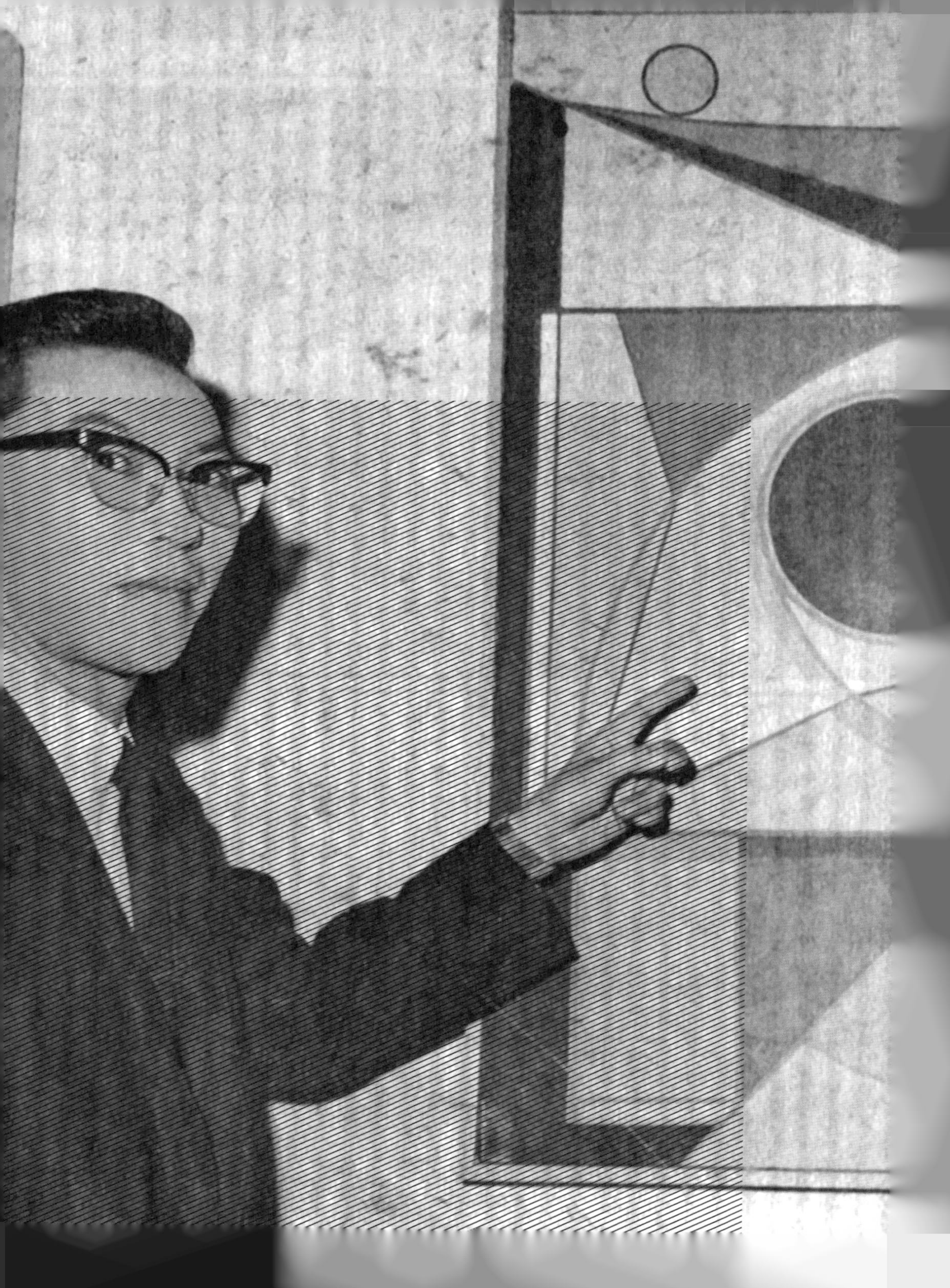

金嘉倫

簡介

金嘉倫，一九三六年生於上海，一九六〇年在台灣省立師範大學美術系畢業，曾受教於溥心畬、黃君璧、孫多慈等多位名家。回港後，他先後參與「今日香港藝術展覽」(1962)、越南政府舉辦的「第一屆國際藝術展」(1962) 等展覽，並於一九六五年遠赴美國，在芝加哥藝術學院攻讀繪畫碩士，為第一位在美國取得純繪畫碩士學位的香港藝術家。一九六六年畢業後，金氏回流香港，得到前台灣師大教授虞君質的邀請，獲聘到香港中文大學藝術系兼職教授平面設計。未幾，他於一九六七年轉任香港中文大學校外進修部主持藝術課程，直至一九九六年退休。

由於香港中文大學藝術系每年收生人數不多，加上香港大學亦僅提供藝術史課程，未有開辦藝術系，故當年香港中文大學校外進修部的藝術課程扮演了重要的角色，為醉心藝術但求學無門的人提供了出路，在培育香港的藝術人才方面，其作用更為舉足輕重。不少日後投身藝術創作的人士，包括設計師靳埭強都曾於該校接受專業、有系統的藝術訓練。在金氏主持下，中大校外進修部發展得以拓展，曾每晚開辦文憑課程，最高峰的時候，總共開辦了七八十個課程。香港眾多的藝術界前輩如文樓、鄺耀鼎、張義、何弢、呂壽琨、王無邪以及中國的畫家如程十髮、李苦禪、陸儼少等，皆獲他的邀請到中大校外進修部授課。除了一流的師資外，該課程亦大膽嘗試，開辦過一些未在香港成形的課程，如聘請美國回流的導師講授嶄新觀念的電影課程等。雖然開辦了種類繁多的校外課程，但為確保學生及教學質素，金嘉倫及他的同僚堅守嚴謹的收生篩選標準，並非來者不拒。

除教學領域外，金嘉倫多年來亦通過各種不同渠道，積極地推動香港的藝術發展。作為民辦「中元畫會」的創會成員之一，金氏也不時為前區域市政局、香港文化博物館、香港藝術發展局等官方性質的機構擔任顧問或委員等職位，由上而下帶動藝術的風尚。自美國回港後，金氏也為畫展常客，過去歷年亦參與了不少展出，當中包括香港藝術中心的「十年香港繪畫」(1987)、在英國倫敦舉辦的「香港水墨：香港藝術館精藏選」(1988) 等聯展。

隨著創作風格的改變，由硬邊藝術轉到山水國畫草書，金氏對藝術的推動，亦進入另一層次。他認為，畫家需立足於成長的國土、與其民族文化背景緊密聯繫，方能在創作以至藝術生涯上有所突破。有感大部分人單純地將西方的藝術觀念移植到中國畫，忽視傳統「寫意畫」的精粹，令傳統藝術及文化出現斷層。金氏極力提倡「太極美學」，堅持創作以中國哲學為核心，以保持創新書畫的中華文化特性。為了進一步復興草書等傳統藝術，金氏除了成立「草書藝術研究社」開辦草書課程及展覽外，亦分別為其他推廣國學的會社如「香港國際書法聯盟」、「國畫振興學會」等擔任會長或顧問。近年，務求將草書帶到更為廣泛、普及的層面，金氏在二〇〇六年為香港城市大學專上學院設計草書藝術證書課程，運用現代教學法讓初學者在短時間內掌握書寫草書的訣竅，以弘揚國學為目標。

金嘉倫訪談錄

訪問者 黎明海博士

2012.8.14

黎 記得一九八三至一九八五年我在進修中國水墨證書課程時，曾經到金老師你家拜訪。當時那課程的學費大概是一千八百元，涵蓋了工筆花鳥、寫意、人物及山水，然後又有書法、篆刻和題款。不如先從你近年極力提倡的「太極草書」說起吧。我知道你年青時喜歡「硬邊繪畫」（Hard-edge painting），那時已經很前衛了。你曾於美國芝加哥藝術學院修讀繪畫碩士課程，是什麼原因令你產生「太極草書」的概念？

金 我跟不少前輩和同輩一樣，受過西方教育的洗禮，知道什麼是前衛，也畫過一些抽象畫。美國通常五年就變一次。我於一九六三年前往美國，一九六五年在美國芝加哥藝術學院畢業，獲得繪畫碩士，當時硬邊繪畫正在美國流行起來。那時的硬邊繪畫是很整齊的幾何形狀構圖，可謂與抽象畫的抒情式完全相反。我想我當時是香港少數獲得純藝術碩士學位的人。八十年代左右，我才放棄從事西方藝術創作。

黎 原來你也畫抽象畫，我還以為你只是畫硬邊繪畫呢。

金 硬邊繪畫是從美國回來後才開始做的。

黎 我最早期認識你時已是「硬邊繪畫」時期，反而你剛才說的抽象畫則未曾見過原作。根據搜集所得的資料，你在一九六〇年已自台灣畢業回來了？

金 對，當年香港藝術館已成立，名為香港博物美術館，位於香港大會堂。香港文化博物館及香港藝術館有收藏我的

作品，但為數甚少。

我於一九六六年回港，到香港中文大學校外進修部（現稱香港中文大學專業進修學院）工作，負責安排所有視覺藝術課程，包括中國書畫等。逐漸，我發現中國畫其實非常先進、前衛的，中國畫不談寫實只談意象，追求抽象的筆墨之陰陽變化，我覺得這一點十分吸引人。

現代水墨畫並不是中國的東西。它只是借用西方抽象的方式，其筆墨卻完全脫離傳統國畫的優秀質素。中國畫追求的是一個和諧的整體，是強調陰陽和虛實，特別是注重剛剛提到的「氣韻生動」。很多從事現代藝術的人，由於他們強調的是多元化，所以可以亂來。視覺藝術始終是合乎審美的視覺元素的局部與整體組織，亂來是不行的。

黎　當代藝術其實想設法打破常規，吸

Page 6　Monday, April 11, 1966　HONGKONG STANDARD

'Hard edge' style art

Shanghai-born King Chia-lun has just returned from the United States where he took his degree of Master of Fine Arts at the Art Institute of Chicago, to hold his first one-man exhibition in Hongkong at the Chatham Galleries from Tuesday.

Mr King is an abstract painter in the new acrylic medium. His twenty paintings will reflect his latest style of sharp, definitive abstract designs in strong colours, known as the "hard-edge" style.

Early in his career, Mr. King trained as an architect and this technical background is very apparent in the cubist and geometric patterns of his paintings which have little connection with realism.

Mr. King was born in Shanghai and from there went to Taiwan, coming to Hongkong in 1949. He trained in architecture at the Chang Kung University in Taiwan and then went to the Fine Arts Department of the Taiwan Normal University where he took his B.A. before going to the United States.

He has taken part in many exhibitions in Hongkong, Saigon and the United States and won a prize at the second International Salon of paintings in Hongkong.

His exhibition will be held at 103 Chatham-rd, Kowloon, from April 12 through 26, and at the Mandarin Mezzanine Gallery from April 27 through May 17.

（左）Hard Edge Style Art，虎報，1966 年 4 月 11 日。當時社會對硬邊藝術認識不多，不少的報導誤將金嘉倫的畫作顛倒，此為其一。

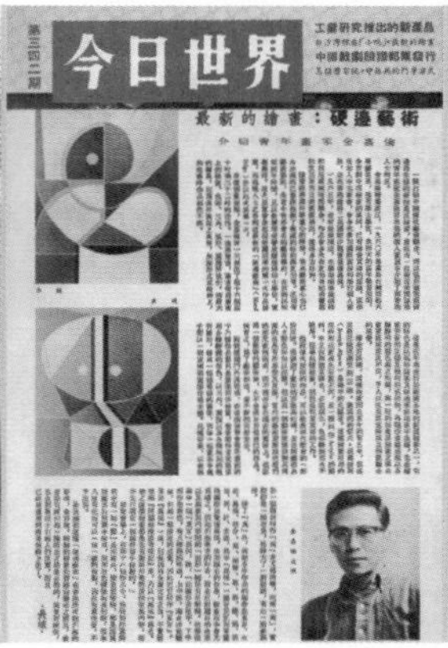

今日世界

最新的繪畫：硬邊藝術

（右）〈最新的繪畫：硬邊藝術〉，《今日世界》第 342 期。

引一些人去注意。

金　這個打破常規也只是模仿達達主義（Dadaism）而已，再翻做其實也超越不了它的範圍。達達主義有歷史意義，但是你再重做達達主義那一套，便變得沒有意思了。

黎　自一九六七年起，你開始主持中大校外進修部藝術課程。當時社會上亦有幾間師範學院，以及香港中文大學藝術系和香港理工大學的設計學院。你覺得香港中文大學校外進修部在推動香港藝術方面有何貢獻呢？是什麼驅使你到中大藝術系授課？

金　當年我去台灣及美國讀書，家父認為這行是沒法子餬口，所以他頗反對的。幸而我回港後，便進了中大藝術系及校外進修部兼職任教。那時的中大藝

術系系主任是虞君質。雖然他在台灣是教授級，但來到香港，也只是高級講師而已。他知道我是從美國回來的，便找我授課，接替何弢教平面設計。後來教了幾年後，藝術系便委派我教西畫。我轉往中大校外進修部後，由鄺耀鼎接替我去藝術系教西畫。工作了數年後，適逢中大校外部要進一步發展課程，所以我便擔任課程主任一職。

由於中大藝術系每年所收只有二十多名學生，加上香港大學還未有藝術系，很多求學無門的人，便來修讀中大校外進修部的藝術課程。最高峰的時候，我們總共有七八十個課程。當時全部藝術界的前輩，包括文樓、鄺耀鼎[1]、張義、何弢等，都被我邀請來授課，還包括建築師鍾華楠、關善明及設計專家王無邪，新水墨前輩呂壽琨、劉國松等。部分校外課程的導師如江啟明等，也到佳視電視負責教授函授課程。當年，過訪香港的中國藝術家如崔如琢[2]、蕭平[3]、程十髮[4]、陸儼少[5]等人，也曾獲邀到水墨課程作短暫教授。

中大校外進修部的課程什麼都有，連一些香港未發展成形的課程，如新觀念的電影課程，我們也有開辦電影文憑課程，導師都是從美國回來的，教授一些電影相關的嶄新觀念。不少電影從業員如張堅庭、蘇建榮也曾修讀有關課程。

至於設計，則由王無邪負責，其學生有靳埭強、韓秉華等。至於呂壽琨，他雖然比我們年齡大些，但也持著新的觀念，常常與我們一起進餐，同時大家一起亦讀了不少西方的現代藝術雜誌，包括抽象畫等。呂壽琨是與我們一起，才接觸了不少西方的藝術。他非常聰明，風格一轉，便轉到了「禪畫」的層面。不過，其實呂氏已經比別人晚了十多年。在西方，比別人晚十幾年是不行的了。只是在香港，呂壽琨與王無邪關係甚好，所以香港藝術館便收藏了不少他的作品。他的學生，包括譚志成、周綠雲那幾位，都是香港中文大學校外進修部培訓出來的。周綠雲曾聽過我現代西方藝術課程的講課。周綠雲很有才華，只是畫面組織反差太大了。她用的方式是西方的對比觀念而非和諧，所以她的作品始終缺少了中國文化的陰陽和諧。

相比香港大學校外課程部，我們多姿多彩得多。香港大學有一個英國籍的建築師白自覺（John Alfred Prescott）主持香港大學校外課程，不過西方人始終對中國的書畫有一層隔膜。

黎 我認為那時中大校外進修部，並非像藝術系只收二十多個學生般那樣嚴格。然而，在一些文憑課程的收生方面，你們也有篩選，不是說我給學費便一定能報讀的。

金　對，那時也需要呈交一些作品作為收生標準。

黎　你還記得為何開辦水墨班文憑課程嗎？

金　因為文憑班歷時一年，較普通課程更有系統。劉國松負責現代水墨課程。他到了中大後，才開始辦文憑課程；至於呂壽琨教的，都是兩三個月的短期課程。呂壽琨的學員雖組織了「元道畫會」，因課程十分短期，其中國及西方藝術的基礎，都較為缺乏。

黎　兩三個月前，我也和譚志成聊過。他仍想推動他那套以設計觀念為基礎的水墨課程。

金　在我看來，這是有一點落伍了。因為設計的東西，西方很早便已發展了，連康定斯基（Wassily Kandinsky，1866-1944）也運用，那麼你現在再做的話，已經缺乏了新意。要是從傳統中好的東西重新出發，才有意思。筆和線條是兩樣最重要的東西，配合起來效果是最好的。筆墨那滲透的特性，在宣紙上效果是最好的。其「乾、濕、濃、淡」非常豐富，算得上是世界獨一無二的視覺效果。假若我們不能繼承，便非常可惜。我之所以推動草書是因為草書較抽象，變化亦較其他的書體要多。若把草書理論應用到中國畫上，那畫面便會十分豐富，且能表現出宇宙觀點。繪畫的自由度愈大，藝術層次亦愈高。

於二〇一〇年我在香港城市大學專上學院開辦草書藝術證書課程，但草書太複雜，短期課程難以深入。我也是花了很多時間去分析研究個中細節才能推廣。我現在設計的新課程，當中有十四節課介紹基本的理論和知識，然後便改以六次函授的方式，學生把作品寄交給我評閱，我再給一些意見，這樣子會達到更深入的教學層面。成事的話，「草書藝術研究社」會租借地方，如社區中心或中學特別室，學費只需四百元，非常相宜。當然也需要做一些宣傳，否則人們看見課程好像很高深似的，或許會卻步。實際上，我們有不少學生連丁點兒書法基礎也沒有。

中國近代具創意的山水畫家除了黃賓虹、陸儼少仍保留傳統筆墨及觀念之外，林風眠[6]等均屬西方的。他沒辦法畫長幅掛軸畫，因為長幅畫需要氣勢連貫。我在〈二十世紀中國畫演變的缺失〉的文章中，說傅抱石[7]的山水作品其實是不行的。他受西畫影響，近的景物是濃墨，是受寫實西畫影響，總是放在下面。現在很多畫中國畫的人也犯了「頭輕腳重」的毛病。我純粹希望把中國畫中的好東西繼續發展下去，因此我以草

書作為基礎，要國畫創作者注重優質線條變化及抽象的點線組織。

黎 你的「太極美學」論中，提到最欣賞陸儼少的藝術。

金 我之所以這樣說，全因為他的藝術確切地實踐了「太極美學」。他既有中國畫的元素，又有現代的元素。用筆變化甚多，氣勢亦連貫。

黎 我們常說政治用儒家，文化藝術便用道家思想。

金 沒錯。但現在很多人，不論是台灣還是香港的，所受教育制度都西化了，缺乏對中國文化的認知。我今天所說的，是憑自己看很多相關書籍所致。在台灣讀書時則更苦，老師總是拿自己的作品給你臨摹，而我根本沒有興趣。我

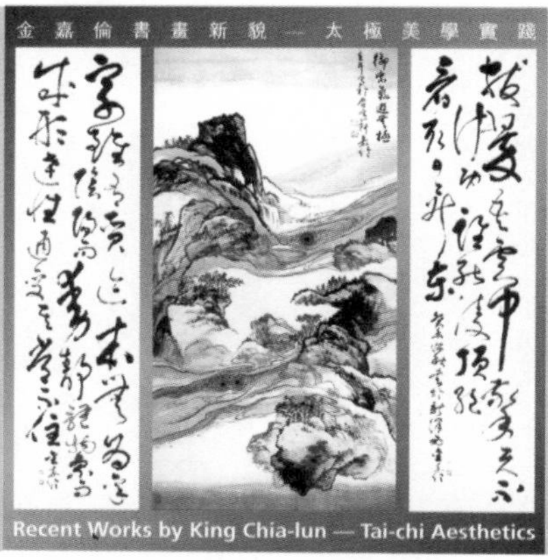

「金嘉倫書畫新貌——太極美學實踐」展覽，香港城市大學，2004年6月。金氏於是次展出，首次用上「太極美學」一詞。

一九六〇年已從台灣回港，但台北故宮博物院要到一九六七年才成立，所以我根本看不到那些資料，書籍亦十分少，故無從認識國畫精粹。

黎 當時台灣省立師範大學（現為國立台灣師範大學）有哪些老師？

金 黃君璧[8]、溥心畬[9]這兩位算是最著名的了，還有很多曾留學外國的台灣西畫家，但我已不太記得他們的名字了，現在只記廖繼春[10]。孫多慈[11]是教素描的，她是徐悲鴻[12]的高足。當年師大藝術系可算是擁有全台灣最好的師資且自學風氣頗好。雖然大家不太喜歡老師給的作業，但自己都會找些新的東西來畫，我也那時已開始畫些抽象畫。

　我和文樓是台南工學院（現為台灣國立成功大學）建築系的同學。那時他從越南過來，我由香港過去，大家都進

了建築系同一班。他比我早一年進入國立台灣師範大學，後來我也跟著去了。

黎 你亦提到，六十年代在香港找場地辦展覽，很多時候需要去一些酒店等地方，這其實也蠻吃力的。

金 對，有時會於思豪大酒店辦一些展覽，還有用聖約翰副堂辦展覽。由師大藝術系校友主辦的「八月沙龍」第一次的展覽就是在聖約翰副堂，十分轟動，張義因而第一次為人所認識。那時鄺耀鼎亦有來看，他當年算是前輩。自此，大家開始認識我們，而我們也算是辦所謂的「現代藝術」了。

一九六二年是很關鍵的一年，因為官方藝術組織第一次的展覽「今日香港藝術」於一九六二年五月二十五日至七月四日舉行，由香港博物美術館首位館長溫訥（John Warner）主持。所獲邀的

「金嘉倫書畫新貌——太極美學實踐」展，2004年6月16日。左起為金嘉倫、香港中文大學校長金耀基、香港城市大學校長張信剛、香港藝術發展局主席陳達文。

評審都擁有新的藝術觀念，挑選出的主要為現代藝術的作品，我送去的兩幅抽象畫皆入選，算得上是對自己的一大鼓勵。然而，傳統的藝術創作全部在該次展覽落選了。那時候的作品一旦入選，便很吃香。

當時參與「今日香港藝術」展覽皆活躍於五六十年代藝壇，李國榮是其中一個，還有鄺耀鼎，以及一些參加者，現在好像已銷聲匿跡了。

另外，我們亦曾在尖沙咀加拿芬道恒生銀行大廈租借場地，辦了三四年小型展覽，韓志勳、郭樵亮等人也有參展。

黎 至於當時中大藝術系在中國畫方面，是否主要是以丁衍庸、蕭立聲[13]等為主？

金 中國藝術是中大新亞書院的傳統。由於丁衍庸曾到日本留學深造，又曾學

習野獸派，崇拜八大山人[14]，因此他的藝術成就要比一般人高，可算是最突出的一位。至於其他的人，都是在傳統的範圍裏。

黎 你剛才提到呂壽琨，就我們的認知，其實在七十年代有一個香港藝術發展較為重要的時期，便是所謂的「新水墨」。他們把西方的抽象藝術帶到水墨畫當中，那應該以呂壽琨為主。在同一時期，你觀察到的情況是怎樣的？

金 當時他們同一輩有鄺耀鼎、呂壽琨和李國榮等人。另一同輩英國畫家白連（Douglas Bland）雖是畫抽象畫的，他的作品也非常有質素。然而，他年紀大了便慢慢地被人們淡忘。你們這一輩已經不太認識他們了吧？有一事實無人知道，即李國榮是影響呂壽琨轉變作抽象水墨畫的關鍵人士。

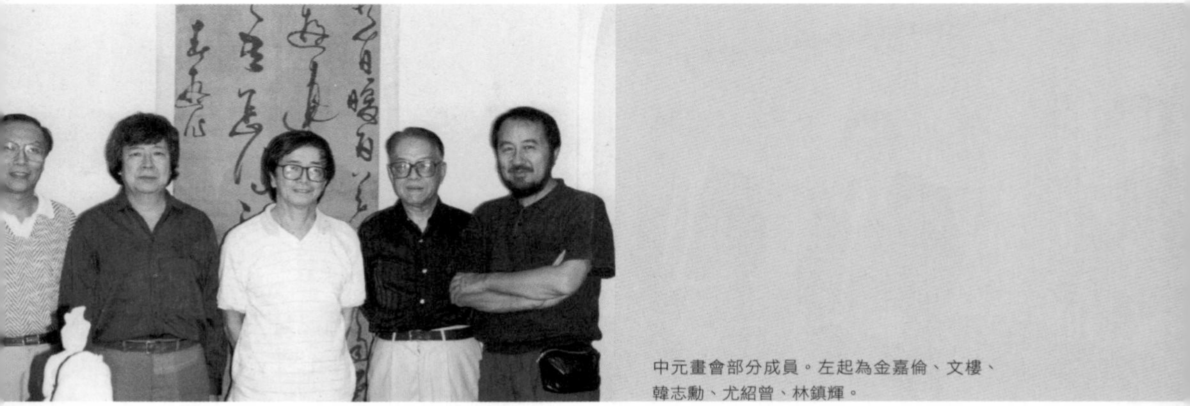

中元畫會部分成員。左起為金嘉倫、文樓、韓志勳、尤紹曾、林鎮輝。

黎 我們所知的香港第一代現代藝術，應該以呂壽琨為主。

金 呂壽琨的同輩，也許你未能全部見到。李國榮已經算是新派的了，他或會告訴你比呂壽琨更早作現代油畫的前輩。呂壽琨與這幾個人也曾一起成立「六人畫會」，但人們未必知道，而我也忘了他們那個組織的名字。呂壽琨在很多事項的推動上，都有一群學生跟隨著。因此，在很多事上，他便好像變成了一個創始人那樣。

黎 你剛才亦提到「中元畫會」。香港較活躍的藝術家，包括文樓先生、你、張義等等，組織了「中元畫會」，較「元道畫會」早五年成立。那麼，最初是基於什麼動機去組織這個畫會呢？

金 組織畫會是這樣的。我、張義和文

樓三人均來自國立台灣師範大學，而韓志勳、林鎮輝、尤紹曾、郭文基等是香港本土畫家。當時大家都察覺到藝術上的新事物，選擇專注於現代藝術。尤、郭兩位跟隨酈耀鼎學畫的。酈耀鼎所教授的東西都很新穎，且組織力強。「中元畫會」成立之初，主要是辦一些西畫展覽，給人帶來一些新的繪畫觀念。

那時我還未開始專注於中國畫上。直至從美國回來，在中大校外進修部授課及研究多年後，我才開始探出中國畫的奧妙，於是便放棄了西畫，專注於山水畫。可惜，現在大部分人都不了解，不明白中國畫最重要的是「寫」和「意」。「寫意畫」境界如此高，全因它擁有這兩個元素。由於「文人畫」全都糅合了中國的道家思想、用筆等，所以境界甚高。現在很多人，一方面書法不行，另一方面又不懂道家的哲學思想，因此作品與中國深厚的文化淵源缺少關係，那是十分可惜的。其實，中大校外課程的中國畫學生也組織了一個畫會，叫「綠畫會」，每兩年一次在香港大會堂那邊辦展覽。

黎　上次我亦有幸參觀你的「草書藝術研究社」的展覽。我覺得辦得非常成功，全因當中除了有一群喜愛藝術的人外，也有一批在不同文化組織擔任管理等工作的人，而且他們的組織能力都非常強。

金　沒錯。你大概想不到，我們當中有不少人擁有碩士學位，甚至連博士也有。不過，人事是比較複雜的，成員之間的一些衝突、矛盾，是沒有法子避免的。無論如何，我還是盡力申請一些培訓課程。如果單靠大學那些培訓課程，成本要幾萬元，十分昂貴，人們較難負擔。

黎　我想知道「中元畫會」有沒有結束？還是繼續下去？

金　既沒有結束，也沒有繼續經營下去。十周年的時候，我曾提議再辦一次展覽，可是大家在社會上有一定地位，不需要再倚靠畫會這一團體。大家都好像不太熱衷，於是我也打消了這個念頭了。再加上現在已沒有新人加入。若要吸納新血，大概也會有一些活動。其實歷史是有興衰的。

像徐榕生、張義及林鎮輝等人都移民了，尤紹曾和郭文基兩位則去世了。還有幾個已經失去聯絡，不知所終。

黎　大概是九十年代的時候吧，在尤紹曾去世前，我曾為他寫了一些介紹的文章，亦拜訪過他。我有一段時間和他頗要好的。所以，可以說現在的「中元畫會」，只是一個歷史名詞。

金 對，後來王無邪也曾加入過，但後來也漸漸淡出。那時「中元畫會」可算是香港最強的畫會，連美國學成歸來的人都加入。

黎 你剛才提到香港藝術發展局。近年香港在推動藝術方面，有康樂及文化事務署、香港藝術發展局遲些或會成立的「文化局」。那麼，你認為這些機構的成立，對於香港的藝術推動又有什麼幫助呢？

金 當然有幫助。我們「草書藝術研究社」的研究範疇與一般的藝術組織不盡相同，未有前人做過，因此香港藝術發展局願意予以資助。同時，我們亦印製了一些書籍，附帶的光碟包含了一些其他視藝資料，以及與「太極美學」相關的課題。

我曾經翻查過資料，知悉在二〇一一至二〇一三年多項計劃資助中，我們的「草書藝術研究社」是眾多中國書畫會中，唯一獲得資助的一個團體。如果缺少了這些資助，我們便會遇上更多限制，一些書籍等亦較難出版。最近正在申請辦一些長期的課程。申請的一個好處，就是可以降低學費金額，讓更多人受惠。所以我十分感激香港藝術發展局對我推廣狂草的大力支持。

黎 近年常談及「西九」（西九文化區），你對這個藝術發展項目有何期望呢？

金 在我看來，香港的中國畫始終不夠份量。由於在傳承上做得不夠，便無法與如此具份量的傳統中國藝術連接。質素未達到應有水平，自然難以受到重視。你看，現代水墨畫已在走下坡。再沒有什麼創新及變化，不知是否仍能被收藏呢？

黎 你一直都很強調要懂哲學、要多讀書，不少前輩於早期，亦將藝術與其他媒介結合來創作，即我們所謂的跨媒界創作。當年，文樓老師亦提到《文美術季刊》，當時你是否也有參與其中？

金 寫文章是有的。當年大家都是朋友，我亦曾寫過分析畢加索（1881-1973）作品展的文章，還曾於《好望角》發表文章。我與王無邪和那群寫新詩的人參與《文藝新潮》，那是比「現代文學美術協會」更早，但為期很短暫，自王無邪去了美國後便結束了。辦現代文藝雜誌，通常都是較短暫，也得自行籌集資金。

「現代文學美術協會」是推動文學藝術的，成員全都是年青人，由一些喜歡現代文學的人所籌劃的。至於藝術那方面，緣於王無邪那時兩方面均喜愛。所以，他們主辦的那個「國際沙龍」，全都是關於現代藝術的，傳統的不會被接

納。當時我正在台灣讀書，參展作品是家人代我送去。後來從台灣回來，他們才邀請我加入為會員。

黎 另外，最後一屆「香港節」於一九七三年舉辦，你還記得嗎？

金 我也有參與其中。那時，「香港節」視藝方面的負責人是英國人顧理夫（Michael Griffith）。他知道我從美國回來，加上我當時亦身為香港節展覽委員會委員之一，他希望我做點東西，便讓我在街頭辦一些活動。

黎 在一九六七年左右，你身在香港嗎？當時的社會是怎樣的？是否也是很動盪，令你想回台灣或美國？

金 那時全家已申辦移民，但我沒有去。我兩個兒子也是因申請移民，才去外國讀書。當時大家都想離開。

當然，經過文化大革命後，每個人心中都害怕。同時，身份上亦存在著問題。雖然我是上海人、由父親帶我們來香港生活，但我們一直視自己為中國人，只是因為受英國人管治，才多了一些英文書院。我認為大部分香港人仍視自己為中國人。然而，現在的人都不注重中國的用筆、書畫傳統。當年師範學院早期全部課堂都由西洋人教授，美術所教的都不夠深入，令大部分香港的美術老師，缺乏中國書畫基礎。除非自己加以進修，否則很難學得全面。到了現在，中文老師對中國書畫仍未有很深厚的認識，大家也許只懂皮毛而已，根基還頗薄弱。我寫過一篇文章〈書法是極佳美術基礎教育〉，提到中國人的視覺藝術基礎應包括書法及怎樣去控制毛筆等。

黎 你於「港澳美術發展研討會」裏提到，現時香港的中、小學教師對中國書畫的認識甚少，這對香港的美術發展構成頗大的問題。你又認為現代化並非等於西化，既要探索如何把中國畫現代化、建立自己的體系，又要避免將中國畫西化。這麼多年來，到香港回歸，人們對中國藝術的認識都是停留於表面，缺乏一個較深層次的探究。曾經有一段時間，你參與雅苑畫廊的活動，可否詳細說明一下？

金 那是由一位拔萃女書院教師Dorothy Swan創立，她自己對藝術亦十分感興趣。她的畫廊就在尖沙咀漆咸圍附近，以前這裏沒有什麼大廈的。她擁有一棟自住的小洋房，大概有三層，地面那一層闢作畫廊之用。她和丈夫都是洋人。她很熱心藝術，雅苑畫廊的英文名稱為Chatham Galleries，字面意思即是「漆咸畫廊」，可能就在這條街附近的緣故

吧。後來尤紹曾又開了三集畫廊。[15]

黎 即是說，同期亦有幾間畫廊成立。那他們是否以銷售作品為主？

金 對，但這和推動藝術亦有關係的。然而，這些人離開香港到國外去後，便無以為繼了。

黎 是的。Dorothy Swan 也在一九六七年回到美國去了。

金 聽說那位女主人已於一九九八年左右過世了。

黎 那麼，你見證了六十年代部分的畫廊，到現在亦出現了不少畫廊如雲峰畫苑等，近年亦多了不少拍賣等活動。你認為這些轉變有什麼不一樣？有畫廊跟你聯繫或交涉嗎？

金 現在畫廊的數目明顯比以前要多。當然，香港仍然無法與其他鄰近大城市如台北、東京、首爾等作比較。香港地方狹小加上租金昂貴，一些大型作品的買賣並不常見。實際上，這是很悽慘的，香港藝術家的收入是很慘淡的。因為我自己在香港中文大學任職，有不錯的收入，所以從來沒有去找畫廊。對於它們現今的發展，我完全不清楚。我曾在雅苑畫廊賣過畫，至於其他的，我就沒有合作了。我想，畫家之所以想推銷他們的作品，原因也可能跟生計有關。

黎 除了畫廊外，你現在有否加入一些畫會呢？如「香港紅荔書畫會」……

金 我是當顧問的，但現在已經沒聯絡了。畢竟主辦人已離世，加上該會的會員也只是聯誼性質，不是追求一些高層次的藝術。他們曾出版一本書畫冊。最初我亦有寫一些文章，後來發現自己那些文章所探討的議題，對其會員沒有太大幫助、影響不到他們，所以我也不再寫了。

黎 所以你只是當顧問。還有那個「國畫振興學會」？

金 曾經有提及亦做過，但現在沒有人做了，因此那個會現在已不存在了。那時有個心願想振興它，但後來也不了了之。

黎 其實由「中元畫會」到現在，一直有很多不同的畫會及學會成立，如現在的「草書藝術研究社」。你認為在藝術推動上，這些畫會擔任著怎麼樣的角色呢？

金 最初成立的時候，會吸引不少人的注意。但這些畫會漸漸少了人留意，亦

慢慢地會解散。再者，畫會不應只著重展覽，應該要有一套理論配合，有一個明確的目標。我認為一個畫會應緊扣這三樣東西——理論、培訓和展覽，否則人們便不知道你的目標是什麼，畫會最終則免不了慢慢地解散。

黎　文樓老師有一個「香港學派」的想法，你認為香港是否真有自己的一個學派或特色？

金　香港十分多元化，各式各樣的東西都有，這點與台灣有點類似。所以，你很難說有一特定的形式。在我看來，香港很多元化，甚或過分地多元化，有一些東西近乎是亂來的。另一個問題是，我想大部分畫會欠缺一套內部的審查程序。

黎　你可否談談你所收藏的藝術作品？

於九龍漆咸道 103 號雅苑畫廊舉辦的「金嘉倫近作展」。

金　那時我由西畫轉中國畫，碰巧國內開放，去旅遊，在文物商店碰到筆墨好和高質素的作品，我均會選購。看到陸儼少的作品，我甚為佩服。現在，他的作品已升值幾百倍。此外，我還收藏了近代名家書法。

除了陸儼少，「海上畫派」當年我也收藏的。「海上畫派」是近代仍保持優秀傳統的一派，其質素勝於目前大部分國畫家，但市場價格卻遠低於當今畫家，此可顯示目前收藏大眾的鑑賞能力。

黎　我認為陸儼少的價值能夠再上一層樓。我想他還能提升到另一個階段。他的後人常把他的畫拿出來，以至市場頗混亂。

金　也是的。同時，市面上陸儼少的假畫亦不少，連香港大會堂亦曾購入一張假畫。其筆墨變化非常厲害。若筆墨是

拘謹的、用筆雖類似而沒什麼變化的，氣脈又混亂，那便不是他的真跡。總言之，他的用筆變化多端、氣勢連貫，要看多了才知道其真偽。

黎 你既受西方藝術的洗禮，又深入中國藝術的研究。那麼，在中西混合之中，你有什麼體會？

金 很多所謂的中西融合，其實是不中不西的。很多人對中國畫，只流於表面的認識，沒有深入練習和研究，卻說是中西合璧。他們缺乏基礎，一看之下筆墨也不行，十分勉強。要兩者做得好，需要兩者都具備功力。真正的「合」，是很高難度的，否則只會淪為不中不西。像吳冠中的畫作，其實他中、西畫的功力都不夠。他畫的幾幅寫生、房子等構圖很鬆散，用筆不是中國標準。還有一件事可作為笑話看：深圳曾有一位畫商要我鑑定一幅吳冠中畫的真偽，我認為是偽作，是因為該畫用筆功力很高，且畫面組織緊湊，也非吳氏所長。

黎 你認為你的收藏對於你的創作，有沒有什麼相互影響和關係。

金 有些影響。我的收藏純粹是以作品的質素來決定。當然剛開始學習國畫的時候，也購入了一些不太好的作品，但那只是少數。現在這些也算是我的一筆財產，當時也沒想過。

現在還有一個問題。自己年紀大了，兒子又不懂這些。像郭文基，他以前也擁有不少名畫，離世後也不知那些東西去了哪裏。尤紹曾也是，剛剛提到的幾位大師如李可染、齊白石等的，他都有收藏。然而，尤紹曾沒有子嗣，所以後來也不知怎樣了。

黎 你也許可以再用自己的收藏去換一些更精品的收藏。

金 現在我的精神沒以前好，而且已七十多歲了。不過仍有一些精神寄託，一面推動草書，另一面在山水畫那邊，用太極美學推動，希望能比陸儼少再進一步。因為我受過西方現代美術教育，多了一層背景，所以期望自己能比他走得更遠。將來我的理論，或許要靠你去推動呢！我說的這套理論，很多人不明白，希望你能了解我的想法，為我推廣一下。最後，我期望「太極美學」可以彌補目前中國書畫界的斷層現象，並使中國書畫進入新境界。

注釋

1 鄺耀鼎（1922-2011），一九四九年修畢美國肯薩斯大學風景建築學碩士。一九五六至一九五七年間到英國、法國及意大利學習繪畫。一九五七年返港擔任拔萃男書院藝術科主任，其後於香港大學建築系兼任講師，以及在香港大學校外課程部及香港中文大學校外進修部任繪畫課程導師，並於一九七八至一九八五年任香港中文大學藝術系講師。與本書受訪者李國榮同為一九五七年成立的「香港藝術家協會」成員。

2 崔如琢（1944-），師從李苦禪。一九八一年赴美前曾任教於中央美術學院，一九八四年獲紐約 John Dewey College 頒發榮譽博士銜。

3 蕭平（1942-），一九六三年畢業於江蘇省國畫院，任職於南京博物院、一九八一年起任教江蘇省國畫院，亦為故宮博物館客席研究員、江蘇省美術館鑑定顧問、南京藝術學院兼任教授。

4 程十髮（1921-2007），原名程潼。早年自學臨摹木版畫，一九三九年入讀上海美術專科學校國畫系，一九四九年開始從事連環畫創作，一九五二年任華東人民美術出版社創作員。曾任上海中國畫院院長，亦為中國美術家協會理事。

5 陸儼少（1909-1993），學名陸同祖，字儼少；與李可染被譽為「南陸北李」。一九二六年入讀無錫美術專科學校習中國畫，後拜師馮超然。一九五一年入讀上海文化局所辦之連環畫研究班，同年被分派到同康書局任繪圖員。一九五六年任上海中國畫院畫師任安徽省一藝術學校繪畫系系主任，一九六二年至一九六五年於浙江美術學院（現中國美術學院）兼課，一九七九年任浙江美術學院教授。一九八〇年曾與萬青屴遊廬山並往其上海的寓所短住。萬氏於香港《美術家》雜誌就陸儼少的生平及藝術撰文。一九八三年任深圳畫院顧問，一九八七年到香港中文大學講學。「浙江山水畫研究會」會長，中國美術家協會理事。

6 林風眠（1900-1991），一九一九年至一九二五年赴法，到法國巴黎高等美術學院科羅蒙工作室習油畫。一九二五至一九二八年任北平國立藝術專科學校校長，一九二八年創辦國立藝術院（翌年易名為國立杭州藝術專科學校，一九五〇年易名中央美術學院華東分院），出任校長及教授（1928-1938，1945-1951）。「文化大革命」期間被拘留，至一九七二年獲釋，一九七七年移居香港。

7 傅抱石（1904-1965），一九二六年畢業於江西省省立第一師範學校，一九三二至一九三五年間赴日，入讀東京美術學校。曾任南京國立中央大學藝術系講師（1935-1937，1940，1944）、國立藝術專科學校中國畫科科主任（1943-1944）、南京大學藝術系（1949-1952，1960）、南京師範學院美術系教授（1952-1960）。一九五六年負責籌建江蘇省國畫院，一九六〇年任院長。曾為中國美術家協會南京分會籌備委員會主任委員、中國美術家協會南京分會主席、江蘇省書法印章研究會副會長、中國美術家協會副主席等。

8 黃君璧（1898-1991），原名韞之，一九一五年隨李瑤屏習畫。一九二二年入楚庭美術院研習西畫，約在一九二六年加入「國畫研究會」，一九二八年與李研山、盧子樞、黃般若等成立「榆社」，抗戰期間於國立中央大學及國立杭州藝術專科學校任教。一九四八至一九四九年間移居台灣，一九四九至一九六九年間為國立台灣師範大學美術系系主任。「庚寅書畫社」會員。與張大千、溥心畬合稱「渡海三家」。

9 溥心畬（1896-1963），原姓愛新覺羅，名溥儒。一九一二年畢業於北京法政大學，一九二五年與滿族畫家組織「松風畫社」。一九四八至一九四九年於國立杭州藝術專科學校任教。一九四九年到台灣，於台灣師範學院（國立台灣師範大學藝術系任教，一九五五年獲頒韓國漢城大學法學榮譽博士。一九五八年一二月受邀到香港大學演講，一九五九年一月於新亞書院演講。

一九六二年於新亞書院藝術系作客席講師。「庚寅書畫社」會員。與張大千、黃君璧合稱「渡海三家」。

10 廖繼春（1902-1976），一九一八年入讀台灣總督府國語學校，一九二七年畢業於日本東京美術學校，一九四七至一九七三年於台灣省立師範學院（國立台灣師範大學）美術系任教，一九七三至一九七六間任兼任教授。曾為「五月畫會」會員。

11 孫多慈（1913-1975），一九三五年畢業於南京國立中央大學藝術系，備受徐悲鴻賞識。一九四九年移居台灣，於國立台灣師範大學任教授（1949-1971）。曾為「五月畫會」會員。

12 徐悲鴻（1895-1953），一九一六年入讀震旦公學，一九一八至一九一九年任教於北京大學畫法研究會及孔德學校。翌年入讀法國巴黎美術學校，八年間曾往返西歐各地，中途曾休學。一九二八年回國，任教於南國藝術學院及南京國立中央大學藝術系（1928-1938）。一九三六年與顏文樑、汪亞塵等組織畫會「默社」。一九三八年十月曾到香港辦畫展助賑。一九四三年主持籌辦中國美術學院，一九四六至一九四九年任國立北平藝術專科學校校長，一九五〇年任中央美術學院院長。

13 蕭立聲（1919-1983），一九四八年來港。一九六二年起任新亞書院藝術系講師，一九六四年起任香港中文大學校外進修部國畫班導師。「琴棋書畫雅集」創會會員。

14 八大山人（1626-1705），有説本名為朱議涉，號八大山人。一六四〇年參加科舉考試。一六四八年因清兵進軍妻兒俱亡而剃髮為僧。代表作品有〈東坡遊廬山記〉、〈山水花卉圖冊〉等。

15 三集畫廊於一九六三年由尤紹曾創辦，位於尖沙咀海運大廈，一九六八年結業。

忽視筆墨的危機

金嘉倫

今天我所講有關筆墨的內容是十分淺顯的道理。雖然它很淺顯，但是筆墨在目前仍然普遍的受到忽視或輕視，所以我認為有必要提出有關問題，讓大家去思考：究竟忽視筆墨對現代中國畫的發展會有什麼壞處？

中國筆墨的重要性在晚清之前，根本是天經地義的創作及欣賞準則。在此，我先要提出很重要的一點，就是中國畫筆墨所獨有的深厚藝術內涵，十分不同於一般西畫觀念的線條與明暗調子。如果我們不理會筆墨已有的高標準去研討，就很難可以得到有深度的成果。自從中國被西方的堅船利砲打開鎖國政策以後，歷經戊戌變法、辛亥革命及五四運動，大多數自命為新時代的青年知識分子對中華固有文化失去了自信，於是就反對一切中國舊有的倫理、政治、藝術、宗教。到了二十世紀六十年代的「文化大革命」，創下史無前例的對本身民族文化極度摧殘的悲劇。

筆墨受忽視的原因

現代很多中國畫家有一種類似被催眠的心態，以為贊成傳統是落後，認同西方觀念是進步。這種心態使近代中國喪失了歷史上所具有的泱泱大國尊嚴。二十世紀中期以後中國畫筆墨之所以普遍受忽視，本人以為有下列三個原因：

（一）對筆墨沒有深入認識所引起的誤解

二十世紀中國的教育制度已經完全西化，中小學課程缺乏中華傳統文化藝術的傳授，學生對毛筆的基本技巧都不能掌握。甚至大專程度的美術院校中國畫系，也多以素描觀念寫生為創作的根據。其實有關筆墨的各種評鑑標準，在歷代中國畫論中早已說得十分清楚，只是很多水墨畫家不去研讀以致引起不該

發生的誤解。

目前對筆墨普遍認識不深的，不僅是現代水墨畫家，即使是傳統中國畫家也不大重視筆墨是中國畫最重要的視覺元素。現在我以觀賞電影作譬喻，內行者是欣賞導演對電影獨有的藝術手法以及演員的演技，不只是看故事本身，否則去讀小説就可以了。同理，觀賞中國山水畫不是看風景或者名勝，而是欣賞筆墨本身的審美品質，以及筆墨之間各環節緊扣的組織與虛實變化所產生的高境界。此外，對筆墨有隔膜者還多不知道傳統筆墨能增強作品的個人性。這可以由歷代大師各不相同的筆性得到證明。

（二）以西方繪畫觀念看待中國畫筆墨

中國畫是以臨摹歷代大師作品為重要的學習筆墨過程。中國畫筆墨內涵深厚，臨摹是掌握其訣竅的捷徑，正如同要掌握小提琴的精湛技巧，必須經過苦練歷代小提琴名曲才能達到。學習中國書法也

> **「中國畫常提到的「書畫同源」，大家耳熟能詳，不過真正了解它的重要性而能運用得當者就十分稀少。」**

是一樣，必須不斷臨摹歷代書法名家字帖才能得到它的高超技藝，如果只憑個人聰明而不願通過臨摹學習的，絕無可能有大成就，當可斷言。因為只憑個人數十年的自我摸索，試問他如何有可能會超過千百年薪火傳承的深厚根基？

同理，抗拒臨摹古代名作的水墨畫家也無法掌握筆墨的高超技藝。又因為沒有實踐經驗，就很難領悟到筆墨的豐富內涵與微妙變化。況且很多水墨畫家更以西畫觀念來創作，把筆墨當作輪廓線及明暗調子來看待；或者把筆墨當作現代西畫的點線面等無生命力的視覺元素組織，這是嚴重的誤解。中國畫素來重視意與神，筆墨也是以體現意與神為目標。中國畫筆墨是以筆為主，是指具備高度生命力的優質線條，它是從中國書法借鑑過來的。雖然中國畫有很多筆法不同於書法，但是重要的線條仍以中鋒筆法為依歸。墨在筆墨範疇內只居於

輔助地位，但是以西畫觀念作畫的水墨畫家卻把傳統筆墨的主次位置正好顛倒過來，也就是重墨輕筆。現在以人體由骨骼與血肉所組成作譬喻，筆墨就相當於骨骼與血肉。人體是由骨骼支撐，否則不能直立及行動。其實國畫六法的第二條就講明是「骨法用筆」，它等於說強勁優質的線條相當於人的骨骼，支撐全身。依此推斷，缺乏強勁線條支持的水墨畫，只靠水墨就類似患軟骨病的人，軟弱而無生氣。此種有墨無筆的水墨畫即使有創意，只要一與現代西畫的色彩強度及肌理厚度相較量，勢必敗下陣來。

（三）恐怕被譏為落後的羊群心理

在人類社會中，真正卓越獨立不隨便受潮流左右者屬極少數。目前香港繪畫界常說的「創新」口頭禪，實際上真能做到的百中無一，一般只不過跟潮流，是一種恐怕落後的羊群心理作祟，互相模仿而已。當然繪畫能創新是最高目標，但是更重要的是即使創新，還須看它在視覺組織及造型方面是否勝過前人？又是否給人有高難度技藝的魅力及思想內涵？否則只是與眾不同的膚淺做法而已，曇花一現，遲早受淘汰。一般的羊群心理是盲從的，不用腦去分析所面對的潮流。請問在作水墨畫時不能發揮主要繪畫工具毛筆的功能，是否十分可惜？對中國畫中最精彩的視覺語言之優質線條捨棄不用，是否明智？中國畫所謂的筆墨絕非以墨為主，清朝畫家方薰（1736-1799）說過：「氣韻有筆墨兩種，墨中氣韻人多會得，筆端氣韻世每鮮知。」[1]中國畫所重氣韻，其中的「氣」字是中華文化有別於西方文化的珍貴元素。氣的呈現就使作品有了高度生命力，它與優質的毛筆線條有密切關係。所以方薰又說：「氣盛則縱橫揮灑，機無滯礙，其間韻自生矣。」[2]因此，為了恐怕被譏為落後，只求與眾不同而忽視用筆的某些水墨畫家，在筆墨技藝上既遠不達標準，在色彩與形的強度上又不能勝過現代西畫，請問如何能經得起時間考驗，不受淘汰？

繪畫是用眼睛來觀賞的造型藝術。如果一幅繪畫給人雜亂無章，沒有審美感而只求與眾不同，則任何沒有美術基礎的人都容易做到，那不是把藝術標準降得太低了嗎？我現在作一個譬喻，人的五官：嘴要吃味道好的食物，眼睛要看美好事物，耳朵要聽悅耳的聲音，鼻子要聞香味。如果我現在為了與眾不同的目的，做一個史無前例的菜，材料是香蕉皮及稻草，然後加紅藥水煮出一盤菜來，請問這與眾不同的菜你願意吃嗎？我因此又是否能成為一位名廚師呢？答案當然都是否定的。同理，我們可以肯定的說，一些不堪入目，只求標新立異，不理會審美品質的繪畫是違反眼睛愛接受審美享受的常理。

書法對筆墨的重大影響

中國畫的線條之所以內涵豐富及出神入化，是因為它借用中國書法高超技藝的關係。善畫者必善書，否則畫家無法掌握卓越的筆法。中國畫常提到的「書畫同源」，大家耳熟能詳，不過真正了解它的重要性而能運用得當者就十分稀少。凡是水墨畫家能善用書畫同源原則的筆法，其畫面一定予人生機蓬勃、強勁有力的感覺。我現在舉一個例子：近代被奉為國畫四位大師的吳昌碩（1844-1927）、齊白石（1864-1957）、黃賓虹（1865-1955）、潘天壽（1897-1971），他們除了各有明顯的獨特造型之外，莫不具有強勁的線條，此歸因於以深厚功力運用書法的中鋒筆法。我們可以把此四位國畫大師的作品與差不多同時代的現代西畫大師，諸如梵高（Vincent van Gogh, 1853-1890）、高庚（Paul Gauguin, 1848-1903）、畢加索（Pablo Piccaso, 1881-1973）、馬諦斯（Henri Matisse, 1869-1954）等的畫並列在一起，絕對可以分庭抗禮，不會給比下去。這是因為吳、齊、黃、潘四位大師都發揮了中國畫最犀利武器筆墨的性能。本來中國畫所用材料媒介如水墨、宣紙在質感份量方面，要比西畫的油彩、畫布輕得多，但是中國畫借用書法有內力的強勁線條及濃黑沉著的墨色，就足以抗衡西畫的強烈色彩與厚重質感。我再舉一位輕視用筆的水墨畫家吳冠中（1919-2010）為例，他的畫如果掛在上述四位西方大師旁邊，就會顯得弱不禁風，馬上給吃掉。原因就是吳冠中不會用書法的強勁中鋒線條，實際上他的弱點還不僅是在用筆方面。

忽視筆墨的嚴重危機

中國畫以寫意的水墨畫最有靈性，它除了中國畫特有的構圖方法之外，尚有自成體系的筆墨表現程式。因為有了程式，筆墨就不必為描繪客觀形象的功能所限制，可以走向較抽象的純粹審美道路，因此筆墨使中國畫的審美感與西畫產生很大的差別。在全球一體化的抹殺個性趨勢下，中國畫家更應該珍惜這種具文化特色的區別。目前筆墨在中國畫受到嚴重的忽視，它所引起的危機將使中國畫喪失有別於世界其他民族繪畫的最寶貴的個性。

一九九九年全國文化大會舉辦全國美術展覽會的中國畫部分是在汕頭展出，我曾經專程去觀賞。該展覽的英文名稱是“Traditional Chinese Painting Exhibition”，中文的意思是「傳統中國畫展覽」，但是展品的創作觀念及技巧百分之九十以上遠離傳統中國畫範疇，根本名實不符，傳統筆墨受忽視的程度可說已到極點。中國畫與西洋畫最明顯不同之處，是由兩個字「寫」與「意」

區分開來。「寫」是指作畫時不是用描、塗、抹，而主要筆法是如書法般，以寫來顯示線條的高度生命力，此點是與西畫絕對不同之處；「意」是指作畫時不用寫生方法來描繪對象，而是憑記憶或者用意念來重組符合美的形象，換言之中國畫所表達的為非寫實的意象，所以中國畫不需要面對物象照實描寫，此意象的表達方式現代西畫也已採用，但是習慣上一些現代西畫還是面對物象變化出來的。就是因為「寫」與「意」的原則，中國畫的筆墨才能無拘無束發揮其抽象的純粹審美能量。由於該全國美展的中國畫部分，極度忽視中國畫所獨有的優質筆墨，使我感到中國畫的發展已到了動搖民族文化根基的地步。展品中頗多類似裝飾畫、宣傳畫、現代西畫等，如果有歐美觀眾到來參觀，看到展覽的英文名稱，一定以為主辦者大概不懂英文，把另一個傳統中國畫展覽的標題誤掛在該處了。

回顧世界歷史，中國是自成體系的文化大國。如果現在的中國人所作的中國畫丟棄原有中華特色，而且看來類似西畫，則中國素來獨具一格的文化大國身份勢必喪失，令文化薪火中斷，實在有愧於民族祖先的智慧積澱。當然現代中國畫家沒有可能會自我封閉，僵化不變。尤其當今世界資訊發達，中國畫家自應徹底了解現代西畫的演變，並吸收其可以豐富國畫內涵的一些元素。為求珍惜中國畫原有的獨特個性，我以為中國畫的創新與發揚筆墨的抽象審美能量可以並存，相得益彰。我們更應該去破除有一種所謂「筆墨是中國畫發展的束縛」的誤導。筆墨對一些未經苦練者來說是一個很難跨越的關口，他們潛意識中有抗拒的心理，於是就以「束縛」為藉口來避開筆墨的難關。筆墨只要經過苦練就能成為中國水墨畫家作畫時得心應手的犀利武器，會使得其作品生機蓬勃，脱胎換骨。

化解筆墨危機的建議

中華民族本來是十分尊重歷史及傳統的，目前大眾之所以不重視歷史及傳統，是近代遭遇到各種外來打擊以及教育制度的西化所引起的後果。但是現在資訊突飛猛進，要收集自己民族過去的文化精粹資料並無困難。只要大家從羊群心理解放出來，用活自己的腦，經過思考及分析作出正確的判斷，就會踏上方向正確的康莊大道。

中華文化是注重整體、宏觀的，以達到天人合一的和諧境界為目的。因此中國畫的筆墨也該是具有整全感的有機組織，筆與墨相互之間有極緊湊的各種陰陽變化。筆墨除了本身可以獨立開來，具備高度審美品質之外，還擔當整幅畫面起承、呼應、對比等關鍵的結構

組成功能。所以我們可以肯定的說，筆墨是中國畫最具獨特性質的繪畫語言。如果中國畫捨棄自己最強的繪畫語言，反而去注重色彩、造型、境界、構圖等西畫也共有的繪畫構成元素，則中國畫必定淪為西畫附庸無疑。

如上所述，忽視筆墨的嚴重危機將導致中國畫在世界繪畫史上喪失曾經獨樹一幟的地位。為化解此危機，本人建議非常重要的第一步：在全國美術教育制度中設立新的書法教材（臨摹與創作兼顧），成為一切美術科別的必讀課程。此新編的書法課程對造型藝術的重要性應當遠超過素描，因為現代繪畫早已不注重客觀視覺形象的重現。學習書法由臨摹名家字帖入手，就可以掌握線條的高品質、均衡美、結構美以及對比與變化的法則。這些法則都可以通用於一切造型藝術的組織上，對繪畫及應用美術的創作都是一項上佳的基礎訓練，同時它對挽救目前中國畫視覺強度的衰退大有幫助，重建書法在中國美術教育上的重要地位，又可使中國美術教育開始不再無條件跟從西方體系，它對恢復中華民族文化的自信心具有重大意義。有了普遍的書法基礎，再發展中國畫的筆墨，就能事半功倍。

況且由於西方現代繪畫太強調自由及個人性，現在很多只求標新立異而不講品質的西方藝術，已經產生缺乏深度及審美感的弊病。本人認為視覺藝術的功能是通過審美形象來引發心靈的享受，而不該的是把形象反主為次，卻以言詞或觀念當作審美主體，如此它則歸於文學或哲學範疇，就不是以審美形象為核心的造型藝術了。現在很多西方視覺藝術無疑已走火入魔，最終必須回歸正途，方能超生。我相信人類是理智的，時間一定會考驗，並糾正一切誤入歧途的行為及行動。最後，請大家思考一下著名寓言「國王的新衣」所啟示的含義。希望中國畫家都有自己的判斷力，不再輕易受誤導。

注釋

1 方薰，《山靜居畫論》，卷上。

2 同上。

原文發表於 2000 年 5 月「筆墨論辨：現代中國繪畫國際研討會」，後經筆者修訂。

金嘉倫簡歷

年份	月份	展覽類型	事跡	地點
1936			上海出生，祖籍浙江海寧	
1958			與岑崑南、李英豪、王無邪等創立「現代文學美術協會」	
1960			台灣省立師範大學美術系畢業	
1962		聯展	香港博物美術館之開館展——「今日香港藝術展」	
1962		聯展	越南政府主辦之「第一屆國際藝展」	越南西貢
1963			「中元畫會」創會會員之一	
1965			獲美國芝加哥藝術學院繪畫碩士	
1966	4月	個展	香港雅苑畫廊個展	香港雅苑畫廊
		聯展	香港現代畫家聯展	
		聯展	中元畫展	菲律賓馬尼拉鯧上畫廊
1967		聯展	香港音樂美術節	
1968		聯展	第五屆中元畫會繪畫雕塑展	香港博物美術館
1970	3月	聯展	日本大阪世界博覽會	日本大阪世界博覽會香港館
1972			應香港工業總會之邀，赴日本考察工業設計教育	

1973			「香港節」最後一屆，金嘉倫獲邀策劃在中環大會堂舉辦戶外街頭展覽	
1975		聯展	東西交匯展	
1976	10月	個展		香港閣林畫廊
1977		聯展	香港藝術中心開幕展	香港藝術中心
1978		聯展	藝術七八	香港大學馮平山博物館
1983		聯展	中華海外藝術家聯展	
1984		聯展	台北市立美術館之開館展——「中華海外藝術家聯展」	台北市立美術館
		個展	台北龍門畫院個展	台北龍門畫院
1986		聯展	第十屆亞運會藝術節之「現代亞洲彩墨展」	韓國漢城
1987		聯展	十年香港繪畫	香港藝術中心
	1月	聯展	香港中華文化促進中心主辦之「東方水墨畫大展」，該展覽由金氏策劃，參展者除中、港、台畫家外尚有日本、韓國等畫家	香港中華文化促進中心
1988		聯展	香港水墨——香港藝術館藏精選	英國倫敦
		聯展	東方現代彩墨展	韓國漢城
		聯展	中國畫研究院主辦之「國際水墨畫展八八」	中國北京
1990			深圳中國畫廊	
1993		聯展	日本國際書畫協會主辦之「國際書畫展」，並獲該協會頒發「國際書畫最高榮譽賞」	日本東京
1994		聯展	第八屆全國美展港澳台作品邀請展覽	中國北京
	9月	聯展	香港中文大學校外進修學院藝術展覽	香港大會堂
		聯展	國際水墨畫研討會暨展覽	馬來西亞吉隆坡
		聯展	香港六十年代展	香港藝術中心

1996		個展	金嘉倫水墨畫展	廣州美術館，香港中華文化促進中心
			擔任香港節展覽委員會委員	
			自香港中文大學校外進修部退休後，購置畫室「合意軒」，從事全職藝術創作	
1997		個展	金嘉倫水墨畫展	江蘇省美術館
		聯展	當代香港藝術「回歸與展望」	香港藝術館
1999	9月	個展	金嘉倫山水畫展	香港沙田大會堂、屯門大會堂
		聯展	第九屆全國美展港澳台作品邀請展覽	中國北京
2000		聯展	「香港現代中國畫」水墨畫邀請展	香港中華文化促進中心展覽廳
			出席參與劉大為作品展以及附隨的「中國畫藝術交流會」	
2002		聯展	拉闊印象——版畫藝術變奏	香港文化博物館
			為第二屆「少兒書畫耀香江」美術大賽擔任顧問	
2003	9月	聯展	香港綠畫會十周年紀念展	香港大會堂
	9-11月	聯展	新亞精神在新亞——師生書法聯展	香港新亞中學，香港中文大學
2004		個展	金嘉倫書畫新貌——太極美學實踐	香港城市大學藝廊
2005	6月	聯展	第二屆中國水墨畫高等文憑課程畢業作品展	香港大會堂
	8月	聯展	香港留台大學校友聯展	香港大會堂
2006		聯展	香港安徽書畫交流展二〇〇六	香港文化中心
			創立「草書藝術研究社」並擔任社長	
2007		聯展	中華情·全球華人書畫世紀大聯展	香港中央圖書館展覽廳
	11月	聯展	海內外中國書畫藝術當代名家大展	北京民族文化宮

	12月-2008年1月	聯展	道藝融通——慶祝香港回歸十周年當代名家書法篆刻展	香港中央圖書館展覽廳、中環廣場
2009	1-2月	聯展	香港・水・墨・色——二〇〇九中國繪畫展	香港中央圖書館展覽廳，北京中華世紀壇藝術館
	7-8月	聯展	水墨相融道法自然——香港教育界書畫藝術邀請展	香港文化中心行政大樓
	12月	聯展	「中華頌」中國書畫名家邀請展	香港中央圖書館展覽廳
2010	7月	聯展	二〇一〇港澳視覺藝術展——中國觸覺：香港・水・墨・色	北京中華世紀壇藝術館
	11月	聯展	「由太極至無極」書畫展	香港視覺藝術中心
2011			獲「中國當代書畫百家輝煌成就展」金獎證書	
2012	10月		二〇一二年太極美學書畫展	香港大會堂
	11月		緬懷世紀偉人鄧小平暨第二屆中國當代書畫百家輝煌成就展	北京孔廟和國子監博物館
2013	4月	聯展	中國香港二〇一三・春　長安與港澳書家作品交流展覽	香港上環文娛中心展覽廳
			出版《太極美學狂草創作》	

任職情況

年份	職銜	任職機構
1967-1996	兼職專任導師、專任導師、高級講師、高級專任導師	香港中文大學校外進修學院
	前顧問	香港文化博物館
	草書藝術證書課程策劃人	香港城市大學
1970	美術科技外考試委員	葛量洪教育學院
1972	中學美工課程策劃委員	香港教育司署
1973	專任導師	香港中文大學校外進修部
1999-2011	視覺藝術審批員	香港藝術發展局
2006	社長	草書藝術研究社
	榮譽顧問	香港美術教育協會
	名譽會長	香港綠畫會
	名譽顧問	氣韻畫會
	名譽顧問	香港國際書法聯盟
	名譽顧問	紅荔書畫會

徐子雄

簡介

徐子雄，一九三六年生於香港，廣東東莞縣人，早年於喇沙書院就讀，畢業後輾轉入讀中國書院，師隨趙少昂、彭襲明、周千秋等攻讀中國藝術，並隨徐復觀、牟宗三、司馬長風等國學大師兼修文學。畢業後，徐氏得親友介紹到美國領事館工作，後調職到美國圖書館主事圖書收發及分類等工作。在美國圖書館任職期間，徐氏不時利用工餘時間研習水彩、油畫、攝影及雕塑，並曾獲美國版畫家 John Farra 教授版畫技法。一九六八年徐氏於美國圖書館舉辦首次個展。

一九六九年徐氏因緣際遇通過友人介紹認識呂壽琨，受呂氏啟發後遂到香港中文大學校外進修部向其修習水墨畫，自此與水墨結緣。除參與展出外，在美國圖書館展覽部工作期間，徐氏曾策劃多個展覽，其中以韓志勳、王無邪、鄺耀鼎及徐氏四人的「四人雅集」聯展最為矚目。由於工作關係，徐氏亦與當年在港從事藝術創作的外國人如 Douglas Bland（白連）、Rosamond Brown、Kiki Flemming 等結緣。然而，如同當年大部分香港藝術家般，雖已從事藝術創作多年，徐氏仍有正職纏身，只能利用工餘時間創作。時至一九八八年，徐氏決定辭去工作，專注繪事。同年贏得美國國際藝術比賽藝術家獎，獲美國聯邦政府頒發獎學金以研究員身份留居美國芝加哥的藝術家園地從事創作，並得美國政府邀請為國際嘉賓遊美各地考察及文化交流。

徐氏在本地藝壇活躍多年，既先後加入部分本地重要畫會如「元道畫會」及「一畫會」，也參與創辦過不少畫會如「水墨新流」、「墨象畫會」等，為推動水墨發展貢獻良多。自一九六九年起，徐子雄每年參與數個本地及海外展覽，歷年毫不間斷，並先後於一九七九及一九九四年獲市政局藝術獎，作品廣為香港藝術館、香港大學馮平山博物館、澳門賈梅士博物館、新加坡國家畫廊、台灣國立歷史博物館及美國副總統藝術藏品館等多間美術館收藏。

除從事創作及策劃展出外，徐氏也積極培育本地藝術人才。他曾在香港大學專業進修學院、香港中文大學校外進修部、香港理工大學設計學院、香港浸會大學持續進修學院、大一學院及正形設計學院任教，現為浸會大學校視覺藝術院兼職講師。徐氏亦為藝壇健筆，多年來以筆名王福成、畢可説、呂有淩等寫過不少藝術評論文章，評藝議藝，並曾任香港《美術家》雜誌編輯、《藝覺》雜誌中文編輯，為香港早期藝評人之一。

徐子雄訪談錄

訪問者　黎明海博士

2013.9.5

■

黎　根據資料，你曾於中國書院就讀。不過，我們對中國書院卻所知不多。

徐　它是一所得到台灣資金支持的晚間藝術學院，校址在般咸道、高街一帶的一所幼稚園租借，格局像今日的珠海書院。至於教職員有否獲支薪，我所知不多。當時我主修中國藝術，師從趙少昂、鮑少游[1]、彭襲明[2]等，並跟徐復觀[3]、司馬長風[4]等人兼修文學。當時的課，就像魏晉清談一樣，通過閑聊學習，連書也得向老師借閱，讀畢後傳給其他人。同學之中，記得還有畫〈13點〉的李惠珍。唸了三年，他們倒閉了，曾讓我轉到麥花臣球場的德明書院繼續學業，但由於付不起全期學費，我最終沒有領取文憑。中國書院的教學雖欠缺系統，一眾教員卻充滿熱誠。

黎　後來你跟隨呂壽琨學畫，並先後加入「元道畫會」及「一畫會」。為何你會到香港中文大學校外進修部學畫？

徐　在中國書院就讀時，雖修習中國藝術，對趙少昂、鮑少游等的嶺南派卻不感興趣。由於自己當時喜歡油畫，一九六八年在美國圖書館辦的首次個展，展出的都是油畫作品。還記得韓志勳也到過該展覽。由於當年創作物料匱乏，加上餘錢不多，所以我於創作上傾向美國的抽象表現主義。後來，在創作路途上待了一段時間，才發現自己沒有思想導師，一直只靠看書自學。就以開油為例，假若得到指點，則能學得更快、走得更遠。

認識呂壽琨前，我不時跟林鎮輝、余東漢[5]等人到處寫生，並曾跟美國版畫家 Joan Farrar（年份不詳）學製作版畫。Joan Farrar 曾在香港駐留數年，並

在灣仔開班教授版畫。我對石版很感興趣，亦造就了後期的抽象畫。不過，當年極為缺乏版畫製作器具。當時畫畫的人以外國人為主，至於從內地來港的藝術家，則多以畫行貨畫及教畫為生。後人批評這批畫家的作品流於寫實，其實不太公道，始終藝術家也得餬口生活。

後來，因為我跟張樹新[6]挺友好，下班後不時到他的設計公司。得到他的穿針引線，我認識了呂壽琨，聽他談藝術談文學，並報讀了中大校外進修部水墨課程。還好當年未談戀愛，得以投放更多時間在藝術的追求上。在美國圖書館任職期間，我遇過不少大師，可以藉機讓他們看看我的作品，提一些意見，給一些鼓勵。當時，大家還未知道藝術評論為何物！眾多大師之中，以張義最有態度，我也曾跟他一起到新界找木材做雕塑！

當時大家羽翼未豐，陳福善那一套又不合我們的胃口，便去聽呂壽琨的課。他的每一課都滿座，我們只能蹲到樓梯那邊。

USIS

American Consulate General
28 Garden Road, Hong Kong
Telephone: 5-239011

NEWS RELEASE

MONDAY
MAY 11, 1987

USIS EMPLOYEE CHUI TZE HUNG
TO PRESENT AN EXHIBITION OF PAINTINGS

U.S. Information Service employee Chui Tze Hung will present "A DECADE PLUS," an exhibition of paintings, from May 13 to 26, 1987. The exhibition, featuring works from the period of 1970-1987 which reveal Chui's development and continuing interest in revitalizing the Chinese ink tradition, will be displayed by Alisan Fine Arts in two locations, at 615 Holland House and the Societe Generale in the Landmark.

Chui Tze Hung was born in Hong Kong in 1936. After graduation from La Salle College, he enrolled in the Chinese Art and Literature Department of China College; at the same time he studied water-colour painting, oil painting, sculpture, print-making and photography with private instructors and on his own. Mr. Chui first followed the style of American abstract expressionism, using oil and Chinese ink. He is noted for his geometric presentations of landscapes which encompassed the East-West transition; his recent works have inclined more to the Chinese tradition.

Now employed by the cultural section of the U.S. Information Service, Mr. Chui is also part-time lecturer at the Hong Kong Visual Institute of Art, at Hong Kong University Extra-Mural Studies, and at the Swire School of Design of Hong Kong Polytechnic.

In 1979, Mr. Chui won the Urban Council's Fine Arts Award. His works have been widely exhibited in America, England, Australia, Far East and Southeast Asia. They are in the collections of the Hong Kong Museum of Art, the National Gallery of Singapore, Nanyang University, Fung Ping Shan Museum, the University of Hong Kong, the Museu Luis de Camoes in Macau, the Vice President of the United States, Chase Manhattan Bank, the American Club of Hong Kong and others. Mr. Chui is a member of Art Convergence and the Japan International Artists Society.

Mr. Chui is also a veteran in art criticism in Hong Kong and now writes for the art page of GA magazine. His name is included in Who's Who in Hong Kong and Reference Asia.

United States Consul General Donald M. Anderson will open the exhibition on Tuesday, May 12, 1987 at 6:00 p.m. at the Gallery located at 615 Holland House, 9 Ice House Street. Gallery hours are 10 a.m. to 6 p.m. weekdays, 10 a.m. to noon on Saturdays.

* * * * *

美國新聞處有關徐子雄個展《現代與傳統》的新聞稿。1987 年 5 月 11 日。

黎 呂壽琨好像也曾在中山中學及九龍華仁書院教畫？

徐 當時譚志成在九龍華仁書院教美術，他將校舍頂樓的畫室借出來作教畫地方，也是「一畫會」的誕生地。

黎 那批學生則成為「一畫會」的中堅分子，如鄭維國[7]、吳耀忠[8]、王勁生[9]、楊鷁翀[10]等人。既然與他們有著共同目標，為何會出現退會一事？

徐 當時我仍在美國圖書館任職，不時策劃展覽。然而，「一畫會」部分會員總展出舊畫，這做法令我極為反感。由於跟他們意見相左，我亦無意在畫會久

留，最終決定退會。我認為，就像「中元畫會」一樣，畫會完成其角色作用後便可以解散。呂壽琨離世後，舵手一去，只剩下他的門生。及後，我到了大一藝術設計學院[11]任教。

黎 後來你跟靳埭強組織「周日工作室」嗎？

徐 靳埭強沒有參與，「周日工作室」由我策劃。你認識麥志強[12]嗎？他們上過香港大學校外課程部的課程後，成立了「三及第粥畫會」。

黎 當年你組織了不少有藝術家參與的畫會。

徐 大概七至八個吧！有「元道畫會」、「一畫會」、「國際造型藝術家協會香港分會」、「香港美術家協會」等。

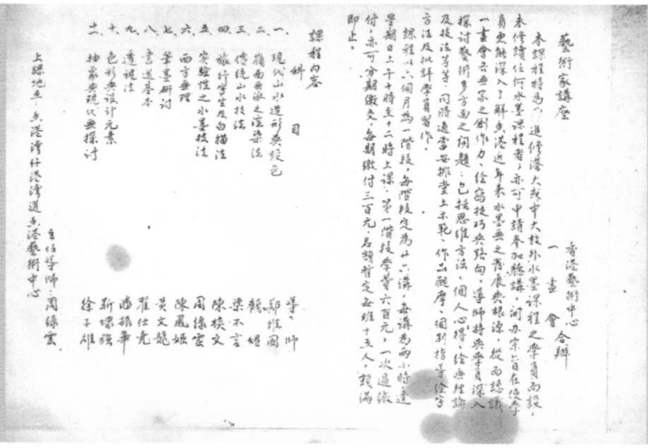

藝術家講座

香港藝術中心 一畫會 合辦

本課程特為已進修港大或中大校外水墨課程之學員而設，未修讀任何水墨課程者，亦可申請參加聽講。開办宗旨在使學員更能深入了解本港近年來水墨畫之發展與根源，從而認識一畫會各畫家之創作力、繪畫技巧與路向，導師特與學員深入探討藝術多方面之問題：包括思維方法、個人心得、繪畫理論及技法等等，同時適當安排堂上示範、作品觀摩、個別指導繪寫方法及批評學員習作。

課程以六個月為一階段，每階段定為廿六講，每講為兩小時，逢星期日上午十時至十二時上課，第一階段學費六百元，一次過繳付，亦可分期繳交，每期繳付三百元，名額暫定每班十五人，額滿即止。

課程內容

科目	導師
一、現代山水造形與設色	鄭維國
二、嶺南畫派之渲染法	顏[illegible]
三、傳統山水技法	梁不言
四、旅行寫生及白描法	陳[illegible]文
五、實驗性之水墨技法	周綠雲
六、西方畫理	陳鳳[illegible]
七、筆墨研討	黃文龍
八、書道基本	翟仕堯
九、透視法	潘振華
十、色彩與設計元素	靳埭強
十一、抽象與現代畫探討	徐子雄

主任導師：周綠雲

上課地點：香港灣仔港灣道香港藝術中心

「一畫會」與香港藝術中心合辦的藝術家講座。

中國人最大的問題，學生就像老師的子女般，事事依靠長輩，「未斷奶」一樣。其實，每談到「元道畫會」，香港藝術館總是忽略了汪弘輝[13]等人，只將重心放到梁巨廷。為何呂壽琨的學生出現了四五年後，便不知所終？除部分成員生活上遇到困難或移居海外，這跟呂氏對「元道」中人揠苗助長有關。

黎 要學懂一招半式不難，打好基礎卻非易事。像「中元畫會」、「視覺藝術協會」等。這些畫會除了凝聚了一批藝術家外，畫會對藝術發展及社會還有何作用？

徐 產生了幾個流派。雖然後浪未必推倒前浪，但至少讓社會不斷流動，打破傳統的局限。當時香港中文大學張碧寒[14]等老前輩對組辦課程不感興趣，而我們這批年輕人則熱衷嘗試新事物，遂成立

了西方媒介的VAS（「視覺藝術協會」）及東方媒介的「一畫會」，各領風騷。

黎 當時亦有不少藝術家像彭襲明一樣，脱離畫會的圈子獨立發展。他既不屬嶺南派，也不是中西水墨。你有跟這批人接觸過嗎？

徐 獨立發展有一定困難。當時彭襲明住在我的樓上，只收了霍麗娜一位學生，極少應酬，有自絕於人群之感。另外，當時的老前輩皆被自己的學生簇擁著，這些學生往往存有排他性，氣氛跟今日有異。因此，我實在所知不多。

黎 那麼你有接觸香港美術專科學校的陳海鷹等那批藝術家嗎？

徐 有。在美國圖書館辦展覽時，我們策劃了鄺耀鼎、王無邪、韓志勳和我的「四人雅集」展。後來，中國國慶臨近，新華社及鄭家鎮通過文聯莊的老闆引線，邀請我到內地訪問。就是這次經歷，我才知悉左派並不如想像般「左」。當年曾榮光也帶我到過灣仔龍門酒家附近的教師會，向鄭家鎮等人示範過速寫，並不時為陸無涯等人辦展覽。説實話，當時藝壇哪有「左」、「右」派之分？只是後人亂點鴛鴦而已。

黎 六七十年代，呂壽琨、王無邪所屬的系統為主流，至於美專方面，則相對平靜。

徐 老一輩的文章作品，多刊登在《新晚報》、《大公報》、《文匯報》等。反而我們這些年輕一輩的，不僅有身為策展人的譚志成及王無邪，加上又有筆手，發表文章時每每採以漁翁撒網的策略，自然比老一輩的更能引來注目。更何況我們能夠找金馬倫（Nigel Cameron）[15]在《南華早報》及《英文虎報》為我們寫文章，所以「左派」畫家實難以比擬。七八十年代有不少好的畫家離開了香港，這是遺憾。

黎 你從何時起在美國圖書館任職？

徐 畢業後因為家貧，得親友介紹覓得工作，由一九五八年起待到一九八八年離職。當年美國領事館又為文化部，轄下有幾個單位如新聞部、出版部的《今日世界》等，並因此認識了陶傑、戴天、岑逸飛等人。我雖屬展覽部，但由於不常辦展覽，一位外國女士派我兼任圖書館的工作，開始學習Classification（分類）、Acquisition（收發）等，並獲推薦讀Librarianship（圖書管理學）。故此，由於工作關係，我可以讀到不少第一手藝術資訊如《Art News》、《Art in

America》等。當年想買到藝術書籍，實在不易，且台灣的譯本不算出色。

黎 圖書的館藏，會考慮當時的意識形態嗎？

徐 意識形態上以抗共拒共為主調，但圖書館當年未有這種顧慮。報業雖有左中右之分，但記得《文匯報》極少對我的文章刪節修改，十分尊重。文筆上，我算是離心分子。在美國圖書館的經歷，讓我的眼光開闊，同時結識了不少留港的外國畫家如 Martha Lesser、Rosamond Brown[16]、Kiki Flemming（1942- ）等，這批外國畫家的畫比較貴。

黎 展覽過後，美國圖書館有收藏畫作嗎？

徐 沒有，可能跟他們的政策有關。

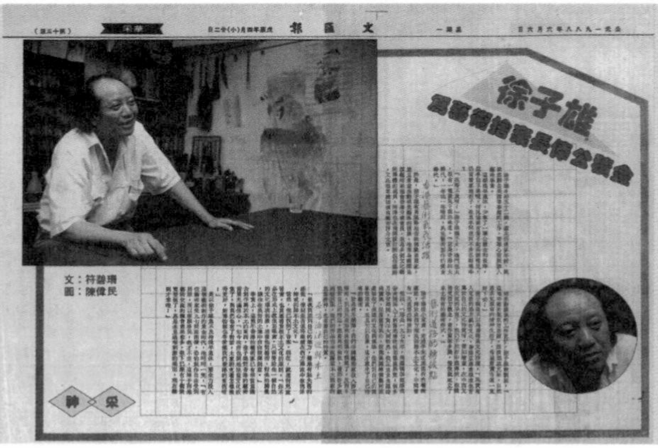

〈徐子雄——為藝術捨棄長俸公積金〉，文匯報，1988 年 6 月 6 日。

加上自己身為策展人，總要有一定專業操守。一九八八年離職前，我已通過賣畫、寫作及教授香港理工學院的課程，得到穩定的收入。另外，當時有不少人從內地逃到香港，希望尋求美國庇護被拒。種種原因，加上美國外交政策的改變，令我萌生退意。另外，美國副總統 Walter Mondale 訪問香港期間，我曾負責接待工作。記得該次保安森嚴，我跟其他隨行人員一樣，被逼與外界隔絕三天。這經歷令我明白到性命要緊，還是畫畫更合我意。後來，機構打算重組，我同意領了一筆補償金便離職。離職前，我得到上司的推薦，贏得國際藝術家獎領取研究員獎學金，以 international visitor（國際嘉賓）的身份到美國。

他們開出的其中一個條件，是要求我到 Artists' Colonies 居住半年並作文化考察，費明杰更為我提供了不少意

見。另外，他們亦不容許我在兩年內移民，要不斷到美國各地做交流。留美的經歷，讓我覺得美國的文化不怎麼樣。他們比人優勝之處，在於英雄氣概，又沒有文化包袱。説實話，自己不太喜歡美國，對移民的興趣又不大。

黎 相對歐洲，美國欠缺文化底蘊。

徐 美國跟歐洲雖在文化上切割，卻仍保有血緣關係。其實，美國文化亦為即食文化。

黎 「六七暴動」期間，你在所謂「帝國主義」的機構任職，有受逼害或跟蹤嗎？

徐 完全沒有，只是傳媒過分渲染而已。

黎 那麼「六七暴動」後，港英政府的文化政策有所轉變嗎？

徐 香港博物美術館那邊的人員大概能根據購藏，去判別政策有否轉變。例如，他們是否較少收藏歌頌祖國的作品？抑或偏好反映社會現象的作品？甚至反共畫作？藝術很容易被借題發揮，受政局風向所影響。即使江啟明被冠以「左派」，他亦鮮見於左派圈子的活動；我卻不時受邀請，參與他們的交流團。

黎 「六四事件」後，不少藝術家朋友移民到美加等地。當時你有想過移民嗎？

徐 我不喜歡移民。假若移民，我首選美國。加拿大的發展空間狹隘，倘真的要「戰死沙場」，倒不如到紐約這個文化大熔爐一戰吧！紐約市曼哈頓區的東村（East Village），匯聚了最前衛的藝術家。不過，能夠站得住腳的，大概只有

Mr. Chui Chi Hung
5 Ngan Mok Street
7/F.
Causeway Bay
Hong Kong

Hong Kong Polytechnic
香港理工學院
Hung Hom, Kowloon
Hong Kong
Telephone 3-638344
Cable Polyteched
Telex 38964 Polyu Hx

date 22 July 1985 our ref PDC 192 your ref

Director
Dr John Clark

Dear Mr. Chui,

Thank you for agreeing to lecture on the Extension Course : Ink Painting Fundamentals : A mini-package course organised by the Swire School of Design.

Details of your appointment are as follow :

Course	: Ink Painting Fundamentals : A mini-package course
Course Code	: 192
Subjects & Dates	: Introduction to Modern Ink Painting (19 July 1985); Basic Painting Technique II, Project Painting, & Critique (6, 13, 20, 27 September 1985 & 4 October 1985
Time	: 7:00 p.m. to 10:00 p.m.
Venue	: Room J5, St. Johannes Studio, Swire School of Design, Hong Kong Polytechnic, Hung Hom, Kowloon.
Commencing Date	: 19 July 1985
Number of hours	: 18
Rate of remuneration	: HK$100 per hour

In the meantime, I should be grateful if you would confirm your acceptance of the appointment by completing the attached proforma and returning it to the Administrative Office, Part-time and Short Course Work, Room L419, Hong Kong Polytechnic, Hung Hom, Kowloon, as soon as possible.

For any further queries, please do not hesitate to contact the course organiser Mr. Amer But or the undersigned at telephone no. K-638344 ext. 665 or 365 respectively.

Yours sincerely,

Cathy

Cathy Ho (Ms.)
Administrative Officer
Part-time and Short Course Work

CH/co
Encl.
c.c. Mr. Amer But, SSD } (w/o enc.)
F.O. }

香港理工學院發出的講師合約，1985 年 7 月 22 日。

李秉罡[17]、司徒強[18]那幾位。當年移民的人之中，有不少懼怕共產黨卻又不了解西方。我曾在美國居住，遊歷四方，終歸不太喜歡這國家。更何況我不僅考慮定居，還注重一地能否提供發展空間、追逐理想的機遇。移民的藝術家，不少屈身於唐人街，有多少如林鎮輝般能適應外地生活文化？即使現在那批曾留學海外的，又能掌握多少外地文化？看看時下年青人寫的中文，他們根本在摧毀自己的文化。

黎　翻看資料，發現你在不少另類場地辦過展覽，如富麗華酒店、閣林畫廊、美國圖書館、聖約翰副堂等。為何會選上這些場所？

徐　藝術家各有門路，加上得到朋友關照，便會到這些場地辦展覽。記得施養德[19]很積極推動。我也曾在銅鑼灣珠城百貨[20]辦過展覽，它的位址就在當年的松板屋百貨公司。經營者將多餘空間劃出來給我們辦展覽，就像今日的商場活動一樣。中環天橋也辦過不少展覽！

我還寫過藝術政策的文章。其實當年政府有意發展藝術，但人們總是批評政府未有文化政策。有政治自然有政策。政策是有的，只是適合閣下的口味與否。

黎　多年來，你也參與了不少藝術團體如香港藝術館及香港藝術發展局。他們的角色及工作，能否幫助本地藝術家？

徐　別人的幫助是不足夠的。相比起我們，香港的年輕藝術家吃不得苦、不爭氣。

黎　年輕藝術家的機遇，已經給我們當年多了不少。既有政府的藝術推廣辦事處、賽馬會創意藝術中心（JCCAC）、油街藝術空間等……

徐　還有撥款資助！香港藝術發展局固然重要，但更重要的，是要讓藝術工作者自立。

黎　西九文化區那邊你有發聲嗎？

徐　沒有。雖然不少人如牛棚藝術村及左派藝術家也有參與、提意見，真正得到重視的，卻只有具名望地位的那批。我總跟王無邪說，請他退下來讓年輕一輩站到最前。

黎　一代新人換舊人。

徐　早期參與推動西九文化區發展的人之中，不乏年輕之輩如史文鴻[21]、胡恩威[22]、文世昌[23]、茹國烈[24]等，後來

由於太過政治化、爭私利，眾人不禁意興闌珊。爭是要的，讓年輕的出面吧！

黎 那麼爭取景賢里活化計劃的香港「水墨會」呢？他們有何背景？

徐 這個「水墨會」是否真能代表香港水墨？我想不然。沒有我徐子雄不成問題，為何排除了梁巨廷、靳埭強、顧媚呢？把歷史抹殺，談水談墨又有何意義？我還是專注自己的創作好了。

黎 這幾年你好像遠離了「水墨黨」。

徐 這幾年我總是看書、寫書法、畫畫、旅行。我不希望把自己弄得太疲累，跟其他人混在一起，惶惶不可終日，對創作無甚幫助。他們並非熱心，只是霸權而已。藝術家失去了良心，只為私利。那麼，我為何不把時間留給自己？

黎 現在你在哪裏教畫？

徐 就是在香港浸會大學視覺藝術院任兼職講師。有一點我想不通，為何香港浸會大學不辦校外課程？很多藝術家難以從正規途徑到大學藝術系進修，不少資深藝術家也從港大校外課程部及中大校外進修部出身。故此，香港浸會大學未有（不再）舉辦校外課程，實在可惜。加上現今社會的退休人士有年輕化趨向，這想法未屬不可。

黎 可能考慮到回報並不可觀吧？至於當代香港藝術雙年展方面，它能否幫助藝術學生發展？

徐 有人認為，當代香港藝術雙年展為晉身藝壇的必然途徑。不過，不要以獲獎為最終目標。當然，當代香港藝術雙年展為年輕藝術家提供了一條較為平坦的路徑，幫助他們進入藝術圈。獲過獎項的，更應把位置讓出來給其他人，不應選了又再選。香港藝壇存在的問題，正是缺乏具風采的藝術家。然而，當代香港藝術雙年展的評選制度有一定問題，部分評審更缺乏鑑賞眼光。至於公平與否，則每個比賽也難達至公平。

另外，本地藝壇仍有多方面有待改革。《讀者文摘》曾經選上我的一幅作品為封面，後來曾柱昭[25]卻批評我未有履行版權。香港藝術館雖收藏作品，但圖像版權始終歸畫家。整件事對我不公道。

黎 你好像對香港藝術館的館藏發表了不少意見。

徐 他們往往把事情弄得太過政治化，是否未參加過博物館的活動、當代香港藝術雙年展等，便算不上優秀作品？香港的策展人少了真誠，他們應多聽多

看，發掘更多被遺忘被忽略的藝術家。我們要為他們提供更多鼓勵。

黎 就像彭襲明、丁衍庸等人，他們鮮有現身於比賽或畫展，但藝術水平卻無庸置疑。你成立過「墨象畫會」、「水墨新流」等畫會，對於未來的水墨發展，又有何看法或寄語？

徐 不一定偏執於水墨，不要將自己的一套強加於下一代。不過，自己對水墨頗有感情。我曾跟呂壽琨提過想去紐約，他說人在異地大概只能淪為泡沫。經此一席話，加上他的離世，令我專注水墨創作，希望為香港做點事。我可以寫水彩寫油畫，但自己總有一點情意結。

黎 「水墨新流」、「墨象畫會」等會社好像沉寂了。

孤山，50x70cm，水墨設色紙本，2000 年。

徐 興衰更替是必然。再者，他們全是退休人士，失了年輕人的活力。即使在舊日，也不如今天般大聲爭取批評。大家只潛心畫畫辦展覽而已。現在的藝壇實在太吵了！可能這是我自己落伍的地方。

黎 看你的畫作，似乎愈來愈抽象。

徐 這幾年我經常到外國看展覽，新的裝置藝術都不太認識，加上亦非自己所長。至今，我的抽象畫作有一定市場，一些較傳統的畫作，亦受歡迎。加上託賴香港四季酒店的計劃，衣食尚且無憂。最令我困擾的，是我不知能否推動現代書法。現代書法存有一大問題：書法界人士排斥新潮流，一味推崇因襲舊傳統。

黎 另外，由金馬倫策劃的「第一選擇

展覽」你也參與了不下數次。

徐　早期他經營商業畫廊（Nigel Cameron Gallery），身兼藝術顧問，從賣出的畫作上抽佣。嚴格來説，我的經理人 Sara Larkin[26] 才是鼻祖，早年更將畫廊設在中半山梅道世紀大廈的家裏。

黎　華圖斯（Sandra Walters）也曾在家中辦畫展。

徐　Sara Larkin 比她還要早。Sara Larkin 藉家人的網絡，廣邀收藏家等到府上賞畫談藝術，屬私人性質。後來，她通過美國領事館認識了我，我亦向她介紹了一些畫家。她跟呂壽琨、吳耀忠和我簽約，而韓志勳的作品則以寄賣的形式。她不時在家裏辦展覽，由於丈夫 Richard 是銀行家，所以經常招呼一些銀行家到府上聚會，我也賣過畫給他們，

驕陽如火，97x148cm，水墨設色紙本，2006 年。

價錢賣得不錯。另外，她亦會聘請攝影師為畫作拍照並製成幻燈片，以方便攜到各場合介紹。我跟 Sara Larkin 的關係建立在互信之上。畫賣了以後，我也沒有深究她賣了多少錢，總之自己滿意獲分的數額便可。她在港辦的最後一個展覽，就在富麗華酒店的「香港當代藝術」展（1974），我的作品也賣得不錯。

Sara Larkin 最大的貢獻，在於對本地藝術家的訓練，教曉我們何謂藝術家的風采。例如，她不時提供打扮意見、品酒心得、社交餐桌禮儀、個人修養等，讓見識淺、較草根的本地藝術家學懂如何表達、表現自己。丈夫在一九七四年離世後，Sara Larkin 手足無措，我勸她回美國。回美國定居後，她就再沒有回港。

同期有一個規模更大的東西畫廊，由德國籍女士 Petra Hinterthür 掌理，我也跟她合作過。還有一家 Touchstone

Gallery[27]，由賣瑞士金幣起家的H. W. Hoppener 經營，我也跟他們簽了約。

在香港簽畫廊有一大問題：太多限制。簽了一家，便難以在另一家現身。當然，畫廊要保護自己，這也無可厚非。到金馬倫辦起畫廊，也提攜了華圖斯和金董建平的藝倡畫廊。她倆於日後拆夥。

黎　你記得合作過的畫廊嗎？

徐　有不少。跟金馬倫，把畫拿給他便可。要數到銷售最佳、關照衣食的，則非華圖斯莫屬，那時她已跟金董建平拆夥了。身為藝術家，應小心理財，始終作品的銷售並不穩定。

黎　那麼在你而言，何謂香港藝術？

徐　我身處中西的夾縫，對兩者未有偏愛。曾經有一位澳洲女士明言：「根本沒有香港藝術。」這一番話著實震撼。以油畫為例，除了你的那一輩，還有誰畫油畫？油畫很多人也懂，但什麼才是香港油畫？面對大陸的大氣候，香港仍流於「願景」這泛泛之談，迷失方向。關於香港，我曾寫過：「我們在東方染了色的泥土長大，迎接從西方吹來的季候風，一種新品種的花朵。」沒有文化身份，自然對一地失卻歸屬感、使命感。

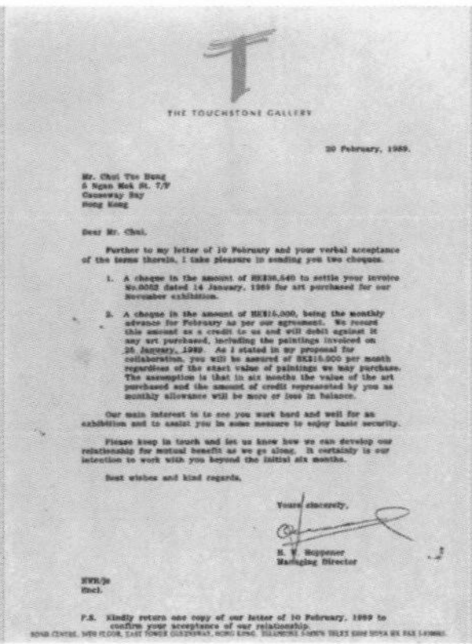

THE TOUCHSTONE GALLERY

20 February, 1989.

Mr. Chui Tze Hung
5 Ngan Mok St. 7/F
Causeway Bay
Hong Kong

Dear Mr. Chui,

Further to my letter of 10 February and your verbal acceptance of the terms therein, I take pleasure in sending you two cheques.

1. A cheque in the amount of HK$[illegible] to settle your invoice No.[illegible] dated 14 January, 1989 for art purchased for our November exhibition.

2. A cheque in the amount of HK$15,000, being the monthly advance for February as per our agreement. We record this amount as a credit to us and will debit against it any art purchased, including the paintings invoiced on 26 January, 1989. As I stated in my proposal for collaboration, you will be assured of HK$15,000 per month regardless of the exact value of paintings we may purchase. The assumption is that in six months the value of the art purchased and the amount of credit represented by you as monthly allowance will be more or less in balance.

Our main interest is to see you work hard and well for an exhibition and to assist you in some measure to enjoy basic security.

Please keep in touch and let us know how we can develop our relationship for mutual benefit as we go along. It certainly is our intention to work with you beyond the initial six months.

Best wishes and kind regards.

Yours sincerely,

H. W. Hoppener
Managing Director

HWH/js
Encl.

P.S. Kindly return one copy of our letter of 10 February, 1989 to confirm your acceptance of our relationship.

徐氏與The Touchstone Gallery
的簽約文件。

黎　對，真的沒有答案。你有收藏香港藝術家的作品嗎？

徐　沒有。記憶所及，我收藏過呂壽琨的作品，後來賣了給金董建平。由於修習書法，我亦收藏了羅叔重[28]及林散之[29]的作品。另外，我還收過版畫等一些朋友餽贈的禮物。徐東白[30]的也收藏了。

黎　你跟麥顯揚也挺熟稔，有收藏他的作品嗎？

徐　沒有。反而蛙王（郭孟浩）送了不少給我。

黎　我總會想：究竟香港藝術家的作品都到了哪裏去？

徐　這個不好問。藝術品終究是商品，誰買誰收藏也不好管，賣了便算。

徐子雄生活照

注釋

1 鮑少游（1892-1985），名紹顯，字丕文、堯常，號少游。一九一五年畢業於日本西京美術工業專校，一九一九年畢業於日本西京美術大學，一九二一年獲日本西京美術大學研究院教育文憑。一九二七年曾任教於廣州市立美術專科學校，翌年來港創辦麗精美術學院。一九三九年於香港藝術研究社教國畫，一九六二年為中國書院辦校外課程。「丙申社」（1956）創會會員、「中國美術會」（1958）會員。

2 彭襲明（1908-2002），字昭曠。一九二七年畢業於上海美術專科學校。一九五〇年移居香港，任中國書院藝術系教授。二〇一三年學生靳炎芳將其作品捐贈予香港中文大學文物館。

3 徐復觀（1903-1982），原名秉常，字佛觀。一九二三年畢業於武昌第一師範學校，一九二八至一九三一年間曾赴日本明治大學，後因「九一八」事變回到上海。一九四九年來港，創辦《民主評論》雜誌，曾任教於台中省立農學院（1952）、台灣東海大學中文系（1955-1969）、新亞研究所（1969-1976）。著有《學術與政治之間》、《中國思想史論集》等。一九六一年發表文章〈現代藝術的趨歸〉，半個月後劉國松發表〈為什麼將現代藝術劃給敵人？——向徐復觀先生請教〉，徐復觀後來又發表〈現代藝術的趨歸——答劉國松先生〉、〈從藝術的變，看人生的態度〉等。

4 司馬長風（1920-1980），原姓胡什拔，原名胡若谷。一九四五年畢業於國立西北大學，一九四九年來港，並加入「中國青年民主同盟」，並創辦友聯出版社，出版《祖國》、《大學生活》、《中國學生周報》等刊物。七十年代先後在香港浸會學院（1973）及樹仁學院（1977）任兼任講師，著有《中國新文學史》。

5 余東漢（1922- ），早年隨周千秋、楊善深、李秉及余本習畫，畢業於廣西大學、羅富國師範學院。一九六七至一九八〇年於何文田官立中學任教美術。一九七一年任香港中學會考美術科考試委員，一九七八至一九八〇年任香港高等程度考試委員會美術科考試委員。「春風畫會」會員。

6 張樹新（1946- ），一九六四年於中山美術學校就讀，同年於雅苑畫廊舉行個人展覽。一九六九年香港中文大學校外進修部商業設計文憑畢業，一九七〇年與靳埭強、呂立勳、梁巨廷等創立大一學院（1970），一九七九年與靳埭強等創辦新思域設計公司。曾任教香港理工學院夜間設計課程。

7 鄭維國（1920- ），一九四三年畢業於國立中山大學農學院。一九四九年定居香港。曾於元朗僑英中學及八鄉公立同益學校任校長。一九七〇年創辦「一畫會」並擔任會長。一九七六年市政局藝術獎得主之一。一九七六年曾參與於閣林畫廊舉辦的「香港現代水墨畫展」。

8 吳耀忠（1935- ），一九六八年入讀香港中文大學校外進修部，隨呂壽琨習畫，為「元道畫會」及「一畫會」會員。一九七六年曾參與於閣林畫廊舉辦的「香港現代水墨畫展」。

9 王勁生（1928- ），一九六八年入讀香港中文大學校外進修部，隨呂壽琨習畫。一九七〇至一九八二間為「一畫會」會員。

10 楊鷁翀（1912-1981），號次翁。於一九四九年定居香港，為「一畫會」創會會員。一九七六年曾參與於閣林畫廊舉辦的「香港現代水墨畫展」。

11 一九七〇年張樹新、張樹生、靳埭強、呂立勳、梁巨廷等創辦大一學院，後來六人退出校董會，呂立勳任校長。

12 麥志強，一九七六年獲美國瓦利城州立大學文學士，一九八六年獲美國亞利桑拿州立大學藝

術碩士，後分別於香港教育學院（1995-2004）及美國威斯康辛大學河瀑分校及香港大學專業學院任教，現為香港教育學院文化與創意藝術學系副主任及副教授。

13 汪弘輝（1940- ），一九六三年畢業於羅富國師範專科學校，為「元道畫會」會員。

14 張碧寒（1909-1995），一九二二年隨趙夢蘇習畫。一九三三至一九四六年間與張石園、江寒汀、王季遷等組「綠漪藝社」（1933-1946）習畫，一九三八年畢業於上海滬江大學商學院。一九四八年來港，一九五七至一九七四年任教於香港中文大學藝術系，前香港藝術館顧問。

15 Nigel Cameron（1920- ），一九六二年定居香港。一九六五年起任香港博物美術館顧問，一九七〇至一九八五年出任《南華早報》藝術評論員，一九七二至二〇〇〇年金馬倫在該報評論文章，於一九七五年到八十年代初期策辦「第一選擇」聯展，並多次在交易廣場辦大型展覽。

16 Rosamond Brown（1937- ），一九五八至一九五九年就讀於英國倫敦中央美術學校。一九六三年來港，於香港大學校外課程部教授繪畫。其兒子 Ben Brown 於英國倫敦開設畫廊 Ben Brown Fine Arts，二〇〇九年在香港開拓分店。

17 珠城百貨公司於一九七三年中旬開幕，位於銅鑼灣百德新街珠城大廈地下。該店專營中國內地高級商品、歐美時裝、洋酒香煙等。因經營困難，於一九七九年底結束營業。

18 李秉罡（1948- ），一九七七年畢業於俄亥俄州 Columbus College of Art and Design，一九七九年獲 Syracuse University College of Visual and Performing Arts 藝術碩士。一九九〇年至二〇〇四年於紐約視覺藝術學院任教，曾為「視覺藝術協會」會員。

19 施養德（1944- ），一九七五年與趙海天等創辦閣林畫廊，曾出版《Artention》雜誌。其妻子李亞俐曾任台灣龍門畫廊主管、香港蘇富比二十世紀中國藝術部主管（2008-2010）等，現於上海開設龍門雅集。

20 司徒強（1948-2012），一九五〇年移居香港。一九七三年國立台灣師範大學美術系畢業，一九七九年獲美國紐約 Pratt Institute 藝術碩士。

21 史文鴻，一九七七年獲香港中文大學崇基學院哲學系榮譽博士，一九七九年獲中文大學研究院哲學系碩士學位，一九八六年獲德國柏林自由大學哲學博士。史氏在八九十年代分別於香港浸會學院傳理系、香港理工太古設計學院、嶺南大學通識教育學部和香港理工大學教育中心擔任講師，著有《媒介與文化》、《美學——觀念分析與理解導向》、《史文鴻的大眾文化批判》等。

22 胡恩威（1968- ），一九八八年起加入「進念．二十面體」，為該劇團藝術總監暨行政總裁。曾出任香港經濟機遇委員會成員、西九龍文娛藝術區核心文化藝術設施諮詢委員會轄下之表演藝術與旅遊小組成員及公共廣播服務檢討委員會成員。

23 文世昌於一九八五年至一九九四年出任東區區議員，一九八六年至一九九五年間任市政局議員。一九九一年出任立法局議員（港島東）。

24 茹國烈（1966- ），先後於一九八六年及一九八八年畢業於香港理工學院電子計算系，早年於前市政總署轄下文化節目組、中天製作及新域劇團工作，亦在報紙撰寫評論文章。一九九四年加入香港藝術中心，二〇〇〇年任總幹事，二〇〇五年於香港演藝學院擔任兼職講師，二〇〇七年至二〇一〇年出任香港藝術發展局行政總裁。二〇〇九年獲委任為土地及建設諮詢委員會成員，同年獲香港特區政府頒發榮譽勳章。二〇一〇年六月加入西九文化區管理局，任表演藝術行政總監。另外亦曾擔任香港演藝學院戲劇學院顧問、康樂及文化事務署場地夥伴計劃委員

會委員，以及西九文娛藝術區核心文化藝術設施諮詢委員會表演藝術與旅遊小組成員。

25 曾柱昭（1947- ），一九六八年曾於香港中文大學校外進修部修讀現代水墨畫文憑課程，一九七一年香港大學中國美術和考古學畢業，一九七五年任香港歷史博物館副館長（考古），翌年調任香港藝術館的中國美術及古代文物副館長，一九七八年香港藝術館署理館長。八十年代任區域市政署博物館館長、香港藝術館總館長（1993-2000）、康樂及文化事務署助理署長（2003-2006），二〇〇九年起出任香港舞蹈團行政總監。亦參與舞台劇工作，曾任《逝海》（1984）、《遷界》（1985）編劇。

26 Sara Larkin（1946- ），一九六九年畢業於美國賓夕法尼亞州大學及美國賓州藝術學院。在港曾隨呂壽琨及譚志成習畫，經營畫廊並代理水墨畫。七十年代中期返回美國。

27 Touchstone Gallery 位於奔達中心，現稱力寶中心。

28 羅叔重（1898-1969），原名羅瑛，字叔重。一九一五年畢業於廣東高等師範學校。一九二六年抵港，曾開辦初明倫書院。常往返香港、澳門、廣州，為「頤園書畫會」會員。

29 林散之（1898-1989），原名林霖，字散之。一九二九年起隨黃賓虹習畫，一九六三年任教於江蘇省國畫院。

30 徐東白（1900-1989），原名守義，一九二〇年畢業於國立廣東高等師範學校，翌年與馮鋼百、梅與天、胡根天等組織「赤社美術研究會」。一九四八年來港，設畫室教授繪畫，一九五四年與鮑少游、伍步雲等人加入「香港藝術社」。一九五六年回廣州，一九六三年於廣東畫院任教，後任教於廣州美術學院。曾為中國美術家協會廣東分會理事，為中國美術家協會會員。

要尊重香港藝術歷史

徐子雄

「歷史若被拆骨撕皮，則對文化發展的信心有莫大的傷害。」

歷史，往往因時間的塵封，遮蓋原來真面目，樣子模糊之後，後代對以前的一代更古的一代難於認識，可是，近代的歷史，也會因污手塗抹而失去本有時代的光華，幸好，近代的歷史資料易查，同時在年長者的記憶中可更正。讀臨時《市政局博物館委員會五年計劃》的諮詢文件時，就「香港視覺藝術」四·二〇段[1]，香港館的藝術家資料庫，現時已藏有一千位藝術家的資料檔案，館方正計劃將這些資料電腦化，使得市民更容易獲取，假若這些資料是欠準確性和公正性，則很容易製造歪曲和錯亂。香港回歸後，人心安定了，回顧過去，藝術家付出的辛勞，是精神所寄。昨天、今天同時都顯示著港人的生命進化和創造力，香港當代藝術家正於殖民地後的變化時期，歷史若被拆骨撕皮，則對文化發展的信心有莫大的傷害。

由王無邪撰寫的〈香港藝術之本質與發展脈絡〉刊登於《明報月刊》一九九七年十月號，畫壇不少畫家拜讀後，就一些立論產生頗大反應和非議，這文章原刊於香港藝術館為一個於中國展覽而編製的畫冊內，展覽名稱為「香港藝術一九九七——香港藝術品展藏（北京·廣州）」。

作品的代表性置疑

這展覽是該館首次於中國舉行的大展，促進香港與內地省市的重要文化藝術交流，令中國人民得以概觀香港藝術風貌及美術家精湛成就。可能是這個原因，致令本地畫家頗注意這一個展覽，看看自己的作品有否被選中，或哪一件作品被挑出來。筆者曾收到多個電話來談這個展覽，就名單和作品而討論，覺得過分側重某畫會和回流畫家。

有早已淡出藝壇的人當選，積極活躍藝壇的卻落選，回流畫家受器重，這是多位畫友意見，而名單真有亂點鴛鴦之嫌，一些畫家以某媒介為主要創作的，卻展出其另一媒介的作品。例如筆者長期以水墨媒介創作，書法作品卻被選參展，吃一悶棍。間曾有畫家不滿當局所選作品而有所投訴，不知結果如何。至於挑選作品是全由總館長一人主理或是由多位顧問議定，則不得而知了。

厚待顧問的介紹

王無邪長文似乎以藝術館的顧問為重點來介紹，而在《明報月刊》的圖片，「視覺藝術協會」的會員作品，十之佔八，餘為仙遊和幾位前輩畫家，這樣安排難免使人懷疑藝壇的真實性。事實上，藝壇是百花齊放的。近十年，棄港求外的藝術家以來來去去的水客心態來觀望香港，香港有好環境便返，不好便走，當然亦有寄人籬下打秋風的受不了冰寒而返港，而王無邪主力介紹的也是這一班拿外國護照人士居最多。

與香港在關鍵時刻共存亡的另一脈絡的畫家，香港美術專科學校出來的畫家和從內地移居的一大群人則隻字不提了。七十年代水墨運動後的多個畫會在畫壇活動的，不少由年青畫家組成的新畫會，就是活動繁多也不提。這大概是王無邪離港十二年太久而沒有認識到藝壇的真正情況，反而在外接觸外籍港人較多，而對他們產生了另類感情。

王無邪指出，凡拿香港身份證的，居外居內均是香港人，把回流或兩地走動的畫家統成同一戰線，這樣一來，居港愛國的不少傳統藝術家得不到歷史定位，近十年本地藝術則是什麼都一抹而過，留港建港的藝術家再難提起了參與社會的信心。

曾到過北京參觀這展覽的人說，這個展覽讓香港藝術顯得很零碎，作品大多份量不夠，真不知是怎樣選出來的！若從這個展覽來評定香港藝術的位置，實在不夠全面。

■ **注釋**

1 《市政局博物館委員會五年計劃》，香港：市政局，1997年，頁23。

原文刊載於《藝壇風雲錄》，香港：獲益，1998年，頁19-21。

徐子雄簡歷

年份	月份	展覽類型	事跡	地點
1936			生於香港，原籍廣東省東莞縣	
1956			畢業於喇沙書院	
1958-1962			在中國書院學習中國藝術	
1962			在中國書院攻讀中國藝術，兼修文學	
		聯展	第二屆香港國際繪畫沙龍	香港大會堂
1964		聯展	第三屆香港國際繪畫沙龍	香港大會堂
1968	10-11月	個展	徐子雄個人畫展	香港美國圖書館
1969		聯展	當代香港藝術展	香港博物美術館
			隨呂壽琨習中國畫	
1970		聯展	當代香港藝術展	日本大阪世界博覽會香港館
		聯展	中國傳統畫展	香港大會堂
		聯展	香港青年藝術家展	香港博物美術館
		聯展	香港今代畫家作品展	香港明愛青年中心
	9月	聯展	元道畫會會展	香港大會堂
1971		聯展	今日香港藝術巡迴展	香港博物美術館主辦，英國各地展出

	6-7月	個展	徐子雄個人畫展	香港美國新聞處
		聯展	當代中國水墨畫家展	美國紐約利諾特尼斯畫廊主辦
			「一畫會」成立，徐子雄為創會成員之一	
		聯展	一畫會會展	香港大會堂
		聯展	中國水墨畫大展	台北博物館，香港大會堂
1972		個展	徐子雄個人畫展	台灣美國新聞處巡迴展出
		聯展	香港今日藝術展	美國印地安納州愛文斯菲博物館
		聯展	當代香港藝術家展	美國加州太平洋文化博物館
			「國際造型藝術家協會香港分會」創立，徐子雄為創會會員之一	
		聯展	第十屆國際造型藝術家協會亞洲巡迴展	
		聯展	當代香港藝術展	香港博物美術館
		聯展	國際版畫展	菲律賓市魯畫廊
		聯展	香港水墨畫家展	香港大學
		聯展	元道畫會會展	香港大會堂
1973			於大一設計學院任職講師	
		聯展	當代中國藝術家版畫	香港博物美術館
		聯展	一畫會會展	香港大會堂
		聯展	香港現代水墨畫展	香港大學
		聯展	香港當代水彩畫展	美國豆里美術博物館
1974		聯展	全國美術展覽	台北國立台灣藝術館
		聯展	香港當代藝術	香港富麗華酒店

	聯展	第七屆全國美展	台灣
	聯展	香港大學藏畫展	香港大學馮平山博物館
1975	聯展	當代香港藝術雙年展	香港藝術館
	聯展	香港藝術家聯展	聖約翰副堂
	聯展	香港畫家展	菲律賓馬尼拉路絲畫廊
1976	聯展	藝術家的選擇	聖約翰副堂
	聯展	香港現代水墨畫展	香港閣林畫廊
	聯展	一畫會會展	香港大會堂
	聯展	一畫會聯展	台北聚寶盆畫廊
	聯展	十一藝術家展	香港集一畫廊
	聯展	靜與動——二人展	香港閣林畫廊
	聯展	藝展七六	香港大學馮平山博物館
1977	聯展	第一選擇	聖約翰副堂
	聯展	香港一畫會作品展	台北國立歷史博物館主辦，台灣巡迴展
	聯展	香港藝術家聯展	香港藝術中心
	聯展	香港當代中國畫家作品展	美國伊利諾州洛福大學
	聯展	一畫會會展	香港大會堂
	聯展	當代香港藝術雙年展	香港大會堂
	聯展	藝術、視覺之經驗	香港珠城百貨公司
	聯展	香港藝術中心開幕展	香港藝術中心

1978	聯展	第一選擇	香港藝術中心
	聯展	一畫會聯展	香港元朗大會堂，荃灣文藝康樂協進會
	聯展	香港藝術家聯展	
	聯展	四人展	香港禮炮畫廊
	聯展	藝展七八	香港大學馮平山博物館
1979	聯展	一畫會聯展	新加坡國家畫廊
	聯展	第一選擇	香港藝術中心
	聯展	香港攝影學院一周年攝影展	香港藝術中心
	聯展	當代香港藝術雙年展（獲中國繪畫獎）	香港大會堂
	聯展	香港當代藝術	澳洲墨爾本利亞畫廊
1980	聯展	香港一畫會作品展	台北國立歷史博物館主辦，台灣巡迴展
	聯展	市政局藝術獎獲獎者作品展	香港藝術館
	聯展	多倫多國際藝術節	加拿大多倫多市
	聯展	中國與歐洲之山水風景畫展	德國文化館
	聯展	名家攝影邀請展	香港屯門文藝協進會主辦
	聯展	香港水彩畫家聯展	廣州美術家協會主辦
	聯展	第一選擇	香港藝術中心
	聯展	當代中國畫家之聯想與視境	美國芝加哥玉蘭蒂畫廊
1981	聯展	香港藝術 1970-1980	香港藝術館
	聯展	藝展八一	香港大學馮平山博物館

	聯展	近百年中國名家水墨畫展	
	聯展	第一選擇	香港藝術中心
3-4月	聯展	徐子雄、靳埭強、吳耀忠三人水墨畫展	香港藝術中心
	聯展	日本國際藝術家協會創會展	日本東京奈良博物館
	聯展	香港現代藝術家聯展	廣州廣東博物館
	聯展	香港現代藝術家聯展	香港三聯書店展覽廳
	聯展	香港水彩畫聯展	中國北京
1982	聯展	第一選擇	香港藝術中心
	聯展	日本國際藝術家聯展	日本千葉博物館，日本巡迴展
	聯展	香港當代藝術家邀請展	美國仙納西州立大學
	聯展	許氏畫廊開幕展	美國許氏畫廊
	聯展	豐盛人生多姿彩	香港大會堂
	聯展	周日精神	香港三聯書店展覽廳
	聯展	山水新意境	香港藝術博物館
	聯展	四人雅集	香港美國新聞處
1983	聯展	水墨新風格——第三屆元朗藝術節：水墨畫展	香港元朗大會堂
	聯展	第一選擇	香港藝術中心
		於香港大學校外課程部任教山水畫課程	
1984	聯展	水墨新意	香港美國新聞處
	聯展	香港繪畫	香港藝術中心
	聯展	藝展八四	香港大學馮平山博物館

		聯展	八十年代——香港繪畫	香港藝術中心
		聯展	國際藝術比賽	美國洛杉磯
		聯展	《香港早晨》藝展	香港電視廣播有限公司主辦
		聯展	香港現代水墨畫家聯展	台北新象活動推展中心主辦
		聯展	第一選擇	香港藝術中心
1985		聯展	第六屆全國美展	中國北京、廣州
		聯展	正形設計學院導師作品展	正形設計學院
		聯展	匯流畫社創會展	香港大會堂
		聯展	水墨的年代	香港藝術中心
		聯展	山色浮聲	美國明城猶太社會中心主辦
		聯展	八六新意象	香港三聯書店展覽廳
		聯展	中國當代畫家聯展	香港展覽中心
		聯展	七〇—八〇香港藝術	澳門
			協助成立畫會「水墨新流」	
1986		聯展	山水匯流	香港荃灣大會堂
		個展	徐子雄個人畫展	澳門賈梅氏博物館
	5月	個展	尋根——徐子雄水墨回顧展	香港美國新聞處
		聯展	當代中國繪畫	香港中文大學及《明報》合辦
		聯展	穗、港、澳國畫展	香港，澳門，廣州
		聯展	藝展八六	香港大學馮平山博物館
		聯展	第一選擇	香港藝術中心

		聯展	亞洲現代彩墨畫展 1986	韓國漢城
1987	5月	個展	現代與傳統——徐子雄個展	香港藝倡畫廊
		聯展	第二屆亞洲藝術節	台北國立歷史博物館
		聯展	香港現代水墨畫	台北雄獅畫廊
		聯展	十年香港繪畫	香港藝術中心
		聯展	香港水墨畫	香港藝術館
		聯展	現代中國繪畫	香港交易廣場
		聯展	香港藝術家聯展	中國福州、武漢
		聯展	自然散步	香港三聯書店展覽廳
		聯展	香港藝術家聯盟創會展	香港麗晶酒店
		聯展	爭鳴之友畫展	香港大會堂
			協助成立「墨象畫會」	
1988		聯展	中國長城首屆美術展	北京中國美術館
		聯展	香港水墨	英國倫敦巴比靳中心
		聯展	香港畫家二人展	澳洲東西畫廊
	6月	個展	徐子雄個人畫展	香港美國新聞處
		聯展	第三屆亞洲國際美術展	日本福岡市美術館
		聯展	香港文匯報四十年美術展	香港大會堂
	10月	聯展	香港現代藝術展	北京中國美術館
		聯展	國際現代水墨畫會員作品聯展	中國巡迴展
		聯展	香港美術家作品聯展	香港荃灣大會堂

			獲美國國際藝術比賽「藝術家獎」	
1989		聯展	香水著名畫家十三人展	日本名古屋
		聯展	香港匯流畫社展	香港大會堂
		聯展	世界環境日美的回響	香港大會堂
		聯展	五四、民主與科學藝展	香港中華文化促進中心
		聯展	第四屆亞洲國際美術展	韓國漢城大都會藝術博物館
		聯展	第七屆全國美展	中國北京
		聯展	新精神——香港現代畫展	澳洲澳華博物館
		聯展	海會雲來——名家畫展	香港大會堂
		聯展	中國當代名家墨寶展	
		聯展	蛻變——現代中國繪畫展	香港藝術中心
1990		聯展	香港當代藝術	美國芝加哥
		聯展	九零亞洲運動會	中國北京
		聯展	第五屆亞洲國際美展	馬來西亞吉隆坡
		聯展	匯流畫社九一年會展	香港區域市政局
		聯展	藝術精英計劃	香港屯門、沙田
		聯展	水墨新風格	澳門市政府廳
1991	3月	聯展	結緣	香港三聯書店展覽廳
	6-7月	聯展	山雲水月情——香港水墨畫四人展	香港中華文化促進中心
1992			出版《畫筆之外》	
		聯展	國際水墨畫大賽	中國海口

		聯展	漢城方法藝術家會議國際展	韓國漢城
		聯展	五人展	美國芝加哥貝蓮密打畫廊
		聯展	東方情懷・古都畫廊	香港藝術中心
		聯展	當代香港藝術雙年展	香港藝術館
		聯展	香港二〇二二	香港大會堂
		聯展	藝緣	香港三聯書店展覽廳
		聯展	澳門香港藝術家交流展	澳門視覺藝術學院
1993			出版《藝談藝壇》	
		聯展	徐子雄個展	香港世界畫廊
		聯展	香港及海外華裔藝術家邀請展	香港三行畫廊
		聯展	當代藝術家邀請展一九九三	香港藝林畫廊
1994		聯展	藝林畫廊開幕展線中線——速寫書法個展	香港藝林畫廊
		聯展	香港美術家協會會展	香港中華文化促進中心
	9-11月	聯展	當代香港藝術雙年展第十五屆亞洲藝術節（獲書法獎）	香港藝術館
	10月	聯展	現代墨色	香港三行畫廊
1995		聯展	科學與藝術	香港大學馮平山博物館
		聯展	當代香港藝術雙年展	香港藝術館
		聯展	水墨	香港三行畫廊
	3月	聯展	九五當代香港藝展	香港三行畫廊，香港藝術館
		聯展	香港藝術展	日本鹿兒島黎明館
		聯展	遺珠展	香港藝林畫廊

		聯展	城市藝采	香港城市大學
		聯展	二友雅聚	廣州聚雅堂
		聯展	第五屆全國美展	中國北京
		聯展	市政局藝術獎獲獎者作品展一九九五	香港藝術館
	9月	聯展	藝天繁星——呂壽琨師生、畫友聯展	香港藝術中心，藝倡畫廊
	9-10月	聯展	香港現代繪畫展	日本福岡美術館
1996		聯展	丙壬年書法展	香港中華文化促進中心
		聯展	國際和平港日藝術交流展	香港會議展覽中心
		聯展	水墨行動	香港大會堂
		聯展	書法展	香港藝林畫廊
		聯展	香港明天會更好	香港浸會大學
	5-6月	個展	色墨之作	香港藝林畫廊
1997		聯展	回歸與展望・當代香港藝術一九九七	香港藝術館
		聯展	迎香港回歸創美好未來書畫聯展	上海圖書館
		聯展	香港藝術一九九七——北京·廣州	廣東美術館，中國美術館，香港藝術館
1998			出版《藝壇風雲錄》	
		聯展	扇可扇非常扇	台北彩田藝術空間
	5-7月	聯展	向大師致意	香港藝術館
			參與於北京舉行的「首展海峽兩岸書畫交流會」	
	10月	聯展	香港名家書畫賑災義展	香港集古齋

		聯展	香港現代中國畫邀請展	香港文化中心
1999		聯展	港心濠情書畫展	澳門華僑報趙斑斕文化中心
		聯展	「書情秋意」書法小品展	香港 Para/Site 藝術空間主辦
		聯展	十八人展	香港 Para/Site 藝術空間主辦
		聯展	香港藝薈	湖北武漢黃鶴樓
		聯展	龍蛇集書法狂情	香港藝林畫廊
		聯展	水墨雅意山水花鳥作品展	香港 Para/Site 藝術空間主辦
		聯展	當代書法名家匯展	香港大會堂
		聯展	香港之墨畫展	日本東京、原宿、表參道、新潟館
		聯展	香港詩書畫研究院嶺南分院成立慶祝書畫展	東莞市博物館
		聯展	香港蘭亭學會千禧藝展	杭州浙江博物館
		聯展	迎接新世紀、進入大時代——全國著名詩書畫作品邀請展	東莞市博物館
		聯展	香港蘭亭學會藝展	香港大會堂
		聯展	流金歲月	香港三行畫廊
2000	5月	聯展	香港當代藝術展	香港三行畫廊
	5月	聯展	香港現代中國畫、水墨畫邀請展	香港中華文化促進中心
		聯展	第十七屆全澳書畫聯展	澳門藝術博物館
	6月	聯展	e 藝術空間四人聯展	香港 Para/Site 藝術空間主辦
	8-9月	聯展	書情秋意——書法小品展	香港 Para/Site 藝術空間主辦
2001	1月	聯展	書畫淨色齊賞	香港志蓮淨院

	9月	聯展	藝術薈萃——香港藝術中心廿五周年視藝展	香港藝術中心
		聯展	藝述香江	香港藝術館
		聯展	香港書畫展	中山市博雅藝術畫廊
		聯展	春聯・揮春創作展	香港牛棚藝術村
2002	7月	聯展	名家書畫展	灣仔區文化娛樂體育會
		聯展	龍騰賀慶書畫展	香港中央圖書館
		聯展	抒發、書法	香港藝林畫廊
	11月	聯展	貴州風情寫生畫展	香港大會堂
		聯展	香港蘭亭學會藝展二〇〇三	香港大會堂
			獲民政事務局「嘉許狀」	
2003		聯展	書院掇英・當代香港百人書法展	香港甲子書學會主辦
		聯展	藝術合家歡	香港藝林畫廊
		聯展	香港速寫展	香港禮賓府
	3-4月	個展	逍遙遊——徐子雄近作展	香港 Para/Site 藝術空間主辦
	12月	聯展	書苑掇英——當代香港百人書法展	香港大會堂
	12月-2004年1月	個展	景中境——徐子雄作品展	香港 State-of-the-Arts Gallery
2004		聯展	香港藝術界大匯展	香港中央圖書館
		聯展	粵港台書法交流展	香港城市大學
2005			於香港浸會大學視覺藝術院任講師	
	3月	個展	墨程	香港藝林畫廊

		聯展	第十屆全國美展	深圳關山月美術館
2006	6-7月	聯展	香港視覺藝術的創作精神——金禧聯展	香港文化中心
2007	10月	個展	雄風壺趣——徐子雄壺繪欣賞	香港集古齋
	10-12月	聯展	香港妙彩——高華文香港藝術家藏品	香港大學美術博物館
2008	1-2月	個展	徐子雄的色域怡情	香港標奧廊
	2月	個展	學藝篇——徐子雄雜作展	香港藝林畫廊
2009			為「第二十七屆全澳書畫聯展」擔任評審	
2013		聯展	當代香港書畫五十家作品提名展	香港中央圖書館

任職情況

年份	職銜	任職機構
	主席	一畫會
	副主席	香港美術家協會
	副主席	香港作家協會
	副主席	香港藝評論聯盟
	顧問	香港文教傳播協會
	名譽會長	中國詩畫研究院（嶺南分院）
	理事	湖北省國際交流中心
	主席	國際造型藝術家協會香港分會
	主席	匯流畫會
	創會董事局委員	香港藝術家聯盟
1973	講師	大一設計學院
1984	講師	正形設計學院藝術課程
1984	講師	香港大學校外課程部水墨課程
1985	講師	香港理工太古設計學院
1989	講師	香港浸會學院校外進修部
1992	講師	香港大學專業進修學院人物課程
1994	講師	香港中文大學校外進修學院
1999-2014	視覺藝術審批員	香港藝術發展局
2003	副主席	香港作家協會
2005	講師	香港浸會大學視覺藝術院

郭樵亮

簡介

郭樵亮，一九三一年生於香港，早年隨家人遷到上海定居，一九三六舉家回到香港逃避戰亂。在香港淪陷其間，他先後在天台學校鴻翔小學及官立漢文高級中學（現為金文泰中學）就讀。一九五〇年，郭氏入讀羅富國師範專科學校，選修美術，兩年後畢業，郭氏被派到長洲官立中學任教美術，教學生畫畫寫生，後再調到香港仔官立小學出任教職。後來，在一位調到輔導視學處的漢文中學前老師推薦下，他轉到視學處私立學校行政組擔任副視學員。一九六二年，郭氏考得政府訓練奬學金，獲時任首席督學顧理夫（Michael Griffith）介紹到 Ravensbourne College of Art 繪畫系，留英四年後畢業。

回港後，郭氏獲上司的邀請，到葛量洪師範專科學校任職，與李國樑、李國榮、陳炳添等人籌劃「三年制」課程。為了提升教學水平，他引入英國的教育模式，通過舉辦工作坊、邀請藝術家主持講座、帶教師看展覽、兼顧美術史和通識教育、辦畢業展覽等做法，務求提升美術的地位、提高美術教師的士氣。受郭氏教導的學生，有鍾永文、日後的首席督學楊懷俸、行為藝術家郭孟浩等，而這個「三年制」課程，亦發展成日後的高級師資訓練課程（ACTE），並一直由一九六六年開辦至二〇〇〇年。

受到香港中文大學教育學院院長胡興德的邀請，郭氏自一九六九年起在中大教育學院兼教美術教育文憑班。一九七一年，由於美術督學史肖玉（H.T. Stewart）退休，他便重回視學處接掌其職務，到一九八六至一九八七年間升任為首席督學。顧理夫仍在位時，他重設計輕美術，主張把應考美術的考生及合格人數壓在「可掌控的程度」。在郭氏出任首席督學後，香港的美術教育亦出現轉機。首先，他極力推廣美術，主張美術的考生應愈多愈佳。另外，他為美術科引入 Coursework 的會考卷，改良過往「一次性」的考試方法。然而，郭氏對美術科的最大貢獻，莫過於對教學人員的支援。除了巡視學校、鼓勵美術科的教師外，他的團隊著力向政府增撥資源，為學校設立美工室、添置器材及美術用具。為了改善教學質素及加強學生對美術科的興趣，他又在北角成立美術中心，為美術科教師提供租借幻燈片等教學資源，讓美術教育人員得以不斷學習提升個人能力和修養，緊貼世界潮流。故此，郭氏充分利用其身份及職能，通過官方的層面，為香港的美術科注入理性及系統性的元素，一改其昔日的頹風。

郭氏工餘時亦有習畫，其畫風以沉鬱見稱。留學英國期間，除了主修繪畫和攝影外，他對版畫的興趣亦漸濃，回港後更在葛師負責教授木刻版畫等，並先後在香港藝術中心、藝林畫廊、香港大學圖書館等地方辦過展覽。由於其官方身份的關係，郭氏在藝壇相對低調。

郭樵亮訪談錄

訪問者　黎明海博士

2013.4.2

■

黎　你生於一九三一年，由於避難的關係，在一九三六年從上海來到香港？

郭　其實我在香港出生，但年紀小時，父親就帶著我遷到上海居住。直至日本侵略上海時，我才回到香港。我想，當時我大概在唸小一。我唸過數間小學，包括中山僑商會所小學、鴻翔小學。我讀的是一所私立中文小學，所在的那棟唐樓被劃成板間房，部分板間房就用作課室。由於隔音不佳，左鄰右里的説話，可謂「聲聲入耳」。

黎　那時已經有美術課？

郭　應該是淪陷時的事了。回想起來，學校好像叫光華中學才對，中小學合營。光華中學位處荷李活道，就在舊中區警署對面。現在整條街都是畫廊了。我在鴻翔唸小學，及後轉到光華中學唸書，都是私立學校。後來，就是光復的時候，我轉到香港官立漢文學校唸中三，它正是金文泰中學的前身；我在那裏從中三唸到高三。

黎　在香港官立漢文學校時，你好像跟一位廣州來的老師學過西畫。

郭　對，他就是於廣州市市立美術學校任教的馮國勳老師[1]。來港避難後，就在知行中學教美術。他畫水彩畫的，畫得很好。父親知道我喜歡畫畫，便通過其他人的介紹，把寒舍借給馮國勳老師，供他作畫室之用。因為我沒有交學費的餘錢，便負責擺設、收拾畫具等，以勞力代替學費。馮老師帶一些石膏像給我們畫，還有請朋友來當模特兒。到星期天，他便帶我們到郊外寫生，到新

界，也有到市區，畢竟當時未有太多人。我跟了這位馮國勳老師很多年，每星期一兩課。

我還記得教美術的黃碧霖老師。他是中日混血兒，但非常愛國。雖然他的母親為日本人，但他愛的卻是中國。當年他教授圖畫，作品很有日本風格。課餘的時候，我曾向他另付學費，請他教授繪畫。他的畫室在何東行[2]，大概就是皇后大道中陳意齋附近的一棟建築物。他的正職為畫廣告，教美術則為副業。

黎　你是否當過他的助手，為他托色盤搬畫具？

郭　就是搭棚。當年有一款酒叫「正正酒」，它的廣告樓高數層，要搭棚畫。黃老師替他們畫酒樽，用油漆直接畫到牆上去，壁畫來的。我就跟著他到處走。黃老師的廣告公司叫「紅駝美術社」，他可算是我的啟蒙老師。

黎　那麼，抗戰時香港淪陷等經歷，會否對你的創作，甚或人生有所影響？

郭　影響很大。讀的那幾間學校，都很注重愛國教育。上音樂課，我們唱的都是《松花江上》、《保衛中華》等抗戰歌曲。到光華中學的時候，老師在淪陷後還不斷向我們灌輸愛國意識。父親從事會計工作，也是業餘漫畫家。當時，大概在太平洋戰爭前，一九四〇、一九四一年左右，基督教青年會組織了「漫畫同志社」，他曾加入並成為會員。他們集結了一大群人到新界宣傳抗戰，在葵涌那邊畫抗戰壁畫，後來被警察發現，連我也被抓了。當年港英政府不許市民抗日，連報紙也只能寫打倒「XX」，不可明言。父親畫漫畫、喜愛美術、很愛國，對我的影響很大。當時，我看了不少漫畫如葉淺予[3]、黃堯[4]等作品。

黎　就在同一時期，廣州有廖冰兄[5]。後期一點的有許冠文[6]。

郭　許冠文那些很後期了，沒有多看。除了這批上海的漫畫家，我也喜歡香港的，如李凡夫的《何老大》[7]等。早期我盡是畫一些古靈精怪的，又模仿他人畫抗日漫畫。

黎　不過，當時港英政府應該不太接受你這種意識形態吧？

郭　倒不會，我的同學全都很愛國。當時好像有一宗「九龍城事件」，就是港英政府將九龍寨城中由中國政府管治的部分收回，這舉措引起很大回響。我記得很清楚，那時漢文中學的老師都很愛

國，對港英政府皆很反感，其中一位老師還稱英國人為海盜的子孫。

黎 從漢文中學畢業後，你曾打算回國升學，然則因為家庭問題而擱置計劃。是否由於當時羅富國師範專科學校所提供的學生福利，誘使你留下呢？

郭 其實，那時我考入了香港工業專門學院，即今日的香港理工大學。不過，他們未有提供津貼，反觀羅富國師範專科學校則有數百元。由於家境清貧，這筆津貼對我甚為吸引，加上自己又喜歡教書。就這樣，我進了羅富國師範專科學校的兩年制，讀中文部，是第八屆學生。在漢文中學就讀的時候，何漆園是我的老師。從中三到高三，他前後教了我四年。後來，他進了羅富國師範專科學校，就這樣又教了我兩年。

黎 至於何漆園老師，他好像是嶺南派的。但相比起趙少昂那些水粉成分較重的，何氏傾向於傳統的處理。

郭 他是折衷派的。老實說，我對國畫不太感興趣。不過，我很欣賞何漆園老師的為人。在我的眼中，他體現了所謂的「畫家人格」。

黎 你進了羅富國師範專科學校後，他也到了那裏任教。

郭 我在羅富國師範專科學校選修美術，何漆園是其中一位老師，另一位則是 Ms Ann Devoy。Ms Ann Devoy 沒怎麼教我們的，盡是叫同學站出來讓我們畫。由於我受過基本繪畫訓練，所以她認為我畫的東西也不錯。一位叫 Mrs Helen O'Connor 的西婦也教過我，但她根本沒料，只教我們寫字母（Lettering），沒有教其他的東西，由A寫到Z，每課如是。還好她教了幾課後，就換了也是唸美術出身的 Ms Ann Devoy。我雖然是中文組的，但另外選修的一些科目，則由外國人任教。我選過科學、體育等，教授的老師既有洋人又有華人。我們那時是大雜燴，教體育的也是外國人。

黎 就是華洋共處吧！後來的分工變得仔細，英文組就專用英文教授。同期的同學有多少人？

郭 中文組有三十餘人。

黎 依照當時的社會情況，學校並不多，畢業生的就業情況未必理想。

郭 真的很不理想。只有兩位被派到官校，我是其中一位。雖然薪水不高，

大概四百多元，但算是頗幸運的。那時我被派到長洲任教，因為未到過長洲，最初害怕得很。自己既要租住板間房，又要「搵食」（謀生）。回想起來，一九五二至一九五五年，那三年光景其實是一份恩賜。當時教過的學生，不少人至今還跟我保持聯絡，大家還會結伴旅行。明日中午，我會跟其中一位學生飯敍。屈指一算，這批學生已七十多歲了！因為是漁民子弟學校，部分學生比我還要大。那時候有個叫陳子君的，後來當了律師。還有梁乃鵬，他也是我在長洲時的學生。

黎　那麼你在長洲的經歷，其實很甜蜜。是否中小學合於一校？

郭　印象中，只有小五至中三，一共五級。部分學生為長洲居民，部分則為漁民子弟。中三畢業後，不少人到漢文中學升學，有些則到英皇書院。至於梁乃鵬，他家境貧窮，畢業後去了酒店當侍應，工餘時間到夜校讀英文。我曾在夜校教英文，碰巧又再次當他的老師。部分人，如後來當了議員的文世昌[8]，日後頗有一番成就。有個叫張奮強的，去了美國後成為了太空科技方面的專家。聽其他人說，當局好像禁止他離開美國。

當時長洲那所學校，有三位老師（兩男一女）是共產黨員，後來被港英政府驅逐出境。當中兩位老師在回歸後到過香港，我也跟他們碰過面。初到長洲時，我也帶有愛國思想，而且大部分學生也挺愛國的。

黎　所以你也有過回內地唸書的衝動。

郭　對。我想到漢口的中南美術專科學校讀美術，那時連晚上做夢也想被他們收錄。我的妹妹也希望到內地讀師範，不過受到父親阻止。有一天，她說要到街上走走，想不到就隻身遠赴華南師範學院（現稱華南師範大學），一路以來經歷了文化大革命等。家妹最大的優點，是從不抱怨。

黎　可能家裏或周遭環境令她如此愛國，驅使其到內地升學。

郭　或多或少是有的，可能她受其老師的影響。你聽過陸無涯[9]嗎？他妻子在（堅道）香港真光中學（後遷至大坑道）任教，較為左傾，妹妹故此受到她的影響。這是五十年代的事，父親那時已經不在了。妹妹唸大學一年級，另外兩個弟弟分別讀高中一年級和初中一年級，最小的那個還在讀小一。妹妹到內地時，我還在長洲當老師，教美術教理科。後來，我被認為有不良傾向，他們就把我調到香港仔漁民子弟學校，安

排我教小一和小四。那時的班級按年紀劃分：「甲」、「乙」、「丙」、「丁」、「戊」、「己」。「一己」是我要教的其中一班。教小學時，校長對我嚴加管制，經常到我的課堂巡視，聽我的課。最初我未察覺，後來才無意中發現。他亦曾要求我教夜校，但我以畫畫為由推卻了。

現在回想起來，也自覺年少時不太禮貌，不懂人情世故。就在那位校長寫我的報告前，他突然逝世了。後來，漢文中學有位老師調升到視學處當督學，職級頗高。因為需要額外的人手，他便在各官校揀選當公務員的舊生，故此我就這樣進了輔導視學處，負責檢視天台學校的行政。初出茅廬時，我的職階為Sub-Inspector（助理督學），總是給人看輕的，連當文書的也瞧不起我們。部門內劃分了很多級別。最高級的為高級教育官，而我們這些助理督學，只是教育官的副手隨從，在我們之上還有其他人。故此，我們被喚作「Sub 記」。當時的工作，就是巡察天台學校，控告超額學生。這份工作很沉悶、很枯燥。一到晚上，我就畫畫。

那時我跟馮國勳老師學畫，還參加了陳福善先生的「華人現代藝術研究會」，都是寫生的。當時，陳福善都是預早交代下周的活動。假如他通告下周到茶果嶺寫生，我們一行二十多人等便自攜畫箱，屆時準時出現，有點像現在的旅行團，韓志勳、王無邪等也在其中。

黎　話說回來，除了「華人現代藝術研究會」外，你有參加其他畫會嗎？抑或你只參與寫生活動？

郭　全都沒有。我只參加過一個由年青人主持的左派工會的美術組，大概是五十年代的事。那時灣仔駱克道那邊有個叫「文員會」的組織，辦一些文藝座談會。我也去過《王貴》、《李香香》等大陸小說的座談會，談談心得。大概是文革前幾年，我還到過澳門去看《白毛女》，因為它不能在香港上演。時至今日，這個組織好像已經消失了。

陳福善先生平易近人，談笑風生，很輕鬆的。我也很喜歡他。我也跟畫油彩的伍步雲學過畫，又是寫生。他喜歡帶兩幅畫布，面對面的釘起來，上午畫一幅，到下午光線變了後再畫另一幅。他的畫顏色上得很好，即便保存了幾十年還是鮮艷奪目。

黎　那時已經有李鐵夫、余本[10]等人的展覽嗎？他們當時是否已經很活躍、很有名？

郭　就我所知，李鐵夫的作品不常見。至於余本，我自己挺喜歡他的畫。不過，他的作品在回內地後一落千丈，令

人惋惜。另外，我自己也喜歡王少陵[11]的水彩、油畫。

黎 進了視學處後，機緣巧合下，你就中領了獎學金到英國留學，對嗎？

郭 對。有一天看到內部通告，知悉政府設立了獎學金，讓公務員到英國讀一些本港未有開辦的課程。Government Training Scholarship（政府訓練獎學金）每年皆設，只供公務員申請，並列明要修畢一個學位課程，並於學成後回港工作。申請時我便遞交了一些畫作，供美術科的督學顧理夫（Michael Griffith）審核。當時美術科的幾位科督學自成一國，而我又較為低調，所以顧理夫完全不知道我也有畫畫。見到我的作品時，他也免不了有點驚訝。還記得面試時，被問到怎樣打發餘暇，我便告訴他們自己在學法文，因為想到巴黎。他們又問我為何要到巴黎，並說：「不要到巴黎去了，巴黎已經落伍了。現在英國已成為領導潮流的旗手。」當時大行其道的普普藝術，就是源於英國的。

黎 那麼你就去了Ravensbourne College of Art？相關部門有提供一些學校供你們揀選嗎？

郭 你可以選任何一間。當時顧理夫就向我推薦了在一九五二年組辦的Ravensbourne College of Art主修繪畫，因為這是他的母校。它的前身是Bromley School of Art，後來校舍擴大了，還準備轉為大學課程。一九六二年初到英國時，它還在開辦英國國家設計專業文憑（National Diplomas in Design，簡稱NDD）[12]課程，唸到最後一年，則轉為大學學位課程，取得學位畢業。不過，這所學校頗地區性的，在倫敦附近的肯特（Kent），眼界不夠，但我也無甚怨言。

這間學校的藝術學院好像已經倒閉了，轉攻設計和傳理等。當時自己糊糊塗塗的，但回想起來，Ravensbourne College of Art的方向其實一直都搖擺不定。他們本來很學院派，有點像英國倫敦大學斯理藝術學院之類的。但方針一轉後，新聘請的美術主任John Brine卻只顧喝酒、胡混，找來一批新潮的人當講師，終日風花雪月。請來的講師，不少都來去匆匆，有的教了一兩個月就蟬過別枝。有些薄有名氣的，來了後好像什麼也沒幹過。至於學生，紀律性也頗低。

黎 他們好像跟英國皇家藝術學院合作過，之後又跟其他一些院校進行夥伴計劃，最後更中斷了聯繫。他們一直都搖擺不定，找不到定位似的。

郭 對。那時有兩個校長，分別是藝

術學院的 Keith Coleborn 和設計學院的 John Cole。當時接觸到的英國藝術，絕不局限於普普藝術。如果肯多看書、去展覽、聽講座，其實經驗頗難得的。

有位老師是亨利摩爾（Henry Moore）[13]的助手，上課時經常提到他。校長 Keith Coleborn 是其同學，我曾到過校長的府上，看到他把亨利摩爾餽贈的石雕用作門頂，頂著大門。他說亨利摩爾的作品不行，所以才這麼用。他為人很風趣幽默。

黎　你的畫風，有否受到當時的影響？你的風格比較表現性。

郭　以前比較寫實，留學英國時則畫抽象畫多。除了畫抽象外，我的學校仍保留著一些傳統。例如，每周都預留了一天人體素描，我也漸覺沉悶了。留英時，我長時間都在畫畫，畫塑膠彩作

葛量洪教育學院「特別三年制美術專科課程」第一屆部分師生，站立者為郭樵亮，1969 年。

品。沒什麼其他活動，就是看電影、舞台劇和旅行。那四年，我可謂無憂無慮。一方面既有留學津貼，另一方面又繼續獲發薪水持家。最奇怪的是，那幾年幾乎沒有通脹，而且連匯率也維持在一英鎊兌十六港元，絲毫不變。

黎　六十年代的巴黎，仍停留在印象主義，沒有新的突破。你到英國的時候，正正是藝術的黃金時期。故此，顧理夫的分析也頗準確。一九六六年畢業後，你就回到視學處？

郭　不，由於受到老上司的邀請，我去了葛量洪師範專科學校任教。他們在籌備特別三年制，正是 ACTE（Advanced Course of Teacher Education，高級師資訓練課程）的前身。

黎　為何有此構想？

郭　可能是英國來的顧問，批評專科（即俗稱術科）老師的水平較低。故此，我便去教這個「三年制」，和李國樑、李國榮、陳炳添[14]等人共事。至於香港理工學院設計系系主任夏德飛（John Hadfield）、香港博物美術館首任館長溫訥（John Warner）和顧理夫，他們三位可謂決定所有的美術政策。

黎　你在任教這個三年制課程時，好像運用了英國的教育模式，舉辦工作坊、邀請藝術家主持講座、帶教師看展覽等等。有什麼理想或路向嗎？

郭　還兼顧美術史和通識教育、開辦人體素描等，模式大致上沿襲英國那一套。理想是有的，但現在記不起了。美術一直為人看輕，我當時希望提升美術的地位、提高美術教師的士氣。由於自己喜愛美術，故此便希望跟其他人分享自己的熱誠。

黎　你們四位（郭氏、李國樑、李國榮及陳炳添）敲定了美術課程大綱。這課程培育了楊懷倖[15]、鍾永文[16]等學生。這批學生對日後藝術教育的發展，有莫大貢獻。以楊懷倖為例，他後來接掌了首席督學一職。高級師資訓練課程於一九六六年訂立，一直開辦至二〇〇〇年，足足有三十多年之久。據資料所見，每個課程完結後都有畢業展。這是否參照英國那套模式而生？是否要給學生一些壓力，逼他們做創作？

郭　兩者皆是吧！另外，我們每周也會邀請藝術家跟老師作分享，包括張義、王無邪、韓志勳等人。其他做傳統的、插圖的藝術家等，我都有邀請。除了繪畫外，還有一些 Subsidiary Studies（附帶學科），如利用八厘米攝影機拍一些實驗電影、郭孟浩就做些裝置藝術等。

黎　當時藝術放任政策較為盛行，但你擔任高級師資訓練課程講師的時候，卻主張加入藝術史。

郭　我想課程理智化一點。有些人認為，美術並不需要有系統地學習；好些同事，更指出色的美術教師鮮有受過美術訓練。所以，他們覺得美術訓練是多餘的。不過，我卻認為藝術的修養和熱誠為必要，教學法等次之。教學法那些有點多餘，我未有教過，只是講中國美術史和西洋美術史。那時教學法尚未流行。

黎　你比時代走快了幾步。後來學科為本的 Discipline-based Art Education（DBAE），就是你的那一套教法。七十年代後出現的一批優秀老師和藝術家，或許也曾受過你的指導。迄今仍從事美術教育或創作的人之中，當中哪些是你的學生？

郭 大部分已經退休了。即使為最年輕的鍾永文等人，都已經退休了。我在長洲小學教過鍾永文。我教過版畫和網印，但以絲網印刷做得比較多。我在英國時，只學了一點點絲印，未算太全面。回港後，就跟韓志勳一起，向經營絲印公司（標準公司）的陳振榮請教絲印、處理感光劑等技巧。

黎 要有黑房才可以做到，應該很難在學校處理吧？

郭 學校多用版模，因為較易處理。

黎 我還以為你有做藏書票之類的。

郭 那是梅創基[17]的拿手好戲。我做過絲網印，以裝飾性為主，後來沒有興趣再做下去。要說最常做絲印的，則不能忽略李東強[18]，雖然他以教版畫為主。

黎 除了李東強外，鄺耀鼎、鍾永文也有做版畫。你雖較少製作，卻也喜歡木刻版畫。

郭 我喜歡，但自己從未製作過。另外，我也很喜歡抗戰的木刻。抗戰的木刻引人入勝，是中國美術的特點，很有力。製作木刻的其中一個原因，就要大量複印原作，如抗戰時作宣傳品用。我想，大概自己也受到創作抗戰漫畫的父親所影響。

黎 你到英國前，思想較為左傾、社會主義、愛國的。但英國的經歷，會否令你的思想、觀感有所轉變？

郭 我並無受親英思想所影響。雖然我熱愛英國的文化，但我對港英政府的管治，卻甚為反感。即使在「六七暴動」期間，我也不太同情港英政府。

黎 那時葛量洪師範學院（於同年易名為葛量洪教育學院）在加士居道，似乎不太受到中環那邊的暴動所影響吧？

郭 他們包圍過南九龍裁判司署好幾次，裏面的人幾乎要翻牆逃跑。當時師範有些學生頗激進的，甚至有幾位托派的學生退了學。

黎 「六七暴動」期間，你應該沒有在行動上支持他們吧？

郭 當然沒有。只是創作上以比較深層次、不太快樂的方式表達。其實官校並非純粹地親政府的。有位朋友告訴我，說他本來不愛國的，到了外國生活後，卻忽然愛國起來。

黎 這並不奇怪。距離感加強他對國家的認知和認同。

黎　顧理夫淡出後，是否由你接任？

郭　當時顧理夫的職階為 Principal Inspector（Cultural Crafts），中文為美工組首席督學，涵括美工及家政。顧理夫退休後，便由掌管家政的 Mrs Jean Gillard 接任，另外又聘請了加拿大籍的 Miss Ruth Carlson 到美術組，當我的上司。不過，這位 Miss Ruth Carlson 不太活躍，無甚作為。到一九八六至一九八七年，Mrs Jean Gillard 和 Miss Ruth Carlson 先後退休，我才接掌首席督學一職，且要兼顧家政，所以我也算是家政科的督學。

黎　你就這樣自一九七一年起，一直在視學處工作至一九九二年退休。據文獻顯示，你進了視學處後，替我們的學科爭取了不少的資源，包括在中學成立美術室。除卻政策的配合外，當時的社會，是否漸漸重視視覺藝術或美術科的發展？

郭　一九七一年，因為史肖玉（H.T. Stewart）退休後，要找人替代她的位置。就這樣，我就成了美術科督學。顧理夫就是我的上司。想起來，他對藝術也沒什麼高見，總是說藝術不能教授（art cannot be taught）。他認為設計可以教授，所以較著眼提升設計的地位。其實，我也不清楚他的想法，大家就是不太合得來。

不僅是美術科，連木工、金工、家政等實用科目，都獲得重視及撥款。故此，各學校便從政府手上獲到資金，購買消耗性的材料、改建美術室等。在「威逼利誘」下，學校開始為美術科撥出更多資源。

黎　這方針會否與香港於七十年代的政策發展有關連？

郭　我不太清楚了。就是七十年代時多了資助，特別加強實用學科的資源。我們曾有過一筆總值一千五百萬港元的起動資金，大概用到全港性地建美術室、補購消耗性材料等，私校除外。

黎　以我所知，一九八四年後的中學課程（DBAE）又經歷了另一次轉變。當時你有否參與課程的討論？

郭　課程由另一個委員會負責，而我們只是視學處派出的代表而已，參與度不高。最大的影響，反而來自香港考試局（現為香港考試及評核局）。

那時考生少，我則認為愈多人應考美術愈好。不過，部分人卻主張把考生壓在「可掌控之內」的人數，然後分數則從嚴。我出任首席督學後，便提出引

入 Coursework，總比「一戰定江山」好得多。不過，這就辛苦了同事。

黎 當時有參與 coursework 的學校，似乎不多。

郭 正常的，始終是起步階段，要一步一步來。

黎 以前那一套，似乎比現在推行的 SBA（School-based Assessment，校本評核）來得好。畢竟，你既可選擇校本評核，又可選擇參加一次性的考試，較有彈性。視學處其中一個職能，就是去巡視學校。不論官立、津貼、私立學校等，是否跟教育沾上關係的，你們都要處理？

郭 什麼都要處理。就是去巡察設備、了解學校的困難、鼓勵校方和教師等等。另外，我們亦要求加長美術科的上課時間。每周僅只一課，時間根本不足夠。後來，我們用津貼誘使他們加長上課時間，就演變成每周兩節課，甚或三節課。

黎 至於北角的教育署美工中心，是什麼時候成立的？我認為美工中心極具價值。回港後，我經常溜到美工中心，翻拍那裏的幻燈片。

郭 應該是一九七一至一九七三年左右，署方將北角百福道四號的小學校舍改建，把其中兩層規劃成美工教學資源中心（美工中心）。楊懷俸很有創意，他幫了很大的忙。在葛量洪師範學院當學生的時候，他已經把學校的廁所設置成黑房。到美工中心後，他更弄了個不用關門的黑房。其實，我也很懷念美工中心。我不僅喜愛美術，還熱愛美術老師和學生。至於怎樣去實行理念，都是率性而行。

黎 環顧眾多美術科首席督學，似乎只有你一人唸創作出身。

郭 就只有顧理夫、Mrs Jean Gillard 和我三人。顧理夫是做雕塑的。嘉諾撒聖方濟各書院有一幅畫著四個天使的壁畫，草圖就是出自顧理夫之手。然而，他的作品不太常見。

黎 在一九八七年成為首席督學後，你有思考過怎樣去處理香港的美術教育嗎？

郭 我一直思考這問題，並不會因為成為首席督學後，才「忽發奇想」。還記得在葛量洪師範專科學校任教時，美術科的士氣極低，學生也很自卑，以為自己不如別人出色，才被派到美術科。經過幾年的努力，學生漸漸為修讀美術而自豪。教美術科的，永遠不能停下來，要

不斷更新自己。

黎 如你所言，美術科需要不斷更新。我們還在當學生的時候，課程哪有漫畫、電影等元素？今時今日，課程雖然加入了新的元素，但老師能夠教的很有限，學生始終要多加努力，不斷提升自己。因此，每一個讀美術的人都要終身學習。另外，你對學界也極為支持。以「香港大專美術聯會」為例，你曾為他們出任顧問一職。退休後，你亦當了「香港美術教育協會」的顧問。印象中，你好像參與過顧問導師展覽。

郭 記不起了。其實我很怕做顧問的，自己似乎幫不上大家。

黎 事實上，在藝術教育的領域中，不論在師資培訓或課程發展，你都扮演了舉足輕重的角色。在藝術圈子打滾了多

等待（Waiting），塑膠彩（Acrylic），40x30cm，2008 年。

年，你有否收藏了一些藝術家的作品？

郭 除了文樓送贈的一隻青蛙雕塑外，我還有一套黃少強[19]的國畫，都是關於抗戰的，全都由先父購藏。在葛量洪師範學院任職時，我曾把畫作借出以供展覽。

黎 提起嶺南畫派，大家總會說到「二高一陳」（高劍父、高奇峰及陳樹人）、趙少昂等，鮮有提及黃少強。我跟你志趣相投，實在難得。另外，我今日亦帶了一些叢書，如這本《李維陵寫生集》來，都是年輕時買下的。

郭 這本是翻畫的。他的原畫，應該更自然。就如豐子愷[20]的《人散後，一鉤新月天如水》，原作比翻畫的更為動人。他的畫作曾刊登在《星島日報》，每日一幅，我蠻喜歡的。他專門畫建築

物。李維陵最出色的作品，大多繪於五十年代。你的《李維陵寫生集》，我想大概是六十年代那時翻畫吧！其實，李維陵幾兄弟跟顧理夫有著深厚的友誼。

黎 我也有讀過李維陵的《荊棘集》。至於這本一九五七年的《怎樣教美術》，你有看過嗎？在你的年代，會有美術教育的參考書或文獻嗎？這本書的內容，頗具時代性的。當時的老師，到底如何編排課程？

郭 教育署出版過幾本課程指南，但內容較為顯淺，未有深入的思想探討。我們這一輩的，大多少看美術教學法，多看如朱光潛等人的美學書籍，熟讀得幾乎可以背誦出來。

黎 回想起編組課程的時候，課程指引皆建議我們按照老師的專長而設計課程。另外，我們手上的其中一份資料顯示，你曾參與一九七六年「香港藝術中心的開幕聯展」，當中還有文樓和趙海天等人。你還記得這個聯展開幕時的情景嗎？我們只見到你的名字，未找到你的作品。

郭 印象中，我拿過畫作到香港藝術中心，但實在記不起是哪一幅了。

黎 大概是何弢組織的。

郭 當時他好像仍在香港。我跟他算是相識。從美國回來後，他曾於新亞書院任教。機緣巧合之下，我邀請他到葛量洪師範專科學校演講，他講得很出色。

黎 他對藝術設計的影響很大。

郭 日後，他更是鋒芒畢露。那個在北角碼頭的工作室，他設計得非常好。

黎 你畫畫但又不做展覽，除了到你的府上，恐怕很難在別處見到你的作品。

郭 我也解釋不了，可能是香港的反應太差吧？做了不少東西，卻無人理睬。到現在，畫展好像已經淪為聯誼性質，讓朋友見面聚聚。早前有些退了休的朋友在藝林畫廊辦展覽，我也拿了一幅畫去參展，一幅游泳的畫。

黎 現在你才有較多群體的展覽。印象中，你很少辦展覽？

郭 個展也辦過幾次。我在香港大學圖書館辦過一次"Kwok's Recent Paintings"，又在跑馬地嚴以敬的傳達書屋[21]辦過展覽。不過，次數真的很少，且挺累人的，到近年已經有心無力了。

要數最近的一次，應該是二〇〇〇年在藝林畫廊辦的「郭樵亮繪畫展」。

黎　當你們辦展覽時，我連入門級也算不上。因此，我們還得要向你們請教，追溯當年的資料。

注釋

1 馮國勳（1916-1970），一九三六年廣州市市立美術專科學校西洋畫系畢業。一九四二年任廣東省立藝術科學校講師，一九四五年受聘為副教授。一九四六年來港，於香港堅道一百三十五號設畫室教授繪畫。六十年代於香港大學校外課程部教授繪畫，科目包括水彩畫技法理論與實際研究（1966）及藝用透視學（1967）。一九七六年傳達畫廊舉辦「馮國勳先生遺作展」。

2 何東行位於皇后大道中一百七十六號，樓高五層，於七十年代初拆卸改建。

3 葉淺予（1907-1995），原名葉綸綺。一九二八年參與《上海漫畫》及《時代畫報》編輯工作，多發表速寫和漫畫作品。一九三九年至一九四二年在香港組成「香港漫畫協會」，並創辦《今日中國》月刊。自四十年代起，進而並從事中國畫創作，曾任教於國立北平藝術專科學校（1947-1948）、中央美術學院國畫系主任（1954-1966，1979），代表作有《中華民族大團結》及《和平解放北平》。文革期間遭監禁，致事業停滯，一九七〇年代後期重返中央美術學院，並完成《富春山居新圖》。同時歷任中國美術家協會副主席、一九八一年任中國畫研究院副院長及全國政協第二至第七屆委員。

4 黃堯（1917-1987），其父黃漢鐘為書畫家，一九三五年任上海《新聞報》美術編輯，五十年代於香港及泰國曼谷出版漫畫。一九六二至一九七二年擔任馬來西亞新民中學校長，一九六七年出版《馬星華人誌》。

5 廖冰兄（1915-2006），一九三二年起在廣州報紙發表反日本侵略漫畫。一九三五年畢業於廣州市市立師範學校，戰後創作題材轉向國民政府，代表作有《貓國春秋》。一九四五年來港，加入發表漫畫《阿庚傳》，並加入「人間畫會」。一九四九年回廣州，翌年出任華南文藝學院（廣州美術學院前身）教授、「中國美術家協會」理事和「廣東省美術家協會」副主席等職務。曾為廣東省雜誌《劍花》主編。

6 許冠文（1930-2007），曾主編抗日戰爭漫畫《財叔》。

7 李凡夫（1906-1967），早年活躍於廣州，一九二八年創辦「廣州漫畫社」，一九三三年主理《半角漫畫》，創作漫畫專欄《阿老大》，後改名《何老大》，並於《公評報》創作連載漫畫《大官》。一九三九年協助創辦香港《成報》，並主理該報漫畫專欄《何老大》，一九四〇年與葉淺予、張正宇等人創辦「全國漫畫作家協會香港分會」。一九五九年起任半月刊《漫畫世界》作者，並於翌年成為「庚子畫會」創會會員。除醉心漫畫外，亦愛收藏石灣陶瓷以及清代畫家蘇仁山的畫作。《何老大》的故事題材貼近小市民的生活，反映社會的黑暗腐敗。

8 文世昌於一九八五年至一九九四年出任東區區議員，一九八六年至一九九五年間任市政局議員。一九九一年出任立法局議員（港島東）。

9 陸無涯（1912-1984），原名石魂，別字藝，號晦廬，齋名風雨樓。一九二九年入讀廣州市立美術學校，翌年轉至上海新華藝術專科學校，隨陳抱一、王道源習油畫；一九三三年隨司徒奇習畫，一九三四年分別任教於西江鄉村師範學校、鶴山縣第一師範學校等。一九三六年與李東平等創辦月刊《巨浪》。一九四七年移居香港。

10 余本（1905-1995），本名余建本。一九二八年入讀加拿大Winnipeg School of Art，後轉校至加拿大多倫多安大略省立藝術學院，於一九三一年畢業。一九三五年移居香港，一九三八年起在港設置畫室教授繪畫，為香港美術會會員，一九五二年與陳福善、李秉創立「香港藝術社」，一九五六年回到廣州，先後出任中國美術家協會理事、廣東畫院副院長等職務。

11 王少陵（1909-1989），於一九二五年在香港

參加學生運動。一九二八年曾在白崇禧部下第二路前敵總指揮政治部從事漫畫宣傳工作，翌年在中國國民黨中央宣傳委員會駐滬辦事處任藝術幹事。一九三一年「九一八」事變後回港，始研習西方繪畫，其畫室位於雪廠街二十三號。一九三二年王氏憑水彩畫〈欲雨還休〉在「香港美術會畫展」獲第一名。一九三五年與陳福善、穆時英等創辦香港文藝協會，同年冬季在思豪大酒店禮堂繪壁畫〈鳳凰〉。一九三八年赴美，曾於哥倫比亞大學及紐約華美協進社任教。

12　NDD於一九六七年正式為Diploma in Art and Design（簡稱DipAD）所取代。

13　Henry Moore（1898-1986），英國著名雕塑家。一九一九年畢業於英國Leeds School of Art（現為Leeds College of Art），及後在英國皇家藝術學院就讀（1921-1924）。一九七四年，置地公司購入其作品〈Double Oval〉，並設於怡和大廈外。

14　陳炳添（1937-），一九五九年葛量洪師範專科學校畢業，曾先後任教於葛量洪教育學院（1968-1988）及羅富國教育學院（1988-1994）。曾為香港藝術館顧問。

15　楊懷俸（1946-），一九六八年畢業於葛量洪師範學院二年制及一九六九年首屆美術科特別一年制，後到金文泰中學任教至一九七二年，獲香港政府公務員獎學金，同年十月負笈英國Ravensbourne College of Art and Design修讀平面設計，一九七五年以一級榮譽畢業。一九七六年，於倫敦Central School of Art and Design修畢碩士學位，於同年回港。一九七六至一九八〇年出任教育司署視聽教育組助理督學，一九八〇至一九八三年出任美工組擔任美術科督學。一九八四年任美術科高級督學，一九九二至一九九九年出任美工組首席督學。回歸後，教育署改組，自一九九九年末獲派到教育統籌局學校質素保證分部出任總主任（學校質素保證），至二〇〇四年中退休，二〇〇六年任首屆視覺藝術科行政長官卓越教學獎評審顧問。曾為香港藝術館顧問。

16　鍾永文（1939-），一九五九年葛量洪師範專科學校畢業，先後任教於一九七〇年十月一日調往柏師，以後多年任教於柏立基教育學院（1970-1977，1986-1989），葛量洪教育學院（1977-1986，1989-1994）及香港教育學院（1994-1995）。一九七七年獲市政局藝術獎。

17　梅創基（1940-），一九五九年入讀廣州美術學院版畫系，一九六三年定居香港。七十年代起任台灣《雄獅美術》雜誌特約撰稿人。一九八一起於香港中文大學校外進修部及大一設計學院任講師。

18　李東強（1931-），一九六二年畢業於香港新亞書院藝術系、一九七三年修畢美國愛荷華大學藝術碩士課程，一九八〇年修畢英國布萊頓理工學院版畫文憑課程。曾出任香港中文大學藝術系副講師（1974-1978），於一九七八年升任為講師。後移居加拿大，於九十年代中期返港，於香港中文大學藝術系及香港浸會大學視覺藝術院兼教。二〇〇〇年獲頒香港藝術發展局視藝發展獎。曾於閣林畫廊擺展覽，包括「香港閣林畫廊聯展」（1975）及「個人素描及版畫展」（1977）。

19　黃少強（1901-1942），一九一九年入讀由高奇峰在廣州創辦之美學館，一九二一年入讀博文美術學校，後隨高劍父習畫。一九三六年在廣州創立「民間畫會」，一九三八年廣州淪陷避居香港，與何漆園等成立「歲寒社」，並畫下不少抗日人物畫作。

20　豐子愷（1898-1975），一九一九年畢業於浙江第一師範學校，師從李叔同及夏丏尊。一九二〇年到日本，曾於上海專科師範學校、中國公學、立達學園等任教。一九二四年，朱自清將其《人散後，一鈎新月天如水》發表到文藝雜誌《我們的七月》。一九三一年「九一八」事變

後與朱自清、郁達夫、魯迅等發表《文藝界同仁為團結禦侮與言論自由宣言》，五十年代屢把英文、日文及俄文著作翻譯，一九五三年出任上海市文史研究館館務委員、中國美術家協會上海分會副主席（1954-1961）、上海中國畫院院長（1960-1966）；「立達學會」常務委員之一。

21 傳達書屋位於香港禮頓道四號二樓，由嚴以敬夫婦經營。

郭樵亮簡歷

年份	月份	展覽類型	事跡	地點
1931			生於香港，後遷往上海居住	
1932			日寇侵上海，避難來香港。就讀私校鴻翔小學	
1936			曾跟隨父親漫畫團體到葵涌畫抗日壁畫，被港英政府一併拘捕	
1941			香港淪陷時，就讀私校光華中學	
1945			戰後入讀官立漢文高級中學（現為金文泰中學）	
1950			入讀羅富國師範專科學校，選修美術及理科，一九五二年畢業	
1962			考取政府訓練獎學金（Government Training Scholarship），入讀英國的芬斯本爾美術學院（Ravensbourne College of Art）繪畫系，四年後畢業	
1974		個展	郭樵亮畫展	香港中文大學校外進修部
1977		聯展	香港藝術中心開幕展	香港藝術中心
1992			正式退休	
2000		個展	郭樵亮繪畫展	香港藝林畫廊
2001			擔任「東涌逸東邨藝術發展計劃」評審	
2009	12月	聯展	藝術作品及香港美術教育師資回顧展	香港教育博物館

任職情況

年份	職銜	任職機構
1952	中學教師	長洲官立中學
1955	小學教師	香港仔官立小學
1957	私立學校行政組助理督學	香港教育司署視學處
1966-1970	美術科導師	葛量洪師範專科學校
1971	督學	香港教育司署視學處
1973	評選委員	第二屆全港學生美術創作展覽
1985	評審	青少年美術創作比賽
1987	首席督學	香港教育司署美工科
1992 至今	顧問	香港美術教育協會

陳餘生

簡介

陳餘生，一九二五年生於香港，自幼喜歡美術，尤愛漫畫、中國民間藝術及各處的民俗藝術等，但因為父親的反對，他在投身社會後暫時將「畫家夢」束之高閣，到大東電報局擔任電訊工程工作。不過，陳氏依然心繫繪事，未有忘記其理想。到四十多歲收入漸趨穩定後，他在一九六八年報讀香港大學校外課程部藝術與設計基礎文憑。三年的夜間課程間，他先後跟隨白自覺（Jon Alfred Prescott）、張義、韓志勳、郭樵亮等人學藝，其中何弢的講課，讓科學背景強烈的陳氏得以重新審視藝術元素及其分拆。

在港大校外課程部研習期間，他結識了一班畫友，並合作成立「視覺藝術協會」。除了租借展出場地、推動藝術家之間的交流外，「視覺藝術協會」亦為會員提供展覽基金，讓經濟能力較低的會員，不會因財政問題而限制其個人藝術發展。「視覺藝術協會」創會後首四年，陳氏擔任了兩屆會長，為該會制定了幾則條款，對協會的發展有一定貢獻。

陳氏自一九七〇年修畢港大校外課程部藝術與設計證書課程後，他不斷思索探究一套簡單而全面的藝術教學方法，以將藝術教育中涉獵到的各範疇技法重新歸納整理。後來，歷時三年，他編製了《繪畫十講》，教授學生各種元素並將之重新整合，以供業餘愛好者研究藝術之用。另外，陳氏亦注重民間的藝術教育及推廣。一九八九年，他先與妻子周淑芬創辦「文苑畫院」，致力繪畫培訓工作。到一九九五年，他創辦了「藝緣畫會」，不限年齡資歷性別，廣招藝術愛好者，並任首屆會長四年。「藝緣畫會」的藝術教育工作不只局限於畫室，他們亦曾聯同本地學校策劃「藝術到會」活動，將會員的作品真跡送到不同的學校，以供學生近距離欣賞接觸藝術品。至於社區性的藝術推廣活動如「藝術巴士：走入社群」等，該會亦積極參與。多年來，陳氏一直獻身於本地業餘美術教育，並與學生曾繁光、林悅玲、周淑芬等人在專業的藝術世界以外，另闢了一片新天地。

陳氏不遺餘力推動本地藝術發展，除了在香港大學校外課程部等機構出任教學職位外，亦曾擔任康樂及文化事務署榮譽專家顧問，夏利豪現代藝術基金會及香港當代藝術雙年展等藝術比賽評審。在藝術創作方面，陳氏亦默默耕耘，自一九七一年起在香港、日本、韓國等地多次舉辦個展，參與過百次聯展，如「當代香港藝術雙年展」（1981）、第三至五屆亞洲國際美術展覽會（1982、1983、1984）等，作品廣為私人及藝術館收藏。雖然年事已高，他卻未有放慢步伐，近年更嘗試以小畫家等電腦程式創作，衝破傳統框架。

陳餘生訪談錄

訪問者　黎明海博士

2012.4.24

■

陳　先說一說我這個「怪物」。我自小就比較喜歡科學，看過很多科學雜誌，所以曾從事與科學相關的職業。「宇宙是無聊的，人類是荒謬的。」年屆八十九歲的我，把人生的經歷和要說的話寫成了一本《餘生一集》，薄薄的一本，有這樣一句的短文：「一個人。一個人的成就，過不了他的視野，一個人的公正，過不了他的野心。」

我曾動過十一次手術。最近一次手術，把四分一肺部割掉。因此，我現在說話較慢，也不能再畫大型塑膠彩作品。我早前更中了風，手腳和腦筋不如以往般靈敏。我以電腦的接龍遊戲作自我治療。起初，我玩一兩分鐘便覺累。後來，我每晚睡前也會玩上大半個小時。情況稍為好轉後，我嘗試以「小畫家」（電腦應用程式）作畫。人們聽罷，便給我白眼。畢竟「小畫家」的畫作在市場還未有認受性嘛。

黎　若人們以你早期的塑膠彩畫作為標準，「小畫家」的作品確實不能同日而語。

陳　那當然！至今仍能繼續畫畫，我已覺萬幸。

黎　一九六八年至一九七一年間，你修讀香港大學校外課程部藝術及設計證書課程。你曾說過七十五位學生報讀，但只有四位能順利畢業。你能否談談這課程對你的影響？

陳　其實，那時真正畢業的只有我和另外一位學員。我受益於白自覺（Jon Alfred Prescott）的教學。他積極協助學生解決問題，備受各方學生尊重。那

時的導師如張義、韓志勳、何弢、鄺耀鼎和郭樵亮等在本地具影響力。三年的夜間課程頗為深入，其資格相等於英國兩年的大學課程。我尤以其自由的教學方式為傲。何弢博士在課堂談及包豪斯（Bauhaus），他讓我這個只往科學領域裏鑽的人，重新審視藝術元素及其分拆。何弢博士對學生的要求很嚴格，他要求學生以艱深的題目作畫，比如一幅以張力為名的，以三種顏色作重疊，甚或以兩種顏色畫出韻律等習作。起初，他的班有二十多人，上了一課後卻只剩下十餘人。有時，他看過學生的作品，便評說：「一張白紙也比你畫的要好。」我總算能完成所有功課。

黎 你最初學畫時，會否在香港各地取靈感？

陳 以前畫畫，會隨身帶備速記簿。現在每到一處，拍幀照片就行了。日常的景物包括坑渠口、剝落的牆角、掛在屋外的衣物等等。我們教畫時也要求學生自備相機，以便到處取材，並把拍下的景物分門別類。

畢業後，我一直構思一套簡易但全面的方法教授學生。就如包豪斯只教人如何解構不同元素，卻沒有教人如何將其整合。因此，我著手編制一套新方案《繪畫十講》，讓學生認識各種元素，也能學懂將其重新組合。當中兩位學生更因而受益不少，陸浩燊[1]便是其中一位。我跟他說：「看閣下該是以三色（紅、黃、藍）走天涯的人。」他點頭說是。那時他就是這樣一個畫家的模樣。我再問道：「你大概用多少顏料完成一幅大型畫作？」他回答：「大概都用上二十多支。」我便答道：「為何你不買些已調好的顏料呢？有些顏色並非透過自行調色就能成事。」他們習畫的時候也得兼顧顏色的三大元素：其一為艷亮度，其二為透明度，其三為純度。不同顏色調和後，會變得比原來的混濁，愈調愈濁。況且，有些顏色是調不出來的。顏色的組合和運用也會影響畫作予人的觀感。我常以馬諦斯（Henri Matisse, 1869-1954）為例，他是個能把顏色發揮得淋漓盡致的畫家。

黎 你在一九六八年入讀香港大學校外課程部時，坊間有同類的藝術課程嗎？還是大部分課程皆偏重中國藝術？

陳 我對坊間的課程並不大清楚。我只知道陳海鷹有個「香港美專」（香港美術專科學校），同期的還有香港中文大學校外進修部以及香港中文大學藝術系。那時我在大東電報局擔任電訊工程。說到這裏，我要更正朱琦於《香港美術史》一書中提到的資料，我當時在大東電報

局工作，後來大東電報局才被香港電話公司收購。

黎　你在香港大學校外課程部結識了一班畫友，因而成立「視覺藝術協會」（Visual Arts Society，簡稱 VAS）？

陳　是的，我們很投緣。還記得第一屆香港藝術節，金嘉倫、張義等人於香港大會堂展覽廳內設展。我們這班剛修畢藝術課程的學生也想一嘗辦展覽的滋味。當年要在香港大會堂內擺展覽並不容易，我們只有情商當事人，才獲准於香港大會堂外的空地擺地攤，當時有五六個人參與。VAS 有一本場刊，寫得頗詳盡，王無邪先生也前來探望我們。那時大東電報局大樓在香港大會堂對面，現址為中國建設銀行大廈。[2] 那時我於上址工作，一班畫友在展覽後便到飯堂飲酒、吃飯。乘地利和酒水供應之

VAS 早期會員合照。左起：柯韶衛、唐景森、朱興華 、陳餘生、李其國（前）、畢子融（後）、呂豐雅、陳輝明。

便，我就此當上首兩屆的會長。

卸任會長後，我也從不間斷在 VAS 開會時供應飲食。還記得我們為 VAS 的成立舉辦一個慶祝活動，當時的藝術家流行裸跑，唐景森[3]曾提議 VAS 同人到尖沙咀天星碼頭裸跑。我倒贊成的，只是我在公司附近裸跑，唯恐飯碗不保呢！

黎　在 VAS 成立前，有一些由前輩級藝術家組成的畫會如「中元畫會」，有張義，韓志勳等人。（**陳**　他們的畫會有宗旨的，我們則沒有。）還記得 VAS 成立時有個「彈畫會」……

陳　我當 VAS 會長時制訂了幾則條款。其一，會長不能連任兩屆。其二，會員不能擅自代表本會發言。VAS 並無一個特別的主張，我們只主張視覺藝術應該百花齊放，只要藝術家肯為其作品簽名

便行。所以，我們的會比較開放。比如柯昭衛致力於裝置藝術，蕭始宏於VAS第二屆年展把一本《聖經》劈開，郭孟浩則做happenings（即興）等。說到郭孟浩，他是第一位在中國萬里長城拉膠袋的本地藝術家。有一次，VAS在香港藝術中心辦展覽，郭孟浩走到天台，把一些雞蛋掉到地上，並靜觀日後的變化。結果嘛，那場地被他的雞蛋弄得臭氣薰天！還有一次，郭氏於展場掛了很多物件，把某些人的作品遮蓋著。徐子雄看罷不服氣，便問：「會長，為何你允許會員遮擋著別人的展品？」我便答道：「你是VAS的會員嗎？不然，你犯不著如此關注我們的展覽安排吧？『各適其適』正是本會的精神！」

常務會議過後，我們會來個「彈畫會」。我常說到，作品的優點，自己是一清二楚，只有我們才看到它的不足。「彈畫會」正好能發揮其作用。我們的評

FORM 3 [RULE 3]

SOCIETIES ORDINANCE

(CHAPTER 151)

CERTIFICATE OF REGISTRATION

It is hereby certified that the society known as

The Visual Art Society 視覺藝術協會 *of*

(Name of society)

204, Tin Hau Temple Road, A2, 15th floor, North Point, Hong Kong

(Address of society)

is registered in accordance with the provisions of section 5 of the Societies Ordinance.

Dated this 27th *day of* July, 19 74.

(I. Tindal)

Assistant Registrar of Societies.

CP/SR/13/4119

視覺藝術協會的社團註冊證明。

語也頗為「到肉」（一針見血）。

黎 加入VAS時，我倒未曾參與過「彈畫會」的活動。

陳 因為你的作品「冇得彈」（不俗，沒有被批評的空間），但這亦非好事！每年我們一眾會員不但互相抵勵，還會觀察誰在本年的創作較厲害，以作良性競爭。VAS成立之初，我們設有擺畫委員負責擺畫事宜。一般而言，我們習慣把最好的作品設於展場的中間位置。在創會後的三四年，我的畫總穩佔展場的中間位置。朱興華後來居上，他的作品於數年後被放在這當眼位置！持平的說，朱興華確實進步不少。

VAS的創會會員均著重藝術家的自由發展，絕不互相「吹捧」。

黎 其作風跟其他畫會不大一樣。VAS

（視覺藝術協會）可謂較前衛和多元化。

陳 你說 VAS「前衛」，也實在太美言了。我想它只是格格不入、糊裏糊塗吧！

黎 VAS 成立以後，在搜集資源、資金等方面會否較以往容易？

陳 那時沒有籌集資金這回事。當時可沒有免費場地供人辦展覽，而展覽場地的租金甚為昂貴，即使香港大會堂給我們三折，恐怕我們也負擔不來。的確，有些會員未能負擔展覽費用，收入較好的會員則自發注資本會的展覽基金。每當有會員想參展，而未有經濟能力繳付費用，展覽基金會因應個別需要撥款。那些會員於資金充裕時，會悉數把款項還予基金。

VAS 有三個特色：一則會長不能連任兩屆；二則會員不能擅自代表本會向外發言；三則設有「彈畫會」。有會員未能接受「彈畫會」的批評文化，參與一次以後便受不了。有一次，某會員致電給我，說他不服氣，要退會云云。我倒勸他不要退會，說若然他也退出的話，便沒有人比我更差了。他聽罷，氣得半死呢！

黎 VAS 成立至今已有三十九年。當中哪些展覽令你印象深刻難忘？

陳 每次展覽也很有特色。香港中文大學那班人對 VAS 辦的展覽異常留意。我在一九九五年創辦「藝緣畫會」，呂振光曾笑稱夏利豪基金會藝術比賽是我倆學生一較高下的擂台，並以入選作品為準則。我倆勢均力敵！「藝緣畫會」一個星期才上一節課，學生以業餘性質習畫，他們初次參賽已能入選。VAS 每年均展出新鮮的事物和展品，比如朱興華、呂豐雅、李秉罡、郭孟浩等。李秉罡身在紐約，在紐約的地鐵站也有他的作品。就連「雞粒」（陳餘生的外號）我在海外也有些許知名度！

黎 沒錯，VAS 的會員均獨當一面。VAS 以專業藝術家為主，那你和學生如何為「藝緣畫會」定位？

陳 我只跟我的學生另闢一片新天地而已。目前「藝緣畫會」活躍的會員有陳崑嶽、周淑芬[4]、曾繁光、林悅玲、李展輝、劉永剛、李德輝、楊靜儀、王玉玲、湯玉蓮、雷素裘和陸浩燊等人，他們各自在藝術領域上有所突破。

黎 你曾見證不同畫會於香港成立。那些畫會對本地藝術界的發展有何影響？

陳 我得再次強調，文化是人類的生活方式（英文原句為"the way of life"），藝術是人類的生活痕跡（英文原句為"the trace of life"）。藝術的表述和興起理應自發性。每個畫會也有其成立的理念、目的。有些畫會每逢周末會到戶外寫生，有些則每星期或定期作人體素描甚或水墨創作等。這些都是很好的活動，因為它滿足了藝術愛好者對藝術的渴求。

一個社會若欠缺這些零星、自由的藝術活動，則不能往前走。世事大都是偶然的，就連微軟的出現也是偶然的。蓋茨創辦微軟的原意，是在學校弄一部電腦供同儕聊天之用。無心插柳下，他的發明掀起了全球性的革命。這一切並非事先安排，更不可能通過規劃而使之發生。我想你從事教學多年，也有感香港的教育制度過於刻板。對於那種量化學術、研究成果的風氣，我尤為反感。

We take pleasure in inviting you
to the opening and meet the artist at the exhibition
GAYLORD CHAN 1991
on Friday, September 27, 1991
from 5:30 pm to 7:30 pm
at Hanart T Z Gallery
Basement, 28 - 30 Braga Circuit,
Kadoorie Avenue, Kowloon, Hong Kong
The exhibition continues through October 13, 1991
Daily from 10:30 am to 6:30 pm, closed Mondays

謹訂於一九九一年九月二十七日（星期五）
下午五時半至七時半舉行
陳餘生九一展
開幕酒會
漢雅軒 敬邀

展覽日期：一九九一年九月二十八日至十月十三日
每天上午十時半至下午六時半，週一休息
展覽地點：九龍嘉道理道布力架街廿八至三十號地庫

「陳餘生九一展」開幕酒會邀請卡，
漢雅軒，1991年9月27日。

作為高等學府，校方和有關當局應尊重學者，給予他們多些時間、空間從事研究工作，不應限時限量出產成品。政府亦不應過分干預藝術發展。

黎 你剛才提到夏利豪基金會藝術比賽。印象中，它可是跟香港藝術雙年展鼎足而立。

陳 對。夏利豪基金會藝術比賽代表民間，香港藝術雙年展則代表官方。我擔任夏利豪基金會藝術比賽評審也有十年，他們的評審機制來得清晰、簡單。當局把作品置於房間內，每位評審按照約定時間，在沒有第三者在場的情況下作獨立評審。當局會歸納眾評審的意見，從而定出入選作品。

黎 那麼評審們有機會看過作品的真身，再作取捨，這種做法較好。香港藝

術雙年展評審主要通過投影片作判斷。

陳　看投影片作評審或有欠客觀，畢竟照片可能比原作還要好，甚或原作比照片來得好。夏利豪基金會藝術比賽要求各評審作獨立的分析，其間不能交談，直至進入篩選得獎者階段始能討論，並選出冠、亞、季軍。由於評審過程謹慎、認真，每屆的入選者和得獎者均具相當代表性。我有幸當了十年的夏利豪基金會藝術比賽評審。當上十年的評審後，還獲當局頒發一個紀念牌。

黎　夏利豪基金會藝術比賽好像於這一兩年停辦？

陳　是的，要在香港辦這個比賽花費非常龐大。經歷金融風暴後，各行各業或多或少受著影響。

黎　你曾參與香港藝術雙年展，又當過夏利豪基金會藝術比賽的評審。你認為這些大型展覽或比賽對藝術創作會否有推動作用？

陳　這些大型展覽和比賽，對推動藝術創作有一定作用。從事藝術的人總需要一些鼓勵，需要一些平台去發表。若然香港停辦夏利豪基金會藝術比賽和香港藝術雙年展，這絕對是香港藝術界的一大損失。

黎　據我所知，很多前輩和當今頗具名氣的畫家也曾獲獎，例如朱興華、唐景森等。獎項對藝術家的成就是一種認同。你本人曾獲頒英國員佐勳章、香港藝術家聯盟九十年代的畫家年獎等。這些獎項能否對你的創作有所激勵？

陳　倒沒有。說實話，香港藝術館讓我得獎的那幅畫可是我眾作品中最不濟的。然而，獲獎也是值得高興的事。藝術家也是較單純，他們不過想多些人欣賞其作品而已，政府犯不著過分干預藝術發展。然而，辦一個展覽也得花費十多萬元，當中包括聯誼一項，不然人家不一定要來看你的展覽。所以說，從事藝術者也不禁唏噓。

香港現在流行「藝術推廣」一詞。那時「藝緣畫會」已有「藝術到會」（Art on Wheels）。事緣一次辦展覽，有些老師跟「藝緣畫會」會員說：「我們的學生鮮有機會看到藝術家的真跡。」我們的會員便答道：「不要緊。倘若貴校有空，我們會運送作品到學校以供學生欣賞！」其實，眾會員也各有各忙，我們還是堅持把作品送到不同學校，並辦一些相關的藝術工作坊。記憶所及，我們共提供十數次「藝術到會」，可謂默默耕耘。

黎　這正是藝術家與藝術教育的配合。

陳　我們一向積極推廣藝術。只是大家年紀較大，有感力不從心。

黎　你們現在還有「藝術到會」嗎？

陳　「藝緣畫會」去年和香港教育學院的都佩儀博士及新巴、城巴合辦一次「社區藝術計劃——『藝術巴士：走入社群』」。那些「藝術巴士」到四個場地，「藝緣畫會」會員也有出席並提供服務。我妻子周淑芬也去過一次。

　我們把作品運到巡遊地點作展覽，並親身向參與者講解作品。然而，我們從不申請政府資助。全靠眾會員出錢出力，活動才得以成事。「藝緣畫會」沒有資歷、年齡、性別的限制，唯一入會條件是喜愛藝術的參加者須年滿十八歲，以便參與和舉辦活動。

黎　當下政府急切的為藝術發展訂下藍圖，比如西九文化區的硬件，即藝術場地。你對於這些政策有何看法？

陳　老實說，我起初並不了解「西九」是怎麼一回事，只知道媒體的報導以負面消息為主。周淑芬有位學生何倩彤自幼來畫室學畫，屢次獲獎，修畢香港中文大學藝術系學士課程那一年，漢雅軒於二〇一二年為她辦了個人展覽「何倩彤：吾友烏有」。漢雅軒知道她是我妻子的學生，也就邀請我們到場參觀。開幕禮進行期間，一個外國人走到我面前，我便跟M+展覽館主任Tobias Berger打個招呼，同桌的還有張頌仁[5]和約翰百德（John Batten）[6]，我們一起把酒談畫。

　火炭藝術工作室開放計劃開幕後，周淑芬有一個小型展覽，我們再遇見Tobias，同行的還有M+行政總監李立偉博士。有一天，Tobias問我：「Gaylord，你能否替我畫一些旗呢？」我說：「你要怎麼樣的旗？」他說：「三角形的旗，做大戲用的慶典大旗。」Tobias的概念以「做大戲」（粵劇表演）為主題，當時M+還未有一個整體發展的前提。我答應試試，看看有沒有成功的作品。朱興華以黃色笑話揶揄我，說我只管畫三角褲。話說回來，我還是首次畫大戲棚的旗幟。Tobias給我兩個星期的時間。我試著以「小畫家」（電腦應用程式）畫畫，每次以複數計，於每晚凌晨二三時左右電傳給他。我們是以此方式溝通的。

　李立偉博士說博物館不一定以固定形式辦展覽，他提議把我和朱興華的作品當為裝置藝術。如是者，我的裝置作品〈新年十二獎旗〉於西九大戲棚旁擺放，同場還有朱興華的〈睇大戲！〉牌坊。〈新年十二獎旗〉和我以往的作品完全不同，這再一次證明，只要你懂得視覺藝術的

元素，素材並不會局限個人創作。

我從小喜歡中國民間藝術及各處的民俗藝術，例如年畫剪紙圖騰之類。若人家問我認識什麼畫家的，我馬上能道出的中國畫家有黃賓虹和齊白石，外國的則有 Joseph Beuys（1921-1986）、Francis Bacon（1909-1992）、Anselm Kiefer（1945- ）和 Robert Rauschenberg（1925-2008）。我要強調，藝術家不應被物料限制其創作。我在香港教育學院辦「陳餘生數碼版畫展」，其標語提出「技巧不是障礙，我們的意志才是！」（英文原句為 "technique is not an obstacle, our mind is."）若然文化是人類的生活方式，藝術則是人類的生活痕跡。那何謂藝術呢？任何能誘發情緒的作品也可以廣義地被稱為藝術。時至今日，我總算找到了藝術的定義。

黎 業界均期望西九文化區能為香港藝術發展帶來新景象，卻久未成事。深圳、上海等中國城市已設有文化區。你剛才在訪談中段提過你和張頌仁也頗稔熟。他曾替你辦過好幾次的展覽，對嗎？

個展場刊，1981 年 7 月。

陳 我很尊敬張頌仁。他最初曾與拍檔黃仲方[7]合資開設畫廊，後來大家的發展方向有所不同。黃仲方偏愛傳統藝術，張頌仁想發展當代藝術，他們也就拆夥。由於張頌仁主要展出當代藝術如朱銘[8]的作品，他的財政自然較充裕。他曾辦了個「星星十年」展覽（1989），每年也會栽培一些藝術家。他不單投資藝術，而是全心推動中國當代藝術的發展。於我而言，張頌仁是個少數具國際地位的中國藝評家。

有一次展覽過後，飲酒慶祝，我喝醉了。于彭[9]背著我，把我送到當時位於嘉多利山地窖的漢雅軒。張頌仁見我這麼冷，給我報紙鋪在地上，好讓我能

睡在冰冷的水泥地板上。第二天，我一覺醒來，便問張頌仁討顏料，說我要畫畫。他笑說，我生來便是要畫畫！相識初期，我曾跟他簽訂合約。至今，我們仍有君子協定。

黎 說到畫作，你於一九九二年畫過一幅名為〈Homing〉的作品，對嗎？

陳 〈Homing〉是我最厲害的一幅畫作。畫〈Homing〉的時候我正聽著 Enya 的歌，畫的中心部分畫得非常漂亮。當我在畫作品的外圍時，以紙膠帶把這畫的中心部分遮蓋著，我只能看到外圍的顏色。這對於一個習畫的人來說，可謂極具風險。你要知道，往畫布著色以後，我不能把顏色抹掉，況且不同顏色的組合、反應和質感並非在我掌握之內。待顏料乾透後，我小心翼翼的把紙膠帶撕下。一看，我成功的畫了一幅佳

個展場刊封面，1981 年 7 月。

作！我很高興，馬上開了一支白蘭地來喝呢！那天晚上，我談了數千元長途電話，分享我的喜悅。這幅畫曾入選拍賣會，但它是非賣品，並將之贈予老妻（周淑芬）。

我和 VAS 的好友無所不談，差不多每年也會拿這幅畫跟他們分享。我曾開玩笑說：「你們的畫作可是對顏色的侮辱。要是你們也認為這幅畫很『正』（出色）的話，煩請在它面前跪下。」他們對此作品由衷佩服，全都跪下。

黎 那麼，你有否透過〈Homing〉表達別的訊息、情感？

陳 我作畫時，慣常以圖像表達一些感受、氛圍。最初數個小時，我會視之為熱身，把我腦海裏的感覺、思緒、想像以形狀表達。我所創的形狀會隨著我的感覺而有所變化。我大概花百分之二十

的時間畫那個形狀，然而我會花百分之八十以上的時間為畫作塗底色。我本身對顏色很敏感，看到某些顏色還會感到頭痛不適。比如汽車有一些LED剎車燈，它的紅色看久了，我還會看到紫色。

說到這裏，我不得不提到我於香港站的作品〈快而安〉。

香港鐵路有限公司有意利用地鐵站的空間放置藝術品，因而有一個名為「地鐵藝術——車站建築藝術」的計劃，我為此參加面試。面試委員有銀行家、地鐵公司的經理、建築師、工程師和前香港藝術館總館長曾柱昭。他們以攝錄機把我整個面試、作品介紹的過程拍下來。面試時，我拿著用小型電腦畫的一幅印在A4紙上的畫，並介紹我的創作意念。曾柱昭很懂我的畫，便說：「Gaylord，你的畫作及其底色的層次十分厲害。那你這幅畫會以什麼方式表達這種層次？」我心忖：「這趟可糟糕了。要是畫大型畫作，我得用上噴油。以噴油作畫或未能令其底色富層次感。那怎辦？」後來，我才知道海外的參選者比我還要認真。他們準備了作品模型，以及重甸甸的計劃書參加面試。

主辦單位對作品要求非常嚴謹。非但要符合法定規定，就連燈光效果也十分講究。地鐵公司對鐵路站採用的鋼板有嚴格規定。為防鋼板生銹，我們會在鋼版鍍上一層鋅，並進行防銹的工序。我得為我的大型畫作噴上不同的顏色；既要確保各種顏色的鮮艷度，也得兼顧畫作底色的層次和質感。要數最具難度的部分是飛船噴出的紫色雲霧，我和技術人員花盡心思，方能得出我要求的色調。當時，我還自備紫水晶球用來驗收燈光。

〈快而安〉為公共藝術。地鐵站有別於博物館，到地鐵站的人來去匆匆，我不期望他們能多花時間站在地鐵站通道欣賞我的作品。這作品必定是老少咸宜的。要使他們不分性別、年紀和種族，看到〈快而安〉也能輕鬆開心。

有一次，我到診所看醫生。等候診症的時候，我於雜誌看到〈快而安〉的相片。診所接待處的女士說道：「是你畫的嗎？我每逢上班路經香港站的通道，也會看見你的畫作。它令我有愉快的感覺。」聽罷，我感到欣慰不已，因為這是給我最大的賞賜。誰說藝術必定是深奧難懂的？

黎　你以不同媒介進行創作，由塑膠彩以至「小畫家」，這有否影響你於繪畫上的構思？就如曾柱昭所言，你不一定能以噴彩作出理想的層次……

陳　繪畫不但講求技巧，也講求作畫者對情感的探索、表達。還記得美國「九一一」事件。當時東南亞海嘯過後，

連翻看著有關的紀錄片，其間更看到俄羅斯一所小學的學生被脅持作人質。事件發生後，有多具屍體被抬出來。這些傷痛的情境，對我起了極大的衝擊，並畫下〈Tsunami〉。我常說，藝術家的情感、思想會令作品更為充實、完滿。藝術家不能把其作品的鑑賞價值歸咎於觀畫者的水平。一個觀眾有七成的鑑賞力已經難得。若你的作品的表達亦有七成的功力，作品的整體鑑賞指數，也只得七七四十九個百分比，即是不合格！要合格，你得提升個人的藝術造詣。你可要有百分之二百的感受去作畫，你的作品也隨之變得更具感染力。這種感染力跟物料和工具並無關係。你看，原始人在洞穴裏畫畫，當時還沒有什麼美勞、藝術教育。他殺了一頭野獸，親人拖著獵物回洞穴去，他便把周遭的事物真切的記錄下來。他的畫能誘發觀者的情緒，這份感人的感情記錄，便是恒久的藝術了。

黎　我們常說香港藝術，你也是土生土長的香港人。你認為香港藝術是否存在？

陳　香港人一般未能察覺香港藝術的存在，但大多數外國人在大型國際展覽中，能瞬間道出哪些是香港作品。我再次強調，藝術是人類的生活痕跡。香港藝術家的創作，自不然會刻劃其生活和經歷，我們無須刻意的塑造、確立個人形象。正如黎明海畫的是黎明海的畫，你不可能畫雞粒陳（陳餘生）的畫。縱然我倆均為香港畫家，畫風和經歷並不相同。香港藝術有其特質，我們既難以擺脫，也不能否定我們的生活痕跡。至於香港藝術有多好，則另作別論。

黎　香港藝術的風格到底是怎麼樣的呢？

陳　老實說，香港社會都是較保守的。五年前的香港，可容不下一件以男性自閹為題的藝術品。這反映香港藝術界的現實，欠缺那種拉弓射大鵰的氣魄。若有人邀請我到巴黎龐畢度中心參展，我才不敢獻醜呢！香港人沒受過一些重大的歷史事件的洗禮。我曾去過第四十八屆威尼斯雙年展（1999）看岳敏君[10]的雕塑作品，一群面帶誇張笑容的人像雕塑，它們腳下被鎖鏈牽著。這些表達，使人「誠心悅服」，笑著接受人被鎖著！倘若你不曾受過折磨，你何以能創作一些牽動人心的藝術作品？

科學和哲學理論對我的藝術創作有很好的啟發。人類以觸覺驗證世上各事物的存在性。比如我們能於天空看到月亮，卻未敢確認其存在。直至太空人登陸月球，我們始相信其存在。太陽系的星體由肉眼能見的物質組成，科學家因而認為宇宙確實存在。更玄妙的是，肉

眼能見的物質只佔整個宇宙的二十五個百分比，我們看不見的物質卻佔七十五個百分比，這稱為暗物質。究竟什麼東西能令整個銀河系依著軸心運轉而不散開？至今科學家未能掌握最大的宇宙。至於最小的物質，科學家們仍在尋找著「上帝粒子」（Higgs Boson）。

這些科學實驗再次證明，人類身處的地球是有限的，我們卻在面對不同的未知數。於我們有限的識見和理解，有限的世界因而變得無限。又有誰膽敢說，我們能明白真理呢？

黎　你的創作恰好反映你的思想。

陳　對，我常說：「一個人的思想系統愈完整，他的腦袋便愈封閉。」我正是如此。

注釋

1 陸浩燊，一九六九年起從事室內設計工作，一九七二年修畢摩理臣山工業學院傢具設計證書課程，一九八七年於香港大學校外課程部修讀藝術課程，一九九二年畢業於加拿大安大略藝術學院。一九九八年回港，隨陳餘生習畫。曾任教香港藝術學院與澳洲皇家墨爾本理工大學合辦之學士課程導師，為「藝緣畫會」會員。

2 香港麗嘉酒店於二〇〇八年結束營業。原址已重建成中國建設銀行大廈。

3 唐景森（1940-2008），曾任香港漁農處插畫員。一九七一年隨張義習雕塑，一九七七年獲市政局藝術獎。唐氏「香港視覺藝術協會」創會會員之一，曾於一九九二至一九九三年任該會會長，「香港雕塑家協會」會員。二〇〇八年獲香港藝術發展局年度最佳藝術家獎。

4 周淑芬（1965-），一九八九年畢業於香港中文大學藝術系。一九八九年與丈夫陳餘生創辦「文苑畫院」，一九九五年與畫友創辦「藝緣畫會」，為「香港視覺藝術協會」、「香港藝術家聯盟」、「香港美術家協會」及「香港現代女畫家協會」會員。

5 張頌仁（1951-），早年隨馮康候習書法、研究詞源學，後到美國麻省威廉士學院攻讀哲學及數學。一九七七年與黃仲方等創辦漢雅軒，八十年代開拓分店：香港漢雅軒 2（1983）、紐約漢雅軒（1988）、台北漢雅軒（1988），黃氏於九十年代初期結束並退出畫廊業務。歷年來，曾策展「後 89：中國新藝術」巡迴展（1993-1998）、聖保羅雙年展中國特展及香港館（1996）、威尼斯雙年展香港館（2001）。現為獨立策展人、中國美術學院跨媒體學院客座教授、亞洲藝術文獻庫董事、「國際藝評人協會香港分會」會員等。

6 John Batten（1959-），九十年代於《南華早報》撰寫文章。一九九七至二〇〇九年間設有約翰百德畫廊，位址卑利街六十四號地下。二〇〇四年起任慈善藝術活動 Hong Kong Art Walk 之策劃人，招集本地畫廊參與並開放空間。「國際藝評人協會香港分會」會員、香港亞洲藝術文獻庫及 la 空間顧問。

7 黃仲方（1943-），一九四八年從上海移居香港，隨顧青瑤習書。一九六二年於香港大會堂辦個展。七十年代末期在香港大學校外課程部任國畫及中國畫史導師。一九七七年與張頌仁等創辦漢雅軒，八十年代開拓分店：香港漢雅軒 2（1983）、紐約漢雅軒（1988）、台北漢雅軒（1988），於一九九〇年結束畫廊事務，專注個人創作。

8 朱銘（1938-），本名朱川泰，曾隨李金川學木刻（1953-1957），楊英風學現代雕塑。分別於香港藝術中心（1980，1990）、交易廣場（1986）及時代廣場（2006）辦個人展覽，漢雅軒為其代理畫廊。

9 于彭（1955-），先後隨陳亦耕、鄧國清及李其茂等習畫。一九七七年開始，有說其為台灣第一位街頭畫家，一九八九年起分別於香港漢雅軒及台北漢雅軒辦個人展覽；一九九二、二〇〇一及二〇一〇年於香港漢雅軒辦個人展覽。

10 岳敏君（1962-），一九八九年畢業於河南師範大學美術系。一九九三年於法國巴黎 Bellefroid Gallery 舉行首個個人展覽，一九九四年香港少勵畫廊替其及楊紹斌辦聯展，一九九七年參與巡迴展，並於二〇〇四年替其辦個展。作品以「哈哈大笑」肖像為人熟知，西方藝術評論稱其及相關藝術家的早期作品有玩世現實主義意味。

創作的演變和深化

陳餘生

> **除了技巧和感覺的需要之外，我們的腦袋，還擁有理性上的批判。**

在創作的過程中，因為有各類不同的需要，便會產生各類不同的演變，又因為有不同程度的需要，便又會有不同程度的深化。

首先要解決的問題，是如何去「表達」的「技術」問題，例如搞肖像畫的，一定要有卓越的素描根底，對色相的準確認識等等技術問題。如果，作者認為形似比不上感覺重要，為了要專注於表達對象的感覺，便會很自然地改變技巧，再不受制於形似，無需百分百地照抄。形可以變，色可以變。這是技巧因需要而演變，技巧經過一定的程度的演變，仍然不能滿足要求的話，便自然會因為需要而想辦法去深化了。

技巧會因需要而演變、而變化。創作的動機，亦會同樣地因需要而演變、而深化。如何去進一步傳遞作者本身的獨特感受，很自然地深入研究本身的感受，從而產生演變，繼而有所深入。這是屬於感覺的一部分。

除了技巧和感覺的需要之外，我們的腦袋，還擁有理性上的批判，這個理性的批判，會自然地影響創作的結果。我們可以在作品中找到這類批判的痕跡，也是一種感受。因作者的個性有別，而表達各有不同。作者的人生觀有別，世界觀有別，都會產生不同的作品。而這便是作品的精華所在，從而打動人們的內心，獲得共鳴。這方面亦會隨著個人的成長，會有演變，會有深化。

上面所講的，便是決定一件作品價值的一些重要元素。

技術上有需求，便會有演變，有深化。

生活上有追求，有感覺，便會有演變，有深化。

人生有追求，有內涵，便會有演變，有深化。

2008 年 10 月 11 日

陳餘生簡歷

年份	月份	展覽類型	事跡	地點
1925			生於香港	
1969		聯展	當代香港藝術展	香港博物美術館
1970			修畢香港大學校外課程部藝術與設計證書課程，深受何弢教授的包豪斯（Bauhaus）理論影響	
1971		個展	個展	香港大學校外課程部
1972		聯展	當代香港藝術	香港博物美術館
		聯展	國際造型藝術家協會第十屆巡迴展	馬來西亞，新加坡
1973		聯展	瑞士原作彩色版畫三年展	
		聯展	香港藝術中心主辦九人畫展	香港藝術中心
		聯展	當代中國藝術家版畫	香港博物美術館
		個展	個展	香港怡東酒店 Mezzanine Gallery
1974			與畫友創立「視覺藝術協會」，出任首兩屆會長	
		聯展	視覺藝術協會創會展	香港藝術中心
1977		聯展	當代香港藝術	香港大會堂
		聯展	香港藝術中心開幕展	香港藝術中心

1979		聯展	當代香港藝術雙年展	香港大會堂
1981		個展	陳餘生畫展	香港藝術中心
1982		聯展	當代香港藝術展	菲律賓馬尼拉大都會美術館
1983			獲香港市政局藝術獎	
		聯展	視覺藝術協會拾年展	香港藝術中心
	12月-1984年1月	聯展	市政局藝術獎獲獎者展	香港藝術館
1984		聯展	香港繪畫	香港藝術中心
1985			獲香港藝術家聯盟九十年畫家年獎	
1986			獲 MBE 勳銜	
		聯展	視覺藝術協會會展	澳門賈梅士博物館
1987		個展	陳餘生畫展	香港中華文化促進中心
		聯展	十年香港繪畫	香港藝術中心
		聯展	當代香港藝術雙年展	香港藝術館
1988	4月	聯展	心靈的圖錄	香港漢雅軒
	10月	聯展	香港現代藝術展	北京中國藝術館
		聯展	香港當代藝術	德國漢堡
		聯展	第三屆亞洲國際美術展覽會	日本福岡市美術館
1989			退休後與妻子周淑芬成立文苑書院，致力繪畫培訓工作	
	7-8月	聯展	第四屆亞洲國際美術展覽	韓國漢城大都會美術博物館
		聯展	當代香港藝術雙年展	香港大會堂

1990	11月	個展	陳餘生畫展	香港漢雅軒
			獲香港藝術家年獎及英女王頒授的 MBE 勳銜	
			榮獲香港一九九〇年畫家年獎	
		個展	陳餘生畫展	台北漢雅軒
	12月 - 1991 年 1 月	聯展	第五屆亞洲國際美術展覽會	馬來西亞國立美術館
1991		個展	陳餘生九一展	香港漢雅軒
			任夏利豪現代藝術基金會評判十年	
1992			出版《陳餘生畫集》	
		聯展	城市變奏：香港藝術家西方媒介近作展	香港藝術館
	4 月	聯展	當代藝術	香港藝術中心
	11-12月	聯展	香港二〇二二：市政局藝術獎獲獎近作展	香港藝術館
1993	1月	聯展	第三屆香港藝術中心課程導師作品展覽	香港藝術中心
	10月	個展	陳餘生「金屬系列」	香港漢雅軒
1994		聯展	香港藝術家薈萃	香港培藝中心
			作品〈Finished Unfinish〉被日本福岡市選用為亞洲月節日用之海報	
1995			成立「藝緣畫會」，並任首屆會長四年	
	1月	聯展	藝緣展	香港藝術中心
	9月	聯展	香港現代繪畫展	日本福岡美術館
	10-11月	個展	陳餘生：生日快樂七十歲	香港漢雅軒
1996	4月	聯展	收藏家精選展	香港漢雅軒

	6-7月	聯展	六三〇	香港漢雅軒
1997		聯展	香港藝術一九九七：香港藝術館藏品展．北京．廣州	香港藝術館，廣東美術館，中國美術館
1998			由恒生銀行贊助創作〈快而安〉紙浮雕，置放在機場快線香港站內	
			任香港教育學院駐校藝術家駐院計劃主持人	
			獲香港視覺藝術協會銀禧獎	
		聯展	香港視覺藝術協會二十五周年銀禧紀念	香港大學美術博物館
1999	10月	個展	陳餘生黑白展	香港漢雅軒
			擔任「夏利豪基金會第十四屆藝術比賽」評審	
2000			任「 L'art de Vivre la Difference」展覽之藝術監督，由夏利豪現代藝術基金會主辦，於聯合國教育、科學及藝術機構駐巴黎總部內舉行	
			擔任「中文大學藝術系本科生畢業展」評審	
	10-11月	聯展	經年不變：香港視覺藝術協會第二十七屆年展	香港視覺藝術中心
2001		聯展	異八爪魚：香港視覺藝術協會第二十八屆年展	香港大學美術博物館
	12月	聯展	四方：香港畫家四人展	香港漢雅軒
2002		聯展	藝緣展	
	8月	個展	陳餘生、周淑芬：雙個展	香港漢雅軒
	8月	聯展	香港視覺藝術協會第二十九屆年展：進步	香港大會堂
	12月	聯展	Season's Greetings	香港漢雅軒
2003	1月	聯展	香港藝術家聯展（二）	香港教育學院展覽廳
	5月	個展	陳餘生四相展	香港中文大學許氏文化館

	7-8 月	聯展	藝緣展二〇〇三	香港大學美術博物館
	11 月 -2004 年 3 月	聯展	亞洲拼圖——第十八屆亞洲國際美術展覽會（香港）	香港文化博物館
2004		個展	陳餘生作品回顧展——過去的未來	香港教育學院
		聯展	活力三十：香港視覺藝術協會第三十屆大展	香港中央圖書館
		聯展	藝緣展二〇〇四：藝術家與藝術	香港視覺藝術中心
	4-5 月	聯展	漢雅軒二十周年展覽	香港藝術中心
	12 月	聯展	新貌二〇〇四：香港視覺藝術協會第三十一屆年展	香港大學美術博物館
2005		個展	陳餘生四十版畫	香港藝術中心
	9-10 月	個展	陳餘生八十	香港漢雅軒
	10 月	個展	陳餘生小畫家展	香港藝術中心
2006	6 月	聯展	香港視覺藝術的創作精神	香港文化中心
	9 月		擔任「第廿三屆全澳書畫聯展」評審	
2007	7-8 月	聯展	地軸轉移：香港藝術家對香港回歸十周年的回想	上海當代藝術館
	10-12 月	聯展	香江妙彩：高華文香港藝術家藏品	香港大學美術博物館
	10 月 -08 年 1 月	聯展	香港視覺藝術協會第三十四屆年展	香港大學美術博物館
2008	4-5 月	聯展	再發現・香港當代藝術	香港安亭拍賣公司
	7-8 月	聯展	香港・藝術・中心：藝術中心三十周年展覽	香港藝術中心
		聯展	藝遊鄰里計劃 IV——薪火相傳：香港視覺藝術協會第三十五屆年展	香港大會堂，新都會廣場
	11 月	聯展	亞洲藝術文獻庫周年籌款拍賣二〇〇八	香港海港城商場，香港蘇富比

2009	8-9月	聯展	具象+抽象——香港當代油畫水彩版畫展	香港中央圖書館，香港中環廣場，香港 OC Gallery
2011	10月	個展	陳餘生數碼版畫展	香港教育學院
2012	1月	聯展	西九大戲棚	香港西九龍文化區
	5-8月	聯展	向香港前輩致敬	香港漢雅軒
	12月	聯展	Hong Kong Eye 當代藝術展	英國倫敦 Saatchi Gallery (London)
	12月-2013年1月	聯展	Hong Kong Masters	英國倫敦 Rossi and Rossi 公司
2013	7月		獲頒授銅紫荊星章	
	10-11月	聯展	繪畫大道中（五）：緘默有時	香港兆基創意書院
	12月	聯展	香港視覺藝術協會四十周年紀念展	香港大會堂

任職情況

職銜	任職機構
榮譽顧問	香港藝術館
榮譽顧問	Culture Corner Art Club
Exhibition Commissioner, "L' Art de Vivre La Difference"	香港聯合國教科文組織協會，夏利豪基金會藝術作品比賽展
教授藝術課程	香港藝術館
教授藝術課程	香港藝術中心
教授校外進修課程	香港大學
評審委員	香港藝術雙年展
評審委員	夏利豪基金會藝術作品比賽展
藝術系本科生畢業展評審委員	香港中文大學
藝術系本科生畢業展評審委員	香港大學

華圖斯

簡介

華圖斯（Sandra Walters），一九四四年生於美國明尼蘇達州，父親為美國政府外交使節，早年曾隨家人於法國巴黎定居七年，通曉法文。花都的生活，令華圖斯在濃厚的藝術氣氛中，漸漸培育出其日後對藝術的興趣及熱誠。因緣際遇，她走進了藝術世界，將自己的興趣發展成事業。

一九六九年，華圖斯完成在非洲的義務工作後偕夫來到香港，探望被美國政府調派到香港的父親及家人。他們原打算在香港稍作停留，未幾，她與丈夫先後覓得工作，便決定在香港作短暫發展。四年後，華氏的一位法籍朋友知道她鍾愛藝術，便邀請她合作為法國的Viscion Nouvelle在港籌劃展覽。該次的展覽以託售的形式，展出法國藝術家的限量版畫、油印、石版畫等，為當時尚未發展的香港藝壇少數當代藝術展覽。同年，華圖斯與友人創辦Arts Promotion，以兼職營運的模式，從事與藝術相關的工作，售賣的藝術品亦由以往的法國藝術家，拓展至Editions Alecto的英國重要藝術家如David Hockney、Alan Jones等人。由於當年香港的展出場地不足，除不時在家中舉辦展覽、接待賓客外，她們亦積極地開發更多的展覽場地，以應付日以旺盛的本地藝術市場。套用現今的術語，她們可謂開發了不少「另類空間」。在私人場地方面，她們先後與法國文化協會、怡東酒店、美國會等合作；公營場所方面，她們亦不時於香港大會堂高座舉辦展覽。其中，她們於一九七三年舉辦的「現代大師」展覽（Modern Masters）最為哄動，展出了畢加索、夏卡爾、達利、米羅等現代大師的作品，韓志勳、王無邪、譚志成等當年亦有到場參觀。

經過多次的展覽後，"Arts Promotion" 愈受注目。一方面，華圖斯與辦公室、酒店等客戶不斷合作；另一方面，為了讓日趨漸多的藝術人口掌握更多藝術方面的知識，甚至了解藝術品的製作方法，華圖斯不時舉辦座談會，以教育社會大眾。麥當勞曾於七十年代末、八十年代初跟華圖斯合作，請她替位於皇后大道中的分店挑選藝術品，擺設了丁雄泉等藝術家的作品。

同時，通過與本地藝術界的日久接觸，人脈漸廣，華圖斯的業務方向亦有所轉變。一九八四年，由於金董建平的加入，"Arts Promotion" 易名為藝倡畫廊，以註冊公司為營運模式，開始為趙海天等辦展覽、做代理，以推廣本地藝術家。隨著藝術市場的擴大，藝倡畫廊在本地藝壇亦極為活躍。自一九八四年起，藝倡畫廊每年舉辦至少八個展覽。另外，碰巧中國改革開放，在華圖斯及金董建平的策劃下，內地藝術家於一九八七年在香港藝術中心舉辦了首次的海外展覽「上海繪畫——蛻變中的中國藝術」。

及至一九九〇年，華圖斯與文華東方酒店集團合作，另組文華東方美藝廊，通過國際性的組織，定期每月舉辦展覽，展出過的包括中國出口銀器、當代玻璃製品、現代及當代藝術等，展出過的藝術家Robert Motherwell、David Hockney、Jean Cocteau等。近年，華圖斯較為專注與酒店等客戶合作，亦相繼為摩根士丹利、怡和集團等機構提供藝術範疇的意見。

華圖斯多年積極推動藝術，貢獻獲得肯定，並曾於一九八八年獲法國政府文化部頒發法蘭西藝術與文學勳章騎士勳位。

華圖斯訪談錄

訪問者　黎明海博士

2013.5.22

黎　我知道你一直非常關心香港的藝術家，為香港藝術貢獻良多，所以一定要找你談談香港藝術的現況。不過，我們僅能從香港貿易發展局網站上的Sandra Walters Consultancy（顧問公司）專頁找到少量關於你的資料。

華　我們實際所做的，比放在網站上的要多。看到更多人投身藝術或相關商業活動，令香港藝術愈發蓬勃，我著實感到高興。我深信，當我跟舊拍檔在一九七三年創立"Arts Promotion"時，我們乃當年唯一的藝術推廣公司。或許有些人視張頌仁為先驅，但事實上我們比他早了至少十年。我真希望當年寫了更多文章，因為這是讓人了解一地的藝術家和文化活動的重要途徑。

黎　我注意到你的書架上放著一本關於楊識宏[1]的書。

華　四月時，我在法國巴黎的一家咖啡店與朋友相聚，想不到居然碰見他。他是我們八十年代推廣的其中一位早期中國海外畫家。初遇楊識宏的作品時，他正居於紐約埋首創作。你看到的那本書有他早期的作品。我和楊識宏曾經在一九九四年為中環廣場大廈做過委託計劃，也曾在柏寧酒店那次合作過。他的作品仍置在酒店櫃檯後面，但酒店的轉變實在令我驚訝。

黎　我比較喜歡楊氏早期的作品。我在北京紅門畫廊擔任駐場藝術家時，曾到過他在亞洲藝術中心的個人展覽「心境——楊識宏個展」。他的近作，似乎都是抽象的風景畫。

華　我也喜歡他早期的作品，它們有更深長的人生意味。另外，也有一段令我動容的經歷。不久前，我接到萬芳畫廊宋先生電話，說台灣畫家張杰和妻子特意遠道而來探望我！他已年屆九十一歲，仍在畫畫！

其實我的顧問公司做了很多項目，香港四季酒店便是其中之一。它是一座樓高四十八層的大廈，我們只能根據紙樣圖則去籌劃，並且時常要跟建築師及室內設計師溝通聯絡。我只有一張平面圖和八個月的時間，去思索如何讓三千多件藝術品和諧地置在一起。酒店的負責人總在最後階段才考慮到藝術品，因此我們往往要花更多精神讓作品得以融入周遭的環境。

黎　三千件藝術品是很大的數目。記得在二十年前，你曾問我可否在九個月內畫一百幅畫。那是我一生也達不到的數目！

華　這其實是客人的要求。他們的期望都是不現實的，所以我們要做得很快。我不時要求十八個月至兩年的時間，但大部分客人都不答允。現在的世界步伐很急促。

香港四季酒店很後期才找我們參與。在第一階段集合所有人，是最理想的計劃。假若希望做到最好，建築師、室內設計師、客人和我們早應在開始時聚首籌劃。在興建期間，我們也可以想想燈光或其他相關工作等。可惜的是，藝術往往位列最後。

黎　客人有沒有提出哪些主題或重點？

華　倒沒有，往往都是我們敲定。當時，我有三天時間去檢視香港四季酒店的建築藍圖及故事板。當他們問及我對四季集團的整體感覺時，我答道：「我知道你們對藝術情有獨鍾，收藏品偏向古典風格。由於香港四季酒店的設計較為當代，所以我建議添置一些帶有濃厚香港色彩的國際當代藝術品去營造地方氣息！要讓人知道他們身在香港，而不是其他地方！」

哈爾濱的香格里拉大酒店也是另一個好例子。要令客人住的酒店與別不同，首先要到其他酒店考察。接著，就是要了解當地的歷史，並將所有資料整合為概念。即使四季集團的酒店遍佈世界各地，同樣的做法亦可套用到香港四季酒店。

黎　你說服他們選用香港藝術家的作品嗎？

華　這當然！我認為加入當代香港藝術家的作品極為重要。我們選用的藝術品既達國際水平，同時亦帶有濃厚和獨特的色彩。

黎 你在香港四季酒店的項目選用了哪些藝術媒介？

華 有繪畫、雕塑、玻璃作品等等。除了燈飾以外，一切由我一手包辦。因為燈飾交由設計師負責。

我們要佈置公眾地方及房間。當時有大概七名設計師負責設計不同樓層的房間，工作的進展亦非有跡可尋。我們的職責，就是通過藝術將各樓層的風格和諧地聯繫起來，令客人甫踏出升降機時，仍知道自己身處同一酒店內！那次的工作極具挑戰！

黎 客人給了你八個月時間，但你實際用了多少時間才完成該項目？

華 那八個月來，我差不多每天工作二十四小時。那七個設計師來自不同地方，有新加坡、加拿大、美國、英國等，也有些香港的。首三個月的工作比較吃力，因為客人還在認識我們，而我們也在了解他們的喜好和預算。我的公司和其他人的工作，都不能超出預算。計劃開始了三個月，我們已取得客人的信任，最終也提早完成項目。客人曾跟我說：「Sandra，假如你未能如期完成這項目，我們會每天損失一百萬元。」

黎 我可以想像那是一份艱巨的工作，承受著很大的壓力和面對很多不確定的因素。同時，你亦要與時間競賽。

華 真的很大壓力，但結果卻令人滿意。當時，我心想它可能是最後一個項目，所以一定要辦得圓滿。

黎 但事與願違。

華 我希望辦好香港四季酒店那計劃後便退休，但最後打消了這念頭。完成香港四季酒店的工作後，有更多刺激的工作找上門來，包括浦東香格里拉大酒店、中國國際貿易中心第三座等。這些都是很刺激的工作。

黎 對，我認識的Sandra（華圖斯）不可能這麼早便退休。你喜歡接受新挑戰和探索新的可能性。

華 中國的工作固然刺激，但我一直渴望專注在香港發展。時光荏苒，自我在一九六九年初臨香港算起，已經四十多年了。

黎 你為何在一九六九年到香港？記憶所及，當時的香港算不上是理想的目的地，暴亂亦不時發生。

華 要解答你的問題並不困難。我和丈

夫Richard在婚後六個星期，便到了非洲查德共和國當和平隊（Peace Corp）義工。在美國領事館當外交官的父親，則在一九六七年被派到香港。這一年，剛好爆發了暴亂。一九六九年，我與丈夫完成服務後，我們走遍亞洲，最後在一九六九年十一月十日抵達香港。到香港的主因是探望家人。抵港後個多星期，我的父母在家中舉行派對，並介紹了本地牙醫黃醫生給同為牙醫的丈夫Richard認識。後來，黃醫生邀請Richard到他的診所工作，而我們夫妻倆都認為在亞洲待兩年不失為一個好主意，畢竟我們也在非洲住過兩年。結果，除了在一九七七年回流到美國華盛頓的國家美術館東館任職外，我們一直在香港生活。

黎　你覺得香港怎麼樣？

SPOTLIGHT

有關華圖斯夫人的專題介紹，Spotlight，1976年6月。

華　我們熱愛香港，並且在金馬倫山道有個不錯的居所。父親很能融入香港社會，而且也熟悉澳門的事物。一九七〇年一月，我在香港國際學校取得教職後，便安定下來。雖然我的兄弟姐妹相繼離開香港，但父親則在退休後多留了十年，才攜同母親回美國。

黎　你何時起從事藝術行業？七十年代初期嗎？

華　一九七三年開辦的"Arts Promotion"為我的藝術事業的起點。Josette是我的第一位拍檔，也是啟發我的人。一切來得很偶然。我一向熱愛藝術，但從沒將藝術視作職業。我的法國朋友Josette Bertrou的家庭跟巴黎的一間畫廊，Viscion Nouvelle，巴黎學院合作而跟藝術行業有點關係。Josette的妹夫當時與Viscion Nouvelle合作，並

把法國藝術家介紹到日本去。後來，Viscion Nouvelle 聯絡 Josette，説希望在香港辦一場展覽。Josette 知道我喜歡藝術，又懂法語，便邀請我一起參與。就這樣，我欣然接受了她的邀請。我們非常幸運，因為 Viscion Nouvelle 以寄售的方式，為我們提供著名當代藝術家如 James Coignard（1925-2008）、Max Papart（1911-1994）、Yves Brayer（1907-1990）、Theo Tobiasse（1927-2012）及André Brasilier（1929-2004）等的限量版畫、石版畫和墨印畫，非常慷慨。當時香港尚未有藝術市場，而我們也未注意到當代藝術家的展覽，只曾在英國文化委員會（現稱英國文化協會）看過一次。我們想：「儘管試試看吧。」就這樣，我倆把五百港元放在瓶子裏作為創業基金，也為了辦展覽而絞盡腦汁，最終得以在一九七三年二月於香港法國文化協會展出，展示了 Pierre-Yves

於怡東酒店舉辦的 Original Prints 展覽，Arts Promotion，1976 年 6 月 20 日。

Trémois（1921- ）、Andre Brasilier 及 Mady de la Giraudière（1922- ）的作品。

我的人際網絡倒不錯，除 Viscion Nouvelle 外，也認識一些售賣畢加索（Pablo Piccaso，1881-1973）作品，以及在 Editions Alecto 工作的人。Editions Alecto 為一間做版畫和石版畫的出版公司，他們在六十年代初有 David Hockney（1937- ）和 Alan Jones（1937- ），以及一些已出道的藝術家的作品。我在倫敦跟他們碰過面，看看能否取得更多寄售作品在香港展出。一九七四年二月，我和 Josette 在香港藝術節展出了畢加索、達利（Salvador Dalí，1904-1989）、夏加爾（Marc Chagall，1887-1985）、米羅（Joan Miró，1893-1983）等等的歐洲版畫。

黎　畢加索的版畫在七十年代有市場價值嗎？

華　一點也不，我早該多買一大批吧！當時我們有一幅畢加索的石印畫〈Profil de Jacqueline〉，賣二萬港元。那時候，我覺得這是高不可攀的價錢！回想起來，也真的後悔莫及。我們賣的夏加爾石版畫，價錢由四百至八百港元不等，而 James Coignard 的限量版畫約值八百港元。七十年代初，香港未有當代藝術品市場，故此我們可算是異數。“Arts Promotion” 開業時也為一些法國藝術家做代理，及至一九七七年三月，我們在香港大會堂高座舉行版畫展覽，展出夏加爾、達利和畢加索等人的作品。該次展覽非常成功。由於我們不知道要提早半年向香港大會堂預約場地辦活動，所以一切都很逼切。我急得差不多要跪求當時任香港大會堂經理的陳達文，向他們解釋該次展出是何等重要！那些石版畫都是我親自掛的，都要趕在開幕前完成。那展覽最終辦得很成功，一切都很值得。

另一個成功的原因，也許在於版畫的定價。我們的標價，普羅大眾都能負擔，而我們也花了不少精力去説服本地企業為辦公室添置藝術品。我們有部分客人來自美資公司，因為他們大都有支持藝術的傳統。七十年代中期，我們為香港美國商會購置畫作。到八十年代初期，我以一些本地藝術家如韓志勳、王無邪等人的作品，佈置部分香港麥當勞分店及其辦公室。我曾向香港麥當勞管理層解釋推廣藝術的重要性，而作為一家美國企業，他們亦深明此道。

黎　你的眼光獨到，而且很有天份。你有受過正規的藝術教育嗎？

華　沒有。我完成了法語及數學學士學位，但始終熱衷藝術。十七歲時，我的家人到法國巴黎居住了七年。七年間，我不時到當地探望家人，我就在那裏愛上藝術。當地有很多展覽，我亦結識了不少藝術家，耳濡目染，從此愛上藝術。另外，在美國愛荷華州的 Drake University 就讀時，我也認識了不少唸藝術的朋友，接觸不少他們的作品。

我熱愛藝術，更愛認識藝術家。我以人為本，喜歡認識不同藝術家，我會到他們的工作室觀摩創作過程。上大學的時候，我的父母並不鼓勵我從事藝術行業。説到藝術，往往是眼光好壞之分，但我確信眼光可以培養！

黎　你的眼光那麼好，我還以為你受過正規的藝術教育！你是如何建立你的藝術事業？

華　我只是把我的興趣變成職業。因為我辦的第一個展覽是關於法國的石印畫，所以我去香港大學校外課程部跟

Martha Lesser 學做石版畫。後來，我更把石版印刷用的石印石（lithographic stone）帶到香港，並買了一套工具向人們從頭到尾示範一次……

我們由零開始，思考怎樣展示作品，如何鑲起那些寄售的版畫。雖然香港法國文化協會為我們提供了場地，但我們仍缺乏工具去確保畫作的狀況。後來，我們更從美國訂購夾子。最終，我們克服了萬難，並廣邀親朋好友到我們的展覽。Josette 來自法國，當時在港法籍人士有四百多人。我們的展覽在城中罕見，我們也開始認識更多記者，而他們亦對我們的工作很感興趣。

一九七三年二月，我和 Josette 辦了兩個法國石印畫的展覽，第一次展出的包括 Félix Labisse（1905-1982）、Claude Weisbuch（1927- ）和 Pierre Garcia-Fons（1928- ）的作品，地點就在聖佐治大廈的美國會。該次展覽也

華圖斯夫婦及友人 Josette Bertrou。

辦得很成功，我們樂在其中，卻不知自己正在開拓一個藝術事業。當時我還在香港國際學校全職任教，我和 Josette 倆還於同年懷孕了。一九七三年十一月，我們在怡東酒店辦了第三個展覽，展出的作品包括達利的〈Le Couple a Cheval〉，後於一九七五年三月，我們再辦了一次展覽。怡東酒店那裏有家小咖啡館，四面空牆，我們心想：「在那辦展覽不錯，可以匯聚八方人士。」同年，Josette 的丈夫被調到英國倫敦工作，她也就離開香港了。

黎　你要為那些運到香港的作品投保嗎？

華　剛開始時，我們尚未意識到整個營運是多麼的複雜。我交了很多罰款、碰了很多釘子才學懂！由於我不諳中文，當年要找幫手極為困難。在美國，

當地會為小型商企提供支援，但七十年代的香港卻鮮有這方面的資訊和支援。後來，我加入了香港美國婦女專業協會（American Women's Association of Hong Kong）。[2]作為外國人，對於在港經營業務的細節我們所知甚少。

黎　在港的大部分外國人是法籍嗎？你從何時起開始和香港藝術家合作？

華　七十年代中期，我們尚未踏足香港藝術，我和拍檔仍在嘗試喚醒本地藝術市場。我從不把藝術業務視作競爭；反之，它提供了一個多元化的平台。我和閣林畫廊、香港藝術中心等機構合作過，當時香港藝術中心的辦公室仍在美國銀行大廈。

我們主要邀請外國人到香港法國文化協會的展覽，但我們也有不少華裔朋友，我也慢慢跟香港藝術家建立起聯

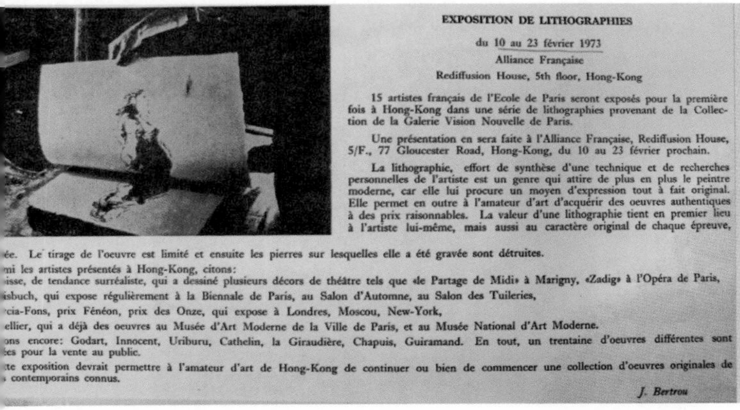

EXPOSITION DE LITHOGRAPHIES

du 10 au 23 février 1973
Alliance Française
Rediffusion House, 5th floor, Hong-Kong

15 artistes français de l'Ecole de Paris seront exposés pour la première fois à Hong-Kong dans une série de lithographies provenant de la Collection de la Galerie Vision Nouvelle de Paris.

Une présentation en sera faite à l'Alliance Française, Rediffusion House, 5/F., 77 Gloucester Road, Hong-Kong, du 10 au 23 février prochain.

La lithographie, effort de synthèse d'une technique et de recherches personnelles de l'artiste est un genre qui attire de plus en plus le peintre moderne, car elle lui procure un moyen d'expression tout à fait original. Elle permet en outre à l'amateur d'art d'acquérir des oeuvres authentiques à des prix raisonnables. La valeur d'une lithographie tient en premier lieu à l'artiste lui-même, mais aussi au caractère original de chaque épreuve, ...ée. Le tirage de l'oeuvre est limité et ensuite les pierres sur lesquelles elle a été gravée sont détruites.

...mi les artistes présentés à Hong-Kong, citons:
...isse, de tendance surréaliste, qui a dessiné plusieurs décors de théâtre tels que «le Partage de Midi» à Marigny, «Zadig» à l'Opéra de Paris,
...isbuch, qui expose régulièrement à la Biennale de Paris, au Salon d'Automne, au Salon des Tuileries,
...cia-Fons, prix Fénéon, prix des Onze, qui expose à Londres, Moscou, New-York,
...ellier, qui a déjà des oeuvres au Musée d'Art Moderne de la Ville de Paris, et au Musée National d'Art Moderne.
...ons encore: Godart, Innocent, Uriburu, Cathelin, la Giraudière, Chapuis, Guiramand. En tout, un trentaine d'oeuvres différentes sont ...ées pour la vente au public.
...tte exposition devrait permettre à l'amateur d'art de Hong-Kong de continuer ou bien de commencer une collection d'oeuvres originales de ... contemporains connus.

J. Bertrou

Exposition de Lithographies，Journal de Hong Kong，1973 年 10 月 23 日。

繫。當中有些在展覽上認識，有些則由《南華早報》的藝評人金馬倫（Nigel Cameron）在展覽上介紹。金馬倫很支持本地藝術家，他每年均舉辦展覽"Critics' Choice"，跟他們熟稔後，我還會參觀他們的工作室。

說到正式與香港藝術家合作應該在一九七六年六月，那時閣林畫廊剛創立。它位於雲咸街十一號，我在畫廊展出了一些美國、英國和法國藝術家的版畫，價格從兩百港元至一千五百港元不等，我與畫廊的其中兩名成員趙海天和施養德建立深厚的友誼。趙海天的噴槍抽象畫和佛像畫皆很成功，我想外國人都很喜歡她的作品。我還有好些施養德的作品，不過他沒有在藝術界久留，進軍廣告界後也做得非常出色。

一九七六年，我們在銅鑼灣的世貿中心參與以理想家居為題的"Ideal Homes"展覽以理想家居為主題。未

有灣仔會議展覽中心的日子，不少同類展覽都在銅鑼灣的世貿中心舉辦，當時 Monique Owen 和 Evelyne Desbrow 剛加入“Arts Promotion”。

我的興趣和能力，在於懂得怎樣去呈現，好讓藝術家的作品能以最佳姿態示人。與金董建平在藝倡畫廊合作前，Monique Owen、Annie Armstrong 和 Evelyne Desbrow 曾經是“Arts Promotion”合夥人。Monique 的父親與為法國著名的 Imprimerie Mourlot，它可是巴黎首屈一指的出版印刷商，全賴他，我們才得到版畫和蝕刻的樣版，Monique 則不時向公眾示範石版畫的做法。Evelyne 則跟倫敦的印刷商 Editions Alecto 有聯繫。有一段時間，我們曾在 Monique 的家及 Josette 在淺水灣道的居所辦展覽。一九七八年，Monique 和 Annie 的丈夫先後被派到他國工作，他們亦相繼離開香港，我得重頭開始。

Jacques Bouhet，法國興業銀行的執行董事。

一九八〇年十一月，我在置地廣場的法國興業銀行辦了其中一個早期展覽，展出法國著名藝術家 Jean Miotte（1926- ）的作品。在法國興業銀行辦的這次展覽，我首次跟藝術家直接合作，也是第一次在現場做所有準備工夫。我花了約三至四小時替他掛畫。或許我不能創造藝術品，但我卻可以創造出一個合適的展示環境。

黎 你跟七十年代起活躍的香港藝術家有聯繫，那麼你認識 Sara Larkin 嗎？她也是美國人。

華 Sara 很喜歡中國水墨畫，她代理王無邪和周綠雲等畫家的作品。

黎 你在八十年代極為活躍。我跟你相識，就在一九八八年一月四至九日，你和金董建平替我辦「黎明海四載畫齡

水墨作品展」，是我的首次個展。你跟金董建平怎樣認識？藝倡畫廊又在何時成立？

華　Alice（金董建平）原是私下跟我學法語。熟稔後，她跟我說有意從事藝術行業，而我一向希望找個本地拍檔，所以我們便一拍即合。我們在法國興業銀行辦了不少成功的展覽，法國興業銀行的時任執行董事 Jacques Bouhet 很支持我們，他自己也是位收藏家。

一九八三年，"Arts Promotion" 的辦公室置於惠靈頓公爵大廈，我們就在那個兩百平方尺的空間展出藝術品以及辦展覽。我們在那裏待了一年左右，於一九八四年下旬搬到位於雪廠街九號的荷蘭行。自一九七三年起，我一直將公司命名為 "Arts Promotion"，到業務人脈漸廣後，我將公司的名字轉了。我和 Alice（金董建平）決定把公司由獨資經營改為有限公司的模式，其後在八十年代中期變為合夥經營，而這種營運模式在當時的藝術經銷界很普遍。

Societe Generale 法國興業銀行展覽。

當我們把 "Arts Promotion" 登記為有限公司時，才發現自一九七三年已有不少人用上同一名稱。因此，我們以二人的名字（Alice 與 Sandra）去命名新公司 Alisan Fine Arts，藝倡畫廊的英文名稱。

黎　你從事這行業後才開始收藏作品嗎？

華　我買入了些價格較合理的作品，但數量不多。那時候，我還未有收藏家的眼光。相比收藏作品，我較喜歡展示予他人供賞，現在亦如是。我把這態度形容為教育家的態度。我一直抱著這種態度去工作，以人為本，讓人們學習和分享他們對藝術的熱情。

注釋

1 楊識宏（1947- ），一九六八年畢業於台灣國立藝術專科學校，一九七六年於美國紐約普拉特版畫中心研究版畫。一九七八至一九七九年間於該校任教，同年移居美國。一九九一年為香港中環廣場大廈製作三幅巨型畫作。一九八七年獲美國紐約州州長頒發「傑出亞裔藝術家獎」。

2 一九七三年 Martha Lesser 於香港藝術中心辦個展，由香港美國婦女專業協會贊助。

華圖斯簡歷

年份	月份	事跡	地點
1969		定居香港	
1970		於香港國際學校教授法文	
1972		與 Josette Bertou 合作，舉辦法國版畫展	香港法國文化協會
1973-1984		與 Ann Armstrong 合作成立 “Arts Promotion” 公司	
1974		策劃法國版畫展	香港大會堂
1975		Monique Owens 加入 “Arts Promotion” 公司	
		為香港怡東酒店擔任美術顧問	
1976	1月 - 6月	策劃 “Original Prints”	香港怡東酒店，香港閣林畫廊
		策劃 “An Exhibition of Limited Edition Prints”	香港愛都大廈
		參與 “Ideal Homes Exhibition”	香港會議中心
1977	3月	策劃「歐洲版畫展」	香港大會堂
		在美國國家美術館東館工作，半年後回港	
1984-1990		與金董建平女士創辦藝倡畫廊	

1985	5月	參與策劃趙春翔個展	香港藝倡畫廊
	10月	參與策劃「『彼岸』——趙海天個展」	香港藝倡畫廊
	11月	參與策劃 “Paintings by Contemporary Artists Working in Paris”	香港藝倡畫廊，香港法國興業銀行
1986	9月	參與策劃「力奇素描及版畫展」	香港藝倡畫廊
1987	5月	參與策劃徐子雄個展	香港藝倡畫廊，香港法國興業銀行
1988		參與策劃 “New Direction in Contemporary Chinese Tapestry”	香港藝術中心
	6月	策劃「冷宏近作畫展」	香港藝倡畫廊
		獲法國政府文化部頒發法蘭西藝術與文學勳章騎士勳位	
	1月	參與策劃「黎明海四載畫齡水墨作品展」	香港法國興業銀行
1989		參與策劃 “Modern Chinese Paintings, A selection from Beijing, Hangzhou and Sichuan”	香港藝術中心
	2-3月	參與策劃鍾鳴和熊海畫展	香港藝倡畫廊
	4月	參與策劃邱嚴久麗個展	香港藝倡畫廊
1990		創立 Sandra Walters Consultancy Ltd.，為香港四季酒店、上海浦東香格里拉酒店、摩根士丹利（香港）、K11 購物藝術館、北京世貿中心等藝術顧問	
	3月	參與麥綺芬、李應颾陶瓷聯展	香港藝倡畫廊
	12月	參與靳埭強個展	香港藝倡畫廊
1990-1996		任文華東方酒店及藝術畫廊之美術顧問及執行董事，展出中國銀器珠寶、玻璃工藝品及其他現代及當代藝術家作品	
1992	9月	策劃法國畫家 Didier Raphael Bayle 個展	香港文華東方酒店藝術畫廊

		策劃英國畫家 Geoffrey Key 個展	香港文華東方酒店藝術畫廊
1992-1994		任香港藝術中心副主席	
1993		策劃英國畫家 Geoffrey Key 個展	香港文華東方酒店藝術畫廊
1994		策劃英國畫家 Geoffrey Key 個展	香港文華東方酒店藝術畫廊
		任香港扶輪社首位女性社長	
2000		策劃英國畫家 Geoffrey Key 個展	香港交易廣場中央大廳
	11月	策劃朱楚珠個展	香港交易廣場中央大廳
2002-2005		任香港藝術中心理事會成員之一	
2004	3月	Sandra Walters Consultancy 參與慈善藝術活動 Hong Kong Art Walk	香港
2007		任「香港公共藝術」董事會成員之一	
2013	9月	策劃韓志勳選展	香港交易廣場中央大廳

趙海天

簡介

趙海天，一九四五年生於上海，在一九六一年由滬來港，跟父母團聚。由於少時曾到私人畫室修習素描繪畫，故她入讀新亞書院藝術系時，已有一定藝術基礎，且深得恩師陳士文賞識。一九六四年趙氏自新亞書院畢業後轉到美國紐約視覺藝術學院就讀。翌年，她轉往紐約庫柏高等科學藝術聯盟學院，主修美術副修電影。一九六七至一九六八年間，她訪學夏威夷大學，並於一九六九年獲庫柏聯盟學院頒授藝術學士學位。留美求學期間，趙海天師從普普藝術家 Nicholas Krushenick，並在當地見識到極簡主義、觀念藝術等當年最前衛的藝術，其六七十年代的作品，也深受這些藝術觀念所影響。

對比美國一日千里的藝術發展，趙氏於一九七〇年回港後，發現香港的藝術發展遲緩，從事當代藝術的大概只有韓志勳、文樓、張義等十多位藝術家，甚至連畫廊也沒有。有見及此，她與其夫婿有份參與的 CJL 廣告公司（Couldrey, Jones and Lindberg Associates Limited）合作，邀請該公司為贊助人，並將公司三樓的攝影工作室改建為 CJL 畫廊，著手策展事宜，冀望推廣本地藝術。在 CJL 廣告公司搬到泰國而結束畫廊以前，CJL 畫廊先後辦過「香港畫家八人聯展」、呂壽琨個展及「峇里島藝術」等一系列展覽，在當時尚未盛行的畫廊文化中扮演拓荒者的角色。一九七五年，趙氏聯同費明杰、金嘉倫、周綠雲、施養德等八人共同在中環雲咸街開辦閣林畫廊，為香港第一間藝術家合作畫廊，每月均為香港畫家辦展覽，並出版刊物《Quorum Galleries Post》，推廣及宣傳展覽。

時至近年，適逢富得拍賣行計劃增設一個油畫拍賣部門，趙氏為他們分析有關計劃提供中國現代畫發展的資料，並獲邀替他們成立相關部門。在富得任職的兩年間，她辦過多次拍賣會，並盡力推薦香港畫家，把本地藝術家的作品資料刊載於拍賣品目錄書刊裏。

除推動本地藝術發展不遺餘力外，趙氏在藝術創作方面亦積極活躍。自八十年代起，她開始自學在大學時期便醉心的道家與佛學思想、中國傳統的五行八卦，加上受中國雕刻的啟發，創作了一系列佛像作品。多年來，她在香港美國圖書館（1973）、連卡佛 I.D.L 畫廊（1975）、香港藝術中心（1991）、香港會議展覽中心（1995）等場所舉辦過多次個展。重要聯展如「香港畫家八人聯展」（1971）、「香港十年繪畫」（1987）、「城市變奏：香港藝術家西方媒介近作展」（1992）等，她亦有份參與。另外，她曾為銅鑼灣名店街、香港地鐵公司、香格里拉等酒店集團創作過不少公共藝術品。

趙海天訪談錄

訪問者　黎明海博士

2012.5.14 / 2013.1.22

■

黎　跟金嘉倫老師和文樓先生一樣，你主修藝術之餘曾經唸過建築。是什麼原因令你成為一個畫家？

趙　我成為畫家也是個機遇。我外公是蘇州人，生活很悠閑，有空便在家賞畫。我母親也受這種氛圍薰陶，鼓勵子女從事藝術工作。我唸小學時接觸畢加索（Pablo Picasso，1881-1973），記得他曾畫了個〈和平鴿〉，對其畫作很著迷，並矢志要當另一位畢加索，也因而對藝術產生濃厚的興趣。劉海粟[1]、顏文樑[2]是我母親的好朋友，據母親說劉海粟不收學生，不過他可於我長大後教我畫畫。後來我到了美國，未有當上他的學生。我位於上海的老家也藏有徐悲鴻的畫，以及徐氏最為人認識的〈野馬〉，據說掛在西式會客室。這幅名畫於文化大革命時被人拿走，屋裏的傢俬全都給人燒掉了。

黎　上海的資訊也挺發達的，你於年幼時已認識畢加索。於當時來說，有這般的識見可謂十分厲害，而且你媽媽更是這幾位名師的好友。你在內地時曾否跟老師習畫？

趙　小學時，學校選了我到少年宮學畫，自此與藝術結下不解緣，沒想到一足踏入這個藝術夢五十多年。唸初中時，我開始去私人畫室習素描。

我一九六一年來港後，曾在嶺海藝術專科學校習傳統油畫數月，老師的真誠教導至今不忘，也曾跟費明杰[3]的媽媽丁其穎[4]學油畫，她是我的啟蒙老師。

我於一九六二至一九六四年間在新亞書院唸藝術系選科，新亞書院陳士

文先生任教時引導我們欣賞西方現代藝術，油畫課程則由丁衍庸先生教授。丁先生曾留學日本，以野獸派（Fauvism）表現為其個人風格。當時我覺得其教學模式不太具體。只會偶爾在我們的課堂習作畫上兩筆，我未因而有所領悟。現在回想起來，學習藝術首要是觀賞佳作，我想丁先生在他學生畫布上加的每一筆，正好示範了何謂「氣」的表現。王季遷[5]是當年的系主任，李東強則任職助教。藝術系的學生不多，大學一至四年級的學生、以至選科生都一同上堂，高美慶[6]、李潤桓[7]等和我一起上課。

我於一九九七年寫過一篇文章〈我的藝術道路〉，刊載於上海雜誌《藝術世界》，當中提及多位恩師，其中有陳士文和丁衍庸。丁先生的畫有「氣」，他讓我知道「氣」為畫的靈魂，沒「氣」的畫跟死的沒兩樣。還有庫柏高等科學藝術聯盟學院（庫柏聯盟學院）的Nicolas Krushenick（1929-1999），六十年代普普藝術（Pop art）的線條硬邊就他首創。現在我會以iPad平板電腦作速寫，也只是很平白的表達而已。繪畫的原作理應是很有價值的，其複製品再漂亮也好，就是欠缺那股「人氣」，即畫家為畫作所注入的那股生命力。

黎　你找到了很好的發展方向。你於新亞書院唸書時認識陳士文，再到美國去。

趙　我本想到法國留學，中國以前唸藝術的人大都到巴黎，較少人到紐約。我總覺得巴黎是個很浪漫的城市，也是西方藝術中心。我大姐當時在紐約茱莉亞音樂學院主修鋼琴演奏，她對我說紐約是個新興的藝術中心，於是我就聽從她，到紐約唸藝術。王季遷先生曾替我寫推薦信；我就拿著其推薦信及一些作品，報讀紐約視覺藝術學院，並獲取錄。我在視覺藝術學院讀了一個學期。然而，當年該校還未有開辦藝術學位課程，而庫柏聯盟學院是紐約少數設有美術學位課程的高等學府，有百多年歷史，我於一九六五年參加庫柏聯盟學院入學試唸學位課程。

黎　你於一九六四年赴美，我想你應該是唯一一位在當地修讀藝術的香港藝術家。

趙　從一九六四至一九七〇年我身在紐約，沒碰到過華裔藝術家。

黎　當時紐約有來自中國或香港的藝術家嗎？

趙　庫柏聯盟學院沒有。被學院取錄的學生全享有獎學金，學費象徵性每年一百美元。記得那時錄取的學生大多是

美國和猶太裔。

張義、文樓等人在一九六五至一九六六年期間獲得獎學金，遠赴紐約，參觀東岸著名藝術學院。我當時是庫柏聯盟學院美術系唯一的華籍學生，學校請我接待從港來參觀的藝術家，我們因而結緣。

庫柏聯盟學院的課程很嚴謹，幾乎沒有私人時間。我要待在工作室完成各科目的作業，以涉獵歷史、哲學、建築等學科，每每於凌晨二時才完成當天的功課。因此，我畢業後選擇到世界各地遊歷。我先回到香港，再到東南亞、歐洲等地。

黎 你年輕時家人已給予你這麼大的自由，他們不曾叫你去投考工程或法律等專業嗎？

趙 我母親是個很開明的人，我父親曾

Sunday Post-Herald，An Artist Comes Home，1971年5月30日。

SUNDAY POST-HERALD MAGAZINE, MAY 30, 1971 – 1

SUNDAY POST-HERALD Magazine

An artist comes home AND FINDS INSPIRATION

CHAO Hai-tien is a delicate girl. But she paints with a seven-pound spray gun and her canvasses are gigantic.

BY PETAR HADJI – RISTIC

是頗有名的建築師，擅長中國古代建築，曾參與設計南京中山陵等建設。在許多人眼裏，我唸建築可說是理所當然。然而，由於自幼已喜歡畫畫，父母常說學習要以個人興趣為前提才會學得好。大學三年級時，我得決定主修科目。我覺得建築很沉悶，但還是硬著頭皮詢問父親意見。可幸的是，他說我的個人興趣更為重要，所以我還是主修純藝術。

黎 你真的很幸運。

趙 是的，當時主修繪畫的都是男同學，女同學都轉了主修設計。一九七〇年我從紐約回港時，才發現香港的畫廊不多。那時，美國的藝術發展可謂一日千里。還記得第一個觀念藝術（Conceptual Art）展覽（約一九六九年）於紐約現代藝術博物館舉行，當時我還在紐約，目睹觀念藝術的產生，如

今已成為當今重要的藝術形式之一。於六七十年代，我的作品以極簡主義風格為主。當時我所創作的環境藝術有如當今流行的裝置藝術，作品多以非傳統素材創作，以汽車工業常用的噴槍在不同尺寸的木板上噴上塑膠彩，構成不同的立體組合。

黎　以噴槍作畫會否是當時的藝術潮流？韓志勳也曾以噴槍繪畫其圓形。

趙　韓志勳當時以小的噴筆在帆布上創作為主，我則從事環境藝術創作，在不同尺寸的木板用工業用如噴汽車的工業噴槍噴膠彩。我從紐約回港後，一直創作一些大型的作品，可是香港的空間狹小，故開始創作較小型的作品。現在的作品，較以往的更為細小。

黎　你曾否參與任何畫會？韓志勳、金嘉倫、文樓、尤紹曾都是「中元畫會」的創會成員。

趙　我沒有加入任何畫會，尤紹曾等人創辦「中元畫會」，當時我仍在紐約。我於紐約認識張義和文樓，回港後才認識韓志勳。

我曾經參與李福華[8]成立的 ISPAA（「國際造形藝術家協會香港分會」）。我甚欣賞李氏的藝術造詣和熱誠，他從前的作品較平面思維，現在是全立體的。他的雕塑水準很高並自學電腦，以電腦軟件創作。時至今天，他仍不時寄其近作給我看。他近年多用電腦製作立體作品。

黎　李氏的作品有濃濃的文人氣質。你早於七十年代便籌劃藝術活動。我們曾訪問好些前輩藝術家，例如韓志勳、文樓等，他們均對畫廊制度和發展不太熱衷。你當時大概在美國對其畫廊和藝術規劃印象深刻，繼而在港推動一下畫廊文化，對嗎？

趙　我想在香港提倡畫廊文化，必須找個平台介紹香港藝術。當時香港搞當代藝術的人不多，似乎只有張義、韓志勳、李福華、文樓，還有我，也就十多位藝術家。

要辦展覽首要解決場地問題，於是我建議 CJL 廣告公司（Couldrey, Jones and Lindberg Associates Limited）為畫廊的贊助人。CJL 廣告公司的三位合夥人都從事創造性工作，「J」是我丈夫 Russell Jones 的姓氏縮寫，他任職創作總監。Don Couldrey 和瑞典籍的 Hans Lindberg 為攝影師和藝術指導，也是出色的設計師。Hans 培養了很多人才，我們把位於公司三樓的攝影工作室改建為畫廊，著手策展事宜，冀望推廣藝術。

黎　當時你們設立 CJL 畫廊，你是否有具體的推廣計劃？

趙　當時我並不認識很多人，記得有一次，徐子雄跟我閑談間得知他的老師是呂壽琨。於是我便和 Hans 到訪呂壽琨家裏，跟他安排及商討其個人展覽的細節，挑選了呂壽琨二十多張畫作，於一九七一年替呂壽琨策辦了個展。

七十年代初香港的畫廊文化不大盛行，個人畫展更是少之又少。此後 CJL 畫廊舉辦了一系列展覽如「香港畫家八人聯展」(1971)，有張義、韓志勳、金嘉倫、李福華、黃德駿、王無邪、施養德和我，並於翌年辦“Art of Bali”（直譯為「峇里島藝術」），展出了一位在峇里島住了數十年的英籍收藏家 Chris Karlylse 先生的藏品，包括一些峇里島最古老的雕刻。尢紹曾也有到訪“Art of Bali”展覽。他是個收藏家，有好些私人珍藏。

黎　我到他家作客時未有看過他的收藏，只看過其個人作品。

趙　他把個人收藏放在畫室裏，當中包括書法和銅製的雕塑作品。一九七一年，他特來看看 Karlylse 先生收藏的峇里島雕像，及後跟我說，當中有數件展品為難得的珍品。

黎　當時在香港所辦的藝術展覽會否有一套具體的營運機制，譬如佣金制度？

趙　讓我想一下，那時畫廊賣出了一件作品的話，收取百分之二十五至三十的收入作推廣及其他支出。一九七四年 CJL 把總公司遷到泰國，當年 CJL 畫廊旨在推廣現代藝術，非為商業。

黎　當時的藝術家會否缺乏一個明確的身份？現今香港藝壇有不同的「分工」和專業，譬如畫家、藝術家、畫商、策展人等。

趙　記憶所及，當時在港作藝術推廣的有“Arts Promotion”公司，由華圖斯和她兩位拍檔所創立，並於香港大會堂舉辦「法國版畫展」。那時哄動非常，多家電視台都有報導。

要在七十年代的香港辦個人展覽並不容易，我於一九七三年香港藝術中心為我在美國圖書館舉行首次個展。有位德國女士布海歌（Helga Burger），她當時為香港藝術中心節目經理。她主動來電說要替我找一個擁有現代藝術史碩士學位、於美國銀行工作的藝評人 Mark McDowell 替我寫評論，我至今都記得並欣賞她認真、無私及對藝術家的尊重與專業操守。

至於一九七五年在連卡佛 IDL 畫廊辦的個展也是 Kim Schimdt 女士替我處理的，她是我丈夫的秘書。當時連卡佛 IDL 畫廊的總監，是鄧蓮如的妹妹。IDL 畫廊以展示藝術品和古董為主，畢竟是商業的關係，設於百貨公司的畫廊不算太活躍。這個"Art the Visual Experience"展覽（1976），就是在珠城百貨公司舉行。

一九七六年，施養德、費明杰、李福華、李靜雯[9]、金嘉倫、李東強、周綠雲和我八個人共同創立「閣林畫廊」，為香港第一間藝術家合作畫廊，由 Kim 出任畫廊經理。雖然她並非專唸藝術出身，卻是不可多得的公關人才。

黎 那時候經營畫廊大概要多少錢呢？

趙 我也記不起來了。不久前我曾和金嘉倫通電話，彼此也不能確定所拿出來的金額。我想每人用了一萬元左右吧。

〈趙海天藝術展揭幕〉，舊剪報。

當時閣林畫廊位址在中環雲咸街，施養德替畫廊覓得地方。Kim 每個月都為香港畫家辦展覽，並有辦法找到贊助商。除了租金外，畫家們無須另行支付畫展開支。為了作更有效的推廣及宣傳，Kim 還為閣林畫廊出版刊物《Quorum Galleries Post》（直譯為《閣林畫廊通訊錄》）。你看，這幅相片刊於一九七六年五月出版的《Quorum Galleries Post》很有歷史性的，有李福華、李靜雯、金嘉倫、施養德、周綠雲和我六人。

黎 你們創立這個組織時，除了開幕時的 preview（預覽）外，平日會否大家拿自己的一些作品出來討論、批評？

趙 有。那時有請人寫評論、訪問等。閣林畫廊只是經營了兩年，要知道藝術

家都比較自我。Kim 替畫廊辦了很多展覽，因而在香港社交界變得很有名，畫家的名氣反而不怎麼樣。最終，有人解僱了 Kim。後來，由霍英東的女兒霍麗娜和李天穎（郭炳湘夫人）接手。她們剛從倫敦留學回來，認識了施養德。她倆叫我們放心，把畫廊交給她們打理。由於霍英東不准她們從事商業活動賺錢，她們便辦一些展覽、開幕派對等等。霍震霆也不時去那裏，事關香港還未有什麼蘭桂坊、蘇豪區。

黎 當時的收藏家大都是外國人嗎？後來 Le Cadre 畫廊就成了你的代理畫廊？

趙 Le Cadre 畫廊曾為我舉辦個展，那公司至今還在。但藝倡畫廊是首間代理我作品的畫廊，畫廊東主為金董建平和華圖斯（Sandre Walters），她倆於九十年代拆夥，Sandra 另經營文華東方美藝廊，Alice 則經營藝倡畫廊至今。

黎 那麼文華東方美藝廊是由華圖斯開辦的嗎？

趙 對，我也曾在那兒展覽。

黎 我早在八十年代已經看你的畫，畫中大都有佛的圖像。或許你會想，為何我會認識 Jackson（尤紹曾）、韓志勳等前輩，他們都是我年輕時欣賞的藝術家。你更成功地以西方藝術媒介表達東方哲學思想，你當時有否刻意把兩者融合起來？

趙 我在八十年代還未認識尤紹曾先生，經常跟我提到黎明海。所以我早已聽過你的名字。

我曾經多次被問及相關的問題，事實是我作畫時未有想太多，只是順其自然，全心的呈現和表達我腦海裏的意念。說實話，八十年代初受中國雕刻的影響，從而描畫一系列的佛像創作。我曾到過洛陽觀賞龍門石窟，第一次看到如此大型的佛像雕刻，其高度有如一座山，好不宏偉！我心忖：如何能以繪畫呈現我當時的感受？這都是我對美學的追求，與宗教無關。

在美國唸藝術時，每個學年要修讀一門人文學的科目，畢業班時曾選讀哲學。身為中國人，我想我會藉此鑽研外國人未通曉的議題，因而論文主題涉及中國哲學。我發覺英文版《道德經》及有些佛教典籍比中文古文反較易明白。我不會視佛教為宗教，而為一門人生的教育。通過許多科學節目如 BBC（英國廣播公司）製作的有關宇宙、人體等節目，在某一程度上闡釋了許多佛學中的宇宙觀，比如「十重唯識觀」。《華嚴經》說我們身處的世界是一個重重交織

的網，互聯網正是以科學語言道出了佛學所說的「網世界」。這些知識對我的繪畫創作有很大的啟發。

黎 你曾於富得拍賣行打理一些跟藏畫有關的事務。

趙 那時，富得拍賣行想增設一個油畫拍賣部門。其董事因為呂壽琨的作品而認識我，問我了解西畫與否，希望我為拍賣行成立相關部門。我跟他們分析有關計劃的複雜性，也提供了關於中國現代畫的發展的資料。

黎 為何他們會邀請你統籌拍賣事宜？

趙 那時兩大拍賣行，佳士得和蘇富比剛剛在香港興起，「富得」也想積極開拓本地藝術市場。它前身是香港拍賣行，也是最具歷史的本地拍賣行，及後被莊士集團收購。莊士集團以房地產業務為主，藝術品買賣非其主要業務。

黎 你那時充當富得拍賣行的統籌，負責物色一些藝術家的作品作拍賣？

趙 是的。「富得」想作推廣，也想出版有關書籍。我曾盡力推薦香港畫家把本地藝術家的作品資料刊載於拍賣品目錄、書刊裏。莊士集團的老闆及幾位銀行家都有興趣投資西畫，所以當時的拍賣會辦得很成功。但辦過兩年的拍賣會後，我再沒有時間做這些工作了。

黎 在七十年代以後你大多待在香港，你是否已視它為基地？

趙 我丈夫在香港工作。對我而言，只要我可以畫畫，待在哪兒也可，時至今日，我的生活內容也沒改變過。

黎 香港人常被問到，自九七回歸後，其生活有否被改變。

趙 沒有，莫說是一九九七年，就是一九八七、一九七七以至一九六七年，我也沒變過。我自一九五七年開始畫畫，至近年一直想到有關維度(dimension)的議題。世人現在所談的已觸及對五維空間的探索，三維空間的討論總是局限於個人肉體的存亡。

黎 在九十年代初期，我畫圈裏的朋友紛紛離開香港，當中大部分人移民到北美的大城市，如多倫多、溫哥華等地。就連韓志勳也在當時離港，他曾經將之形容為「逃難」。

趙 我想凡是從內地到香港的人都是逃難而來的，都是難民吧。

黎　你當時真的沒想過到別處去？

趙　我可真的沒想過。我在上海出生，後來父母親離滬赴港，我覺得在上海很快樂，白天上學，晚上去在家附近的私人畫室學素描，不受長輩管束，沒想過要到香港去。母親卻堅持要我到香港，說我在內地無法到外國留學。我也慶幸我母親如此為我設想。

黎　以活躍於七十年代的藝術家來說，你可是唯一一位女藝術家。我們剛才談到的「香港畫家八人聯展」也只有你是女藝術家。時至今天，你仍活躍於藝壇。

趙　除了藝術創作，別的我很不活躍，只是我曾於七十年代嘗試積極的推動香港現代藝術。

1970 年代舊照。

黎　到了八十年代以後，你好像較以往低調？

趙　當時我開始認為香港藝術的推行制度不太妥善，其前景也相對較黯淡。

黎　現在，藝壇的討論集中於西九文化區的發展。

趙　我想藝術發展需要一定的財政輔助，好使藝術工作者能無憂無慮的創作。然而，財政並不能凌駕於創作和表達自由，藝術的珍貴之處在於其自由和包容的氣度。藝術家有既定的生活模式，即使政府大興土木，也未必能推動藝術發展。反之，這些建制會扼殺好些藝術家的創作和生存空間，真希望不要硬以金錢堆砌表演平台，這個城市必須重視本土的文化創造，單憑金錢或引用別處的藝術展覽這並不能代表香港作為

一個國際城市的文化價值。

香港藝術發展制度的殘缺跟其殖民統治有關，只是原本由英國人擔任的職位換上了中國人而已。然而，香港藝術家頗受漠視。一位從倫敦來的英國朋友曾對我說陳福善是位出色的畫家，卻鮮有機會觀賞其著作。

「中西混合」只是一個常用的詞彙，我們不能否認香港是通向世界各地的門窗，它跟中國內地一直有聯繫，幾十年來不少人從內地湧到香港。大部分人為口奔馳，當中卻不乏有志氣的畫家如丁衍庸和王季遷等，我和王氏亦師亦友，他為人開明，後期創作的書法可以說是國際語言的突破，但似乎懂得欣賞他的人卻不多。

黎　你曾於二〇〇六年在上海辦過「趙海天『彼岸』回顧展」。

趙　與上海美術館舉辦的其他個展相比，該展覽規模不大，主要是一些版畫作品。

黎　你認為內地與香港的藝術氛圍哪裏比較好？

趙　內地的藝術氛圍較好，上海和北京等市政府有周詳的文化政策，且有相當的資金鼓勵藝術發展。曾經有一位北京的年輕人寫信給我，說要做我的代理。

後來，他告訴我他正在從事中國畫買賣，當中不乏名家作品。我問他何來有如此充裕的資金，需知道名家的作品動輒數百萬元。他對我說，香港的畫賣得很便宜，於是他從香港買入畫作，到北京轉賣。在香港售賣的畫由數萬至十萬元不等，在北京轉售的話，每幅畫可多賺數十萬元。那位年輕人更說，那些山西省和黑龍江省的財主也愛到北京買名家收藏品，他乘工作之便，順道購入好些畫作作個人收藏及藝術買賣，幾年來的收穫很大。若然香港有人願意為藝術家作投資策劃及宣傳，本地畫家的作品就能建立其市場價值。

黎　這有如陳福善、韓志勳等藝術家的際遇。你們這一代早在六七十年代已積極創作和辦展覽等，至今已有五六十年的歷練，我由衷地覺得前輩們的畫賣得太便宜了。

趙　內行人一眼可看出的外行人一百個也看不出，要拴介藝術首重眼光，這和古董一樣。說起際遇，陳福善和韓志勳在搞藝術的人眼中算是頂級的了，但今天人們愛把金錢價值跟文化價值掛帥，我們還能說什麼呢？

黎　我想富得拍賣行委任你為油畫部負責人，就是瞄準你對藝術品價值的認

識。我還以為你很熟悉本地和國內藝術市場的發展。

趙 Victor（黎明海），藝術品市場及其藝術價值可是兩回事。

以市場主導的藝術並不長久。我這工作室裏有好些可賣錢的畫作，但我想我未能持之以恒地創作、銷售畫作，況且市場所擁戴的藝術品大都很俗套，往往越佳的作品越乏人問津。可笑的是，所有人都在等別人投資及認同而建立一些作品，令其有市場價值然後作投資買賣。

黎 這麼多年來，你辦過一些畫廊和拍賣活動，你有否私下收藏別的藝術家的作品？

趙 我有收藏幾幅畫作，全都是很好的作品。我不看是誰畫的，只看畫，是誰的畫反屬次要。凡是有趣的東西我也會收藏一些，好像瓷器、陶器、玻璃等，當中也有名家的作品。

黎 你母親有收藏呂壽琨的作品，對嗎？你當時有否購買香港藝術家的作品？

趙 我父母有，那時台灣有一位藝術家叫何懷碩[10]。當時他外家和我家是世交，我父親參觀何氏的畫展時買下不少作品。拍賣行對我們所收藏的畫作虎視眈眈。

黎 很有趣的，熱愛藝術的人總會認識陳福善。然而，活躍於六十至八十年代的藝術家卻不大被人認識。為什麼現在我們沒有人推廣香港藝術？

趙 一直以來，香港人往往認為其身處之地僅供短暫棲身，或視之為中途站，是個賺錢的好地方。這種想法跟其歷史不無關係，早期的香港人會思鄉，也重視其籍貫，也有部分香港人想到外地去，也過分重視物質，忽略了當時的一切。恰巧藝術是精神上的追求，也許藝術在香港要有市有價方被人重視。

除卻藝術及其市場價值，我想香港政府或可嘗試購買有國際水準的本地藝術品，以建立重構和推廣香港藝術的應有價值。因著其歷史背景和獨特的地理位置，使香港於一九四五年至一九七九年一直跟國際藝術都市接軌，應該在中國現代藝術史上其有獨特的地位。近年香港藝壇湧現大大小小的展覽，也有不少藝術家把其工作室對外開放，這是很好的現象。但是説到底香港人似乎對本地藝術不感興趣，參與者大多只是藝術家或藝壇中人，你説多可悲！

黎　說到香港文化，你可是與眾不同的畫家，你能充分地把西方的抽象藝術與東方哲學思想結合。

趙　文化融合和發展均需要時間，因為我是中國人，和中國文化融合是很自然的事。我花了一生習畫同時研究文化的範圍並不限於藝術，希望對自身跟周圍世界的定律有更透徹地了解。現在花較多時間作心靈修持。

黎　這正是香港所面對的問題，現今的人都講求「噱頭」和效果。然而，上佳的藝術作品不需要「噱頭」，它們總是根基紮實兼具極強的感染力。

趙　對，這視乎作畫者和觀畫者的境界。

黎　沒有「噱頭」的作品，一般觀眾多看幾次便會生厭，現今媒體偏愛別樹一格的東西。

趙　我不知道別人喜歡什麼，但要我創作別人要求的東西，對我來說很困難，也許我對「無我」的修持還不夠好。

注釋

1 劉海粟（1896-1994），名槃，字季芳，一九〇五年入常州繩正書院習書畫，一九一二年創辦上海國畫美術院（上海美術專科學校前身），一九一八年任教於北京大學並創辦《美術》雜誌。一九二六年上海美術專科學校發生人體模特兒風波遭通緝，一九二九年到巴黎。一九四五年後擔任上海美術專科學校校長，一九五二年上海美術專科學校與蘇州美術專科學校、山東大學合併為華東藝術專科學校，其出任校長至一九五七年。一九七九年被委任為南京藝術學院院長，一九八一年於香港中文大學任客席教授，一九九一年獲香港大學名譽博士銜。

2 顏文樑（1893-1988），字棟臣，一九二二年創辦蘇州美術專科學校（1931 至 1952 年任校長），留法，曾兼任南京中央大學美術系主任，一九三六年與徐悲鴻、汪亞塵等組織畫會「默社」。一九五二年任中央美術學院華東分院副院長、一九五八年任浙江美術學院副院長兼教授。中國美術家協會理事、中國美術家協會上海分會副主席，著有《色彩瑣談》。

3 費明杰（1943- ），一九五二年來港，一九六一年到美國。一九六七年畢業於 Kanas City Art Institute，一九七五年獲美國加州大學聖塔芭芭拉分校藝術碩士。現為美國新澤西州 William Paterson 大學藝術系教授。一九六八至一九六九年間任教於香港中文大學藝術系。

4 丁其穎（1917-2005），早年隨張充仁學習素描及繪畫。五十至七十年代初在香港開辦畫工室，教授素描及繪畫，亦為費伯夷事業上的夥伴。

5 王季遷（1907-2003），原名季銓，又名紀千。一九三二年入讀上海東吳大學，曾隨顧麟士及吳湖帆習畫。一九四九年居美，一九五七年在新亞書院藝術專科任教，並擔任香港中文大學藝術系系主任（1962-1964）。一九八〇年任蘇富比中國繪畫部特別顧問。

6 高美慶，一九六七年畢業於香港中文大學藝術系，前香港中文大學藝術系系主任（1975-1977，1981-1984）。香港公開大學人文社會科學院院長（1999-2003），現為中大中國文化研究所特聘研究員。

7 李潤桓（1941- ），一九六四年畢業於香港中文大學藝術系，一九七六年於該系教授中國書畫課程。分別於一九七九年及一九八一年獲得市政局藝術獎，一九九二至二〇〇〇年擔任中大藝術系系主任，於二〇〇三年退休。

8 李福華（1943- ），日本東京國立藝術大學學士（1969）及碩士（1971），一九七二年於德國 Kunstakademie Düsseldorf 習雕塑。一九七六年曾參與於閣林畫廊舉辦的「香港現代水墨畫展」，曾任香港中文大學藝術系兼任講師（1977-1985），一九七七年獲市政局藝術獎。

9 李靜雯（1941- ），一九四九年定居香港。一九六四年與丈夫李維安創辦李氏畫苑。一九六七至一九七三年於香港中文大學進修部修讀水墨畫及石版畫課程，於一九七七年獲市政局藝術獎。一九七六年曾參與於閣林畫廊舉辦個人展覽及聯展。一九九〇至一九九三年任教於香港大學建築系，為「一畫會」會員。

10 何懷碩（1941- ），一九六五年畢業於國立台灣師範大學美術系，一九七三年獲美國聖若望大學藝術碩士，現任國立台灣師範大學美術系兼任教授。

我的藝術道路

趙海天

在尋找藝術的路上我遇到了「道」；卻在悟道的過程中我認識了藝術。

最初接觸到現代藝術是一九六二年在新亞書院（現香港中文大學）的藝術系。選科時，課程有陳士文老師（1908-1984）的素描，丁衍庸老師（1902-1978）的油畫、王季遷老師（1906-2002）的山水畫和曾克耑老師（1900-1975）的書法。差不多每天都有二小時的素描。由於少年時代在上海現代畫室學過三四年素描，所以很易上手。陳士文老師上課時非常認真、嚴肅，最注重藝術理論：畫給人的感覺要大、重、實，千萬不可華、媚、俗、輕、空。每天上課重複這些原則，每個學生都深受影響，因此，他帶的學生都走上了一條不投機取巧的正道。丁衍庸老師很少講話，只是不出聲地在你原有的習作上加上他自己的筆法。我那時全然不知如何欣賞他的藝術，只覺得經他點染過的畫就有了生氣。多年後我才明白繪畫藝術只有具有人的氣才能生動。我赴紐約攻讀藝術沒有繼續學習國畫和書法，現在回想起來乃是一生遺憾。

到紐約後進了視覺藝術學院，這是當年最新興前衛的藝術專科學校。老師都是三四十歲正當壯年的新派藝術家。我怕專業不夠，於是就參加了紐約最傳統的藝術建築學院——柯柏高等科學藝術聯盟學院（柯柏聯盟學院）的招考。該學院由柯柏家族基金所創建，已有一百多年歷史。由於基本上是獎學金，每年學費只是象徵性地收一些，全國各地參加考試的有三四千人，但只取一百名，我很幸運地由備取變成正式取錄生，成為全校第二個海外學生。在柯柏聯盟學院，所有學生除學校課程外都要先學二年美術和建築，第三年才選科。

課程中有一門不及格就被踢出去，每天上課時間如中學那樣，上午九時至下午五時，作業至少六小時，學生差不多都留在工作場做完作業。那些日子可真苦，像惡夢一般，也許正是這種高壓訓練形成我後來老愛挑戰自己的習慣，在創作時對已熟悉的手法失去興趣而不斷學習做些自己不會做的事。記得第四年畢業班的繪畫老師是當時已有名的硬邊畫家 Nicholas Krushenick 先生（1929-1999），他從不教畫畫，只是每次上課時帶全班（那時已只剩下不到十個人主修繪畫）到各處畫廊看最新的畫展，紐約真不愧為世界現代藝術中心，霓虹燈、機動、聲音、概念、五花八門，刺激得很，使人興奮。但我沒能把自己的生活把純美國的文化結合起來，卻對哲學和哲學家產生了濃厚的興趣，如老子、莊子、柏拉圖（Plato，公元前 427 年 - 前 347 年）、尼采（Friedrich Nietzsch，1844-1900）等。我從簡化了的《紅樓夢》英文譯本裏看出了佛學，還覺得老子比尼采更高遠，只苦於沒機會接觸到更多的中國文化。就在這樣的情況下我大學畢業了，一九六九年以後在《Life Magazine》做半天事，收入夠繳房租和繼續畫畫，就不多賺錢了。我沒學特別派別，自己買了馬達和噴汽車的噴槍作畫，這一進去就是十八年，從硬邊畫派、極限主義、環境藝術、色彩主義到超現實主義，用的就是各種噴槍和噴筆。

一九七三年和澳籍丈夫 Russell Jones 結婚後便常在各地居留和旅行，到過歐洲、美國、澳洲、東南亞、香港，後來又在紐約住了七八個月，我原以為我屬於紐約，其實我哪裏也不屬於，我有我自己的世界。八十年代初期，祖國大陸開放了，也許為了找創作的靈感，也許為找自己的根，便常去內地，古代的巨大石像使我震驚，那規

「物體本身既非實不透風，也非空空無物，自然界充滿了生命，只要你靜下來就會感覺到萬物。」

模，那氣勢，把人帶到另一空間，似乎在雄偉又特殊表情的石刻佛像中找到了我多年來找尋的感覺——那超自然的不屬於人的慾望的主宰的世界的完美。我的「彼岸」系列的畫就是在追求這種境界的思想前提下產生的，很多人喜歡「彼岸」系列的畫，因為給人一種寧靜、超然的感覺，我在追求著。我覺得，這美好的境界在我面前卻不在我心裏，勞心勞力的工作只給我片刻的滿足，很快又陷在莫名的痛苦中。一九八七年的個人畫展後使我再次覺得人生的空虛，藝術也快不能信仰了，正處在精神極度低潮時，一九八八年初的一個機緣，遇到了另一位老師——徐一帆先生，徐老師不是畫家但是一位智者，他對人生和世界的觀念有時令我懷疑他是來自另一高層次的世界。通過徐老師的幫助和引導，我接觸了不同於繪畫的另一種藝術——感覺的藝術，即「空」的藝術。藝術就在心中在自然中。我放下窮半生心血自學的噴筆技巧，拿著任何東西作畫，杯子、刀、片木、刷子、手指等。原來人的一舉手、一投足所劃破的空間所產生的執念就足以構成一幅幅的畫。色彩在布上又構成了新的空間和組成，這一切也許只是你一剎那的意念和感覺。一九八八至一九八九年完成了許多大幅的抽象畫——「禪空」系列，全是對多度空間的切身體驗。在不斷移空過程中看到的世界越來越大，也越來越小，越來越深。物體本身既非實不透風，也非空空無物，自然界充滿了生命，只要你靜下來就會感覺到萬物。花草樹木都在呼吸，你了解到人、動物都非外表所示，有血，有肉，有骨，有細胞，這一切都在空間活動著、運動著。一九九〇年起再拿起傳統的筆和油彩作畫，什麼都可以是藝術：只是你先把腦子空出來。畢加索和布拉克在創造立體主義時宣言：「要畫你所知道所存在的，而非你所看到的！」關鍵在於你可以知道多少，我們不能創造自然唯有不斷去了解去感受去表現本來就存在的一切。

在認識藝術的同時也察覺了它在人類社會中的另一重大功能：促進人與人之間的溝通。我想在以後的日子中，我的藝術活動將包括學習如何與人們共享和互惠，但願我有信心和勇氣接受這更艱難的挑戰。

原文 1997 年刊載於上海《藝術世界》，上海：上海文藝出版社，後經筆者修訂。

趙海天簡歷

年份	月份	展覽類型	事跡	地點
1962-1964			就讀新亞書院藝術系選科（現為香港中文大學）	
1964-1965			就讀美國紐約視覺藝術學院	
1965-1967			就讀美國紐約庫伯高等科學藝術聯盟學院	
1967-1968			就讀美國夏威夷大學	
1969			美國紐約庫伯高等科學藝術聯盟學院藝術學士	
1971		聯展	香港畫家八人聯展	香港 CJL 畫廊
1972		聯展	國際造形藝術家協會亞洲巡迴展覽	香港大會堂
		聯展	當代香港藝術	香港博物美術館
1973	8月	個展	趙海天油畫展	香港法國文化協會
	10月	個展	趙海天畫展	香港美國圖書館
1975		個展	趙海天畫展	香港連卡佛 IDL 畫廊
1976		聯展	閣林藝術家聯展	香港閣林畫廊
1977			製作懸掛在天花頂的六米長環境藝術裝置	香港名店街
		聯展	現代畫三人展（趙海天、周綠雲、顧媚）	香港藝術中心
		聯展	香港藝術中心開幕展	香港藝術中心

1985	10月	個展	彼岸	香港藝倡畫廊
1987	10月	個展	趙海天畫展	香港 Le Cadre 畫廊
		聯展	十年香港繪畫	香港藝術中心
1988			獲「國際藝術大賽」油畫優異作品獎	美國紐約蘇豪五十四畫廊
		聯展	I.S.P.A.A. 香港造型 八八	香港中華文化促進中心
			香港現代藝術展	德國漢堡中西藝術畫廊
1989		聯展	第四屆亞洲國際美術展覽	韓國漢城大都會博物館
1990		聯展	香港女藝術家作品聯展	香港專業教育學院（摩理臣山分校）
		聯展	第五屆亞洲國際美術展覽	馬來西亞國家藝術館
1991		個展	香港美國總會	
	10月	個展	天地遊	香港藝術中心
		聯展	香港女藝術家作品聯展一九九一	香港中華文化促進中心
1992		個展	海天油畫展	香港文華東方美藝廊
	11月	個展	MOVADO Contemporary Art Series: New Material: Hai Tien	香港美國銀行大廈
		聯展	城市變奏：香港藝術家西方媒介近作展	香港藝術館
		聯展	韓國、香港藝術	香港藝術中心
		聯展	香港藝術館當代藝術藏品選	加拿大溫哥華美術館
1993		聯展	亞洲藝術節	香港會議展覽中心
1994		聯展	國際藝術科學交流會	香港大學馮平山博物館
		聯展	城市理工十周年藝展	香港城市大學

年份	月份	類別	展覽／事項	地點
1995-1999			參與香港香格里拉、馬可勃羅、萬豪等酒店集團的建築設計，並獲委託創作作品	
1995		聯展	九五年世界藝潮博覽會	香港會議展覽中心
1996	6-9月	個展	趙海天現代藝術展	上海美術館，香港中華文化促進中心
	11-12月	聯展	香港藝術在南丫島——「慶典」	香港南丫島榕樹灣足球場
1997	6-8月	聯展	封閉（開放）——藝術家工作室開放計劃一九九七	參與藝術家之工作室
		聯展	中國藝術大展——當代油畫藝術展	上海劉海粟美術館
		聯展	現代女畫家展覽會	北京中國美術館
1998		聯展	香港當代油畫邀請展	香港藝術中心
1999		聯展	空間的藝術	香港聯合鹿島大廈
		個展	海天作品展	香港海天陳列室
		聯展	趙海天、王守清回應展	香港環境現代藝術館
	3月	聯展	京港藝象——香港北京女藝術家作品展	香港大會堂高座展覽廳
		聯展	向大師致敬	香港藝術館
		聯展	香港美術家作品展	香港中華文化促進中心
1999-2001			擔任香港藝術發展局視覺藝術小組委員會委員。	
2000		聯展	生活藝術化	香港聯合鹿島大廈
		聯展	香港二〇〇〇年現代藝術	香港藝術館
			受邀創作北角世紀酒店全部藝術作品壁畫	
2001		聯展	藝術薈萃——香港藝術中心廿五周年視藝展	香港藝術中心
2002			應香港地鐵公司特邀，製作炮台山站廿多米長全港最長彩磁壁畫	

2004		聯展	中國香港現代畫展	澳大利亞皇家昆士蘭藝術家協會
2005		聯展	自油自畫——香港首屆小幅油畫作品展	香港文化中心
2006		個展	趙海天「彼岸」回顧展	上海新天地中央美院油畫廊
2006-2007			為富得拍賣行策劃二〇〇六及二〇〇七年冬季「當代中國藝術」拍賣會	
2007		聯展	回歸、文化	重慶美術館
		聯展	內地和香港兩地美術家交流畫展	成都四川美術館
2008		聯展	中國當代藝術館開幕展	香港
2009		聯展	現代女藝術家作品展	香港會議展覽中心
	8-9月	聯展	具象＋抽象——香港當代油畫水彩版畫展	香港中央圖書館，香港中環廣場，香港 OC Callery
		個展	趙海天近作展	香港奧卑利畫廊
2012		個展	趙海天個人畫展	上海爾冬強藝術中心

任職情況

年份	職銜	任職機構
1972-1973	公共關係委員會委員	香港藝術中心
1999-2001	視覺藝術小組委員會委員	香港藝術發展局
2006-2007	油畫部負責人	富得拍賣行

劉欽棟

簡介

劉欽棟，一九四九年生於馬來西亞，祖籍廣東大埔。一九七一年，劉氏於國立台灣師範大學美術系畢業，並獲得系展國畫首獎。在師大求學期間，他曾受教於多位著名畫家、版畫家和美術史家，如黃秀雄、李霖燦、黃君璧、林玉山、孫雲山等人，建立對東西藝術史料和理論的廣泛認識，為其日後藝術道途上的探索奠下穩固的基礎。

畢業後，劉氏先在新加坡廣播電台為節目「美術圈內」撰稿，後於一九七五年獲得時任香港中文大學校外進修部藝術課程主任金嘉倫的邀請，負責為該課程教授水彩。在中大校外進修部任職後，他結識了著名版畫家廖修平，並跟隨廖氏學習版畫。校外課程的水彩課程本屬業餘性質，但求學者眾，令劉氏大感意外，自始開始探討水彩教學，希望通過教學層面，改變當年香港水彩圈在畫題、技法方面較為狹隘的困局。由於劉氏唸美術出身，通曉東西美術史，所以在教授課程時，極為注重美術史的賞析，並不斷編排更新課程內容，以推動一些較現代感的觀念及技法予學生。縱然該課程的學生以起步較遲、求學藝術無門的成年人為主，劉氏依然認真看待教學，並參考精選重編教授中國畫的方法，以大學教學模式教授課程。在他的努力推動下，水彩課程發展至水彩文憑課程。

除了中大校外進修部外，劉氏先後兼任香港大學藝術系講師（1984-1998）、香港中文大學「通識教育」講師（1999-2003）以及香港教育學院文化與創意藝術系客席講師，化育過幾代人才。另外，在一九八一至一九八三年間，他在由國立台灣師範大學的舊生組成的「鋒美術會」出任主席一職，每年舉辦展覽，頗受畫壇愛好者關注。

劉氏獻身藝術教育之餘，在藝術創作方面亦未有怠慢。自一九七三年起，他歷年在香港、馬來西亞、台灣、日本、美國、加拿大、德國等地辦過多次個展並參與過不少聯展，作品廣為香港文化博物館、中國浙江圖書館、香港中文大學逸夫書院、馬來西亞寬柔中學展覽廳、香港駐美國華盛頓經濟及貿易辦事處、香港大學美術館、香港藝術館、香港教育學院、德國索倫多夫市市政廳等機構收藏。另外，其畫歷更入編《中國當代藝術界名人錄》第二卷、《中華人物辭海》、《當代中國書畫界名人錄》等。

劉氏在中大校外進修部以教授西畫及畫史為主，但他早年亦不時兼教中國畫課，極深於中國畫的研究。二十多年來，他運用其美術史學基礎，兼顧傳統與現代理念技法，致力探討水墨畫創作，出版過《劉欽棟水墨集》等畫冊。同時，劉氏自一九七九年起勤於筆耕，並於一九九七年把歷年撰寫的論藝文稿結集成《中西論藝稿集》一書，闡述其對習藝、治學，以至香港藝術發展的心得和見解。

劉欽棟訪談錄

訪問者　黎明海博士

2012.4.10

■

黎　你的作品有水彩畫、水墨畫等，後來又在香港大學校外課程部、香港中文大學校外進修部兼課，你可否談一下教導學生時的一些感想？當時除了香港中文大學藝術系之外，坊間就只有一些業餘零散的課程。你覺得這些課程是否補足了香港當時缺乏的藝術教育？

劉　這算是緣份，當年金嘉倫任香港中文大學校外進修部課程主任。每年暑假，李焜培教授[1]（我於國立台灣師範大學就讀時的老師）便返港主持中大校外進修部水彩畫課，可是一九七五年他未能回港，但課程即將要開始，金先生便請我接手任教。至今已是第十二屆水彩畫文憑課程了。那時並非採用文憑學制，只是初階、進修和再深入一點的研習課程。那時中大校外進修部於暑假開設的版畫班亦十分有影響力，曾邀請了著名的版畫家廖修平[2]來港執教。我倆同期到中大校外進修部授課，因而認識，並跟隨廖氏習版畫。一九七六年成立的「香港版畫協會」就是廖修平先生建議創始的。那時就有一班熱心研習版畫的學員及香港教育學院學生參與，黃坤明女士是第一屆會長。

至於我教的水彩畫，一般只是業餘的學生，當初也是想完成一個暑假班便算，卻沒想到還頗多人想報讀此課程。你知道這些始終並非大學開辦的藝術正規課程，只是興趣班的模式，所以較輕鬆。後來，我開始探討水彩畫教學。因為看到香港水彩畫界的畫家，多是前輩，或是香港美術專科學校研習出身的，到現在還在水彩畫藝圈活動。他們教導出來繪畫水彩的老師或學生所走的路線，在我看來，風格技法較傳統，畫題也較狹窄，當然有少數是傑出的。

我想慢慢改變一般香港人畫水彩畫的觀念，推動香港道地的、有藝術深度成分而富現代觸覺的水彩畫課程。我從不間斷地為課程內容編排測試，後來才發展到水彩畫文憑課程的設立。我是唸藝術專科出身，認為通曉中西美術史是不可或缺的條件，我很早就注重美術史的賞析。要深一層地欣賞「畢加索——巴黎國立畢加索藝術館珍品展」（2012）的作品就得談美術史，以了解立體派（Cubist）的創意理念手法。

原來其時中大校外進修部開設文憑課程，必須有一位持藝術專科大學畢業學位的老師。金嘉倫先生是芝加哥藝術學院畢業的碩士生，負責策劃，教水彩畫的我是其一，另外執教的有知名畫家徐榕生、羅偉顯。我不認為一定要讀大學才能懂得藝術，你看畫史便知道很多藝術家並非修讀藝術出身的。當然，時代不同，現在還是正規就讀藝術專業為宜。香港藝術教育問題仍在於師資的質素。當初眾多文憑課程如中國繪畫文憑課程；六七十年代有呂壽琨、劉國松、丁衍庸、唐鴻、萬一鵬[3]、金嘉倫、蕭立聲、何才安[4]、鄭明[5]等，我是前後期均參與的唯一導師，後期有李頌翔[6]、莊瑞明[7]、鄭天鶴[8]等。西方繪畫媒介的文憑課程，當年中大校外進修部應該是辦得最好的，確實補充了本土美育上遺漏了的部分，為具有才華潛質又無法入大學的學員提供一個研讀藝術的途徑。

西方繪畫課程指西方素描與繪畫文憑課程。第一屆（1980）開始有韓志勳，相對他們來說，我當時還很年輕。文樓、張義、金嘉倫、黃祥，其後有何慶基[9]、韓偉康、蔡仞姿等……鄺耀鼎、王無邪之前好像是顧問，還有郭樵亮先生。那時郭樵亮先生覺得，美育只要懂得「教」便行了，其後表示「教得」（能教）之餘對美術史也要懂，當時我們一起評審文憑畢業作品。後來他也認同要會創作（能講、能畫、能寫），到現在還是我堅持作為專業藝術學者的教學質素準繩，對水墨畫班的師資要求亦然。試看今日美育教改新課程不就要求評賞論析嗎？

縱使中大校外進修部的學員大都是業餘性質，我一直以大學教學模式授課，並參考精選重編內地藝術系教授中國畫的一套方法。學員大都是成人，理論上他們的心智、知識、視野也較成熟，喜歡藝術一定不是現在的事，否則也不會來學。我永遠不會低估學生，尊重且以高評價成人學員。他們理解與否是另一回事。

黎 當時中大校外進修部課程的時間確要比大學的一般藝術選修科目長得多（六十節課），據我所知，你在水墨畫教

學方面投放更多的時間。由第一屆現代水墨文憑課程開始，第二屆有劉金芝、陳君立、梁棟材、黃耿卿等。當時有人認為香港水墨畫大致分為呂壽琨（「一畫會」）和劉國松（「五月畫會」、「東方畫會」）兩個系統。你可否談談這兩種新水墨畫類型的表現對你整理課程上有沒有影響和導向？

劉 很多人都會像你這樣想。當初中大校外進修部開辦中國畫，以呂壽琨為首，不久以後由劉國松取代。但我們也不應忽略在此之前的水墨畫發展，那便是以教授傳統中國畫為主，即丁公（丁衍庸）、萬一鵬等。丁衍庸是一位在香港發展和推動中國畫教學的重要人物。他與新亞書院藝術系有密切關係。一九五六年新亞書院創辦人錢穆（1895-1990）賢請丁公來新亞書院開辦兩年制的藝術課程。大概一九六三年左右，他便進了香港中文大學繼續教授中國畫。丁公對發展香港的中國畫教學貢獻很大，中大藝術系也一直以他為榮。只是丁公的身份與在香港中文大學校外進修部兼課一樣非全職，反而培養出一些追隨者。劉國松七十年代初從美國來港，當了中大藝術系系主任後，他在中大校外進修部取代呂氏的水墨畫文憑課程。及後呂壽琨便轉往香港大學建築系任教。我所提到，前一批是傳統的，包括老一輩的如鮑少游等，理念上和呂氏相左。但早期時他們也辦了「丙申社」[10]。印象中呂壽琨生於一九一九年，是前輩，研究繪畫史，且認識透徹，他卻急於革新畫風。以我旁觀者看，他想帶起「香港學派」的現代水墨。他要擺脱傳統，就得建立一些新的思維。王無邪應從國外帶了很多西方繪畫訊息。呂氏透過透納（J.M.W. Turner，1775-1851），後期的 Jackson Pollock（1912-1956），及其他歐美抽象表現派畫風的認識中得益，產生「禪畫」系列是有其原因的。

有很多畫人未能洞悉「傳承」的意義。「傳承」和「師承」是研習理念不同的層面。現在絕大部分都是「師承」，而非「傳承」。「傳承」是理解藝術文化歷史，從大方向出發的；「師承」是狹窄單向重複個人思維模式。他（呂壽琨）教出來的學生只是「師承」，畫學的認知較狹窄，難成大器。其後我在水墨畫教學上去蕪存菁，傳統與現代理念技法兼顧。呂氏一套或劉氏的革新理念有觀念技法上的遺隙不足，漠視傳統精髓與過於為新效果視為新創作的想法，較易墮入空洞浮誇、膚淺。正道門檻都未入，就刻意要創新，未免過於率急天真。

就中國繪畫而言，正道以宋代入手，奠基後師法自然，尋找畫題，在傳統基礎上加添新意念，勇於多方實踐新

技法，自然逐步發掘出個人的風貌。這也是金嘉倫將「現代水墨畫」一名改回「中國水墨畫」的原因。他本人師習於彭襲明山水，才驚嘆中國傳統筆墨內涵的廣博精深。此後中國繪畫教學漸回正軌，只是因師資素質各異，近年才不斷提升具有專業本科、有創作教學理論之導師。

當今藝壇一些水墨畫、水彩畫、油畫界別上有不少出自研讀中大校外進修部相關課程的畫家，長遠來看必能有真正有實力的香港畫派風格。近十年重整中國水墨畫課程後，應能提升這一代有更多具實質畫學與創作能力者。他們不少已廣泛參與港九新界各社區、中小學或設畫室，教授學生，對普及民眾的美育推廣具有一定的影響力。有潛質的後學專注鑽研，在當今畫壇上，水準比不少大專藝術系畢業生更為傑出。

舊事（Memories），拼貼、混合材料（Collage、Mixed Media），68.5x101cm，1994-1995 年。

黎　那麼七十年代時呂壽琨所辦的一些「現代水墨」，「香港水墨」畫等，又是怎樣呢？

劉　那和中大校外進修部無關。自呂壽琨無緣留駐，他的「系統」已經中斷了。劉國松當年擔任中大藝術系主任，而中大校外進修部藝術課程開辦的現代水墨畫文憑課程，劉氏順理成章地接手第一屆之課程（1973）。我倆聊過可從傳統基礎入手，劉國松認為要整個課程的創作教學。可是教了十五堂後他便因事返回美國，由我接手任教。其後該課程改名為「中國水墨畫」課程，學生就有吳觀麟[11]、馮永基[12]和你（黎明海）。

第一屆有位郭漢深[13]，他本在師大唸書，讀到三年班，因事輟學回港報讀這班。我之所以提起他，是因為他的基礎最紮實，其他都只是興趣，欠基本功者居多。第二屆首十五堂由劉國松主

講。後來發生了一些事件，輾轉賢聘了很多導師，如金東方[14]等。後來在中大藝術系替代劉氏的洪嫻[15]女士，是劉國松介紹的，結果她也教不下去，在中大的第三年便離開了。

黎 我想要到八十年代中期，「一畫會」、「香港現代水墨協會」等，那個「新水墨」系統才慢慢地退下來。但在這之前，無論教學和藝術館的收藏對象，都是以呂氏為首的新水墨畫。譚志成等全都是那一派，整個系統由他們主持，你所提到的機構性，不單是教，我想是連藝術館藏整個系統都給他們包攬了。

劉 昔年王無邪曾任香港博物美術館副館長，當時温訥(John Warner)仍任館長，王氏離港赴美，館長一退職，譚志成接上，王氏與譚氏均曾受教於呂壽琨。呂氏自然被引薦為顧問，日後當代香港藝術雙年展水墨畫獎，藝術館收藏此類水墨畫作品也就順理成章。

說到館藏，高華文[16]教授於二〇〇七年有個名為「香江妙彩：高華文香港藝術家藏品」的收藏展，把與藝壇友好互贈交流之作送給香港大學美術博物館收藏，當中也有我的畫。但是裏面有一篇文章〈香港藝術家的道路〉，為香港大學美術博物館助理館長施君玉所寫，說到「一九四九年至一九八七年台灣實行戒嚴法，限制文化自由發展。政府規範藝術家以傳統題材創作，防範共產主義的影響。因此，接受台灣教育的藝術家一般與傳統聯繫緊密。然而，一九七〇至一九九〇年代期間定居香港的劉國松，嘗試去找新方向，創作太空探險為題的繪畫系列，成為台灣現代藝術的代表人物。」我覺得思維上有商榷之處。

個人在台灣求學期間，即一九六七至一九七一年，中國畫教授多來自當年中央美術學院或杭州美術學院，西畫則以留日的藝術家為主。我求學過程中，素無創作意念、技法風格的任何限制。劉國松一九四九年遷台，五十年代就不斷思考推動創新水墨畫去向，他組織了「五月畫會」，不斷展示受西方新潮影響的畫風模式。劉氏不是來到香港才嘗試尋找新方向，「太空」系列出現在一九六九年。施氏文章的論斷旨在突出部分呂氏派系，或本地血脈關連，以所謂新水墨者為尚，正道傳統者列於邊際，心態意圖可臆測。其實當中不乏中大校外進修部中西畫文憑課程研習出道者，更曾是我擔任啟發式創新教學洗禮培養的數代學生。

在此要強調，香港中國水墨畫教育所欠缺的正是紮實傳統筆墨根基訓練。香港回歸後，不論在教院或大專畫系仍無實至名歸的藝術名師壓陣，教學欠系

統，長久重西輕中，惡性循環，更遑論在小學、中學推動中國畫的藝術文化了。這也反映香港教育文化策劃者，以至香港藝術館人員，只是行政官僚，藝術活動只在乎數據、場次、人數。看畫限時限刻，《清明上河圖》在香港展覽時，賞畫搞得驚天動地，進場後未能令人平和氣定的觀賞，也正反映香港藝術館在推動賞鑑情景安排上未有提升民眾藝術之興趣、水平。這更暴露了本土專上教育策劃者及相關藝術文化者審視的深度不一、評析分類識見狹隘，派別風格的判斷有所偏差，帶來論述當代香港藝術的發展時，產生藝壇假象與誤導。

黎　這跟你於一九九三年撰寫的文章〈浮光掠影廿年來香港的藝壇發展〉一脈相承。當中你提及「呂氏又為該館，即香港藝術館之顧問，順理成章第一批學員所組成的畫會（包括譚志成、周綠雲、吳耀忠等）成了香港藝術館推介本土藝術膨脹的樣式，香港水墨畫由此興起。」我想你這裏說得很中肯，就是一個現象，呂壽琨一班系統下來的人。那你對於這方面還有什麼補充呢？你是在一九九三年寫這篇文章的，你覺得現在的情況是否有所轉變？

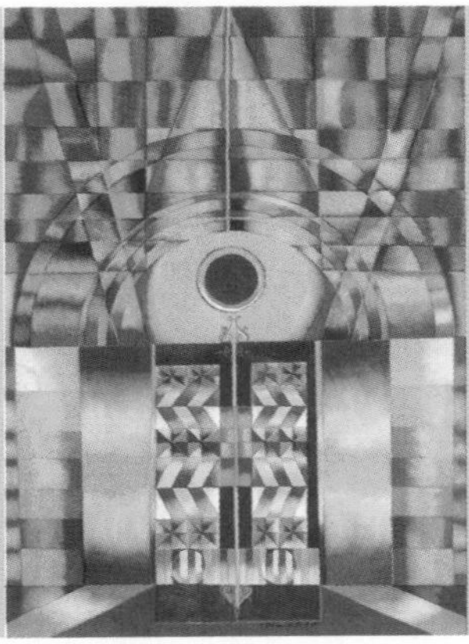
靈殿（二）（God's House〔II〕），水彩（Watercolour），76x56cm，1975年。

劉　最記得是有一屆當代香港藝術雙年展，劉國松是評審之一。[17] 原有位他的得力愛徒盧愛玲[18] 獲提名拿獎，另邊推了徐子雄，相持不下，評審協商，顧媚得益。而隔一屆那年誰拿獎呢？是徐子雄和李潤桓雙雙獲水墨畫獎。[19] 沒記錯的話，那年王無邪、高美慶任評審之一。

就連莊申教授[20] 都碰上此「難題」，他根本沒有當該屆評審，人也不在香港，報章上卻有人批評他不公平什麼的，連萬青屴教授[21] 也給人批評。在港大時我曾和萬青屴吃過飯，他談到時

也感氣憤。因為當時書法獎是中大校外進修部書法文憑班的女學員獲獎，評她的書法說是臨摹的，怎能得雙年展的書法獎，所以罵萬青屴不懂書法。該屆水墨畫獎頒給熊海[22]，其實評審提薦的是林天行[23]。其後有兩屆水墨獎我曾意料遊戲規則的巧合結果，所謂天時地利人和，參與者順其自然吧，入選與否不必太認真。這是我知道的一些關於評審的事。

現在的情況反映在雙年展上，傳統與混合媒介手法漸現，多了內地移民畫家參與，呂氏門生仍以水墨媒介創作。一般香港市民對中國畫、現代水墨畫的認知極為貧乏，就是裝置新水墨創作，相信也會有觀眾喝采。認為雙年展得獎的就是新晉，就是代表。好像香港文化博物館，現已變成嶺南派，如趙氏門生排隊輪候（辦展覽）的專場。畫界友人也說到館方收藏門類不少，為何從不考慮辦收藏展，而花納稅人的錢去刻意安排差強人意的作品展，對民眾品賞藝術的機會和興趣毫無提升的意義。

黎　你在文章〈浮光掠影廿年來香港的藝壇發展〉、〈漫談香港水墨畫〉（1992）中有一個我認為頗確實的觀點，你提到呂壽琨的影響造成了兩種浮誇：一是王無邪等以設計意念帶入的水墨畫作；另一種就是鼓吹一種所謂本土藝術的形象。這些都是勉強而為的。談及呂壽琨當時也以一些本土風景入畫，於是他的學生，也會繪畫一些如獅子山等風景。你怎樣看他們的本土風景繪畫呢？

劉　我認為是沒有問題的。從歷代畫史來看，當初北宋山水隨著南遷至南宋以後，遷都江南也就轉了風格，這是完全沒有問題的。香港沒東西可以入畫嗎？多的是！那呂壽琨受誰影響呢？我想是黃般若，黃般若很早已畫港灣山島。

其實呂壽琨善於配合王無邪、譚志成那些具有社會和官方地位的學生來造勢，那是自然不過。可是他有紮實傳統的底子，有臨摹，也重主觀性的寫生研練（如阿里山題材）。他聰明之處是能把掃刷的筆觸連繫到《易經》、禪道的範疇。但初時他並未到位，因為禪是不立文字、不言傳的。看到他的畫寫上「禪」字，就有點畫蛇添足了。時代的確逼他要有所突破，後來他的系列作品就沒再寫「禪」字了。我看過呂氏很多實驗性、沒有簽名的小幅畫作。要知道宣紙和油彩是不同的，一下筆便見真章，所以他有很多禪畫的筆法其實頗凌亂。禪家意象是閃電之間的事，三兩筆下去便定成敗。可見呂氏也確下了一段實踐經驗。

可惜呂氏早逝。若他還在世又會如何發展呢？因應地利人和，他始終是位有一定影響力的前輩。他的門徒以獅

子山為題的畫作，手法上較生硬，造型敷彩都較造作，始終大多根基薄弱，畫欠深度，且別談論本土風情是否在其中了。且看王無邪，他也想在傳統中，如龔賢（1618-1689）、巨然（年份不詳）等轉借一些技巧。因為在香港理工學院教設計，其觀念始終是設計，只在構圖畫面上掘東湊西，是形而下實體的虛無版本，他借助教授包豪斯（Bauhaus）設計教學的理念乘勢開闢一條畫路，意圖將設計披上藝術的外衣。就好像靳埭強之作，中國畫學哲思上若有深度獵涉，畫風技法自然有氣度、有內涵，畫境也不致只沉淪在紅塵虛名上。

黎　你在〈浮光掠影廿年來香港的藝壇發展〉中亦提到八十年代中期之後，內地的繪畫（藝術家）蜂擁而至。有林風眠、黃永玉、劉海粟等，其實這一群藝術家會否也造成當時八十年代香港水墨畫創作的一些衝擊？

劉　或多或少也有。說到七十年代末至八十年代初，正值中國開放的時候，香港成為一扇門窗，邀請內地人才來香港做講座。除了大學藝術系，中大校外進修部也積極邀請早一輩的名家作客席講師，譬如程十髮、劉海粟、陸儼少、李苦禪[24]、賴少其[25]還有較後期的朱修立、郭西元等，對柔弱不前的本地水墨畫圈是有一些警示性，只是太短暫而不見得有大影響。當然，多了來自內地名家作品的展示機會，無疑增添在港的畫家，深一層的創作思考與省視新路向。印象中有李可染、傅抱石、石魯、錢松喦[26]、朱屺瞻[27]、黎雄才、何海霞[28]，尤以黃秋園[29]是令我頗感意外，他們都是典型傳承畫史最紮實的近代國畫家。至於久居香港的彭襲明、十萬山人孫星閣[30]等保留了傳統文人風格，加上香港藝術館「虛白齋」（虛白齋藏中國書畫館），都是值得畫學者拜觀的。

黎　你在國立台灣師範大學（師大）一定也遇到不少老師，可否說說對你有較大影響的老師？當然不是「師承」，可以是精神方面的、觀念上的影響。

劉　我想是從事藝術的真誠態度。我亦把這種態度帶回來。師大本身有一個自己的「傳承」，學生們都很尊敬前輩的（實際是儒家精神）。從事藝術是要專注投入，即是你和藝術結一生的緣。

教我美術史、美學理論有王秀雄教授[31]，李霖燦[32]教我中國美術史。莊申教授在香港大學藝術系任教時，因香港中文大學進修部中國畫文憑畢業作品評審之緣，他請我去港大藝術系教中國畫，得以請教他許多畫史的論述，對我的中西畫史教學影響很大。另外國畫就

是黃君璧教授[33]、林玉山教授、孫雲生老師[34]、陳雋甫老師[35]等。我的水彩畫老師包括李焜培老師，他其實是香港人，水彩畫是師學靳微天[36]，剛去世了。另外就是馬白水教授[37]，他很重視構圖，有自己的一套理念。另外李澤藩[38]，也是留學日本的，他為人很低調，還有一位夏威夷大學的許漢超教授[39]。教我油畫的也有好幾位。郭軔教授[40]，都七八十歲的了，還有一位張道林[41]。教導我的老一輩藝術家很多都已離世了，他們全都是專業藝術家，包括徐悲鴻當年極賞識的門生，孫多慈老師。

孫氏熱心推薦並鼓勵學生。她知我是僑生，一讀便五年，沒有回家，她就說：「你過年沒地方去便到我家吧！」後來她告訴了我一些事，說當年學生窮，她讓學生到她的畫室幫忙教畫。去美國大學作教學交流時，她接洽美術館推介台灣新一代的作品，包括劉國松等一九五六年成立的「五月畫會」成員。一九六一年劉氏始轉向現代水墨的實踐嘗試，一九六六年獲李鑄晉教授[42]推薦，取得洛克菲勒三世基金會獎金，就孫氏所述，是她在台提及莊喆[43]與劉國松兩位擇其一。

孫氏秉承徐悲鴻的傳統，具慧眼，愛才並有提攜後進的雅量。當年楊善深廿多歲時，在新加坡辦畫展。徐悲鴻高度讚賞並替他寫請柬，楊氏銘記於心，還曾展示給我看徐悲鴻為他寫的請柬。

黎　孫氏的作品風格極具徐氏手法。說到師大的影響，一班在台灣回港的校友組成了「鋒美術會」。畫會的組成會否令藝壇的氣氛有所不同呢？

劉　要知道香港畫壇早有各類獨立的畫會，說得難聽一點就是「山頭主義」，畫會互不相干。作為旁觀者，當時每一個畫會都會認為自己是最好的畫會，每一個畫會都認為自己是代表香港的。所以別對此太認真。當時劉國松已來港，覺得師大在港人才不少（如文樓、張義、金嘉倫、陳松江等），何不組織畫會？「鋒美術會」因而於一九七四年成立，每年舉辦展覽，其間也頗受畫壇愛好者的關注，從而認識了不少畫壇前輩、畫友。香港增多了有實力的畫會，多了展覽，藝壇氣氛自然熱鬧些。當年《星島日報》、《華僑日報》等都有刊登展覽的宣傳。我們並沒有其他外人（非師大校友）來參與，是聯誼性質的，就好像中大藝術系也有系友會，反正是「圍內」（圈子裏）的創作交流活動。

黎　其實現在也有很多這樣的畫會，創會成員擔當永遠會長，然後以這些名義去拿一些資助等。

劉　對，獲取一己利益而已，所以根本用不著太在意這些。對畫壇實在沒有什麼影響，懂得從香港藝術發展局謀資助是一匠心求生計的學問。真正的藝術家重視創作質素為主，藉各種名目去藝展局謀資金的大有人在。當年畫會都是會員交會費，大家合資辦展覽，純為畫藝交流。

黎　那「鋒美術會」現在已經解散了？

劉　沒有解散，但亦沒有說什麼繼續。應該算是「歸隱」了。現在有一位接手，好像不是畫會的成員，是國立台灣師範大學畢業，於中大修畢碩士的何思博。現在中大專業進修學院有很多西畫的課都是她教的。入讀師大美術系，而又能為香港美育獻身的年青一代寥寥無幾，之前的只有呂振光，再早些的有鄭明，同班有司徒強。

黎　除了「鋒美術會」，再早期也有「元道畫會」、「中元畫會」等。

劉　這是再早期一點的了。成員有在師大畢業的，文樓、張義，金嘉倫，好像王無邪也是成員之一。當年柏立基、羅富國、葛量洪三所師範學院培養的美育師資不足，師大畢業的美術師資不少應聘於中學執教，大專也有，足見師大有其一定的專業訓練水準，在畫壇上多了一群真正出身於藝術專科的藝術家，香港的畫史、美育發展史的編寫上是不應忽略他們貢獻的精神與努力。

黎　那時港英政府還要你們再讀一些師範訓練才能成為文憑教師，確實頗無理。你們到底已接受過四年的大學教育。

劉　還要有一年的實習，總共是五年。所以我當時並沒有太理會，我一直都是以很專業的態度進行教學。

黎　這可以說是政治的問題。

劉　對，無奈的現實。當專上、中大校外進修部邀請了一些內地的畫家及藝術家來訪或授課時，是給香港這班自視為本土水墨畫代表的一個啟示。中國開放以後，來的都是科班出身的畫家。所以他們（香港的藝術家）都得沾上一點傳統才心安。

黎　你的文章〈浮光掠影廿年來香港的藝壇發展〉也有少量篇幅提及畫廊對藝術發展的作用，你對現在畫廊的發展又有什麼看法呢？

劉　很簡單，畫廊都是做生意的，要有賣點，那個賣點當然最好是國際知名的，與藝術館相關的。畫廊是畫家與顧

客間的中介人，如何銷售要講市場品牌、收藏家品味，有收藏者與投資、投機者的區別，要有市場調查。結果一樣，就是賺錢為主。藝術品與樓房、股票、珠寶等投資產品一樣，是人製造出來的。對一般人而言，畫廊作品多少要迎合市場潮流，只是在香港能單靠賣畫維生的藝術家肯定只佔少數人，那有幾多人會買香港藝術家的作品呢？

現在的畫廊數目算是多了一些，當中有很多是內地的藝術家。為何來了這麼多內地藝術家呢？陳德曦是[44]有功勞的。當年他也是從內地來到香港，在中大校外進修部教授人物畫，後來替萬玉堂畫廊的 Stephen McGuinness 接洽內地藝術家，造就他們展覽機會。所以畫廊有其重要功能。香港地貴經營成本高，「繪畫」作為商品，對香港畫家作品的銷售顯然未敢厚望。難怪香港畫家多責難政府漠視藝術工作的資助。若有畫廊主持多具備伯樂慧眼，香港不少數十載資深鑽研畫藝者，難道都不足以受到推薦？

SCHORNDORFER NACHRICHTEN

Kunst als Mittel auf dem Weg zur Harmonie

Landschaftsbilder von Liew Come-tong aus Hongkong im Rathaus / Ausstellung des deutsch-chinesischen Freundschaftsvereins öffnet

Von unserer Mitarbeiterin Sabine Reichle

Im Rathaus: Liew Come-tong aus Hongkong (China) stellt Landschaftsbilder aus.

Bild: Bernhardt

德國索倫夫市個展新聞，2001 年 11 月 13 日。

黎　你好像也曾經和四象畫廊、藝英畫廊等合作？

劉　這是七十年代以後吧，算很早期了，四象畫廊是阿蟲（嚴以敬）[45]和羅偉顯[46]開設的。就在中環從前娛樂戲院斜向的小舖面（位於雲咸街），我只是辦了個水彩畫素描展覽。另外就是在銅鑼灣名店街辦過展覽，但畫廊都結業了。藝英畫廊則位於尖沙咀星光行樓上，於九十年代結業了，可見經營畫廊不易。後來三行畫廊[47]！開在香港藝術館鄰近亦難以經營。

黎　劉老師你從前上課時常帶我們到蓮麻坑等地方寫生，也曾以水彩畫紅磡近

土瓜灣的油庫。當時香港的風景對你的創作有什麼影響？

劉 初來港時我以旁觀者的身份，畫了很多香港鐵閘題材。那時覺得很奇怪，為何香港人住的地方都有鐵閘？像在監牢那樣。我在馬來西亞的老家沒有鐵閘，外出也開著門，很安全的。當然現在治安較差，要把門關上，始終時代不同了。所以我覺得香港是個很特別的地方，很封閉（入家就鎖門，自我保護意識強）。觀察下發現，除了安全理由外，人的心胸較狹隘，較具門戶排斥之情，也時有自視滿溢之情。

香港不少景物，如土瓜灣煤氣鼓，看來有危機感，它的外形並不美觀，而且之前沒有什麼人畫。八十年代美國流行 Photorealism（照相寫實主義），西潮風尚不少是畫玻璃幕牆建築，我最早畫的要算是香港太空館旁邊那個 Regent Hotel（麗晶酒店，現稱洲際酒店），那座玻璃反光的外牆，還有九龍香格里拉酒店，那時舊火車站還在。中環置地廣場、中環地鐵總站大堂（舊中環郵政總局原址）、紅磡火車總站等，剛興建完成已入我畫。畫題的多樣呈現香港面貌正走向國際化。之前舊有建築早成畫作，而原建築已拆，如舊中環郵政總局、水警總局、中環及佐敦道碼頭等。

說到寫生，江啟明是道地的本土畫家，他畫的是歷史中的建築，是較原鄉本土紀實，熟練的素描及水彩畫，全港古跡皆留下他的足跡，是吾愛吾土的典型畫家代表。

黎 你有否收藏其他藝術家的作品？

劉 肯定談不上收藏。較有紀念性的是麥顯揚的一件雕塑，其餘多是書畫界友儕交流之作，有時朋友來到便畫一兩幅，如陳若海[48]墨寶，區大為[49]教授的條幅。又如前中大校長金耀基教授（1935- ）、鄭良樹教授[50]曾來畫室，留下珍貴墨寶。亦有如高華文教授以雕塑與我的水墨畫互贈，內地來訪的畫家、版畫家也會互相交換作品。除了袁鴻樞前輩[51]墨寶、易越石篆刻書家金石法書外，去旅行時會購些紀念品，如南非面具、澳洲土著作品等。真正的藝術品還是留在藝術館為宜。

注釋

1 李焜培（1933-2012），中學時期曾隨靳微天習畫。一九五九年台灣省立師範大學美術系畢業，曾任香港中文大學校外進修部講師，國立台灣師範大學美術系專任講師（1968-1989），一九八九年任國立台灣師範大學美術研究所教授直至退休。水彩畫專家，著作有《二十世紀水彩畫》、《水彩畫法1、2、3》及《李焜培畫集》，為「鋒美術會」會員。

2 廖修平（1936- ），一九五九年畢業於台灣國立師範大學美術系，六十年代先後到日本東京教育大學繪畫研究所（1962-1968）及法國國立美術學院進修。一九七三年至一九七六年間於國立台灣師範大學、中國文化大學、國立台灣藝術大學和國立台北藝術大學任教。

3 萬一鵬（1917-1994），字嘯雲，二十年代隨趙夢蘇習畫，童星錄習書法，姚明輝習治經史。一九四九年來港，一九七三至一九七六年任香港中文大學校外進修部國畫班導師。一九八六年移居加拿大，其學生在一九八五年創辦「萬壑草堂畫會」。

4 何才安（1950- ），一九六〇年移居香港，先後隨何百里及林湖奎學習國畫，一九七二年入讀香港中文大學校外進修部國畫班。一九八一至一九八三年在香港中文大學校外進修部教授水墨畫課程；一九八四年至今任教於香港大學校外課程部（1992年易名為香港大學專業進修學院）。「泰研畫會」會員。

5 鄭明（1949- ），生於香港，一九五六至一九六七年間移居馬來西亞。一九七三年畢業於國立台灣師範大學藝術系，同年返港，曾先後任教於香港大學課程部、香港中文大學藝術系（1977-2000）及校外進修部、香港理工學院太古設計學院、大一設計學院等。一九七七年獲市政局藝術獎，為「鋒美術會」會員。

6 李頌翔（1953- ），一九八七年於香港大學校外課程部及香港中文大學校外進修部國畫導師，「海天書畫會」名譽會長。

7 莊瑞明（約1960- ），一九八七年來港，香港中文大學專業進修學院國畫導師，為「香港福建書畫研究會」副理事長、「甲申書畫會」永遠會長、中國美術家協會會員。

8 鄭天鶴（1951- ），早年隨楊善深及陳學書習畫，畢業於中國美術學院，曾任香港中文大學專業進修學院導師。

9 何慶基（1956- ），一九八〇年獲加拿大University of Saskatchewan藝術學士，一九八三年獲美國加州大學戴維斯分校藝術碩士，一九九二年獲德國慕尼黑德意志博物館管理學證書。曾任香港大學校外課程部技術員（1985-1988）、香港藝術中心展覽總監（1988-2001）、香港藝術學院署理學術主任（2000-2001）、民政事務局高級研究主任（2001-2005）、上海當代藝術館創館館長（2004-2005）、上海交通大學客席教授（2008- ），二〇〇六年任香港中文大學文化管理文學碩士課程主任至今。亦為亞洲文獻庫及「文化葫蘆」創會董事、國際藝術評論人香港分會的創辦人。

10 「丙申社」於一九五六年成立，由趙少昂、何漆園、呂壽琨、鮑少游、黃般若等創立。

11 吳觀麟（1964- ），一九八六年完成香港中文大學校外進修部中國水墨畫文憑課程，二〇一一年獲澳洲皇家墨爾本理工大學藝術碩士，後任教於香港大學專業進修學院等。一九八六年獲「夏利豪基金會藝術比賽」第五名，一九九四年獲市政局藝術獎。「香港藝術家聯盟」會員。

12 馮永基（1952- ），一九七八年畢業於美國路易斯安那州州立大學建築系，退休前任職香港建築署高級建築師。二〇〇一年起任中央美術學院

客席教授，二〇一〇年任香港中文大學建築系兼任副教授。西九文化區管理局發展委員會非董事局成員，前「水墨新流」會長（1987-1989）。

13 郭漢深（1947-2004），一九五八年來港。一九七〇年畢業於台灣省立師範大學美術系，後入讀香港中文大學校外進修部現代水墨文憑課程。「香港現代水墨畫協會」、「鋒美術會」會員。

14 金東方（1935-2013），原名金碧芬，五十年代畢業於中央美術學院華東分院，曾隨張石園、何風儀、林風眠及關良習畫，於上海美術館工作；一九五八至一九六五年廣西藝術學院任教。一九六六年來港，七十年代於香港中文大學校外進修部及香港浸會學院教授水墨畫課程。亦從事寫作、編輯工作。

15 洪嫻（1933- ），一九四八年到台灣，一九五一年隨溥心畬習畫。一九五七年畢業於台灣省立師範大學美術系。一九八〇年任教於香港中文大學藝術系，為「五月畫會」會員。

16 高華文（1938- ），一九六三年畢業於香港大學機械工程系，一九六九年獲英國南普敦大學博士學位，一九八七至二〇〇〇年間擔任香港大學機械工程系講座教授。於一九八三年獲市政局藝術獎，曾為「香港雕塑家協會」會員。

17 一九七七年當代香港藝術雙年展的評選委員有莊申、何弢、H.G. Hollmann、李國輝、劉國松和王無邪。該屆市政局藝術獎得獎者有Nike Arrighi、Kitty Burns McKeon、陳文傑、陳英傑、鄭明、鍾永文、顧媚、李福華、李靜雯、李其國、唐景森和黃祥。

18 盧愛玲為香港中文大學校外進修部第一屆現代水墨文憑課程畢業生。「一九七七年當代香港藝術」參展者之一。

19 李潤桓和徐子雄同獲一九七九年市政局藝術獎。

20 莊申（1932-2000），又名莊申慶。父親莊尚嚴（1899-1980）曾任國立故宮博物院副院長。一九五六年畢業於台灣省立師範大學史地系，一九六五年取得美國普林斯頓大學美術考古系碩士學位，同年到香港大學中文系出任講師（1965-1974）。一九七五年升任高級講師，並於一九七八年成立藝術系並擔任系主任，翌年升任教授（1979-1987）。一九八七年，於台灣中央研究院歷史語言研究所擔任研究員，受聘為國立台灣師範大學、國立成功大學及私立文化大學歷史研究所兼任教授。一九九九年任香港中文大學新亞書院藝術卓越教授。

21 萬青屴（1945- ），中央美術學院美術史系學士（1968）及中國畫系碩士（1981）。拜師李可染及陸儼少，後於美國堪薩斯大學取得美術史碩士及哲學博士學位。曾任教於香港大學藝術系（1989-2006）及香港浸會大學視覺藝術院（2006-2011），為該院建院總監，其重要著作有《畫家與畫史》、《李可染評傳》、《陸儼少》、《李可染的世界》、《並非衰落的百年——十九世紀中國繪畫史》。

22 熊海（1957- ），一九七八年來港，曾隨楊善深習畫，一九八四年起任教於香港大學校外課程部（一九九二年易名為香港大學專業進修學院）至今，一九九二年獲市政局藝術獎。

23 林天行（1963- ），一九九〇年畢業於中央美術學院中國畫系。曾於香港正形設計學院任教（1991-1998），為「香港國際藝術交流協會」會長、「中國美術家協會」會員。

24 李苦禪（1899-1983），原名李英，字勵公。一九二三年拜齊白石為師，一九二五年畢業於北京國立藝術專科學校。曾任杭州藝術專科學校教授（1930-1934）、國立北平藝術專科學校、中央美術學院教授等。曾為中國畫研究院院務委員、中國美術家協會理事等。

25 賴少其（1915-2000），一九三六年畢業於廣州市市立美術專科學校。曾任廣東畫院藝術顧問，中國美術家協會常務理事，中國版畫家協會副主席等。

26 錢松嵒（1898-1985），一九二三年畢業於江蘇省立第三師範學校。一九二三至一九四九間在省內不同學校任教，包括無錫美術專科學校，一九五七年任教於江蘇省國畫院，一九六〇年任副院長，一九六四年任中國美術家協會主席，一九八〇年任中國美術家協會江蘇分會名譽主席。

27 朱屺瞻（1892-1996），幼年讀私塾。一九一三至一九一七年任上海國畫美術院（上海美術專科學校前身）導師，一九三一年任上海新華藝術專科學校校董兼教授。一九五五年任上海市文史館館員，翌年任教於中國畫院。「上海美術會」監事，「默社」、「天馬畫會」、「白社畫會」會員，亦為中國書法家協會及中國美術家協會上海分會會員。

28 何海霞（1908-1998），字瀛。一九三五年隨張大千習畫，一九五六年加入陝西省美術家協會，曾為「北平中國畫學研究會」會員。

29 黃秋園（1914-1979），字明琦，號大覺子、清風老人。曾隨其父好友左蓮青習畫，後到裱畫店當學徒，其臨摹古作之技藝頗受人賞識。於八十年代中期獲追聘為中央美術學院名譽兼任教授，中國畫研究院榮譽院務委員會委員。

30 孫星閣（1897-1996），字先堅，號十萬山人，一九二一年入讀上海國民大學文學系，同年與任堇、呂萬等組織「停雲書畫社」，一九二三年與于右任、任堇、呂萬等創辦「藝苑畫社」。一九二五年任上海國民大學藝術系主任，一九四九年定居香港，一九八九年任「香港書畫學會」顧問。

31 王秀雄（1931-），一九五九年台灣省立師範大學美術系畢業，一九六五年日本國立東京教育大學教育學研究科碩士，現在為國立台灣師範大學美術學院研究所名譽教授。

32 李霖燦（1912-1999），一九三八年畢業於國立杭州藝術專科學校，前故宮博物院副院長，曾於國立台灣師範大學教授中國美術史，著有《藝術欣賞與人生》、《中國美術史稿》等。

33 林玉山（1907-2004），一九二六年就讀於東京川端畫學校西畫科。一九五一至一九九二年任教於國立台灣師範大學美術系。

34 孫雲生（1918-2000），一九三六年成張大千入室弟子，一九三八年畢業於華北學院藝術教育系。一九四八年到台灣，曾任教於年間為台灣省立師範大學（一九六七年改稱國立台灣師範大學）、國立台灣藝術專科學校。

35 陳雋甫（1916-1994），一九三四年入讀國立北平藝術專科學校。曾任故宮博物院國畫研究館研究員，並任教於國立台灣師範大學美術系。

36 靳微天（1916-1998），一九三六年畢業於廣東國民大學。翌年來港，與妹妹靳思薇創辦香港百會書苑。一九五九年任教教育司署成人部美術教師班，一九七一年任香港華員會國畫班及水彩畫班主任。

37 馬白水（1909-2003），一九二九年畢業於遼寧省立藝術專科學校。一九四八年到台灣，曾任國立台灣師範大學藝術系教授（1949-1974）。

38 李澤藩（1907-1989），一九二二年隨石川欽一朗習畫，一九二六年畢業於台北師範學校，一九三二年赴日本觀摩，一九五六至一九六八年於台灣省立師範大學美術系兼任水彩畫課程講師。一九六四至一九七三年出任國立藝術專科學校兼任副教授。一九六七年曾於香港辦個人展覽。

39 許漢超（1905-1993），一九七〇年於國立台灣師範大學任客席教授。

40 郭軔（1928- ），字之昊，曾於國立北平藝術專科學校及國立杭州藝術專科學校就讀。一九四九年到台灣，一九六五年當選西班牙皇家藝術學院院士。曾於國立台灣師範大學任教授（1962-1993）。

41 張道林（1925- ），一九四六年畢業於國立杭州藝術專科學校，於五六十年代任台灣省立師範大學（現為國立台灣師範大學）美術系副教授、一九六六年任教授。一九六一年與劉予迪、劉煜、李德、龐曾瀛組「集象畫會」。

42 李鑄晉（1920- ），一九四三年畢業於金陵大學，主修英國文學，一九四九年獲美國愛荷華大學文學碩士學位，一九五五年於該校完成哲學博士學位課程，起初主力研究古代中國畫，後來也著手近代中國畫之研究。曾任教於美國愛荷華大學（1955-1965），後到美國堪薩斯大學出任教授（1966-1990），任內為該校籌辦中國畫博士課程，曾與萬青另合著《中國現代繪畫史》。好收藏水墨畫，其藏品涵蓋古代至近代作品。二〇〇九年美國堪薩斯大學的藝術博物館 Spencer Museum of Art 曾展出其一九五〇至二〇〇〇年間的藏品。

43 莊喆（1934- ），一九五八年畢業於台灣省立師範大學美術系，曾為「五月畫會」會員，一九六六年曾獲美國洛克菲勒三世基金會資助赴美。莊申之親弟。

44 陳德曦（1936-2012），一九五七年畢業於華東藝術專科學校（翌年遷校，改名南京美術學院），一九五七至一九八〇年在母校南京美術學院任教。一九八一年左右來港，一九八四至九十年代末期於香港中文大學藝術系及校外進修部任教。一九八七年起任香港萬玉堂畫廊之藝術顧問，一九九二年經營「雅林堂」藝術顧問公司。江蘇省美術家協會會員。

45 嚴以敬（1933- ），又名阿蟲，早年多創作政治漫畫。其伉儷曾於香港禮頓道 4 號二樓經營傳達書屋，不時在書店辦畫展。

46 羅偉顯（1939- ），一九四三年隨父母親從越南到香港，曾隨馮國勳、梁伯譽、伍步雲習畫，一九六二年畢業於香港美術專科學校。曾任香港中文大學校外進修部水彩畫課程導師，於一九九〇年移居加拿大，為加拿大藝術家聯盟、美國西北水彩會、美國水彩畫會簽名會員。

47 一九六九年嚴沾林創辦三行畫廊，與本書受訪者徐子雄、文樓亦曾於其畫廊辦展覽。

48 陳若海（1927- ），原名陳深，字伯子，號少文，自幼習書法及篆刻。一九四九年移居香港，六十年代隨彭襲明習畫。曾於香港中文大學校外進修部及香港理工學院教授書法、篆刻。

49 區大為（1947- ），曾隨吳子復習書法及篆刻，分別於一九八九及一九九八年獲市政局藝術獎；同年獲香港視覺藝術發展獎。香港中文大學藝術系兼任講師、康樂及文化事務署博物館專家顧問、香港藝術發展局藝術顧問（視覺藝術）。

50 鄭良樹（1940- ），一九七一年獲國立台灣大學博士學位。一九八八至二〇〇二任教於香港中文大學中文系，及後中國語言文學系。

51 袁鴻樞（1910-2012），字運旋，其父袁從周為書法家、詩人。早年隨陳士傑、丁衍庸、盧子樞、溫幼菊、胡根天習畫，並畢業於廣州市市立師範學院，一九四九年移居香港，設「三不亦堂」教授國畫。一九九七年將其收藏的丁衍庸一百六十六件作品捐贈香港中文大學文物館。

香港中文大學校外進修學院廿年教學點滴

劉欽棟

「以美育代宗教」的口號是蔡元培（1868-1940）在「對於教育方針之意見」中提出，他更強調「美育是一種重要的世界觀教育」的精神。無疑，教育是民族的根，文化是民族的靈魂，而藝術教育負起的是一項極富挑戰意義與創造性的文化使命。它是民族天賦智慧的拓展契機，擔當此重任的藝術工作者，不僅須具有藝術教育的熱誠、理想，富有靈活的教學理念，與踏實的創作實踐經驗，確實體悟藝術衍生遞變的歷程，從而提升到教學演繹功能上。一位卓越的藝術家，雖然不一定能成為優秀的美育者，作為藝術教育的傳播者，本身卻需要有敏鋭的思維、剖析力，獨特的見解，宏博的識見與寬容的涵養。

香港中文大學校外進修學院在香港這塊國際物質繁盛之地，成立了三十載，在成人延伸教育上，承擔了匯貫東西文藝思想多元性知識的深度懷闊面的推動功能。正如蔡元培曾寫道：「一個民族之文化，能有貢獻於世界者，必具有兩條件。其一是以因有之文化為基礎，其二能吸收其他民族文化為滋養。這種文化痕跡，在美術創作上最為顯著。」就校外進修部的藝術課程發展而言，正是呈現這種東西文化兼重、相互匯流的多樣性基礎上探究，近廿餘年來，香港各階層參與藝術的喜好者，在藝壇、教育、工商設計等層面，都反映出進修學院具有一定程度的提升普羅市民藝術知識、創作質素與普及美化意義的貢獻。

回溯一九七五年筆者應金嘉倫先生（1936- ）之邀接任李焜培教授（1933-2012）擔任的「水彩畫」課以降，輾轉由「水彩畫」、「水彩創作」、「水彩研習」以至成立「水彩證書課程」發展，是經歷一番嘗試、探討推動。這有賴多位具

有教學熱誠理想者共同的努力，才能促使課程愈趨完善與教學上更有系統及有聯貫性編排。曾任教的導師如徐榕生、羅偉顯（1939-）、區文兆（1952-），近年參與的黎明海（1961-）、余家相等均為水彩畫付出精神。而「水彩畫」仍屬學院一項長青的畫課。

值得一提的是「香港版畫協會」（1976）的成立，與中大校外進修部於1975年夏季金嘉倫策劃邀請知名版畫家廖修平（1936-）來港主持版畫班有直接關連。廖教授鼓勵學員，積極組織推動發起版畫這門尚未普遍的創作媒體。發起「香港版畫協會」主要成員均來自這版畫班，包括有陳輝明（1939-）、黃坤明、黃惠絲、潘瑞華（1949-），另有畢子融（1949-），筆者亦為創始人之一。「香港版畫協會」成立了廿年，校外進修部其後有「銅版畫」、「石版畫」、「木刻版畫」、「版畫證書課程」的設立，

要創出好的東西，首先要研究美術史和總結前人創作經驗，認識民間美術，在技術上踏實地實踐……

可惜這方面的專業人才有限，未能繼續發展，曾任教的導師有區文兆、黃志添（1948-）、梅創基（1940-）等。論香港畫壇及設計界，不少活躍的畫藝人才，皆經校外進修部的洗禮，中西繪畫後進湧現，同時扮演了培訓三所教育學院美術教師延伸課程之進修，提升不少美育人才的素質。

素描、繪畫是西洋藝術重要的研習課題，金嘉倫先生原是香港從事現代藝術之先驅之一。推介歐美思潮亦是金氏昔年籌劃課程重點，並推廣設計、攝影的實用課程。「素描與繪畫證書課程」可視為西畫教學深化的編排，較「水彩畫證書課程」早。1980年第一屆的導師主要有韓志勳（1922-）、黃祥（1939-）、麥顯揚（1951-1994）、嚴以敬（1933-），筆者則任水彩創作及美術史部分。其後陸續有何其炎、蔡仞姿（1949-）、韓偉康（1954-）、徐志鉅

（1937-）、何慶基（1956-）、近期的黎明海（1961-）等。前三屆的結業評審邀請郭樵亮先生（1931-），筆者亦為評審之一，金嘉倫先生則是主要決策者。筆者緣慳三屆後，今屆（第七屆）能再參與九十年代里程。西洋繪畫課程編排，包括了美術發展史、鑑賞理論與有系統的繪畫表現基礎的課程，可謂學理與畫技兼備，對普及認識西洋藝術的教育有積極的意義。在基礎課程教學上有頗長經驗的導師有崔榮柱、何其炎、徐志鉅、李潤周，後期有龐均（1936-）、黃以中、黎明海、朱達誠（1965-）等。在藝術課程中最具歷史的要算「國畫」了。在課程策劃、內容目標、師資近年有極大的改變。

回溯七十年代初，「國畫」的基礎畫課奠定在蕭立聲（1919-1983）、唐鴻（1926-）、萬一鵬（1917-1994）的組合。人物、花鳥、山水綜合為一個課程；丁衍庸（1902-1978）寫意水墨畫。六十年代末倡議現代水墨畫課則有呂壽琨（1919-1975）、王無邪（1936-）。一九七二年後由劉國松（1932-）隨後開設了「現代水墨畫證書課程」，成了雙線（一傳統、一現代）的發展。「國畫」導師自丁衍庸、蕭立聲謝世後，由李潤桓（1941-）、鄭明（1949-）、鄧昶立、何才安（1950-）、關應良（1934-）、筆者等輾轉擔任。原為綜合性課程則轉分為三項獨立的課程。山水、花鳥、人物畫課分別包括筆者、劉錦洪、徐嘉煬（1942-）、邢寶莊（1940-）、陳德曦（1936-2012）、吳增亮等。筆者於七十年代末參與「山水畫」、「現代水墨證書課程」（第三屆）教學。前首兩屆主要導師以劉國松為骨幹。第三屆包括洪嫻（1933-）、金東方（1935-2013）等，筆者主要執教結業創作（前期為劉國松，後赴美，其後至課程結束為筆者執導），此屆包括陳君立（1947-）、黃耿卿（1929-）、劉威、劉金芝（1939-）等。第四屆後改名為「中國水墨畫證書課程」，教學內容漸由實驗性表現探索的目標，回歸到筆墨的認知上。這個教學方針的轉易，與金嘉倫棄西畫而師彭襲明（1908-2002）於傳統畫學的研習有關，明確地介導傳統六法論、書法線條、文人畫觀的一種復興國粹傳統的意念，全盤在國畫課程編排上作有系統的全面知識基礎的調整。如加強書法、美術史、篆刻、裱背等相關的輔助課程。

中國開放後，不少畫家訪港，如劉海粟、陸儼少、關良等。陸氏與朱修立等來港的教學交流，對金嘉倫在國畫教學思念與內容上有更劃一的目標。雖然強調以現代教學法，然而自第五屆中國水墨造就了具現代創作意識的吳觀麟（1964-）、馮永基（1952-）等學員後，自由研討、勇於嘗試的水墨學風轉趨傳統一脈師承摹習，未能發揮原有現代理

念的課程編排。更在欠缺富有客觀性、剖析性、創作實驗經驗的師資因循教條下的局限，自發性的研討精神與寫生理解、實踐的認識盡失，這已是筆者因健康辭任國畫課之後情況。為彌補抄襲之風帶來毫無生機的學習環境，「水墨技法探索」在一九九三年後開設，予有自覺性、富有理想勇於自發性實踐的畫人參與。筆者期望以現代觀與傳統教學法的結合，促使早年水墨創作精神重現生機。

「培養美的創造及鑑賞的知識，推廣普及於社會的目標」，這是蔡元培、林風眠（1900-1991）共同倡導的目標之一。「一位真正的美術工作者，他首先得是個誠實的人。在自己藝術生涯中，要創出好的東西，首先要研究美術史和總結前人創作經驗，認識民間美術，在技術上踏實地實踐，對現代藝術源流理論，不要先肯定或否定，須深入研究、了解、消化、去蕪存菁。」林風眠提出的教育理念，不僅是對個人思想上的啟導，也是對個人涵養的提煉。校外學院中國畫課在這方面的教學理念顯然較貧乏，僅是筆墨依樣複製，完全膺服教條與滿足迎合某種狹窄的品味為畫旨，實際遠離了藝術在啟發潛能、自發探究的精神，卻也反映某種奴役性、欠辯習藝方向的虛偽、劣根性的普遍存在。

欠缺寬宏學養與專業性質的匠師喜逢迎而刻意詆訾，非依稿而作逞以不屑之態，謀譽求利，藉此抬攬學員以立戶。而後學者，應「立身之道，首在誠意」，明鑑賢俗，才不致為庸師所愚。畫學旨在生活性情的陶冶，非功名的巧奪，習藝才有美意。虛銜權譽並無助於教學實質的提升，有開啟人機智潛質才能的教學理想，才是延伸課程教育的真意。

原文寫於 1995 年，刊載於《中西論藝稿集》，香港：聯美廣告印刷有限公司，1997，頁 196-198；後經筆者修訂。

劉欽棟簡歷

年份	月份	展覽類型	事跡	地點
1949			馬來西亞出生，祖籍廣東大埔	
1970		聯展	全國美展	台灣
		聯展	台北美展	
1971			國立台灣師範大學美術系畢業，獲系展國畫首獎	
		聯展	台陽美展	台灣
		聯展	全國書畫展	台灣
1972		聯展	國際青年畫聯展	台灣
		聯展	中國文化展	美國費城博物館
1973		個展		新加坡中華總商會畫廊
1974		個展	國立台灣博物館個展	國立台灣博物館
		聯展	第七屆全國美展	台灣
		聯展	當代香港水墨家聯展	台北歷史博物館
1976		個展		香港四象畫廊
1977		聯展	當代香港藝術	香港大會堂
1977-1985		聯展	鋒美術會聯展	

1978	10月	個展	水彩素描展	香港名店街畫廊
1979			撰寫藝術評論	
1980		聯展	香港版畫聯展	香港
		聯展	第九屆全國美展	台灣歷史博物館
1981		聯展	台北市展	台灣
1982		聯展	第七畫廊藝術聯展	香港第七畫廊
1983		聯展	香港中文大學校外課程藝術導師展	
1984		聯展	中國海外藝術家展	台北市立美術館
		聯展	中國現代繪畫新展望展	台北市立美術館
		聯展	國際美育協會香港十二會員展	香港美國圖書館畫廊
1984-1998			擔任香港大學藝術系兼任講師	
1985		聯展	香港古董建築藝術展	香港
		聯展	中西區書畫美展	香港
1986		聯展	東京亞細亞美術大展	日本
		聯展	韓國現代彩墨畫展	
1987		聯展	東方水墨畫展	香港，台灣
		聯展	第廿三回亞細亞現代美術展	日本東京
1988	1月	個展	劉欽棟水墨畫展	香港大學陸佑堂
		聯展	北京國際水墨展	中國北京
		聯展	東方現代水墨展	韓國
		聯展	第廿四回亞細亞現代美術展	日本東京

		聯展	第三屆中國當代花鳥畫展	中國徐州
		聯展	香港美術作品展	香港
1989		個展		香港雅高畫廊
		聯展	第廿五回亞細亞現代美術展	日本東京
		聯展	世界環境日美的回響香港著名畫展	香港
		聯展	海會雲來名家畫展	香港寶蓮禪寺
		聯展	香港畫家聯展	日本
1990		聯展	香港畫家聯展	台灣
1991	7-8月	個展	劉欽棟現代水墨畫展	香港藝英畫廊
			出版《劉欽棟水墨集》	
1992		個展	於藝英畫廊舉辦個展	香港藝英畫廊
		個展		馬來西亞寬柔中學展覽館
		聯展	西港城畫廊開幕展	香港西港城
		聯展	師大校友書畫聯展	香港，澳門
1993	7-8月	個展	「視藝精英」計劃——劉欽棟的繪畫藝術	香港沙田大會堂展覽廳，荃灣大會堂展覽館
		聯展	水彩十九人聯展	台中首都藝術中心
			出版《劉欽棟的繪畫》	
1994		聯展	香港中文大學校外進修學院藝術展覽	香港大會堂
		聯展	科學與藝術展	香港大學馮平山博物館
		聯展	國際水墨畫展一九九四	馬來西亞

1996		個展	於香港中文大學逸夫書院展覽館舉辦個展	香港中文大學逸夫書院展覽館
		個展	於多倫多安大略省美術展覽館舉辦個展	加拿大安大略省美術展覽館
		聯展	水墨行動	香港大會堂
1997		聯展	用行動與憧憬建設未來	香港大會堂展覽廳
		聯展	香港明天會更美	香港浸會大學
			出版《中西論藝稿集》	
			出版《劉欽棟水彩、素描作品集》	
1998		聯展	海外留學及移民畫家作品展	香港浸會大學
	9月	聯展	「視藝精英」計劃——香港版畫協會一九九八版畫匯展	香港沙田大會堂，荃灣大會堂
	10-11月	聯展	香港名家西畫展一九九八	鍾建新畫廊
1999	6-7月	個展	「緣生化境」劉欽棟繪畫展覽	香港大學美術博物館
	11月	聯展	「健康快車 光明有望」迎千禧慈善畫展	香港大會堂
2002		聯展	油尖旺風情——香港水彩畫家作品展	
2006-2007	12月-07年2月	聯展	畫古跡．看歷史	香港西營盤西區社區中心
2007	7月	聯展	中華情——全球華人書畫世紀大聯展	香港
	10-12月	聯展	香江妙彩：高華文香港藝術家藏品	香港大學美術博物館
2009	1-2月		香港．水．墨．色——二〇〇九中國繪畫展	香港中央圖書館
	6月		藝術家教師聯展二〇〇九	香港賽馬會創意藝術中心
	8-9月	聯展	具象＋抽象——香港當代油畫水彩版畫展	香港中央圖書館，中環廣場，香港 OC Gallery
2010		聯展	第十屆道教節文化周——道教書畫展	香港中央圖書館

任職情況

年份	職銜	任職機構
1974-1981	節目撰稿	新加坡廣播電台
1975-	藝術課程導師	香港中文大學校外進修部，香港中文大學校外進修學院，香港中文大學專業進修學院
1981-1983	主席	鋒美術會
1984-1998	兼任講師	香港大學藝術系

HE GOLDEN AGE
OF CLASSICAL
INESE FURNITURE

蕭滋

簡介

蕭滋，生於一九二六年，祖籍廣東南海，在上海成長，高中畢業後於一家電器行當練習生，抗戰勝利後轉到書店工作。早在中學時期，蕭氏對藝術的興趣已濃，閑時在家中臨習《芥子園畫譜》和顏真卿行書《爭座位帖》、隸書《張遷碑》等。四十年代期間，他曾先後參加「上海行餘書畫社」的國畫班和陳秋草、潘思主持的石膏像素描班，並不時看畫展。不過，蕭氏轉到北京在國家專營書刊進出口的機構國際書店工作後，便全心全意投身於中國的出版事業，及至退休後才重拾畫筆。

一九五一年蕭氏獲安排到港，並於新民主出版社任職，後經過一連串的重組和調遷，他走馬上任三聯書店總經理，除繼續代理中國簡體字版書刊的出口和發行外，還成立編輯部為港澳台出版繁體字圖書。由於業務擴張的緣故，「三聯」在中環的門市部，亦由威靈頓街搬到域多利皇后街現址。隨著中國改革開放，蕭氏等三聯書店職員到訪日本，並參考日本大型書店附展覽廳的做法，於一九八一年在中環三聯書店四樓的讀者服務中心設展覽廳。該展覽廳除用作新書發佈會的場地外，不少香港、中國和海外的藝術家也曾在該處辦展覽。自一九八一年起，展覽廳不僅辦了多次有關中國藝術品的展出，海外的藝術家如新加坡的劉抗、美國的姚慶章等人，亦先後在三聯書店展覽廳辦過展覽。不少「人間畫會」的成員如李流丹、陸無涯、廖冰兄、黃新波等，也曾在該處舉辦展出。當年香港的展覽場地不足，大型的展場僅有香港大會堂及香港藝術中心等地，故三聯書店展覽廳便大受歡迎，更為備受打壓的左派藝術家的重要展出場地。由於工作的關係，蕭氏在這段時間認識了不少藝術家，如劉國松、王無邪、陳福善、文樓、夏碧泉等人，其中劉國松曾多次為展覽開幕主禮，王無邪也曾為三聯書店策劃過《海外華人畫家》叢書的稿件。

蕭氏多年來為推動文化事業鞠躬盡瘁，及至一九九六年七十歲退休後，他仍退而不休，重拾畫筆習畫，以實現學習美術的願望。蕭氏先後報讀香港中文大學校外進修學院、香港大學專業進修學院和香港視覺藝術中心的短期課程，隨朱達誠畫人像人體素描，隨劉欽棟學水彩，江啟明等人到香港各處寫生。另外，他也曾接觸雕塑、陶藝等。蕭氏一面跟隨老師習畫，一面勤於閱讀中西藝術論著以充實自己的知識，不到三年的光景，便開始獨自作畫。他除了出版了《蕭滋 水彩 油畫 書法》畫冊外，亦加入了數個畫會，如「香港美術會」、「香港畫家聯會」等，與同儕研究繪事，並參與展出。

蕭氏踴躍參與各官方機構如民政事務局、康樂及文化事務署及西九文化中心的諮詢會外，又利用私人時間研究及思考本地的文化政策，務求在爭取撥款及組織活動時，能夠更貼合社會的實況和需要。

蕭滋訪談錄

訪問者　黎明海博士

2012.8.6

黎　你現在已是位香港畫家和書法家，但大家都知道你原來從事出版工作。可否請你講述這段經歷？

蕭　不敢當，我只是美術愛好者而已。我是上海長大的廣東人，祖籍廣東南海，一九二六年生。抗戰時期的上海民不聊生，我高中畢業後到一家電器行當練習生，抗戰勝利後才進入一家書店工作。上海解放後，我到北京參加國家專營書刊進出口的機構「國際書店」工作。一九五一年底，我獲派到香港中資出版機構，先後在新民主出版社（1951-1958）、和平書店（1958-1964）和三聯書店（1964-1986）工作，退休後擔任聯合出版集團名譽董事迄今。

中學時期，我已開始對美術感興趣，閑暇時在家中臨習《芥子園畫譜》和顏真卿[1]的行書《爭座位帖》、隸書《張遷碑》等。四十年代，我先後短期參加上海「行餘書畫社」的國畫班，由張石園，張大壯等教授。另外，我也上過陳秋草、潘思同主持的石膏像素描班，閑暇常到大新公司四樓畫廊和鄰近的「寧波同鄉會」看畫展，也會到福州路公共圖書館借閱美術圖書。上海解放後，我曾報考國立杭州藝術專科學校並獲錄取，但最後選擇去北京參加國際書店工作，從此全心全意為中國出版事業幹了一輩子。一九八六年我在六十歲時退休，到一九九六年七十歲時才重拾畫筆，重新學習。

黎　可否先介紹一下你在香港的出版生涯嗎？尤其是三聯書店的階段。

蕭　抵港後，領導就安排我在新民主出版社負責為北京國際書店進口港澳台

和東南亞各國的書報，以報刊為主。不久，我轉為主持內地書刊的出口和發行工作。當時香港的中資書店主要有新民主出版社和三聯書店兩家。一九四九年他們的編輯出版部門都遷回內地，港店主要從事內地書刊的批發和零售郵購工作。五十年代後期，中蘇兩個共產主義大國出現論戰和分裂，一九五八年底新民主出版社抽出一些工作人員，由我主持成立和平書店，專門從事「反帝」、「反修」、「反霸」書刊的發行，並為北京國際書店在香港轉運這類書刊到世界各地。一九六四年和平書店由另一位經理主持，我又調到三聯書店，前十餘年主要協助藍真先生主持內地書刊的發行工作（當時內地出版物的發行已全部歸到三聯書店），期間香港出現「六七事件」（中方稱為反英抗暴鬥爭，也有稱之為「六七暴動」）。我在五月二十二日帶領員工到港督府抗議。我們完全赤手空拳，竟被港英防暴隊瘋狂毆打和逮捕，我更在赤柱坐牢一年光景。

一九七六至一九七八年是香港中資出版機構的轉型期。這個期間毛澤東、周恩來等相繼去世，在華國鋒、葉劍英等合力粉碎四人幫、鄧小平復出之後，內地出現改革開放的新局面。香港的中資出版機構也認真總結經驗，我們才認識到五十年代初中央擬定香港工作政策為「長期打算，充分利用」這八字方針的正確性，「覺今是而昨非」。這個時期的香港中資出版機構除「三聯」和「新民主」外，還包括商務印書館、中華書局、中華商務聯合印刷公司、和平書店、萬里書店、新雅文化事業公司、集古齋、百利唱片公司和利源書報社等機構。經過總結和調整，我們成立三聯中華商務總管理處，統管這些機構，並由藍真擔任總經理。從這個時候開始，「三聯」由我擔任經理及總經理一職。除繼續代理內地簡體字版書刊的出口和發行，我們亦成立編輯部為港澳台海外出版繁體字版圖書，中環門市部也從威靈頓街搬到域多利皇后街現址，數千呎舖面面積當時為全港之冠。不久，我們又在四樓增設展覽廳，為香港第一家。這個時期正值內地文革結束，海外又出現保衛釣魚島運動[2]，港澳台和海外知識分子紛紛覺醒，關心國家政治和中華文化，海外知識分子更紛紛在當地開設書店要求我們提供書刊。這個時期三聯真是車水馬龍，門庭若市，並迎來三聯書店成立三十周年（從「生活」、「讀書」、「新知」一九四八年在香港合併算起）。

黎　八十年代我仍在習畫，常到三聯展覽廳和設於港澳碼頭的香港中華文化促進中心看畫展。為什麼「三聯」在租金十分昂貴的中環經營一個展覽廳？這與你愛好美術有關嗎？

蕭　三聯讀者服務中心設展覽廳是一九八一年間的事。當時中國已改革開放好幾年，我們已有機會到日本訪問。看到日本書店陳設，個別大型書店更附設展覽廳，很有啟發。回港後三聯讀者服務中心正好可以擴充到四樓，是當年香港面積最大的書店，遂決定在四樓及五樓增設展覽廳。當時香港的展覽場地是十分匱乏，記憶所及，僅香港大會堂和香港藝術中心等處，所以三聯展覽廳大受歡迎。除經常為重要新書舉行展覽和發佈會，例如王世襄的「明式家具珍賞展覽」[3]（1985）、黃永玉的「《永玉三記》插圖展」（1983）、「青海藏傳佛教文物展」（1987）[4]等，還供香港、內地和海外畫家舉行展覽。記憶所及，香港有鄭家鎮[5]、李流丹、陸無涯、區大為、黃兆顯[6]、「杏壇十拙」[7]、「香港畫家聯會」和「香江藝文社」等；廣州有廖冰兄、黃新波[8]和好幾個少數

「明式家具珍賞展」開幕禮，三聯展覽廳，1985 年 9 月 14 至 22 日。右起為王世襄、香港中文大學時任副校長鄭德坤、維他奶創辦人羅桂祥及蕭滋。

民族地區的藝術品展覽；海外則有新加坡的劉抗、美國的姚慶章[9]和「日本伊藤滋木雞室藏——歷代金石名拓展覽」（1984）等。當年我還有機會認識許多香港知名畫家，如劉國松、王無邪、靳埭强、陳福善[10]、任真漢[11]、曾榮光、文樓、陳海鷹、梁薩本[12]、唐景森、夏碧泉、江啟明、歐陽乃霑、徐子雄等，他們都曾大力支持過三聯展覽廳，其中好幾位曾舉行個展或聯展。要特別一提的是：劉國松曾多次為展覽開幕主禮，王無邪更曾為三聯策劃組織海外華人畫家叢書的稿件，姚慶章的展覽和畫冊是其中之一。至於黃蒙田則是我們總管理處屬下集古齋的顧問，當時香港唯一的美術刊物《美術家》也由他主編。最後，我應該提一提：當年我全心全意從事出版工作，並把書店作為一種文化事業來經營，不可能因為個人的愛好而要書店辦展覽廳。當然，我的一丁點美術背景

對辦展覽廳和書店還是有些幫助的。

黎 《美術家》可是我的啟蒙雜誌，我可算是這本刊物的長期讀者。我曾向萬青屴教授提到他和祈大衛（David Clarke）於一九九一年出版的《美術家》第七十九期發表的〈中國藝術家滕圭和美國畫家馬克托貝〉是討論抽象表現主義藝術的文獻，它啟發我的博士論文研究。此外，《美術家》也讓我吸收不少東南亞和國內的資訊，只是我一直不知道《美術家》由你們的機構出版。

蕭 黃蒙田在抗戰勝利後不久從抗戰大後方到香港，是「人間畫會」[13]主要成員之一。內地解放後，他沒有跟隨大隊回內地。他在三十年代畢業於廣州市美，但棄畫從文，專注美術史和美術評論。六十年代起，他擔任集古齋顧問，一九七八年起主編《美術家》月刊，至

石澳浪花（香港）（Huge Waves at Shek O〔Hong Kong〕），56x76cm，Watercolour on Paper，2004年。

一九九七年離世。他留下大量的美術論著，是研究香港美術史十分重要的資料。

除了出版《美術家》，以我所知，「三中商總管理處」時期還曾支持過《書譜》等美術刊物。當時香港藝術發展局尚未成立，民間要辦刊物，惟有自己設法了。

黎 《南華早報》記者張家瑋在他的著作《六七暴動：香港戰後歷史的分水嶺》（2012）中，提到周恩來（1898-1976）等曾明確對香港的政策。當時香港左派是如何理解和執行？

蕭 大概是指「長期打算，充分利用」[14]這八字方針。當時中國受到帝國主義國家的封鎖，維持香港現狀暫時不收回，可以用作對外活動的窗口，十分有用。所以經常向我們傳達這種政策，只是當時我們並不十分了解，一遇到港

英政府的「迫害」，就沉不住氣。「六七事件」演變成這樣的局面是有其客觀原因的。我也是經過「六七事件」才逐漸認識到這八字方針的正確性，並認識到「六七事件」是錯誤的、失敗的。

黎　我曾參詳過「六七事件」的發展，知道港英政府就此事件調節對華人社會的統治方針。他們鋭意加强港人對香港的歸屬感，多辦一些香港及本土文化有關的活動如「香港節」等，這對港英政府治港較為有利。我們能否視之為「六七事件」的正面影響？

蕭　是的，實際上雙方都調整了政策，使香港從六十年代末至回歸前的三十年間出現空前繁榮的奇跡。張家瑋以「香港戰後歷史的分水嶺」作新著書名的副標題，我認為確實如此。不過，當時香港有些左派人士認為這只是港英的「懷柔改良」政策，呼籲港人不要上當受騙，甚至連剛剛起步的電視也不要觀看！任何時期總有些極左人士的。

黎　江啟明先生曾經提及香港要推進視覺藝術關乎兩大因素：第一，香港得成立一所美術學院；第二，要成立一個「香港美術家協會」或推行相關機制。你認為上述兩項建議是否有助推動香港藝術？

蕭　我完全贊同。江啟明提出的兩點，抓住香港視覺藝術的關鍵問題。

香港視覺藝術的關鍵問題是重量不重質，重普及不重提高，重觀念（或前衛）不重傳統，尤其是對西方的藝術傳統更不重視。根源是香港的文化政策。香港政府於二〇〇一年成立文化委員會研究和擬訂香港文化政策，而香港文化政策的主要內容可以以八個字概括：「一本多元，民間主導」，完全採取「積極不干預政策」。政府只設立香港藝術發展局（藝發局）為申請者提供資助，並以優惠價格向藝術團體提供展覽和活動場地，加以香港回歸以後，向香港警務處申請成立團體十分方便，於是畫會如雨後春筍般大量湧現，以至展覽等活動無日無之，多數展覽水準之差不忍卒睹。作為視覺藝術重點之中西繪畫的教學工作，主要由私人畫室承擔，學員不是少年兒童就是家庭主婦，他們只將寫畫視作興趣消閑而已。由於香港的美術市場幾等於無，香港的畫家惟有在畫室從事教學謀生，而教學與創作不可能相輔相成，往往適得其反。這是香港畫家的悲哀。

自從我進入香港美術界，就十分關注這個問題，也曾約同沈平[15]等試辦一個能夠為推動香港藝術的較為正規的畫會（指有辦公室、簡單辦公設備和一

兩位受薪工作人員）。我們曾向民政事務局（民政局）申請藝團資助，但不獲批准。其實即使獲得批准，他們也有顧慮。因為這類團體按規定一定要成立有限公司，屆時非請律師、會計師不可。假若民政局或藝發局中止支持，還得自掏腰包辦理結束手續，既勞民又傷財，每每令畫界朋友望而生畏。我發覺香港不少畫家反而熱衷與內地的美術協會聯繫和交流，甚至辦成內地美協或書協的香港分會。這當然是好事，但關鍵還是香港自己應該有一個或幾個完全屬於香港民間的、能夠推動香港視覺藝術發展的團體。

我看這個問題惟有民政局或藝發局給予關心、支持和推動才能解決。政府不是在表演藝術方面早就長期資助香港交響樂團、香港芭蕾舞團、香港中樂團、香港話劇團等表演藝術團體嗎？政府只須再拿出一些經費，就能辦成香港美術家協會或分別成立書法、水墨畫、西畫、後現代藝術等幾個平行的藝術團體。這些團體既是民間團體，又能為民政局或藝發局分擔視覺藝術方面的任務，使香港視覺藝術的各方面均有所發展，如舉辦全港性的展覽和研討會、主辦各自的雙年展、設資料室並進行學術研究、出版刊物和圖書、對外交流和設立畫廊為會員銷售作品等。這樣才能使香港的視覺藝術繁榮起來，並走向全國，走向世界。

至於美術學院，這就牽涉到香港大學教育資助委員會（大學教資會）了。我認為關鍵還是香港大專院校的美術教育方針應一方面爭取創辦美術學院（香港不應只辦演藝學院而不辦美術學院），另一方面大學教資會應關心香港各大學美術院系的分工側重問題。目前，我認為有一面倒向觀念（或前衛）藝術的傾向。如果香港美術家協會能夠成立，就可以更有力地影響美術學院的創辦和辦校方針了。

黎 你說畫界朋友對辦畫會望而生畏，我也有同感。我也曾想著要推動香港藝術，只是從事藝術多年，發現圈內人士大都各持己見，未能在較宏觀的層面上推動。自我意識強烈，合作磋商談何容易？所以，我決意整理本地藝術的點滴，多做一點研究，好為藝壇盡點綿力。可是做研究得靠自律和恒心。你二〇〇九年曾經為藝發局辦「視藝掇英——具象＋抽象——香港當代油畫、水彩、版畫展」之西畫展非常成功，各工作人員付出的時間、心血可不少。然而，業界還是對之有所批評。你們無私地為藝壇工作，業界的朋友卻肆意挑剔，這難免教人氣餒。

現在讓我們談談香港的文化發展吧！近年藝術家和文化界人士時有討論

香港的文化政策，現在我們有西九文化區，不久的將來或有文化局等。你認為香港的文化政策有助推動藝術發展嗎？

蕭　香港視覺藝術重量不重質，重普及不重提高，重概念（或前衛）不重傳統，這些問題出於香港的文化政策。所謂「一本多元，民間主導」的文化政策，以中華文化為本兼容其他文化倒是明確的，但文化還有文野之分、高低之分，有一個普及和提高的問題。如果不重視提高，就會永遠停留在低水平甚至後退。香港的文化政策完全不提這一點，於是與西方前衛藝術的論調完全一樣：人人都是藝術家，只要概念就行，技巧和文化修養次之。梁振英倡議成立文化局通不過，就不說它了。西九名為「文娛藝術區」（後易名為西九文化區），光是命名已反映其性質對象是普羅大眾和遊客。其M+博物館展示二十及二十一

泰晤士河上——古橋（倫敦）（Hammersmith Bridge〔London〕），38x56cm，Watercolour on Paper，2000年。

世紀藝術品為主，最近宣佈瑞士的希克出售和贈予的數千幅中國後現代作品曝光後，被香港著名油畫家、「香港油畫研究會」會長林鳴崗[16]一再追查質問，反映其購藏和展覽偏重當代前衛作品。這確是一個嚴重的問題。請問一個投入數以百億計的文化藝術區，竟偏重購藏中國內地的後現代作品，該如何向香港市民交代？我認為香港過去只有一座香港藝術館，現在既然增加規模更大的西九M+，而沙田香港文化博物館也開始藏展香港嶺南畫派作品，民政事務局和康樂及文化事務署理應明確各館的購藏和展覽分工。我記得英國倫敦Tate Gallery自從將泰晤士河南電廠改建為Tate Modern專門展覽世界現代及後現代藝術作品後，原在河北的舊館則改為專門收藏和展覽英國本土歷代畫家的作品，倫敦國家美術館則專門藏展歐美各國印象派以前的古典名畫。我認為這樣分工是

很理想的。如果香港也能這樣明確各館的分工，則香港畫家可以有一個專門的館主持購藏、展覽和學術研究工作了，這對香港視覺藝術的提高和推廣會起十分積極的作用。此外，我認為政府為了西九花這麼多的錢是否值得？最近聽説錢又不夠花，又要追加預算了！「西九」成為無底洞！政府應該重新審訂整個西九計劃，刪減一些不必要的項目，不要拖累整個香港的經濟發展才對！

此外，自從我發現香港的文化藝術，尤以視覺藝術存在種種問題後，近年來多次向政府部門及有關機構提出建議和意見，均未得到積極的回應。民間藝術團體似乎也只關心各自一年一度的會員展覽等活動而已，起不了代表香港視覺藝術界的利益和發聲的作用。我認為香港應該出現一個或幾個能夠代表香港視覺藝術界的團體，至少其中有一個是代表香港畫家的。我看這比成立文化

英國 SMS Gift Collection 為蕭滋出版的明信片集。

局更為迫切。

你剛才講到推動香港藝術的艱難，決意整理香港藝術的點滴，多做一些研究。我深有同感。我覺得這是香港視覺藝術的薄弱環節，至今只出版了一本《香港美術史》（2007），還是內地學者朱琦編寫的！

黎　我讀過你的一篇探討油畫推廣和發展的文章，談到香港現今普遍流行裝置藝術、觀念藝術等這些較受年輕人歡迎的媒介，令較少人願花時間學油畫、鑽研並打好基礎。因此，你提倡學習藝術者也得投放時間研習油畫。你何以有此見解？

蕭　在你面前談這個問題簡直是班門弄斧。我並不反對觀念或概念，但也不贊成丟棄傳統，更不要把傳統和觀念對立起來。東方和西方的視覺藝術都有極

其深厚的傳統，為何非要丟棄傳統不可呢？我覺得香港的現代水墨比較成功，呂壽琨、劉國松、王無邪等香港前輩現代水墨畫家都在傳統的水墨畫基礎上吸收了現代、後現代概念，帶領香港的中國水墨畫走向世界，非常成功。現在香港的現代水墨與傳統水墨共融，而且正在不斷地影響其他地區的水墨畫創作。至於香港的西方視覺藝術呢？年青一代幾乎清一式放棄油畫、水彩，搞其裝置、數碼等後現代藝術，不再拿畫筆畫畫。丟棄了傳統又怎有可能進展？我個人認為政府的文化政策片面，應重視傳統並明確與創意、創新的關係，不應片面强調民間主導而推卸政府的責任。

黎 現在談談你的藝術創作。我從一些文獻上得知你的書法已很有認受性，對嗎？

蕭 其實我只能夠中規中矩地書寫楷書而已。因為其他書體略為變形問題不大，唯獨楷書不能馬虎。年青時我寫別的書體都可以，就是楷書過不了關，七十餘歲才重新開始。當時我已加入「甲子書學會」，發覺香港書法家寫楷書的不多。我則認為作為書法家，首先要楷書能夠過關，而且要有個人風格才行。於是我有一個時期勤練楷書，自己總結的經驗是：第一，文房四寶中，筆和紙一定要選最適合寫楷書的，小楷更要講究。第二，第一本字帖一定要選既是名家又易入門的。我選唐初褚遂良《雁塔聖教序》（中楷），取其不若歐陽詢[17]、虞世南[18]那樣嚴謹，較易臨摹，後加選王獻之[19]小楷《洛神賦》十三行。這兩個帖我都臨了數十遍。再後來又相繼臨習虞世南、歐陽詢的中楷和王羲之[20]、鍾繇[21]的小楷，總算把楷書學到手了。不過，我尚未形成個人風格，所以離書法家尚有一段距離。

此外，不能以為字寫得好就是書法家，還要具備其他條件。古代的書法家都是飽學之士，滿腹詩書，書寫的內容經常是自撰的詩詞。當代的書法家當然也有自撰詩聯的，但究屬少數，一般都只能抄寫古人詩句。近年提倡國民教育的風氣較盛，於是盛行以儒釋道經典或《聖經》為內容。我覺得作為一個書法家，其文學修養很重要。此外，創作一件完美的書法作品，整幅作品的佈局以至裝裱也應和作品的書體和內容相襯，而且既不違傳統，又具有時代新意才好。以書法家來要求自己，深感距離尚遠。

黎 西畫進修過程又如何？我知道你曾參加過香港中文大學校外進修學院、香港大學專業進修學院不少美術課程。

蕭　繪畫方面，青年時期我主要在水墨畫下過一些功夫，但不深，退休後打算從頭學起。我計劃先學西畫，再學水墨畫。我已不可能進美術學院接受正規的教育，只好參加中大校外進修學院和港大專業進修學院和香港視覺藝術中心的短期課程。我參加過的課程有：朱達誠老師[22]的人像素描和人體素描，劉欽棟老師的水彩畫，劉中行老師的油畫，江啟明、王創華[23]和馬銓[24]等老師的戶外寫生等。我都只報讀初級班（戶外寫生則有三四次之多，以爭取多些機會隨老師到戶外寫生）。此外，我還參加過泥雕、石雕、金屬版畫、陶藝等班，目的是廣泛接觸一下視覺藝術的各方面。後來，我又參加歐陽乃霑與羅拔、潘淑珍、李美娟等組成的「香港畫家畫香港」小組，每周一次到港九市區和新界郊區到處寫生，並先後參加「香港美術會」和「香港畫家聯會」，增加了到外地寫生的機會。終於，只花了不到三年光景就開始獨自作畫，且一度出現飛躍的感覺。這是一個從量變到質變的過程。我發覺寫生太重要了，但我反對不經大腦的寫生，而且也不是任何場合非現場寫生不可。應該允許拍了照片回家再搞創作。當然開始學習階段非現場寫生不可。

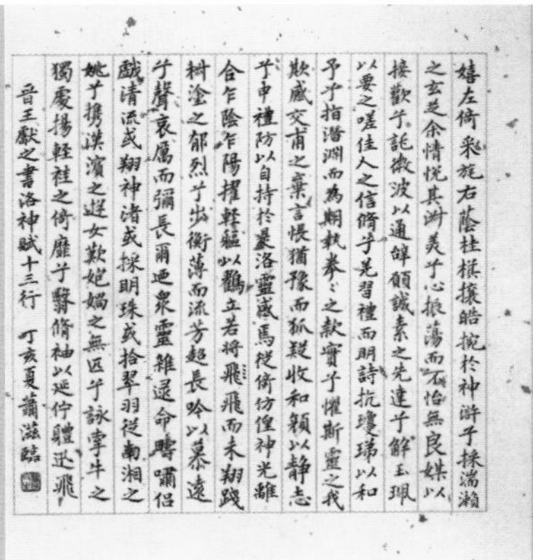

臨王獻之書洛神賦十三行（小楷）（Regular Script in Small Character），33x33cm，Chinese Ink on Rice Paper，2007 年。

黎　有潛質的學生才不會盲目上課，也會自行研習。那時我於香港中文大學校外進修學院任教，看到有些學生跟隨著一位老師，一直只上那位老師的課。課堂的啟發、示範重要，只是學生也得自行練習，不然進步也較慢。

　　你曾參加過一些畫會，可否介紹一下參加過程？

蕭　我學畫年餘後，當時曾經教過我戶外寫生的馬銓先生建議我參加「香港美術會」。這是我參加畫會的開始。後來，

我又相繼參加「香港畫家聯會」和「甲子書學會」。至於「香港油畫研究會」和「香港水彩畫研究會」則是近年的事。我發覺香港當時的畫會不算多，且只是吸收畫家入會，像我這樣學了沒多久就批准入會很少見，所以自覺十分榮幸。萬萬想不到，今天的畫會已經數以百計，而且不少只屬師生會性質。即使原來以畫家為對象的畫會，為了增加會員和增加一些會費收入，也放寬入會標準，吸收不少老會員的學生入會。上面提到的前三個畫會都有這種現象，幸虧「香港畫家聯會」及時剎車，影響還不算大。

黎　你認為香港美術專科學校(「香港美專」)、嶺海藝術專科學校以及香港中文大學校外進修部和香港大學校外課程部的美術課程對香港的藝術教育有多大影響和作用？

蕭　我認為香港視覺藝術最大的遺憾是過去沒有、至今還未有一家由政府創辦的正規美術學院。香港各大學雖然幾乎都有藝術系，但除中大藝術系外都不重視美術科，近年更以後現代藝術為尚，以至香港視覺藝術的傳承要靠民辦美術學校如「香港美專」、嶺海藝專等和中大校外進修部、港大校外課程部的美術課程。現仍在世的香港中老年畫家，包括曾留學外國者，不少曾在這些機構學習過。以影響深遠的香港現代水墨為例，呂壽琨、王無邪和劉國松等都曾於上世紀六十年代至七十年代的中大校外進修部辦過多期現代水墨畫班，培養了不少現代水墨畫家。至於西畫家，則出自「香港美專」和嶺海藝專為多。很可惜七八十年代之後，嶺海藝專宣告結束，「香港美專」也困難重重。我認為香港政府應認真考慮籌辦香港美術學院的問題。香港政府既然可以大手筆創辦西九文化區，為何不能再撥少量的錢創辦香港美術學院呢？

黎　我知道你最終的目標是畫水墨畫，你已開始了嗎？

蕭　謝謝你的提示。五年前，二〇〇八年，作為一個學習階段，我出版了一本包括西畫和書法習作的畫冊。其實當年我已計劃開始水墨畫的學習了。由於開始參與畫會工作，忙於事務和社會活動，我竟把水墨畫的學習擱置下來。再過兩個月我已屆八十七歲，不能再蹉跎歲月了。因此，我決定從現在起減少不必要的社會活動，開始水墨畫的學習，在有生之年實現我最後的夢想！

注釋

1 顏真卿(709-785),字清臣,唐代政治家、書法家。開元年(713-741)中進士出身,曾任平原太守,歷任吏部尚書、太子太師,封魯郡公,世稱「顏平原」、「顏太師」等。顏真卿書法受褚遂良、張旭影響,楷書、行書兼擅,世稱「顏體」。與歐陽詢、柳公權、趙孟頫並稱「楷書四大家」。代表作品有《多寶塔碑》、《勤禮碑》、《祭姪文稿》等。

2 中國、台灣兩岸及海外華人自一九七〇年起對釣魚島問題而發起的一連串民間運動。保釣分子由中國海外留學生、學術人士為主體,目的是為保護釣魚島領土的主權問題作出回應。香港和台灣民間組織曾多次發起保釣的行動,但在日本派出軍艦攔截的情況下,只有極少次數能登島成功。目前釣魚台主權問題尚未圓滿解決,保釣運動仍在進行中。

3 配合王世襄新書《明式家具珍賞》出版,由中國考古學家鄭德坤主禮。

4 配合《藏傳佛教畫冊》出版,由覺光法師主禮。

5 鄭家鎮(1918-2001),三十年代初期從事漫畫工作,於四十年代研習中國畫和書法,一九四五年任《華僑日報》編輯。五十年代在香港主辦「第一屆漫畫展」,出版《漫畫世界》半月刊,一九五八年於嶺海藝術專科學校教國畫班。「香港美術會」、「香港華人現代藝術研究會」及「庚子畫會」創會會員。

6 黃兆顯,號玄玄,隨區建公、李鳳公、梁伯譽習國畫、書法,隨李秉習西畫。經緯書院中國文學系畢業。一九七九年開辦「香港南薰書學社」,現為香港中文大學藝術系兼任講師、學海書樓國學講座講師。

7 「杏壇十拙」成員有張貽來、梁楚芳、盧榮坤、聯寄撫、吳清富、曾閃卿、黃日樂、余其友、余寄梅、容永真,均曾從事教育工作,曾於一九九〇及一九九一年在三聯書店展覽廳辦展覽。

8 黃新波(1916-1980),一九一九年移居香港。一九三四年考入上海美術專科學校西洋畫系,把其木刻作品寄予魯迅求教,並與劉峴成立「無名木刻社」,獲魯迅為其編印的《無名木刻集》作序及資助。一九三五至一九三六年赴日本進修木刻,任《新詩歌》、《東流》及《留東日報》編輯。一九三七年加入上海木刻工作者協會,因抗日戰爭到香港。一九三八年在香港《酒樓月刊》創刊號發表抗日漫畫,同年到廣州擔任《救亡日報》特約通信員及副刊編輯。一九四一年到港,參與中華全國漫畫家協會香港分會活動,任《華商報》副刊美術編輯,並在《大眾生活》、《青年知識》等週刊發表木刻作品。一九四六年與黃蒙田、陸無涯等成立「人間畫會」。一九五六年任中國美術家協會廣州分會主席,後受文化大革命影響,身體狀況大不如前,一九六四至一九六六年兼任廣東畫院院長。一九七七年舉辦「黃新波版畫原作展覽」,展出其一九六二至一九七五年間的木刻作品。

9 姚慶章(1941-2000),一九六五年畢業於台灣省立師範大學美術系,六十年代與江賢二、顧重光等創辦「年代畫會」,一九七〇年移居美國,一九八五年任北京中央工藝美術館客座教授。二〇一〇年姚慶章紀念會館於紐約皇后區成立。繪畫作品以照相寫實主義聞名。

10 陳福善(1905-1995),於一九一〇年定居香港,並先後創辦「香港藝術研究社」(1934)、「香港藝術社」(1953)及「香港華人現代藝術研究會」(1960)。自一九五三年起陳方設福善畫室教授繪畫,前香港博物美術館及香港藝術館顧問。

11 任真漢(1907-1991),一九一三年赴台定居,一九二七年到日本京都關西美術院習油畫,一九三三年於廣州「赤社美術研究會」任油畫

導師，至一九三七年定居香港，曾擔任《珠江日報》、香港《立報》編輯，七十年代加入嶺海藝術專科學校擔任國畫指導。「庚子畫會」創會會員，「香港畫家聯會」名譽會長。

12 梁蔭本（1918-2004），一九四三年畢業於廣州嶺南大學，一九四八年任廣州市市立藝術專科學校。後來港創辦嶺海藝術專科學校，任校監兼校長，同時亦於《美術家》雙月刊及報刊撰寫專欄。梁氏作品以油畫為主，著作有《單線畫繪法》、《油畫法的基礎》、《圖案設計書法》、《油畫的書法》等。

13 「人間畫會」於一九四六年成立，有符羅飛、黃新波、郁風、黃蒙田、蔡迪之、丁聰、關山月、黃永玉、廖冰兄等。

14 「長期打算，充分利用」是中華人民共和國成立後中央人民政府處理英屬香港問題的基本方針。

15 沈平（1947-），曾入讀浙江美術學院。現任香港大學專業進修學院導師。亦為「香港水彩畫研究會」會長、「香港畫家聯會」副會長，中國美術家協會會員。

16 林鳴崗（1952-），一九七八年移居香港，一九八四年畢業於香港美術專科學校。一九九〇至一九九二年間入讀法國巴黎國立藝術高級學院。約二〇一〇年創辦「香港油畫研究會」，為中國美術家協會會員。

17 歐陽詢（557-641），字信本，唐代書法家。隋朝任太常博士、唐朝官至給事中。歐陽詢書法學王羲之、王獻之，擅長楷、行書，其楷書世稱「歐體」，後世許多著名書法家，都以其楷書為學習範本。其代表作品有《九成宮醴泉銘》、《皇甫誕碑》、《化度寺塔銘》等。

18 虞世南（558-638），字伯施，唐代政治家、書法家。隋朝已任官，後被唐太宗延攬，官至秘書監，封永興縣子，人稱「虞永興」。作品受王羲之影響，其代表作品有《孔子廟堂碑》、《汝南公主墓誌》、《虞摹蘭亭序》等。

19 王獻之（344-386），字子敬，東晉書法家，為王羲之兒子。

20 王羲之（303-361），字逸少，東晉書法家。其代表作品有《蘭亭集序》、《快雪時晴帖》、《平安何如奉橘三帖》等。

21 鍾繇（151-230），字元常，三國時期曹魏重臣、書法家，官至太傅，世稱「鍾太傅」。鍾繇書法受曹喜、蔡邕、劉德昇等人影響，尤其擅長隸書、楷書，與晉代書法家王羲之合稱為「鍾王」。其代表作品包括《賀捷表》、《尚書宣示帖》、《薦季直表》。

22 朱達誠（1942-），一九六五年畢業於湖北美術學院，一九七八年於中央美術學院當研究生，畢業後任湖北美術學院雕塑藝術室主任。一九八四年移居香港，曾於香港大學校外課程部及香港中文大學校外進修部任教，以人像雕塑聞名，作品包括李小龍及孫中山像。亦為中國美術家協會及中國雕塑學會理事，前香港「藝術公社」董事會主席。

23 王創華（1950-），一九七〇年畢業於香港美術專科學校，一九七二年於該校任教。曾任教於正形設計學院、大一設計學院、香港皇家警察畫會（1984-1989）、香港中文大學校外進修學院等。王氏曾創辦聯合畫苑（1975）及美言畫室（1989）。

24 馬銓（1959-），一九七八年畢業於香港嶺海藝術專科學校。大一藝術設計學院（1992-2008）、香港中文大學專業進修學院（2002-2012），現為工聯會業餘進修中心繪畫課程導師。「香港油畫研究會」會員，「香港畫藝會」會長。

繪畫是香港文化藝術的重災區

——回應舒華〈三訪梁振英談成立文化局〉

蕭滋

《明報月刊》二〇一二年七月號發表舒華〈三訪梁振英談成立文化局〉的文章，首次較全面地介紹梁振英先生關於解決和發展香港文化問題的理念，我認為切中香港文化問題要害，十分贊同，現就我所了解到的視覺藝術方面的現狀和問題談談個人的意見與建議，供將來主政者參考。

傳統的視覺藝術主要包含繪畫、雕塑和建築，而繪畫又是重中之重（東方還包含書法和篆刻），但是隨著近百年科技的發展、觀念的開放，裝置、攝影、數碼、觀念、行為等新的門類不斷湧現，而且日新月異，於是繪畫藝術日益不受重視，西方藝術圈甚至出現「繪畫已經死亡」的論調。香港大專院校的藝術院系幾乎都放棄過去數百年來行之有效的基本功訓練，強調與國際接軌，讓學生自由選擇學科，於是近年畢業生具備繪畫創作能力的少之又少。現在香港夠格稱為畫家者都已是中老年人，後繼乏人，畫家人數銳減，水準不斷下降，而又以西方繪畫尤甚。香港的視覺藝術已遠遠落後於中國內地和台灣，如此下去恐怕連澳門也不如。希望政府新任文化局局長重視這個問題，我並提出下列意見供參考：

一、特區政府應重新修訂香港回歸初期通過的香港文化政策，改變政府無為而治，全盤民間主導（實即文化方面的「積極不干預政策」）的做法。但是「尊重表達自由，保護知識產權」等核心價值應予保留，並嚴格執行。

二、香港不應只有演藝學院，還應設立視覺藝術學院，這所學院應以培養藝術家為主，應給予學生全面的理論和基本功訓練，四年時間不夠，甚至可以延至五年或六年，或從高中開始招生。

教育局所屬各大專院校其藝術系亦應適當調整其分工和功能。

三、香港應該設立兩個藝術館，其一收藏和展覽中外藝術家作品，另一購藏和展覽香港藝術家作品。後者應有任務通過收購香港專業畫家優秀作品和舉辦包括展覽在內的各種活動支持和推動香港藝術的發展。現有的香港藝術館和即將成立的西九 M+ 博物館是否可以進行這樣的分工？

四、幫助專業畫家解決生計，使之能安心創作。現在香港的所謂專業畫家幾乎全部靠教畫謀生，請問哪有時間靜心創作和研究？除第三條建議香港藝術館有責任購藏香港優秀藝術品，並建議政府撥出合適的文物舊建築供藝術團體或畫商設立專為香港藝術家銷售作品的畫廊，使一般的藝術家作品也有銷售的機會。

「現在香港夠格稱為畫家者都已是中老年人，後繼乏人。」

五、應協助民間成立文化藝術各領域的團體來組織和推動各項工作。香港的藝術團體多如牛毛，但都是藝術家和愛好者的自由組合，一般只是起到普及作用。於是有些藝術家嚮往中國內地式的全國美術家協會之類的組織。我則認為也不適合香港，還是應由民間主導，但政府應在設施和經費上給予支持，並定出一些這類團體應該共同遵守的條例。光是視覺藝術應可辦成好幾個團體，我深信若辦得好，應能推動香港文化藝術的發展。

原文刊載於《明報月刊》2012 年 7 月號，香港：明報出版社有限公司，2012，後經筆者修訂。

蕭滋簡歷

年份	月份	展覽類型	事跡	地點
1926			一九二六年出生，祖籍廣東南海	
1950-1960			先後在新民主出版社、和平書店及三聯書店任職	
1951			居港至今	
1985-1988			加入「香江藝文社」	
1988-1990			加入「庚子畫會」	
1988		聯展	香港藝文社作品展	香港三聯書店展覽廳
1990		聯展	庚子畫會三十周年書畫展	香港大會堂
1996-1998			退休後全情投入美術學習，先後參加以香港中文大學校外進修學院為主的水彩畫班、油畫班、人像素描班、人體速寫班、戶外寫生以至雕塑、陶藝班等 略掌西方美術基礎後，開始以水彩畫從事寫生和創作	
1997			與楊治明、邱卓恭、彭可兆、歐陽乃霑等組成「長春藤藝社」，聯同出版友好先後於一九九七年（香港，澳門）、二〇〇一年（新加坡，汕頭）和二〇〇四年（香港，澳門）舉行六次展覽	
1998			開始練習書法，以自學行草書和隸書為主	
			參加羅拔、歐陽乃霑主持的香港畫家畫香港活動	
2000			香港長者書畫互贈交流活動	

		聯展	香港畫家畫香港十年展	香港大會堂低座展覽廳
		聯展	香港畫家畫香港（澳門展）	澳門文化廣場展覽廳
2001		聯展	河南—香港書法聯展	河南開封
2002			為貴州畫家木寧先後在香港和澳門舉辦展覽	
		聯展	香港畫家聯會——貴州風情寫生畫展	香港大會堂高座七字樓展覽館
		聯展	油尖旺風情——香港水彩畫家作品展	
	12月	聯展	香港畫家聯會二十周年會員作品展	香港大會堂
2003			主持香港三聯書店五十五周年慶講座：月讀．悅讀．讀書會之「琴棋書畫——書」	
2004			自此年起勤練楷書，先後臨習褚遂良雁塔聖教序（中楷）和王獻之洛神賦十三行（小楷）等書帖	
2005			為香港畫家聯會策劃廣東著名前輩畫家「羅宗海水彩畫展」	中山書畫院弘翰堂展廳
		聯展	「長春籐藝展——澳門第二回」書畫展	澳門文化廣場展覽廳
2007		聯展	中國古文字藝術學會舉辦綠色田野書畫展	
	12月-2008年1月	聯展	道藝融通：慶祝香港回歸十周年當代名家書法篆刻展	香港中央圖書館展覽館
2008			與彥火藉參加「法蘭克福國際書展」之便，到法國巴黎約見人文科學方面的一批華人精英學者，策劃了一套《西方文叢》（共四十多卷），系統介紹西方的人文思潮（還出了台灣版），反響頗大	
2009	8-9月	聯展	具象+抽象：香港當代油畫水彩版畫展	香港中央圖書館展覽館
		聯展	鑪峰藝文展（鑪峰雅集五十年紀念）	香港尖沙咀商務印書館展覽廳
		聯展	作品《石澳浪花》入選中國全國美協主辦的「第十一屆全國美術作品展覽」	

2010		為香港油畫研究會主辦的「林鳴崗師生油畫展」主持開幕禮	香港大會堂
		策劃「穗港澳油畫巡迴展」	香港中央圖書館
2011	聯展	香港油畫研究會「色彩與家園」	
	聯展	多彩海岸線・深圳、汕頭、香港水彩畫聯展	中國嶺東美術館
2012	聯展	甲子書學會「論語精選」會員書法作品澳門展 2012	澳門金碧文娛中心
	聯展	香港首屆油畫大賽	香港中央圖書館
		為離世的「香港畫家聯會」名譽會員吳孤鴻策劃「孤鴻水墨畫遺作」展覽	香港中央圖書館
	聯展	負責策劃並參與「香港畫家聯會」的「三十周年畫展」	香港中央圖書館

任職情況

年份	職銜	任職機構
1970	總經理	香港三聯書店
1985-1988	會員	香江藝文社
1988-1990	會員	庚子畫會
1996	名譽董事	聯合出版集團
1997	會員	香港長春藤藝社
1998	會員	香港甲子書學會
1999	會員	香港美術會
2002	會員	香港畫家聯會
2007	副會長	香港畫家聯會
	秘書長	香港油畫研究會
2011	秘書	香港水彩畫研究會

韓志勳

簡介

韓志勳，一九二二年生於香港，早年在九龍華仁書院就讀，成績優異，無奈因香港淪陷而中斷學業，隨家人遷到國內躲避戰火。及至香港光復，韓氏舉家返港，在商界打滾幾年後，才進郵政局當幫辦。韓氏年青時跟大部分青年人一樣，愛打扮愛飆車愛音響，仍未醉心於藝術創作。在正式投身繪畫以前，除了早年跟劉敬之學過書法外，他僅通過到畫展看藝術書刊等自學途徑，以提高個人的藝術學養。

自參加「香港華人現代藝術研究會」後，韓氏經常與陳福善等人結伴到香港各處寫生，對藝術創作越發投入。受梵高、高更、莫奈等印象主義畫家影響，他早期的畫風傾向印象主義之類的風景寫生，個人風格尚未成形。韓氏第一次的畫展（1959），就在聖約翰副堂與一眾「華人現代藝術研究會」的畫友聯辦。在藝術世界浸淫日深，韓氏的人脈漸廣眼界愈闊，繪畫技巧日趨成熟，思維也有所轉變。一九六〇年在香港天星碼頭東翼舉辦的第一屆香港藝術節令他印象深刻，醍醐灌頂，意識到「繪畫要思想要寫情意，不單是寫生寫實境」[1]。有感自己起步較慢，加上未有受過專業正統的藝術訓練，韓氏自覺要快步躍進，以拉近與同儕的距離。一九六三年，韓氏成為「現代文學美術協會」會員，翌年更與朋輩文樓、張義、尤紹曾、金嘉倫等人創立「中元畫會」，致力探索推廣前衛抽象藝術及文學。通過與會友的交流，韓氏接觸到存在主義等世界的新思潮新文學，配以自身的生活感受和成長經歷，驅策他在創作上的突破。繪於一九六八年的〈火浴〉，綜合了韓氏之前的繪畫語言，東西元素互濟，標誌其藝術道路的新一頁。

由寫實轉到抽象，韓氏並未有放慢其藝術創作的步履。一九六八年的歐遊經歷，讓他有機會到威尼斯雙年展、德國卡塞爾文件大展等歐洲各大藝術展覽觀摩學習。回港後，他一方面在香港大學校外課程部擔任講師，傳授個人心得，影響陳餘生、朱興華等學生；另一方面，他不斷跟呂壽琨、郭樵亮、美國的表現主義畫家 Morris Graves 等研習，提升自己的藝術水平。後來，韓氏更得到 Morris Graves 的推薦，在紐約 Willard Gallery 舉行個展。一九六九年，韓氏成為美國洛克菲勒三世基金獎學金得主，領取獎學金到美國一年。旅美前，他應英國文化協會之邀到英國參觀藝術學院，並曾接受英國廣播公司的訪問。留美期間，他在紐約 Pratt Graphic Centre（柏立德版畫中心）學習銅版及石版。旅居外地，韓氏得以拜會 Henry Moore、Robert Motherwell 等名家，了解到抒情抽象已為昔，「普普」、「硬邊」風格漸入窮途，讓他發展出到一系列帶有書法筆觸的作品，當中的〈圓〉，更成為他的個人符號。

韓氏淵博的學養加上豐富的人生經歷，大大加深其作品的內涵和底蘊。幾十年的藝術生涯，韓氏曾多次在本地及海外舉辦展覽，其作品亦廣為藝術館和私人收藏，奠定了他在香港藝壇的地位。

注釋

1 陸鴻基，《殖民地的現代藝術：韓志勳千禧自述》，香港：傳真廣告印刷公司，2008，頁65。

韓志勳訪談錄

訪問者　黎明海博士

2012.5.4

黎　你很早便開始從事藝術創作，大概一九五八年便與文樓、張義先生等創辦了「香港現代文學美術協會」，可否談談那個時段發生的一些事？

韓　那個後來變成了「中元畫會」。該從何說起好呢？我不敢吹牛，但我一直很喜歡畫畫。我是家中的長子，那時跟著父母、帶著弟妹一起走難回鄉，走到市橋、番禺附近。當時最重要的是性命，所以我並沒有什麼自己的主見。直至原子彈危機解決後，我才回到香港。那時戰火未及鄉間這些地方，鄉間又有些「大天二」（民國時期出沒在廣東省的土匪），你知道誰是「大天二」吧？

黎　陸鴻基教授[1]說你有幫過「大天二」。

韓　我在鄉下那時還很年輕，一九四二年前後，大概二十歲左右，和朋友合辦金舖，有些手槍，自己身上亦陀著一支小型手槍。所以，鄉下有姓韓的，都算是「大天二」、外號「跛賡財」的江湖人物關照一下。當時的處境，有一種好像張愛玲[2]所寫的《傾城之戀》那樣的氛圍。我總在市橋聽歌，聽吳楚帆的弟弟吳江唱霸腔《岳武穆班師》，那是一種抗敵的情懷。回到香港後，我便開始找工作。

黎　那時你還有一點嬉皮士風吧。

韓　那是後來的事，社會解放後，我也解放了自己的思想。當年，因為不太懂得選學校，之前上過超然學校，後來總是上夜校，一間叫「積臣」，一間叫「半島」（位於深水埗基隆街）。後來母親為我找學校，油麻地有一間皇家書

館[3]，就在榕樹頭旁邊對開的空地附近，可是我又不獲取錄。及後碰巧在奶路臣街那處找到了九龍華仁書院。我跟弟弟進了同一所學校，就讀同一年級。當時學校用中文授課，劉敬之是我的老師，他寫得一手好字。由於從小便跟著一些八股先生，我中文底子頗好，懂得對詩對聯鐘、格律，每年總是我考第一名，我弟弟考獲第二或第三名。我那時算是頗聰明。後來，我在英文學校上課，讀到快畢業那年，日本攻陷香港，我沒法子再上課。所以，我很痛恨「日本鬼」（日本人），戰爭把我的青春白白地糟蹋了。回到香港時我年紀較大，加上自己可能不太懂得把握機會，有些比我年輕的人到美國像耶魯大學等著名學府讀書。所以，我後來便靠 Father Bird 介紹，進了郵政局工作。那時之所以進郵政局，因職位是隨我選擇的，喜歡做「衛生幫」也可以，做「警察幫」也無不可。當時郵政幫好像最容易做，一定清廉，在郵政局裏我的職級是幫辦（郵務督察）。

黎 你在郵政局上班應該是光復之後，大概是一九五一、一九五二年吧？

韓 是的。做幫辦（郵務督察）時我一向很喜歡畫畫，當有個美國洛克菲勒三世基金會要提拔人選時，每個人也指向我，說：「推選阿韓（韓志勳）吧！」所以我便拿了這個獎學金去美國。我是第一位拿到獎學金的香港人，台灣的莊喆亦拿過。那時真的連住的地方也包括，又有津貼，又很多免費門票，讓我盡情地感受美國文化。

黎 你在一九六八年是不是也曾出國？我記得你好像在美國洛克菲勒三世基金會資助前，參觀過威尼斯雙年展？

韓 對，那時我身邊有幾個錢，早一年我自己四處去遊歷，第二年再去。那時碰巧遇上幾件大事。在英國文化委員會倫敦總會遇到一位叫 Foster 的老先生，他告訴我那年碰巧是文獻展（Documenta）。當時我還不知什麼是文獻展，便去德國卡素看了。那年是第四屆文獻展。那時候我一個人無憂無慮，又有點錢，還有一位女朋友，便和那位知己這樣周遊列國。那陣子還未認識蔡仞姿。

黎 你那時還認識了一個大師，Morris Graves（1910-2001）。可否談談當時是怎樣認識的？

韓 Morris Graves 是靠尤紹曾帶他來的。尤紹曾帶他來畫室，告訴他要看看我和張義這兩位年青人的畫。我那幅畫叫〈火浴〉，他一看便說：“I am

burnt.”(「我著火了!」)他個子很高大,又是西北派的,很欣賞我的畫。一回去便和那個版畫家 Fritz Eichenberg(1901-1990)介紹,因為這個版畫家後來也要來香港找人,我和他也頗熟識。他是羅德島大學的教授,後來和我做了朋友。他介紹我去拿美國洛克菲勒三世基金會資助後,又鼓勵我發揚一下版畫。那時對藝術家來說,版畫比較可推廣且多元化,一個形式可以做出幾種效果。後來,我去紐約便進了普羅特藝術學院(Pratt Institute)。因為我的絲印技巧也頗好,所以我主要學石版畫。說到絲印,郭樵亮是我的老師,但他只教了我不到一個小時「辣水油」(室外無光油彩)。後來,我很想把一些東西印在畫上,所以便去學版畫。有一幅畫叫〈無岸〉,就是用了「辣水油」變化出來。由那時開始,我很喜歡在畫中找尋不同創作方法。

黎 是很潛意識、心理的問題……

韓 是心理學的隱喻。從那時起,我便不再畫風景畫了。之前由於在郵局工作的關係,那時我畫風景畫可謂畫到街知巷聞。當年新界還是很美,沒有現在那樣烏煙瘴氣。一次郊遊我便用木板畫七幅,最後全都放進畫箱帶回去。

還有一件作品〈天水〉,是用舊的一些畫作加進畫面裏。當年在加拿大多倫多居住,屋內那條樓梯很窄,我不能創作大畫,否則在地窖畫完後怎樣搬出來呢?後來就想,不如把那些五十二吋闊的帆布一分為二。所以,那些畫都是闊二十呎乘八呎。那時由於走難的緣故,在多倫多滯留;因為不想浪費東西,便創作起這樣八呎乘二呎的畫來,以解決這些問題。

黎 你可否談談這幅一九六八年的〈火浴〉?你想用這幅畫表達什麼呢?

韓 〈火浴〉的畫面裏有很多東西,當中包含個人照片、信札、裸女意象等,又要人近距離看技法。那時我的道行還稚,利用我的盲點畫畫,用紅的畫併上綠色,又多細部要人近看,畫完便投一個藍點上去,讓畫面跳動。〈火浴〉也是由此而來的。後來,我發現除了盲點之外,也可以有其他更多的東西。不過,我創作〈火浴〉當時仍未完全掌握抽象創作,所以又弄了些藍點之類的,裏面還有很多東西。這個是石頭來的,它彷彿在再造我所畫的東西。那時我那位知己(余振慈)在英國皇家藝術學院讀書,是你的師姐吧?她在香港拿了獎學金過去讀,後來又到蘇格蘭。我和她交往八年,很要好的。不過她長居英國,而那時我還年輕,像在經過一場 bath of fire(中文為「火浴」),烈焰連連,那幅畫因而得名。

黎 當時社會的環境對你有影響嗎？例如「六七暴動」，會否對你創作有什麼影響？

韓 有的。當時又這樣又那樣，而我是青年人，既不曉得處身立命，也不曉得怎樣處理自己的前途。後來發現自己必須上學，不上學不行。還有，畫畫時我未曾想到這個畫名的，只是因為自己心裏好像有些事想要說出來。Morris Graves 見過這幅畫後，也稱讚我。因此，後來的獎學金也沒有人和我爭了，別人都說給阿韓（韓志勳）吧，不用多想了。那時我又得到雅苑畫廊的幫助，Dorothy Swan 更是我的伯樂。日後曾有個 Ford Foundation 給那幾位藝術家爭奪起來。所以，即使張義、文樓和我很友好，我是不太認同他們幾位的。那時獎學金給了他們，他們便去了外國。不久，九龍倉集團要在海運碼頭外面那面牆弄個壁畫，他們兩人還未享用完那筆獎學金，便趕著回來，想拿那個委約。張義和文樓兩個是師兄弟來的，二人其後又吵了起來。張義創作的東西是一筒筒的，比較厲害。後來文樓設計的，也跟張氏的很相似。

黎 當時你在「中元畫會」時，當中的成員皆頗專業，你自己也是創會的其中一員。你們何以成立畫會？

韓 那時有個風氣，因為開畫展是很大件事，所以就組成畫會，讓自己有地方可以展畫。最後一個畫展，是我和文樓合作，用「中元畫會」名義舉辦。其實那是兩個個展，因為個人難覓展場而團體較易，於是一邊是文樓，一邊是我，一起做畫展較容易。當時有位鍾漢琦很熱心幫助我們，他自己也在中環蘭桂坊二樓那處做抽紗。你看到的這張照片也是在他辦公室那裏拍的。雖然他並非畫會的人，卻很熱心。這畫廊便是鍾漢琦[4]的寫字樓。這個郭文基，是專門賣漁艇的摩打，其後也失去了聯絡。這個是秘書，叫程潔瑜，也很喜歡參與我們的活動。

黎 那時有很多畫會，又有「元道畫會」？

韓 「元道畫會」是較後期的，大概是十年之後（1968）。

黎 你好像在香港大學校外課程部授課之外，也有在香港中文大學校外進修部授課。那時碰到呂壽琨的情況是怎樣的？

韓 王無邪等喚他「壽琨師」，因他是正式拜呂壽琨做師傅的，他喜歡師出名門。然而，那時王無邪還在美國讀書，

我和呂壽琨更熟。但我和呂壽琨，則是在雅苑畫廊那些畫展認識的。那時畫廊的女主人 Dorothy Swan 很熱心於藝術事宜，有些外國女士更用她的畫廊，讓呂壽琨辦一些有關中國畫原理的講座。但那些是外國人因為不懂中文，需要翻譯，所以我便一邊和他們談天說地，一邊幫他們翻譯。當時我一方面既學到東西，另一方面又學一下英語。我和呂壽琨便是在這一次的畫展中成為知交。

黎　這裏提到一九六三年你在雅苑畫廊開過個展，跟著你就認識了呂壽琨和「香港現代文學美術協會」的一班成員。

韓　還記得那時呂壽琨喜穿著白色的皮鞋，一到我的畫展，總是很嬉皮地坐在那低座石柱下，瀟灑得很。後來我幫他做翻譯，亦和他成為了好友。雖然他始終當不成我的老師，不過陳福善和呂

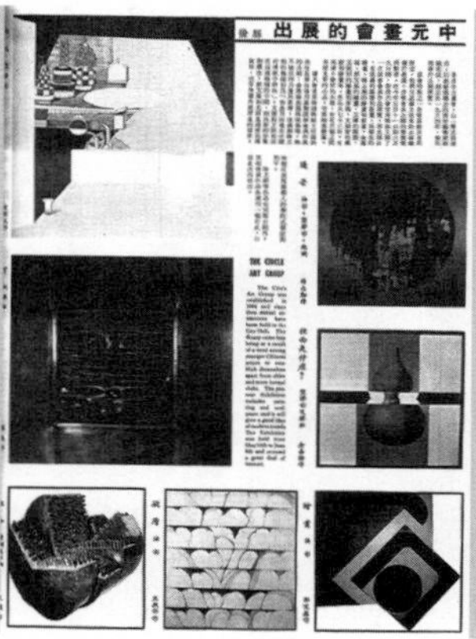

〈中元畫會的展出〉，《良友畫報》（海外版）第 169 期，1968 年 8 月。

壽琨兩位老師傅皆影響了我不少。呂壽琨在九龍城碼頭當稽查，每次我畫起畫來，便會找呂壽琨來評價一下。他往往有他的看法，會提出這幅畫要裁一點，那些構圖緊密一點等。但我想，不能裁畫，我要一下筆便精準無誤。這個手法發展到我後來的版畫，也都是堅持不裁的。一幅絲網印刷一印便是這樣大。我的版畫總是不裁的，即使有很多人認為裁了會更好。

差不多到我「走難」去加拿大，便聽聞陳福善的死因……是他死後第三日，人們再告訴我的。那時他們常去飲茶，吃完飯後，他強說是胃痛。到第三次，那時他的一位當醫生的學生說這是心絞痛。雖然他們馬上叫了架救護車，但已太遲了。那時我身在多倫多，聽到這消息後感到非常惋惜。那時香港還未回歸，人心惶惶，但我們已捱不住了，所以便去了加拿大。

黎　你在香港中文大學校外進修部及香港大學校外課程部授課的時候，你還記得當時是怎樣授課的嗎？都是憑著自己的經驗？

韓　我是憑自己的經驗的。到現在我還有一些講稿，都是說一些源流，說包豪斯（Bauhaus），杜象（Marcel Duchamp, 1887-1968），以及一些歐洲藝術學院的影響。

黎　聽說朱興華、陳餘生也曾是你的學生。我知道香港大學校外課程部的藝術課程是較西方的。

韓　那時有個「六人畫會」，那六人便是：白連（Douglas Bland）、鄺耀鼎、Julia Baron（時任工務局局長的太太）、Ruth Robertson，還有李國榮。我對鄺耀鼎的一幅叫〈漁火〉，用刀畫的畫特別深刻。

韓志勳於雅苑畫廊的畫展。

我想，刀子竟也能畫畫！那時在尖沙咀碼頭西翼，開畫展的畫廊用不到所有地方，所以陳福善有個「香港華人現代藝術研究會」，也在那兒佔一位置。當年我在那處也有份參加，而那六個人也在那裏展出作品。那時可以說是盛事，他們的作品，我一看便覺得很是厲害。因為我當年沒有跟老師學畫，所以我巒想找師傅的。我去過永樂街找徐東白，但發現不是那回事。還有那位去了美國的李秉罡等也在那兒，但我最終沒有找到。到後來我在東樂戲院（現址為聯合廣場）對面的畫室找到一位老師，名叫周公理[5]，雖無上過他的課，但仍從他身上偷了師。當時剛巧他在教學生，對學生說：「你們畫的線慣性這麼彎，讓我來畫給你們看。」他交手一畫，直得很！他說不要讓你自己的習慣影響了你，畫畫是另一回事。

黎 你差不多是自學加觀察。你剛才提到的如陳福善和呂壽琨都是一些同輩的朋友……

韓 不是，在我心中，陳福善和呂壽琨一直也是老師輩。我雖然不曾給學費，但各有各的方式。我曾探訪過陳福善，但發覺不對門路。他當時正在收學生，要他的學生就畫那些假玉砌成的花。那個東西已經是假的，你還叫學生畫，我覺得那不行便走了出來。我在藝林文具印刷有限公司見到陳福善的作品，「藝林」的老闆和我也是老朋友，我也在「藝林」找到不少器材，找「辣水油」也是那時找出來的。還有後來的漸變色，我想漸變色用噴的，故走到新填地街買泵。因為油不會馬上乾透，以前我都是用油去擦捽的技法而不用噴的，但塑膠彩不能擦，到後來我才曉得用噴的。

黎 那是大概七十年代吧？

韓 對。

黎 你繪畫的風格技巧，又或是寫生，其實你的學生能吸收多少？你不會教他們畫你的畫吧？

韓 我從不教技法的，只叫他們領悟。

（**蔡仞姿** 他上課時都是在說故事的。）

陳餘生那一代已是第二代了。第一代的學生有陳尹瑩，之後她當上了香港話劇團的總監，後期又當了修女。

黎 陳餘生說那時香港大學校外課程部藝術課程有差不多七十多個學生，但最終畢業的只有兩個，看來你們的教學也頗嚴格？

韓 他說的是不盡不實吧。

（**蔡仞姿** 我也和他們一起上過課。那時候的香港大學校外課程部藝術課程，應該是分了兩個層次。有一些像現在的香港大學專業進修學院的格局，有一部分則被整頓為一些有證書頒發的。陳餘生那個年代我已經去讀，當然我是低幾年級的。那時有一大群人，其中有些不知道你認不認識的，去了紐約，例如司徒強，他跟關晃[6]差不多時期的。他走後，剩下陳餘生、關晃等人。之後有些人你應該也認識的，像李秉罡，他間中會從紐約回來。接著便是我們。他們還有一班在關晃以後，差不多在VAS「視覺藝術協會」，現稱「香港視覺藝術協會」成立前也有一班人的，如李其國。[7]有一段日子，比我早一二屆的學員，他們當時真的有心於版畫、雕塑等方面作出一些新的嘗試。）

黎 與你同期在香港中文大學有陳士

文、蕭立聲等那一班，以及呂壽琨所帶的譚志成等一班學生，在社會上會否也有兩種不同的風氣？

韓 我那時最不同意標榜水墨。水墨是一個媒介，為何去辦個水墨的學派呢？因為我用塑膠彩，所以我的畫有車輪、鐵等，什麼也有，沒什麼所謂。但他們硬要談水墨。

黎 早前我與譚志成先生吃飯，他仍然覺得應重新認識和學習呂壽琨先生的東西，因為他始終是一位大師。在我看來，當年香港的確是有這樣的一個系統，而現在於大中華整個環境看來，他的一套是否仍然較為薄弱呢？

韓 所以後來呂壽琨沒東西好弄，便去弄個什麼「禪畫」。人家的「禪」是在心中、不可說的。他弄了一幅很大的畫名為〈禪〉，恰巧我也有一幅掛在附近。我心想，我那幅比你那幅「禪」得多了！我那幅畫就是一粒圓球在天上，畫題〈未央〉，僅僅如此。（**蔡仞姿** 那時上課，呂壽琨先生叫我們去看他那幅展於香港大會堂的畫。我記得呂壽琨先生當時頗霸道的，硬要我們去看。為何呢？因為他那幅叫作〈禪〉的畫厲害得掛不起來，很長，還拖了點在地上。而那幅畫的對面，便是韓志勳那幅畫。那時我和一個朋友一起去看，他不是畫畫的，他那時跟我說，覺得呂先生對面那張更「禪」。）

韓 何弢那時寫文章，在《Orientations》雜誌中曾提到阿韓（韓志勳）那幅更「禪」。

黎 但他們的弟子仍然覺得呂壽琨先生是一代宗師。

韓 那當然是的，事實也是如此。

黎 在七十年代，你開始有自己的個展。除了剛才說的雅苑畫廊外，你有和漢雅軒合作過吧？

韓 沒有太多。因為張頌仁他寫了一篇叫〈Star Gazer〉[8]的文章，想幫助我，但也寫得不到位。他想推廣我，最初我們很談得來，當然沒吵架，但後來就是合不來。他那時在中環有個畫廊，環境很美，後園種了一片竹園，挺優雅的。他還有一個叫黃仲方的拍檔。張頌仁替我寫了一大篇文章叫〈Star Gazer〉，但我說那些並不是星，亦非觀星者。所以替我寫文章的，我最佩服的是哪一位呢？熊秉明，[9]是真的很佩服。香港中文大學請他來授課三個月，我們兩個認識沒多久便成為了知交。他是楊振寧的師弟，算術大師熊慶來（1893-1969）是

他的父親。熊秉明在法國定居，所以他能操法語。他寫的書很美，玩文字也玩得很美，所以他為我寫的幾篇文章也令我甚為佩服。

黎 你當時也好像和藝倡畫廊合作過，辦過展覽。你覺得這些畫廊會否對你專業上的成長有所影響？

韓 有的，會使我努力一點。但我最佩服的人，始終是雅苑畫廊的女主人 Dorothy Swan。所以後來我到美國時，也有去探望她。

黎 她的畫廊開了不太久？何時結束的？

韓 我也不太清楚。

黎 後來你也有跟三行畫廊合作？

香港博物美術館辦個展，左二為韓志勳。

韓 對，跟三行畫廊[10]也有，但只是做了一陣子展覽而已，因為「三行」推廣不到我。跟雅苑畫廊的合作，就最為久遠，當然還有後來的藝倡畫廊，其英文名叫 Alisan Fine Arts，後來因為金董建平（Alice King）和華圖斯（Sandra Walters）兩個合不來拆了夥。華圖斯的丈夫是位牙醫，記得有一次，我的兒子還很年幼，他不知怎的跌下床，弄得整口是血，我便馬上去找牙醫。那時 Sandra 的丈夫在中環太子大廈有一所辦公室，我便馬上去找他。到現在，Sandra 和我還是很要好的。

黎 他們對於你畫畫的成長，可否再說得具體一點？

韓 金董建平財雄勢大，我還跟她說過：「你的『藝倡畫廊』應該是反過來唸，『倡藝』才對吧？」所以她對我也許有點不

滿。不過，富家女當然是這樣的啦。後來我開個展，也邀請了她們來剪綵。

韓 我的名字（「勳」），有四點。因我命屬火，所以要加四點。後來我查字典時，發現我的「勳」字是找「力」字部的，而我寫毛筆草書時，我的「勳」字裏面有個「愛」字的。那又頗對，因為我是處女座的。

我在巴西差點淹死。那時我的美國洛克菲勒三世基金會要提拔獎學金完了之後，因為那張美國運通公司的票還在，我想，不如去南美洲。那時有人問我去過厄瓜多爾沒有？我沒有去過，便去了。巴西有很多瀑布，一名巴西青年划著艇問我要不要沿著湖邊看一看，想不到那裏有塊大石，那架船便這樣卡住去了。當時我便想起那個存在主義什麼的。因為這件事，我還寫了一首詩。四顧蒼茫，後來我又想走到瀑布下，便叫同伴幫我拿著相機。你知那裏的石頭很滑，我一滑倒，便連眼鏡也掉了，全身濕透，掉到瀑布裏去，身上所有的菲林膠卷也弄濕了。回到紐約後，我把那些菲林膠卷拿到沖印店沖曬，店裏的人還在上面寫著，提醒我下次不要去太潮濕的地方。哈！數幅照片沖出來，上面都有幾道因菲林膠片受潮形成的痕跡。

黎 你認為自己是否一位香港藝術家？

韓 我在香港出生，當然是正宗的香港藝術家。後來我有機會於一九六八年去威尼斯看雙年展，適逢法國學生運動。年輕一輩總是不滿那時的東西。當時我和我的紅顏知己一起去，因為我和那邊「學運」的人談多了幾句，她還呷醋呢。

黎 那這些世界性的運動對你的創作有沒有造成影響呢？

韓 有的。我後來看過一套電影，名為《戲夢巴黎》（2003），描述當年法國的學生。之後我在威尼斯找地方住，怎知所有住房都客滿，我們便駕車去別的地方。後來在意大利羅馬，那輛車泊了在古羅馬競技場那裏，想不到給那些意大利小夥子敲爛了車門，把我所有的財物偷光，反而她的化妝用品倒安然無恙，真是氣人！

注釋

1　陸鴻基（1946- ），一九六九年畢業於香港中文大學歷史系，一九七七年獲美國印第安納大學文學碩士、一九七七年獲該校頒授理學碩士（教育）及哲學博士銜。先後任教於香港中文大學教育學院（1977-1992）、加拿大約克大學（1993-2003）。二〇〇三至二〇〇七年間出任香港教育學院副校長，後續任加拿大約克大學歷史系副教授至今，為加拿大多倫多大學研究院歷史課程兼任教授。

2　張愛玲（1920-1995），原名張瑛。一九三九至一九四一年間入讀香港大學，後因香港淪陷返回上海。一九五二來港，於美國新聞處工作，一九五五年赴美，曾任職於加州大學柏克萊分校中國研究中心（1969-1971）。其代表著作有《傾城之戀》、《半生緣》、《金鎖記》等。

3　韓氏應在説位於油麻地眾坊街的油麻地官立學校，當年普遍將 Government School 譯作「皇家書館」。

4　鍾漢琦（?-1964），股票行商人，好收藏油畫複製品並常與「中元畫會」會員交流。據陳萬雄及佳士得資料所示，Dorothy Swan 是聽取鍾氏的意見，説香港缺乏畫廊而開設雅苑畫廊。二〇一三年佳士得拍賣鍾氏的呂壽琨、楊善深藏品。

5　周公理（1903-1989），早年隨吳昌順、李鐵夫習畫。一九三三年成立九龍美術專科學校。一九四五年返港，設公理畫院，為「港九美術協會」會員。

6　關晃（1934-2008），一九四九年移居香港，一九七二年香港大學校外課程部藝術與設計證書畢業，一九七六年獲美國 Columbus College of Art and Design 學士，一九七八年獲美國紐約州雪城大學藝術碩士。曾任香港理工大學客座講師（1997-1998）、香港藝術中心兼職導師（1998-2004）、香港中文大學藝術系兼任導師。

7　李其國（1951- ），七十年代初期分別入讀香港中文大學進修部及香港大學校外課程部，一九七五年獲香港工聯會圖形及廣告設計文憑。一九七七年獲市政局藝術獎。為「視覺藝術會」、「香港雕塑家協會」、「國際造型藝術家協會香港分會」會員。

8　原文刊於《圓緣：韓志勳繪畫》（香港：香港大學出版社，1988）。

9　熊秉明（1922-2002），一九四四年畢業於國立西南聯合大學哲學系，一九五〇年入讀法國高等藝術學院，一九六〇至一九六四年間於瑞士蘇黎世大學教中文，一九六二至一九八九年任教於法國巴黎第三大學東方語言文化學院中文系，一九八三年任該系系主任。二〇〇一年任南京大學名譽教授。

10　一九六九年嚴沾林創辦三行畫廊，與本書受訪者徐子雄、文樓亦曾於其畫廊辦展覽。

韓志勳與香港文化

陸鴻基

羅香林教授（1906-1978）在《香港與中西文化之交流》（1961）一書中，有以下一段發人深省的話：「現代中國之新文化運動，為此一時代之維新思潮。蓋由諸涓涓不息之泉源，日積以富，遂匯為洪流，而乃沛然莫以阻者。其源泉為何？則應之曰：此蓋有沿襲於中國文化所潛藏之遺業，亦有其取之於西洋文化所傳播之新業者。……人第見香港區域甚小，而渾忘其於文化大業，亦有其不可忽視之功能。」

香港位居中西交通樞紐，自始即為文化交流之要衝，是不爭之論。但到底何為中國文化、西方文化，兩者如何交流，則是寬宏龐雜的問題，不容易弄清楚。而在兩大文化之下產生的香港文化，卻往往被人忽略。我們在此正好借助香港畫家韓志勳的事業，探討一下文化交流所衍生的一種超卓的體現。

「他的藝術，就是香港中西文化交流的一種崇高體現。」

一位香港藝術家的成長

中西文化交流，基礎在於教育。有謂二三十年代香港教育的主流是中國傳統的私塾加上英文中學。韓志勳一九三二年生於香港。他受的教育就是這種模式的中西合璧的教育。他的〈畫家自話〉說：「於私塾啟蒙後，母親送我去一間八股學校唸書。終日盡是詩詞歌賦、《四書》、《五經》、詩鐘對聯、書法習字，有意無意間早就感染了舊學書卷的薰陶。」少年時代吸收的傳統士人文化，對他可說是一生受用。書法的修練，孕育了他的美感和心、眼、手的協調，七十年如一日，至今仍是他喜愛的表達形式。紮實的古典語文訓練，讓他有能力在儒、釋、道典籍之間，上下求索人生和美學的哲理。他生在五四運動以後，與他同輩而在中國內地都市長

大的，鮮有像他這樣受過傳統教育的浸淫。只有在「化外之地」的香港，兼容新舊習尚，才有這種機會。

經歷了好幾年傳統教育之後，「轉去九龍華仁書院唸英文。雖是英文學校，初中老師們全是中國人。我們讀中國歷史，知道香港如何淪為殖民地，知道革命，知道五四，其後更面對七七國難。我們滿腔自發激情……」華仁書院是很特別的教會學校，由來自廣東省伍華縣的天主教平信徒創立。香港天主教會與港英殖民地政府長期以來維持若即若離的關係。二十年代末，愛爾蘭革命、脫離英國取得自治後，香港教會特地從愛爾蘭邀請耶穌會神父來港工作。這批神父後來成了華仁書院的高中教員。韓志勳在華仁的幾年，正值世界經濟蕭條，日本對華侵略，第二次世界大戰爆發的動盪時代。他得到中西師長的培育，從傳統進入了現代，又開闊了視野，從中

製作絲網印刷作品。

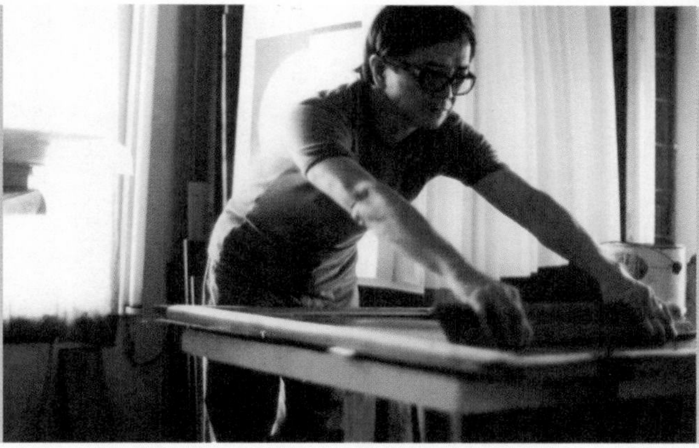

國放眼世界。教會教育為他打好西方傳統文藝、宗教的基礎，英文訓練成為他進一步認識西方文化和接觸西方社會的工具。

一九四一年底，香港淪陷，一九四六年香港光復。輾轉十多年，韓志勳過的是顛沛流離或浮沉商界的生活，與文化、藝術沒什麼關係。他的〈畫家自話〉[1]說，這是「一大段少年迷失的日子，渾沌無成。」其實也不盡然。經過十多年的閱歷和人生考驗，他成熟了。學生時代每學期考第一，當童子軍，辦國難籌賑會的純情生活一去不復返，但身為商行職員的他，卻沒有失掉對人生深層的要求。五十年代中期，他三十多歲了，為了可以全神繪畫，決心離開商界，考取了郵政局督察的職位，每天朝八晚四上班當公務員，其餘的時間，有恒地作畫。從此，藝術遂漸成了他生活最主要的部分。郵局督察的工作，讓

他有機會騎著電單車走遍香港全境每一個角落。以職業上對地勢景觀的認識，他常於周末假日到處寫生，畫遍港九新界，從而把公餘的每一刻，都用到藝術上去。

一九六三年，韓志勳在剛開業的雅苑畫廊擺了第一次個展。從此日漸受到本地和國際藝術界注目。一九六八年完成鉅作〈火浴〉之後，向郵局請假，到歐洲浪遊半年，直接投入當地文化藝術氛圍。翌年復應邀到英國和德國，訪問藝術學院和博物館。之後，又獲頒獎學金去紐約居留學習一年。終於，他毅然向郵政局辭去公務員的「鐵飯碗」，全心全力從事創作。

這位香港土生土長的畫家不是從學院培育出來的，也沒有受過什麼正規的繪畫訓練，只是有若干藝術的機緣。「還未啟蒙，母親先給我和弟弟一塊石板去學寫字，同一塊石板我們用來玩些線擊點遊戲。」這無疑是很好的心、眼、手配合的訓練。這經歷使人聯想到齊白石（1864-1957）幼年用習字簿學書畫，被老師責罰的故事。韓志勳的父親是個計程車司機，嗜好卻是花鳥魚蟲、骨董瓷石，「家裏還掛字畫對聯。」幼年的韓志勳耳濡目染，自然也吸收了一份美感，及對自然和人工美的愛好。（到今天，他家裏仍收藏著不少骨董瓷石，和中國傳統的大大小小、奇形怪狀，值得玩味的石塊。）他父親又送他一套《馬駘畫譜》。這大概是他「在想畫些什麼又不識如何入手」時的一點啟蒙吧。

中學時代，九龍華仁書院「老師劉敬之於課外教我若干國畫基本技法，怎樣用筆用墨、怎樣揮筆寫蘭竹、怎樣撞粉寫蓮、怎樣寫重疊的葉。」不過，這樣的繪畫訓練為時不久，也沒有把他栽培成傳統的中畫師，雖然他個人的藝術成長歷程中，肯定有它的位置。中小學十多年他用功最勤、訓練最正規的藝術不是繪畫，而是書法，書法史家蔣彝（1903-1977）用現代西方抽象藝術理論分析中國古代的書法，言之成理。韓志勳則循相反方向，從中國書法的欣賞、體會與鍛煉，走進西式抽象的藝術，殊途同歸。如果他成長中得到更多的正統繪畫訓練，把他的發展納入了傳統的軌跡，他也未必會有如許獨特的成就和建樹。

成年的韓志勳開始業餘作畫，當時他三十四五歲，畫齡雖淺，但人畢竟已經成熟，大概知道自己需要的是什麼，摸索的是什麼大方向。不隨便拜師，不胡亂修課，也就是避免盲目地重拾他人的步伐而迷失自己的路向。「還是靠多看畫冊，有印象派的、古典的、社會主義的，自然也順及畫史。不自覺的選擇性地受印象主義吸引。」現存他當年在新界寫生的油畫，都是傾向印象的描繪，

構圖技法都很有功力，不似是一般人初學畫三兩年間的作品，可見其進步之速。從他的成長經驗看，他早年的美感或是從書法中培育出來的；至於古典派和社會主義現實派的油畫，較為偏重寫實的形似，或簡單訊息的傳達，自然不及印象派的注重寫意、寫神韻對他來得吸引。

在五十年代寫生和六十年代開始個展的歷程中，他先後認識了香港畫壇名宿陳福善（1904-1995）、呂壽琨（1919-1975）等前輩。「得與陳老同遊同畫，畫法大有所得。」韓志勳與呂公「一見如故，聽他談清湘、談八大、談自我，讀他的水墨畫論，如沐春風。但始終沒有拜他門下。而聆聽他談畫人之道，已畢生受益。」除了陳、呂兩位前輩外，韓志勳跟其他從事文藝的朋友交往，都得到不同程度、不同形式的激勵與啟發，獲益不少。「至於畫，顯然我一直堅持自己的主見。」

「文化沙漠」裏的新文藝

五六十年代香港的中英文報章，經常反映社會菁英的一些不滿情緒，認為香港是「文化沙漠」。他們指的是香港缺少了他們在倫敦、牛津、北京或上海享用慣的藝術館、音樂廳等一類的上層文化消費場所。誠然，當年的香港確實沒有這樣的設施。另方面，當時香港已經有很豐富的、傳統深遠的文化表達。無論是粵劇、粵曲或粵語影片等，生產的數量都很大，陳腔濫調之中，也有不少的優秀作品和在意念上與技術上的創新。這是香港這個移民社會新舊文化的蛻變時期，但小民階層喜愛、擁護和共鳴的文化表現，卻不入菁英階層的法眼。菁英階層不認同小民文化，一方面是因為階級偏見，另方面也是由於語言隔閡。當時社會上掌握政治權柄和部分經濟勢力的人是講英語的：掌握其餘部分經濟勢力和中文輿論勢力的人，很高比例是操國語和滬語的。他們在語言、生活習慣、教育背景和文化消費等方面，都與廣大市民頗有距離。於是，社會階級的文化差異，更由語言差異鞏固起來。這是「一個殖民地、兩個宗主核心」的一種體現。

在這樣的社會脈絡之中，五六十年代香港藝術工作者的掙扎更見其意義。他們既不滿足於小民文化，比較膚淺庸俗的表達，也不接收上層文化僵硬的傳統典型或疏離的時尚。他們追求的，是自己在本地社會的感受和思想，能夠有更深刻、更適切的表達。他們希望從當時東西方各地的新思潮，覓得靈感和新的風格、新的成語，好讓他們傾吐自己心中的話。韓志勳在他的〈畫家自話〉說：「我不自己的狂闖深遠的藝術天地。一班從事文學、搞新思潮、新藝術的朋友也適時遇上了。如魚得水地我成為一位又急又性烈的積極分子。我們談存在

的意義，談東方和西方，談現代的覺醒認知。很自然地我加入『現代文學美術協會』，又參與成立『中元畫會』，出版期刊《好望角》。跟他們泡咖啡店，參加第一映室看新電影，設法多讀新文學思想譯著。」

從事文藝創作的人都是很「個人」的，否則無從觸摸到己心深處，發前人之所未發。但人畢竟是群性動物，不合群就會感到孤單失落。韓志勳和他的朋友，在互相尊重、各自尋覓路徑的前提下，組成了自己的小社會，在疑忌、不同情，以至嫉視他們的大社會之中共存、合作。這合作有實務性質，如辦聯展以壯聲勢和省經費。當然，共存和合作也有感性上互相支持、激勵，專業上互相品評的層面。這樣，香港本土的新文藝就在這自發小社群的基礎上建立起來了。或許有人認為他們曲高和寡。但隨著香港大會堂的建設和其他公立文化設施相繼出現，香港本土藝術的碩果也漸為廣大市民認知。韓志勳和他當年的畫友，很多位都成了在本港和國際上享有盛名的藝術家，各自以不同的風格和體裁，表達中西多種文化泉源在香港社會、在他們的心靈裏的交流。

對終極的追求

美術和藝術的分別在於：美術家只要把事物的美麗的一面描繪下來，讓看者輕易地享受到快感；而藝術家則需要把他接觸經歷的種種，納入自己的心靈，再把自己心靈所受的衝擊，嘗試用最適切、最準確的方式表達出來，力求引起看者心靈深處的共鳴。偉大藝術家和一般藝術家的區別，不單在於表達方式的高下和追尋表達手法的誠意和毅力，更在於他閱歷的多寡、感受的深淺和心靈回響的厚薄。人的稟賦各有異，感受和回響自有不同；閱歷則視乎際遇。但人生在世只有數十寒暑，若能上下古今求索，從前人的經驗中取得啟發、參考、印證，對個人閱歷的深化感受和回響，都有作用。韓志勳的藝術有獨到和偉大的成就，在於他的閱歷廣、感受深、表達誠，更在於他的心靈一貫地對終極有所追求；而這追求，則是源於他的儒、釋、道和天主教文化承傳的。他的藝術，就是香港中西文化交流的一種崇高體現。

戰亂期間，敏感的青年親歷幾許人間慘況，在他心靈上留下烙印。回港後，五十年代初他與昔日九龍華仁書院的師友恢復過從隨後領洗入了天主教。當時任職商界，尚未開始繪畫的韓志勳，靈性的渴求僅在表皮之下，呼之欲出。他憶述有一次在長洲的耶穌會靜修所（即今日的思維靜院），與一名神父和兩名青年朋友秉燭夜話，談到天主「三位一體」的奧理，他竟然感動到流

淚。不過，他靈性的拓展和表達，不在神學哲學的理性、學術的範疇，而是在藝術的領域。他開始繪畫以後，幾年間就從印象派的察景，發展到抽象地表述他的精神境界。

這時期的韓志勳，生活寄託在儒家小官僚公務員框架之中，孝親事公，精神上、藝術上和心靈上仍未有滿足的寄託。也是源於徘徊於儒、釋、道之間的一份終極渴求，他「決定用長畫去記下一切因緣……畫又長長難完，定神再三，似是一次煉獄的歷程。」這便是天主教的詞彙和心態。長畫〈火浴〉完成後，他開始了浪跡生涯，幾年間遍遊歐陸、英、美、南美洲。吸天地之靈氣，人生和藝術方面的閱歷愈來愈豐富，技法也愈寬廣成熟。他從英國回港中途，又去了印度、尼泊爾、喀什米爾等地，「試去尋找靈的安寧。」

回到香港，他終於悟到了渴求的終極觀念，和因之而來的內心的平安。他的藝術進入了更成熟的新境界，以圓為借機；一個充滿禪意的境界，作品大放異彩。七十年代初，韓志勳和蔡仞姿結成藝術姻緣，朋友們説一個藝術家庭，有現代主義也有當代的前衛藝術，可謂異數。

蔡仞姿在〈畫之恒旅〉一文中説：「韓志勳最愛追求靈性的接觸，所以他的作品常留有偈語……。他的畫題都經過細心推敲……在文字與視像的錯位交疊間，看出畫家有企圖地從他的『交出』中去尋訪『拈花微笑』的知心人。」正是一語道破韓畫對佛理的探求。

七八十年代，兩人在藝術方面各走自己的路向，但一同生活、一同成長、一同帶孩子。移居加拿大後，韓志勳顏其齋曰「憑欄處」，是採李後主詞：「獨自憑欄，無限江山，別時容易見時難」之意。他在近旅與「近旅與幽居」個展（1999）的自序更説：「幽居處、鄉遠山遙，天高雲淡，四時顯異，空間悠然。」

一九九七年他偕同蔡仞姿重遊三十年前到過的南美大瀑布。旅行後，畫風又為一變，淋漓磅礴，盡遣襟懷，但百變不離其宗，仍是對終極的渴求與追求。這種不屈不撓的精神，正是其藝術的偉大之處。他在〈畫家自話〉的結語説：「天高雲淡，空間悠然。……在從前和將來的兩個空間裏，經過多番變數，已決定了我要往來處歸去。……然〈火浴〉的餘燼仍熾，必也焚起來完的大願，且也必焚燿他生。軀形未限，大塊無邊。」

韓志勳與中西文化交流

韓志勳大半生作畫，沒有懷著什麼弘揚傳統或促進文化交流的主觀意願或抱負。反之，他只是從他自己心靈深處的思慮和衝動出發，嘗試用色彩在畫布

上表達。他說：「我的繪畫因由和論據是很個人的。」[1]但客觀而言，我們每個人都是自己的時代和社會環境的產物。韓志勳的生平和藝術成就，結合了中西教育、語文、美學、靈性、技術等各種傳統，就是羅香林教授所謂既沿襲中國文化潛藏之遺業、復取之於西洋文化所傳播之新業者。這樣的融合，是在香港特定的空間和時間才會發生的。他的作品，就是香港特有的一種中西文化交流的優秀體現。正因為韓志勳忠於自我，沒有背上什麼文化使命的包袱，因此也沒有斧鑿之痕或矯扭之態。這才是自然而然的文化交流；也就是每一個香港人日常生活體現的一種提煉和升華。

注釋

1 韓志勳著，《恒跡：韓志勳作品集》，香港：香港品質印刷有限公司，2000，頁 18-32。

原文刊載於《恒跡：韓志勳作品集》，香港：香港品質印刷有限公司，2000，頁165-169。

韓志勳簡歷

年份	月份	展覽類型	事跡	地點
1922			生於香港	
1930			啟蒙於私塾	
1932			父親貽贈《馬駘畫譜》	
1936			就讀於九龍華仁書院，獲獎學金升學	
			隨劉敬之於課外學國畫基本法	
1941			香港淪陷，舉家避走中國內地	
1946			香港光復，舉家返港	
1956			任職郵局，同時結交陳福善，為「華人現代美術會」會員，更勤於寫生	
1959		聯展		聖約翰教堂副堂
1960		聯展	第一屆香港藝術節	香港天星碼頭東翼
1962		聯展	香港大會堂開幕聯展	香港大會堂
		聯展	香港第一間商辦畫廊雅苑畫廊開幕，受邀參加開幕展	香港雅苑畫廊
1963		個展	個展	香港雅苑畫廊
			結識呂壽琨及加入由岑崑南、李英豪、王無邪、金嘉倫等創立的「現代文學美術協會」，聽虞君質先生說藝	

1964		參加「現代文學美術協會」所辦之第三屆國際繪畫沙龍，得金獎	
		成為「中元畫會」創會會員之一	
1965	聯展	亞洲當代藝術巡迴展	東南亞
1966		創作第一輯的絲印版畫	
	個展	個展	香港雅苑畫廊
	個展	個展	美國新澤西州迪金遜大學
	聯展	當代香港藝術家展	香港三集畫廊
	聯展	中元畫會聯展	菲律賓馬尼拉
1967	聯展	香港藝展	香港博物美術館
	聯展	中國畫家三人展	美國紐約萬國寶通銀行
1968	個展	於香港美國圖書館舉行個展	香港美國圖書館
		駕車遊遍歐洲，逢法國學潮，觀威尼斯當屆雙年展，觀德國卡塞爾第四屆文件大展（Kassel Documenta），Morris Graves 過訪	
	聯展	中元畫會聯展	香港博物美術館
1969		洛克菲勒三世基金獎學金首位得獎者，旅美一年	
		受英國文化協會邀請，於九龍新會址開幕日舉行個展，並邀訪英國多間主要藝術學院	
		被德國文化協會 DAAD 邀到西德及東柏林	
	聯展	中元畫會聯展	香港博物美術館
		於美國紐約 Pratt Graphic Center（柏立德版畫中心）學習銅版及石版	

1970	個展		美國紐約惠勒畫廊
	聯展	第十九屆全國版畫大展	美國紐約
	聯展	第二屆英國國際版畫雙年展	英國
	聯展	第一屆國際版畫雙年展	韓國漢城
1971	個展	香港大會堂舉行個展	香港大會堂
	聯展	八人聯展	香港 CJL 畫廊
	聯展	香港今日藝術巡迴展	英國倫敦等地
1972		辭去郵政局督察一職，訪倫敦時遇 Henry Moore	
		訪德國第五屆文件大展，Harald Szeemann 為策展人	
		遇趙無極先生	
	聯展	一九七二年當代香港藝術	香港藝術館
1973-1976		每年旅美約六個月	
1973	聯展	當代中國藝術家版畫	香港藝術館
1974	聯展	當代香港藝術展覽	香港富麗華酒店
	個展	韓志勳：畫與版畫一九六八——一九七四	香港博物美術館
1975	個展	個人版畫展	香港中文大學校外進修部
1976	個展	於香港會議中心展出其畫作	香港會議中心
	聯展	藝展七六	香港大學馮平山博物館
1977	個展	於香港美國圖書館舉行個展	香港美國圖書館
	聯展	當代香港藝術	香港大會堂
	聯展	香港藝術中心開幕展	香港藝術中心

1978		聯展	國際版畫交流展	韓國漢城
		聯展	第六屆國際版畫雙年展	意大利佛羅倫斯
		聯展	藝展七八	香港大學馮平山博物館
1979		聯展	香港現代藝術展	澳洲墨爾本
		聯展	當代香港藝術雙年展	香港藝術館
1981			完成壁畫〈求索〉、〈山鳴〉	
	5月	個展	韓志勳畫展	香港藝術中心
		聯展	香港藝術一九七〇－一九八〇	香港藝術館
		聯展	香港當代藝術展	中國廣州
		聯展	藝展八一	香港大學馮平山博物館
		聯展	香港繪畫	香港藝術中心
1982		聯展	香港畫家	德國漢堡漢寧畫廊
		聯展	香港藝術	菲律賓馬尼拉大都會博物館
1984		聯展	八十年代繪畫	香港藝術中心
		聯展	中華海外藝術家聯展	台北市立美術館
		聯展	藝展八四	香港大學馮平山博物館
1985			擔任「當代香港藝術雙年展」評審	
1986		聯展	中國現代繪畫回顧展	台北市立美術館
		聯展	亞洲四人展	新加坡國家博物館
		聯展	香港繪畫八六	香港大學馮平山博物館

1987		聯展	十年香港繪畫	香港藝術中心
		聯展	現代中國繪畫	香港交易廣場
1988			於中大認識熊秉明先生，並為他的畫冊《光的故事》撰寫序言	
	1月	個展	圓緣：韓志勳繪畫	香港大學馮平山博物館
	2月	聯展	New Spirit of the Chinese Brush	意大利
	4月	聯展	心靈的圖錄	香港漢雅軒
	10月	聯展	香港現代藝術展	北京中國美術館
1989			完成怡和大廈壁畫	
			完成香港會議展覽中心壁畫	
			香港藝術館攝製個人畫藝紀錄片《光的故事》	
1990			壁畫〈山鳴〉為香港藝術館購藏	
1991			完成最後一輯絲印版畫〈盈祉〉	
		聯展	周綠雲韓志勳近作	香港交易廣場
1992			移居加拿大多倫多	
		聯展	城市變奏：香港藝術家西方媒介近作展	香港藝術館
1993	11月	聯展	香港及海外華裔藝術家邀請展	香港銅鑼灣崇光百貨公司，香港三行畫廊
1995	4月	聯展	共賞抽象之美	藝倡畫廊，光華藝廊
	9月	聯展	香港現代繪畫展	日本福岡美術館
1996		聯展	Hong Kong Art, An Introduction in Toronto	加拿大 Metro Toronto Convention Centre

1997		聯展	香港藝術一九九七：香港藝術館藏品展．北京．廣州	香港藝術館
1999		聯展	流金歲月	香港三行畫廊
			香港文化博物館藏《韓志勳版畫創作》之全程作品	
1999-2000	12月-00年1月	個展	近旅與幽居：韓志勳繪畫展	香港大學美術博物館
2000			不幸中風，出版《恒跡：韓志勳作品集》	
2002			香港郵政總局選作品〈時積〉為「香港藝術作品珍藏」郵票之一	
2003			香港藝術雙年展	香港藝術館
2004			活力三十：香港視覺藝術協會第三十屆大展	香港中央圖書館
			具象之外	香港藝倡畫廊
			香港經貿處（加拿大）選用其作品載於網頁	
2005	7月	個展	香港畫符：韓志勳	香港藝倡畫廊
	7月	個展	心符：韓志勳的藝術	香港藝術館
			創作壁畫〈滴翠〉，展於港鐵觀塘站D出口	
2006		聯展	澳門視覺藝術年展	澳門塔石藝文館
		個展	個人畫展	香港藝倡畫廊
		聯展	香港雕文：一米以上，首屆香港、廣州、澳門現代雕塑交流展	香港藝術公社，廣州藝術博物院
2007		個展	象外詩情：韓志勳作品展	香港城市大學藝廊
2008	4-5月	聯展	再發現．香港當代藝術	香港安亭拍賣公司
	9月	聯展	Group Exhibition Presenting 40 Hong Kong Artists	香港安亭拍賣公司

2009	8-9 月	聯展	具象＋抽象——香港當代油畫水彩版畫展	香港中央圖書館，中環廣場，香港 OC Gallery
2011	7 月		藝術家講座：韓志勳——與評論人岑朗天對話	
2013	2-3 月	個展	板上風景：韓志勳初期繪畫	香港大學美術博物館
	9 月		獲香港特別行政區政府頒發榮譽勳章	
	9 月	個展	韓志勳選展	香港交易廣場中央大廳

任職情況

年份	職銜	任職機構
1956	會員	華人現代美術會
1958	會員	現代文學美術協會
1964	會員	中元畫會
1968	講師	香港大學校外課程部
1971	講師	香港中文大學校外進修部
1977-1987	講師	香港理工學院設計系
1985	評審	當代香港藝術雙年展

藝林文具印刷有限公司

藝林

簡介

藝林文具印刷有限公司始創於日治時代，由伍氏家族掌理，一九五四年正式註冊為有限公司，為香港當年少數註冊文儀用品公司。見證著日治時期、「六七暴動」、九七回歸等重要歷史時刻，「藝林」歷年植根於灣仔駱克道近大半世紀。創業初期，「藝林」從事少量印刷，後售賣文具，生意漸上軌道後陸續代理世界知名品牌如Winsor Newton、Holbein、Golden 等至今，為幾代香港藝術家提供優質藝術用品。

香港早年從事西畫創作的人不多，市場狹窄，「藝林」的客源多以達官貴人或外國人為主。當時「藝林」自設印刷部，除生產教學用的字母卡外，負責人之一的伍子礽曾跟留學倫敦大學修讀美術教育的林漢超合作，於一九六六年出版《美術教學淺談》，為早期香港出版的美術教育書籍。當年在香港印製的刊物數量甚少，香港政府為其主要客戶，「藝林」亦曾多次與教育司署合作印刷出版。後來，「藝林」更獲英國教育署選為指定供應商，負責供應香港的附屬軍部學校所需的物料。

由於銷售西畫物料的商舖有限，當時貨種較廣貨源較多的藝林為從事西畫的藝術家提供創作所需物料，角色舉足輕重。一九六二年香港大會堂開幕，「藝林」的負責人受邀出席，並獲時任香港博物美術館館長温訥親自招待。「中元畫會」創會成員尤紹曾、韓志勳等人，均為常客。「藝林」亦曾為「華人現代美術會」的陳福善調配了不褪色的廣告色，至今仍然有售。除為本地藝術家供應物料外，由於中國內地貨品質素參差，「藝林」遂成不少中國畫家如黃永玉等的畫料選購場所。

時至九十年代，因遷拆的緣故，「藝林」將鋪位搬至灣仔駱克道三〇一號現址。從地面搬到樓上鋪位後空間大增，得以闢出店鋪一隅作畫廊用途。香港雖然不缺乏另類展出空間如思豪大酒店、聖約翰副堂等，然則這些場所多為專業藝術家、畫會而設，普通市民或團體則難以租借場地辦展覽。故藝林畫廊的出現，為本地藝術小眾如學校、畫苑等提供社區性展出空間，對社區藝術的推動起著積極的作用。畫廊成立之初，「藝林」獲曾任香港理工學院設計系講師的本地藝術家畢子融協助統籌，揭幕展更邀請到十多位當時得令的藝術家參與。歷年來，除了民間機構外，不少藝術界的老前輩如陳炳添、楊懷俸及郭樵亮等人曾先後在藝林畫廊舉辦個展。由梅創基及王創華策劃的一九九五年「香港藏書票一〇八人聯展」，更為藝林畫廊舉辦的眾多重要展覽之一。

伍慶和訪談錄

訪問者　黎明海博士

2013.7.11

黎　希望藉著是次訪問，聽聽你對香港藝術的看法，以及銷售藝術文儀用品多年的經歷。早前你給我看過「藝林」在日治時代的商業登記，就讓我們從這裏開始談起吧！

伍　「藝林」在一九五四年十一月註冊為有限公司，那張商業登記是手寫的。其實，「藝林」早於日治時期成立，我們的名字亦記錄在一九四五年的香港政府檔案中。

黎　藝圈不僅有藝術家，還需有良好的配套。畫紙、畫布和畫具等。我曾到過偏遠的地方、較細規模的城市，要在那裏找到畫畫材料，真的很困難。我想香港當年的情況大概如此。若非「藝林」，藝術家實在難以買到創作所需的材料。

伍　這份一九五四年的Certificate of Incorporation（公司註冊證書）由W. Aneurin Jones 簽署。當年有限公司註冊得找律師幫忙，而且不像今時今日這般方便，相信那年代的有限公司數目少。「藝林」在灣仔成立，歷年植根於灣仔。這一紙文件是日治時代的〈營業許可願〉，當年日本人把灣仔易名為春日區，「藝林」的舖址在灣仔駱克道三百三十二號地面。我們在一九六一年六月二十八日加入為九龍總商會會員。

戰後我們遷往駱克道一百六十三號，後添置駱克道一百六十七號舖位。拆遷一百六十三號舖後，我們便把印刷部搬到北角。後因技術人員缺乏，當時我費了不少唇舌説服長輩把藝林的印刷部結束，與友人合作成立「藝聯印刷有限公司」，繼續經營印刷業務，我可算是專注於藝林的事務。

黎 開業初期，你們的生意涉足哪些範疇？

伍 初辦少量印刷，後賣文具，並逐漸代理世界知名品牌美術設計用品。祖父和家父伍少瑜懂得英語，在當時的社會佔有優勢。加上得到不少朋友幫助，這盤生意得以延續至今。

黎 早期並未專注售賣美術用品？

伍 不錯。這個寶塔牌（Pagoda Brand）是家父為「藝林」生產的廣告彩和油粉彩而註冊至今的商標。由於銷量及用家大降，加上外國進口貨亦相對便宜，這些產品已經停產。另外，我的叔父伍子礽曾跟任教於羅富國師範專科學校的林漢超合作，在一九六六年出版了《美術教學淺談》一書，為香港早期有關美術教育的書籍。林漢超乃早期到英國倫敦

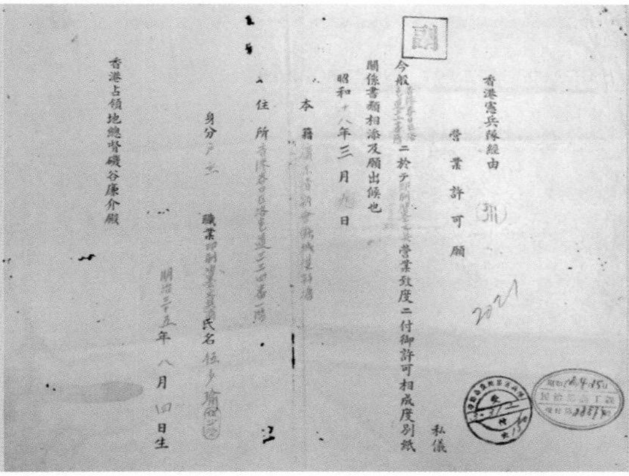
香港憲兵隊經由
營業許可願
私儀
今般[illegible]ニ於テ[illegible]營業致度ニ付御許可相成度別紙
關係書類相添及願出候也
昭和十八年三月九日
本籍 [illegible]
住所 [illegible]
身分 [illegible] 職業 [illegible] 氏名 伍少瑜
明治三十五年八月四日生
香港占領地總督磯谷廉介殿

日治時期簽發的〈營業許可願〉，1943年3月9日。

大學修讀美術教育的香港老師。

黎 自一九五四起，「藝林」就在地舖售賣文具？

伍 根據政府檔案，一九五四年間我們仍在灣仔駱克道一百六十三號地下經營，共有十七位員工。

黎 自何時起銷售特別或較難買到的物料？

伍 早期入口美術用品的公司寥寥可數，只有「藝林」、「藝文」、永安百貨公司。早在六十至七十年代，一家入口國產美術材料的公司曾在灣仔經營，但現已結業。它是一家大型的國營公司，但我想不起他們的名字。他們很有名，國內所有的設計幾乎全被他們承包起來再分發給其他人做，旗下有一家公司經

營物料。永安百貨公司的文具部曾售賣美術用品，相信是因銷量少，後來也結束了美術用品部。當年灣仔有「藝文」和「藝林」，九龍則有「廣益」。運作至今的，只剩下「藝文」、「藝林」和「廣益」了。你大概未聽過泰昌安記文具公司吧？他們也生產少量美勞用品，但由於市場小，很快便結業了。

黎　賣中國物料的則有文聯莊。

伍　對，還有後來的「石齋」。上環也有一家，但想不起名字。

黎　從銷售西畫用品的商舖所見，當年畫油畫及西畫的人大概不多。

伍　以水彩和廣告彩為主。當時所有小學定必用上油粉彩或廣告色，所以我們也涉足生產廣告色。家父經研究後生產

CERTIFICATE OF INCORPORATION

I hereby certify that

The Artland Company Limited (藝林文具印刷有限公司)
is this day incorporated in Hong Kong under the Companies Ordinance, (Chapter 32) and that this company is limited.

Given under my hand and seal of office this Twenty-fourth day of November One Thousand Nine Hundred and Fifty-four.

W. Aneurin Jones
(W. ANEURIN JONES)
Registrar of Companies,
Hong Kong.

公司註冊證書，1954 年 11 月 24 日。

了支裝廣告色及防水廣告色，後者用以繪畫戲院的室外廣告，利舞台亦為主要客戶。

黎　你們的業務集中在學校方面嗎？

伍　不錯，以學校和外國人比較多。當時香港繪畫以外國人士比較多。他們也為我們提供了不少資料，協助我們慢慢地開發了很多物料。

黎　李國榮先生他們提到顧理夫（Michael Griffith）……

伍　我也認識他。他曾推行過西洋書法，我們亦因而出版了西洋書法練字簿，共六冊。除西洋書法外，他也推動過絲印。

黎　你有否接觸過教育司署的華人官員

如李國榮、郭樵亮先生等？

伍　還有黃偉英，他曾跟顧理夫共事。假若他尚健在，大概已九十歲以上。他比李氏三兄弟（李國輝、李國樑及李國榮）還要早一些。

黎　郭、李兩位先生提到當年的美術教育幾乎等同繪畫。

伍　印象中，當年的藝術範疇以繪畫為主，後來才發展出工藝、攝影等，逐步變得多元化。當時的大部分美術科由未受正式藝術訓練的老師教授，一撮熱心人士如林漢超等，便希望將藝術教育正規化。教學用的字母卡我們也有提供，至於編織紙和電視劇《摺星星》的紙條，我們也賣了多年。這些物品先經剪裁包裝，再賣給學校。

我們先有印刷部，後再想出不同營

林漢超編著的《美術教學淺談》，1966 年。

商策略。當時在香港印刷的刊物不多，港英政府為「藝林」的主要客戶。我們印刷的第一本刊物乃林漢超的《美術教學淺談》，後來我們也為余東漢出版了黑板畫教學法的書籍，共四本。

離開校園後，家父伍少瑜把印刷部的事務交予我打理，兩位長輩也很信任我。當年的市場規模狹小，物料供應亦不多。為了讓更多人認識「藝林」，我走進社會去推銷公司的產品，同時以了解市場需求。後來，我見證著塑膠彩慢慢取代了油彩及水彩。

黎　這《美術教學淺談》為一九六六年初版。自一九六六年起，你們已印刷跟美術教學有關的書目？

伍　《美術教學淺談》乃第一本。至於再早期的，我不太清楚。

黎 林漢超、余東漢先生他們寫好稿件後找你印刷？

伍 大家聚在一起討論後成事。

黎 當時有想過為藝術家印畫冊嗎？

伍 早期曾為陳福善先生出版畫冊。

黎 郭樵亮先生他們稱溫訥（John Warner）、夏德飛（John Hadfield）和顧理夫為三大巨頭。就你所知，他們三人是否如郭先生所述般舉足輕重？

伍 此言不錯。顧理夫掌教育司署，統籌所有美術教育；夏德飛則主理其中一所重要的學院、香港理工大學的前身工業學院設計系主任，為可以左右大局的重要人物；至於溫訥為香港博物美術館館長，他在公眾藝術上能接觸廣泛人脈。故此，這三人對香港的藝術發展影響頗大。

黎 教育司署有自己的供應商名單嗎？

伍 一定有。「藝林」不僅是港英政府教育司署的供應商，也為英國教育署的供應商。我深信貨源、誠信和服務為重要考慮因素。當時英國教育署給我們寫了一封信，希望我們供應香港附屬的軍部學校美勞用品。軍部學校早年從英國直接訂購大部分物料，因手續繁瑣，後來便委託「藝林」處理貨品的供應。

黎 除了藝術教育外，你有跟當時的「中元畫會」、「香港華人現代藝術研究會」等畫會打交道嗎？

伍 當然有。我認識了韓志勳、尤紹曾、文樓、張義等藝術家。至於「香港華人現代藝術研究會」的陳福善先生，也很積極地推動藝術。

黎 你如何結識他們？通過展覽嗎？

伍 家父伍少瑜與叔輩認識「中元畫會」不少成員。他們待我很好，教曉我許多東西。聊天時，我問了很多問題，從中獲益良多。由於他們不時到外國去，從他們口中可以得知不少第一手消息。以塑膠彩為例，韓志勳先生說塑膠彩將會取代水彩和油畫物料，並提議我們試一試。於是，我們成為第一家入口塑膠彩的公司。

黎 哪個牌子？

伍 Liquitex。

黎 你們現在是否多賣一些 Golden 的

塑膠彩？

伍 是，Golden 是高質素的產品，他們只專注生產塑膠彩便養活幾百員工。

黎 陳福善常拿著類似沙律樽似的塑膠彩，由你們生產嗎？

伍 對，是廣告彩，是家父伍少瑜給用上外國進口的顏料，特地為他調配的。我們的廣告彩在七十年代面世，至今仍然有售。掛在牆上的這幅陳福善先生的畫繪於一九八二年，正用上我們的廣告彩。

黎 陳福善先生自那時起用塑膠彩替代水彩？

伍 我相信在七十年代。

黎 六七十年代間，「藝林」有否贊助展覽或相關藝術活動？

伍 肯定有。楊懷俸先生曾辦了兩三屆香港中學生美術聯展，「藝林」贊助了一些禮物。叔父主理「藝林」事務期間，也送出了不少美術用品。

黎 我記得參加大專美聯展覽時，也見過「藝林」的廣告。

伍 多年前我曾贊助教育署數學奧林匹克比賽旗下的海報設計比賽，贊助禮物。只是政府官員後來決意獨辦數學科比賽，我也撤回贊助。既然政府一直強調跨學科，為何不讓數學跟美術互動呢？我深信美術可與各學科互動，何以要終止呢？

黎 剛才你提到的「中元畫會」等偏向西方的畫會，但當時的主流為呂壽琨先生、「一畫會」等為首的中國水墨。你有跟他們接觸嗎？

伍 我跟韓志勳先生、王無邪先生、張義先生等人較熟。新水墨到後期才興起，不像西畫般得以延續。

黎 個人認為水墨在七十年代當時得令，他們的人物在體制內佔據了重要的一席，如藝術館的譚志成先生及香港理工學院的王無邪先生。

伍 何弢先生一直醉心於水墨水彩的研究，而黃永玉先生亦積極多元化創作。

黎 除藝術家外，你有跟當時的私立藝術學校例如香港美術專科學校、嶺海藝術專科學校等接觸嗎？

伍　有。陳海鷹的名字響噹噹，江啟明則較為低調。當年畫畫不如今日般普及，前輩如靳微天、靳思薇[1]、黃金[2]及費明杰的父親費伯夷[3]只收幾個學生，周末在工作室或家裏教畫。有幸被這些大師收為徒極為難得。靳微天先生五六十年代在金文泰中學教美術，是科主任。

黎　早期部分藝術家的意識形態較接近內地，或謂較接近社會主義、美專式的。這些藝術家會否較低調和沉寂？

伍　大概如此。二十多年前，我曾帶了一些顏料到哈爾濱，一位當地畫家看到我的水彩畫紙後極為雀躍。原來他自小時候用過水彩畫紙後，待到滿頭白髮的歲月，才得以再次使用。

黎　聽幾位朋友說，在文化大革命時拿著優質的繪畫物料到中國，可以請當地名畫家畫一張好畫。一九六七年暴動期間，「藝林」的舖址仍位於鬧市地面，生意有受影響嗎？

伍　由於示威的人需要防水絲印顏料寫橫額。在當時的環境下，生意還可以。

黎　有想過搬到別處嗎？何以由駱克道三百三十二號搬到駱克道一百六十三號？

伍　搬到駱克道一百六十三號是長輩的決定，我不太清楚。七十年代的舖位千金難買，剛好一百六十七號新建成，我們便一併租下了。

黎　一百六十三號主要辦印刷？

伍　前舖賣貨後舖辦印刷，閣樓則用作貨倉。

黎　七十年代的經營策略有所轉變嗎？

伍　六十年代僅為觀摩性質，七十年代應有所改變。自外國來香港工作的人愈多，繪畫的人也多了，需求亦因而大增。

黎　八十年代後期你們開始代理外國著名品牌，是市場需求還是你們的營商策略？

伍　這真要向長輩請教。當時 Winsor & Newton 在香港註冊，作為代理的「藝林」為他們擔任見證人，證明他們的產品在香港銷售了一段長時間。後來，我們更提議他們在中國註冊。

　香港較少人用油彩，多以水彩為主。由於開顏料後需要長時間創作，用上油彩的多以專業畫家為主，如韓志勳

先生、早期的金嘉倫先生等。另外，九龍倉大班白連（Douglas Bland）也鼎鼎有名，我還是黃毛小子時看過他的作品。

黎 你還記得當時代理的品牌嗎？

伍 Winsor & Newton、Holbein、Liquitex及Philip & Tacy等。

黎 七十年代間，你有參與藝術活動如贊助展覽，甚或設立展覽廳嗎？有向藝術家提供試用物料嗎？

伍 由於他們對大部分牌子熟悉，所以較少提供試用。每次購物時，長輩也會給他們打折，希望他們多買些。當時我們可沒有設立展覽廳。

黎 記得舊日跟尤紹曾聊天時，他也提及你。他用的塑膠彩由「藝林」提供。

伍 他每次購物要我親自送貨，而我亦很珍惜這機會。他總會播著悅耳的音樂，給我介紹書籍、解說畫作。尤紹曾先生是個傳奇人物，原是香港家用電器的鼻祖，有一次在飛機跌倒後，回港放售所有生意，專心繪事。在「中元畫會」，他是其中一個積極分子。有一次，我看見他順手在報紙上畫畫，後來裱起來賣了。要不是我晚了出生，否則一定跟他學習營商之道。

黎 他當時已經使用塑膠彩？不是油彩？

伍 跟陳福善先生一樣，油彩的氣味令尤紹曾先生的氣管不適，所以他轉用塑膠彩。

黎 韓志勳先生也用你們的塑膠彩嗎？

伍 他用了一段時間。他現已較少繪畫。

黎 你和韓氏的交情如何？六十年代至八十年代移民前，大概是他的藝術輝煌時期。

伍 他跟叔父伍子礽友好。認識韓志勳先生的時候，他剛辭去幫辦一職，全情投入藝術。由於曾在香港大學校外課程部授課，香港不少藝術家都是他的學生。

黎 他做過噴畫、塑膠彩、絲印。絲印的物料是否由你們提供？

伍 不。因為絲印的顏色有銷售期限，收到時已差不多到期，所以他直接從美國入口，不會向我買。很多人跟他學過噴畫、塑膠彩、油彩、絲印及版畫等。

黎 他算是鼻祖。「視覺藝術協會」的成

員如畢子融、陳餘生、朱興華等，全是他的學生，得稱他為老師。那麼，你為何自駱克道一百六十三及一百六十七號鋪搬到駱克道三百〇一號？

伍 駱克道一百六十三號拆了之後，印刷部都搬到北角榮華工業大廈。至於辦公室，我們則在駱克道一百六十七號三樓租了地方，但空間始終不足。駱克道一百六十一至一百六十五號建成後，我們又租下三樓，最後二樓A也給我們要下。

黎 租賃還是買下？

伍 全是買下的。我游説叔父和拍檔將銷售部門搬到一百六十一至一百六十五號三樓，因為那裏大概有二千多呎。後因大廈是商住用，大廈大閘因保安理由要經常關上，所以我們只好打消此計劃。後來，我們便購下現有的營業場所、位於駱克道三百〇一至三百〇七號的洛克中心三樓，並於一九九三年十一月搬到現址繼續營業，同年十二月十八日舉行開幕酒會及藝林畫廊首展「香港現代畫家聯展」。

黎 「藝林」搬到三樓後，選貨的空間闊了。作為顧客，你們的職員和氣氛也比以前輕鬆多了。在這「黃金地段」，你何以闢出一個展覽廳？

伍 看了二哥伍大衛的平面圖則，我提議撥出空間設畫廊。雖然不能如荷李活道的畫廊般利潤豐厚，也可用作社區的推廣宣傳，以回饋社會。我曾向郭樵亮先生、徐子雄先生及好朋友丁新豹教授[4]請教，他們建議我不要受任何一個派別左右，以免畫廊淪為個別流派的「地盤」。通過辦畫廊，我學了很多新事物，認識了不少新朋友，也明白營運畫廊絕非容易。

我自己想過，讓學校學生來參展間接介紹「藝林」，對生意也有幫助。早期的展覽，所有邀請信全經由我寄發，後來由於無法安排人手，得將交予參展者自行安排。藝林畫廊的首展是畢子融先生替我邀請了十多位當時的代表藝術家在這裏展出了一個月。

由於我對辦展覽全無認識，我找到畢子融在一九九三至一九九四間協助統籌。後來他由於分身不暇，我便學習獨力營運。

黎 你認識了很多朋友，也見證著香港文化藝術的發展。

伍 是。

黎 「藝林」曾為畢子融銷售一套有關

香港藝術家的書冊，可以説説出版背景嗎？

伍 畢子融從香港理工學院退下來後，他計劃出版畫冊，我便替他銷售並推廣。

黎 藝術家到「藝林」辦展覽，你會否收藏他們的作品？

伍 我曾收藏過一些如澳門藝術家王禎寶、一些法國藝術家等。不過，多以饋贈為主。

黎 「藝林」見證著香港的藝術發展。翻查文獻，當年也有一些非主流的展覽場地如思豪酒店、聖約翰副堂、銅鑼灣的珠城百貨公司等。

伍 聖約翰副堂至今仍不時舉辦展覽，但租借場地需具一定知名度，否則機會不大。至於商務印書館及三聯書店展覽廳，也比較難租借。

黎 你們會主動邀約藝術家嗎？

伍 會，但藝術家不時受邀辦展覽，故我們希望為小眾如辦學團體等提供機會。早年到「藝林」辦展覽，必得提早一年預約。現在，我們接受半年預約。假若未能提出充分理由，我們並不接受取消預約。辦展覽的人必須支付場租，六日租金三千三百港元，賣出的作品我會抽取百分之三十的佣金。不過，屆時收費與否則由我們決定。我們曾經替一班傷殘學生賣畫，一分錢也沒收取。另外，梅創基和王創華先生曾在這裏舉辦了「香港藏書票一〇八人聯展」，很成功。

黎 你累積了一些組織畫展的經驗，會否在這方面繼續發展？

伍 辦社區性畫廊還好，商業畫廊則屬另一回事了。商業畫廊需要人脈關係，而且客戶視藝術品為一門投資，所以我暫不考慮把畫廊發展成商業性質。

黎 有為「藝林」制定長遠發展策略嗎？

伍 我自己有這個想法。二十年前，我曾經在哈爾濱與友好合作成立銷售店，但因當時條文又多又繁雜，經過三年後我們難以經營。另外，中國的入口稅也造成問題。第一批入口到哈爾濱的貨，運費和雜項貴得連我也嚇了一跳。我們曾在廣州和上海開過分店，最後也意興闌珊。內地藝術家朋友現在也不時到「藝林」購買美術用品。

黎　你曾經從事出版，「藝林」也售賣不少教學或藝術書籍。你會朝這方向發展嗎？

伍　昔日我經常介紹顧客到圖書中心買書，後來我為他們訂購書籍，其他書店沒有的，只「藝林」有售。近年，電腦製作相對地減省了紙張顏料的損耗及需求，網紙、刮紙、針筆等漸漸退出市場，紙廠亦面對生存危機。基於求生之道，我們會賣些較難找到和高質素的貨種。

黎　你有跟年青藝術家接觸嗎？

伍　不太認識。年輕一輩較少如你們般互相溝通，加上競爭太大，即使開畫室也難以生存。在香港，當全職藝術家難以餬口，要面對的東西實在太多。

黎　觀乎六十年代起的香港藝術，你有感正趨蓬勃發展了嗎？

伍　的確蓬勃了。現在思維及創作漸趨多元化，加上籌劃中的西九文化區，前景較為樂觀，是一件好事。不過，基礎學習卻退步了。

注釋

1 靳思薇，一九三七年來港，與兄長靳微天創辦香港百會畫苑。

2 黃金（1935- ），一九五六年畢業於香港美術專科學校，五十至八十年代從事美術設計工作，九十年代專注肖像繪畫創作。黃氏曾為「匯彩美術會」會長。

3 費伯夷（1918-1997），生於中國漢口，早年於上海成長，三十年代追隨張充仁學習繪畫及雕塑，並到日本東寶株式會社攻讀電影特技效果課程，曾參與製作中國首齣長篇卡通片《鐵扇公主》。五十年代初，為漁帆船機械化展覽及每年的交通安全展覽擔任展覽設計師，並先後為香港國際電懋影業有限公司（1958-1963）及香港麗的電視有限公司（1964-1975）出任美術總監。一九七六至一九八六年間，在當時位於灣仔軒尼詩道一號熙信樓二樓、香港第一間蠟像館的香港蠟像院擔任經理。

4 丁新豹（1948- ），一九七四年畢業於香港大學中文系，一九七九年獲香港大學哲學碩士學位，一九八九年獲香港大學哲學博士學位。曾任香港藝術館助理館長（1979-1987）、香港歷史博物館總館長（1995-2007），於任內籌建了香港歷史博物館新館、香港海防博物館及香港孫中山紀念館。現為香港大學中文學院名譽助理教授、香港中文大學歷史系客席教授及名譽高級研究員。

藝林文具印刷有限公司簡歷

年份	月份	事跡
四十年代初期		藝林早於日治時期成立，舖址位於灣仔駱克道三三二號地面
1945		藝林的名字已記錄在政府檔案中
1954	11月	註冊為有限公司，在灣仔駱克道一六三號地下經營，共有十七位員工
1961	6月28日	加入九龍總商會，成為會員之一
1966		與林漢超攜手出版《美術教學淺談》一書，為早期在香港出版的美術教育書籍
七十年代		除原來的一六三號舖位外，同時租下新建成的灣仔駱克道一六七號舖位
		伍少瑜利用外國進口的 Pigment，自行調配的廣告彩面世
八十年代		開始代理外國著名品牌如 Winsor Newton、Holborn 等
		由於駱克道一六三號清拆關係，藝林將業務集中到一六七號經營，後由於空間不足，再搬到駱克道一六一至一六五號三樓，同時在二樓增設辦公地方
1993	11月	搬到現址香港駱克道三〇一至三〇七號洛克中心三樓，並增設藝林畫廊作社區性用途
	12月18日	舉行開幕酒會及藝林畫廊首展「香港現代畫家聯展」

藝林畫廊所承辦展覽

九十年代至今部分展覽	展期
藝林畫廊首展——「香港現代畫家聯展」	1993年12月
日本東京當代版畫展	1994年1月-2月
香港藏書票活動十周年紀念——香港藏書票一〇八人聯展	1995年3月
溝通——中港海報設計展	1996年12月
謝江華畫展（旅行．生活．意象）	2004年9月
彭展模畫展「雪域風光」	2004年9-10月
「墨程二〇〇五」易明添水墨畫個展	2005年3月
「山水有相逢」魚王陳法興先生近作展	2005年8月
二人行——書畫展	2005年9月
彭廣信先生作品展	2006年3月
老北京風俗畫（韋政策劃）	2007年4月
魚王陳法興與 Fans 齊齊展	2007年5月
香港西洋書法協會（ABC）	2007年10月
鍾永文版畫展二〇〇七	2007年11月
學藝篇——徐子雄雜作展	2008年2月

2008年9月	書法藝術展覽簡介（Penmanship as Craftsmanship）
2009年7月	陳法興（魚王）七十大展—「預展再現」
2009年10月	尋找澳門的故事：澳門廣大中學視覺藝術作品展
2010年10月	何繼安自畫像作品展（1979-2010）
2010年11月	光影意象——廖少珍的紙上藝術
2010年11-12月	《水印 · 水墨》馬桂順作品展
2010年12月	鍾永文版畫展二〇一〇
2011年2-3月	紙上創作：謝江華馬桂順作品展
2011年6月	人人都是藝術家！中華聖潔會靈風中學綜合藝術作品展覽
2011年8月	李惠珍作品點只十三點
2012年4月	第二屆中華區插畫獎得獎作品巡迴展
2013年1月	陳炳添人體素描展
2013年1月	鍾永文版畫展覽

後記

自戰前發展至今，香港一直有藝術而未有藝術史。即便偶有著述，史料卻零碎不全且立場偏頗，我們難以將其視為客觀和準確的參考文獻。讓重要的歷史資料及不同的陳述湮沒於時間的洪流之中，這是作為香港藝術家、學者及香港人的我最不願見到的事情。有見著手整理香港藝術史的重要性及迫切性，我和研究團隊在二〇一一年七月取得大學資助委員會研究資助局的撥款後，立即展開是次研究和整理。

考慮到「香港意識」自戰後興起，我們的研究以五十年代為分界線，並以口述歷史的形式進行，研究分成兩個階段進行，通過與老、中、青三代藝術工作者的對話，去發掘和重現在香港藝壇出現過的人和事。分別涵蓋六十至七十年代、八十年代至現在，前者以個別受訪者為單位，後者延伸至機構層面。在書名中保留年份，更便於呈現香港藝術的發展趨向：由個體或較私人性質的畫會，發展至制度化的藝術，以至具社會性的機構。

經過兩年多的努力，已完成首階段的研究，共訪問了十五位早期的香港藝術工作者，包括文樓先生、王無邪先生、朱興華先生、江啟明先生、李國榮先生、金嘉倫先生、徐子雄先生、郭樵亮先生、陳餘生先生、華圖斯夫人、趙海天女士、劉欽棟先生、蕭滋先生、韓志勳先生及伍慶和先生，並將史料整理出版成此書。在此，我要感謝各前輩撥冗接受訪問，翻箱倒櫃借出史料文獻和珍貴的圖冊圖片，並不厭其煩地解答我們的疑問。他們所費的精神與時間，我和研究團隊無以為報。另外，我亦要向李子厚博士、馮浩然先生及費明杰教授道謝，全賴他們的協助，我們方能整理出詳盡的史料和歷史照片。

另外，在這漫長的研究過程中，我

的研究團隊不辭勞苦，無怨無悔，點點滴滴地整合這項艱巨的學術「工程」。研究夥伴陳安琪小姐及同事陶穎康先生、周罟年先生、蕭韻之小姐，及早期幫忙資料搜集的蘇婷婷小姐等，在此致以衷心的感謝。再者，能與香港嶺南大學的劉智鵬博士合編此書，亦是一種學術緣分。除此之外，能夠得到三聯書店的侯明小姐、梁偉基先生及程豐餘小姐幫忙編務，使此書得以順利出版。最後特別感謝屈志仁教授賜序，並得藝術及古跡資料研究有限公司及香港藝術發展局資助本書出版，凡此自當銘感於心。

還有不少人為這次研究提供支持，礙於篇幅所限，我未能在此一一盡錄，還望見諒。

香港藝術史的研究現在才正式起步。我和研究團隊衷心冀望此書能喚起藝術界內外的參與和討論，拋磚引玉從而令香港藝術史的研究更為完整全面。

黎明海博士

2014 年 2 月 7 日

與香港藝術對話：1960-1979

編　　著　黎明海　劉智鵬

責任編輯　程豐餘

文字筆錄　陳安琪　陶穎康

書籍設計　嚴惠珊

出版　三聯書店（香港）有限公司
香港北角英皇道四九九號北角工業大廈二十樓
Joint Publishing (H.K.) Co., Ltd.
20/F., North Point Industrial Building,
499 King's Road, North Point, Hong Kong

發行　香港聯合書刊物流有限公司
香港新界大埔汀麗路三十六號三字樓

印刷　中華商務彩色印刷有限公司
香港新界大埔汀麗路三十六號十四字樓

印次　二〇一四年六月香港第一版第一次印刷

規格　十六開（170mm × 230mm）四二〇面

國際書號　ISBN　978-962-04-3560-7

Published in Hong Kong

Arts in Heritage Research Limited
藝術及古蹟資料研究有限公司

香港藝術發展局
Hong Kong Arts Development Council 資助

香港藝術發展局全力支持藝術表達自由，本計劃內容並不反映本局意見。